八股文話 一

龚笃清 龚昊 乌媛 编著

国家出版基金项目
NATIONAL PUBLICATION FOUNDATION
2011—2020年国家古籍整理出版规划项目

CMS
岳麓書社 · 长沙

前　言

八股文是中国专制社会晚期应运而生的一种科举考试文体，起到了巩固并强化专制统治的巨大效应。它从产生、完善、定型到被全社会所接受的漫长过程，极大地改变了明、清两代的思维方式和政治、文化、社会生态，其影响至今尚未消亡。故对其进行全面的、深入的研究是一件大有意义的事。

一

八股文是应时代的需要而产生的。

中国专制社会发展到宋代，已成强弩之末，原来行之有效的社会治理原则与方法逐渐失却作用力，社会危机四伏，各种思潮甚至是异端在慢慢影响着专制思想。统治阶级言出必行的权威渐行渐远，探寻一种能适应新时代的统治思想就成为一件关系统治者命运的头等大事。

于是，程颢、程颐兄弟及其后的朱熹创立了理学思想。这种根植于儒家学说之中，以“三纲五常”来阐发儒家学说的理论，因其极力鼓吹维护以皇权为核心的等级制与“天命论”，对挽救每况愈下的中国专制统治的颓势大为有益，故逐渐为宋以后的统治者所接受并奉为统治思想。

然而，一种理论只有深入人心才会有力量。怎样才能将程朱理学及儒学的伦理价值观推广到社会各阶层中去，为他们所信奉，是历代统治者苦苦探觅的大事。但苦无良法，只有王安石在进行科举改革时，废诗赋而改以经义取士。这种经义的题目，都是从《四书》《五经》中摘取的，这是中国历史上将《四书》《五经》与科举考试挂钩之滥觞。此举在元代又被沿用，但程朱理学如何才能推广尚未能找到途径。直到14世纪末叶，登上了皇帝宝座的明太祖朱元璋为了避免元末战乱的重演，保证朱氏政权的长治久安，才找到了将维护专制统治之利器——程朱理学输入士人头脑乃至全社会的良方。

朱元璋出身贫苦，年轻时曾剃发出家，游走江湖，与社会各阶层多有接触，广接地气，深谙人心善恶、人性嗜欲。他懂得，只有将程朱理学与人之荣利牢牢地捆绑起来，才能使慕荣趋利的芸芸众生心驰神往，根据这一认识，他创制了一种科举考试的新文体——八股文。

八股文的创制和不断完善，体现了朱元璋及其后来统治者的最高政治智慧和创新能力。他们认为八股文写作必须遵循四个基本原则，不仅可以将尽可能多的经学与理学元素配置其中，还使思维方式的训练、决策和办事能力的培养都得以实现。

二

八股文写作的四个基本原则是：

一、八股文是一种命题作文，它的题目必须从《四书》《五经》中摘取，必为书中的字、句、节、章。即是说，八股文题目即是经文。功令规定，写作时必须遵题，即文章必须严格遵照题义来阐述；还要如题，即文章的内容、语气、范围均要与题目内蕴相符，不得增减，更不得违背。

这条基本原则将八股文牢牢地捆绑在儒家最重要的经典《四书》《五经》之上，遵题即是遵经。学习八股文写作，就是一个深入钻研、精准把握、反复记诵、正确表述经典的学习过程。如此一来，八股文便具有了经学性。

二、阐释题旨必须依据程朱，或是被朝廷认可的其他理学派学者对《四书》《五经》的传注，不得超出其传注的认知框架随意发挥，更不得悖反，既要遵经又要守注。

第二个基本原则，使程朱理学成为八股文的灵魂、主心骨，八股文写作便成为全面学习、深入领会、正确把握并运用程朱理学的过程。八股文充满了理学性，八股文写作也就成为接受程朱理学陶冶的过程。

这条原则，又使八股文产生强烈的封闭性、排他性。它只准程朱理学进入，排斥其他学说和多元文化，从而保证了八股文经学的纯粹性，使其传输的“三纲五常”和“天命论”成为统一明、清社会及士人思想，进行伦理道德建设的基本准则。

三、八股文要入口气代圣贤立言。即是说，一题到手，就要化作者为题中人物，展开想象，把自己按程朱理学对题目解析所获得的心得，以题中人物的口吻，即以第一人称的方式，声口俱合，惟妙惟肖地表达出来。

“代圣贤立言”是八股文最重要的经学特征，也是帮助写作者依程朱理学理解、贴近、窥视圣贤人格，提升道德水准的最佳手段。

树圣贤为学习的标杆，崇拜的偶像，以之来提升儒学门徒的道德境界，是儒学最根本的治学法门。而代圣贤立言的原则，是要人们抛弃其他先儒之《四书》《五经》注疏，只能在程朱传注的规范下对题目即经文做开掘与理解，凭着各人智商对题目进行揣摩体悟，在想象中再现圣贤们说出题目中那番话的语境、心境，这样才能捕捉、品味、体验到圣贤言论的真情实意，直接从经文中发掘出新的义理，从而达到由经穷理，明道知经，服务于忠君尊长之目的。这种再生圣贤语境、心境的写作方式，还可使写作者思接孔孟，心贴程朱，让他们的心灵沉浸在孔孟之道、程朱理学所产生的典型环境之中而深受陶冶，提高其道德情操，也最易生发出符合当时需要的义理来。

四、八股文必须遵循规定的体式。

体式原本是个形式问题，但八股文的体式不仅可以让士子们凭借其进行思维方式的训练，更重要的是它规范了解经的方式。故它也成为重要的经学元素。

功令规定：八股文的“冒子”，即破题、承题、起讲三个部分，要对题目进行概述。不仅以此来训练写作者正反思维、概括分析的能力，还用以检测他对题目也即经文领悟的正确与否及水平之高低。换言之，就是检测其解经水平如何。所以瞿兑之在《骈文概论》中说：“凡是场屋的文字，都重在一个开头的冒子。要这个冒子动听，才能得主司的青眼。”①

拿破题来说，不管题目字句的多少，是一个或几个字，甚至几十个、几百个字，是一章、一节或几章、几节；也不管构题的方式如何，是截上去下，或是截此搭彼，都只能用几句话，明代万历以后更规定只准用两句话，联系上下文，将题目的精义概述出来。既要扼定主旨，又要肖题之神。不仅要破得开，即解析出题目要旨，又要破得全，即题中要义无遗漏。“破”即是解，可以说，这是对题目即经文的一种概括性的解析，是建立在对经文的分析领悟基础之上的解经。

承题则规定只能用三句话将破出的题目精义引申说明或加以补充，这也是对经文的解析。至于明代万历以前置于承题后面的原题，要说明圣贤为何要发出题中之言，则更要对经文融会贯通才能写好。

① 瞿兑之：《骈文概论》一六《律赋与八股》，海南出版社，1994年。

起讲要将破题、承题所破解出的题旨，用入口气代言的方式做深入发挥。其关键在于作者对题目能否做深入的开掘，能否生发出新的义理，为正文拟出阐述的纲要。

八股文的正文部分，要用正反、开合的方式将题旨内蕴阐发干净。非标准体式的八股文即经义用的是散文化的句式，而标准体式的八股文则是由两两对偶的四个段落组成。这四个段落分别被称为提比、中比、后比、后二小比。每比分出股与对股，共计八股，故称之为八股文。这四个有着起、承、转、合逻辑关系的段落设置，表面看来是个结构问题、表达方法问题，但实质上是一个内容问题。瞿兑之在《骈文概论》中说："凡是说事理的文字，愈整齐愈有力量，愈反复愈易明白。"① 整齐对偶、正反开合、反复阐述的八股文字，依功令规定，是用来规范写作者一层层深入地将题旨阐述明确的，其经学性更为凸显。对偶反复，只不过是用以增强其气势力量，使其明白畅达而已。

明代嘉靖以前，用以收束全文的大结部分可兼言时事，这是沿袭宋经义文的格式，更是对汉、宋时期解经讲体用、贵经世原则的具体运用。后来大结虽废，但代替它的收结仍在解经，因功令规定，收结时要总括上文或推阐余波，题有下文者，要照应下文，非对经旨有精确的概括不可。

八股文写作的四个基本原则，都是以功令形式规定的。在它的严格规定下，八股文使用了理学的解经方法，其构成部分，无论是内容还是体式，都具有经学的元素。写作者只要遵循功令，所写出的八股文必然会是解经之文，充满经学性。所以清代吕留良说："非时文不足明道。"② 于是，八股文便成为向广大士人传

① 瞿兑之：《骈文概论》七《书札文与徐陵》，海南出版社，1994年。

② 吕留良：《吕晚村先生论文汇钞》，清康熙五十三年刻本。

输孔孟之道、程朱理学的最佳工具。

然而，工具再好，若不能让人自觉自愿地使用它，那么其功效便会大打折扣，甚至会归于零。朱元璋等人又在实践中逐步解决了这一难题，这就是将其与科举制融为一体。

三

朱元璋等人是利用了世人普遍的慕荣趋利心理和专制社会的芸芸众生只有出仕为官才能富贵荣身的现实，靠提升八股文在科举制中的地位，使其成为决定士人们能否登上仕途的重要甚至唯一标准，达到令士人们自觉自愿地去写作八股文，从而受到理学思想陶铸的目的。

明、清两代的科举可用“三三八”制来概括。

第一个“三”，即三级学校制。明、清两代的学校分为三级：中央的国子监，地方的府、州、县学，分布城乡的社学、义学、私塾、蒙馆即各种公私小学。

第二个“三”，即两个三级考试制。第一个为县、府、道（清代称院）三级选拔生员即秀才，获取科举资格的童子试；第二个为乡试、会试、殿试三级科举考选制。

“八”，即八股文。在明、清科举中，它是起着灵魂作用的，学校及童子试、乡试、会试都以之唱主角。

明、清制度，养士在学校，取士在科考。非国子监的监生、贡生和府、州、县学的学生，没有参加科举考试的资格。要进入这些学校，必先考取生员（监生中的例监是用钱买的，也可参加乡试）。只有经过科举取录的人，才能授官。考得上考不上，从明代中期以后，主要甚至全看八股文写得怎么样。所以明中叶起至清代的学校教育、童子试和科举考试，全都围绕着八股文写作在运转，形成一个以八股文写作为中心的系统工程。换言之，就是将科举与八股文捆绑在一起，形成要想当官就必须先写好八股文的简单关系。而功令又将八股文与《四书》《五经》捆绑在一起，要想写好八股文，又必先熟读精研儒家经典。两个捆绑，链接成一种一目了然、人人明白的功利关系：要想当官，就要弄通《四书》《五经》。在功利的驱动下，明、清时的士人便潜心于《四书》《五经》之中，读死书、死读书、读书死，背八股、写八股、钻八股就形成一种社会风气。《明史·选举志》中说明代社会“户有弦诵之声，人有青云之志”，就真实地反映了当时攻习儒家经典与八股文，以求当官发财的社会景象。八股文写作在明、清社会便成为一种普及经学的手段，成为大众化的经学学习过程。据顾炎武在《日知录》中所说，明代万历时有生员五十万。那么，参加过童子试，攻读过《四书》《五经》的童生至少有数百万之多。① 明代丘濬在《会试录序》中说及理学：“我朝之兴，首表彰之，列圣相承，造士用人，纯用是道。至于今日，益隆益备，横经之师，遍于郡县，执经之徒，溢于里巷，明经之士，布列中外，自有经术以来所未有也。”② 也是对当时经学普及状况的描述。这种为求取功名而努力去攻习八股文，为写好八股文而自觉自愿去攻读经书，揣摩其中的微言大义，心贴先圣，体悟还原其语境，发掘隐蔽于其言论中的原生思想的行为，久而久之，自然就使儒家思想占领了士人的头脑，程朱理学的伦理道德观就会逐渐树立，八股文经学性的功用就显示出来。用八股文培养、选拔出来的官员将获得的理学思想运用到现实政治层面，明、清社会以理学治国的效能便得到充分发挥。

---

① 顾炎武著，黄汝成集释：《日知录集释》卷十七《生员额数》，岳麓书社，1994年。

② 丘濬：《琼台诗文会稿》卷九，明天启间刻本。

但是，这种为统一士人思想而人为设计出的经学性，具有强制认同性，给八股文造成了难以根治的弊端。

首先，它造成了内容的单一，严重束缚人的思想，扼杀了人的才华与个性。文章刻板，少有意趣，使相当多的人视八股文写作为畏途。明代张岱说："诸体之难无过制义，盖用以镂刻学究之肝肠，亦用以消磨豪杰之志气者也。……虽以真正英雄屈首此道，满腹才华，满腹学问，满腹书史，皆无所用之。"① 这番话深刻地揭示了八股文经学性的弊端。

其次，经学化造成的八股文内容的单一性，使得绝大多数士人在功利的驱动下，全部精力与才智都倾注于《四书》《五经》之中而不及其他，以致经世致用的实学少有人过问。

戴名世曾对这种状况做过入骨三分的记叙，他说当时的读书人，"以四子之书，幼而读之，即学为举业之文。父兄之所教督，师长之所劝勉，朋友之所讲习，而又动之以富贵利达，非是途也则无以为进取之资，使其精神意思毕注于此，而鼓舞踊跃以赴之。而人之学之者，自少而壮而老，终身钻研于其中，吟哦讽诵，揣摩习熟，相与扬眉瞬目以求得当于场屋"，但这些人大多数"于四子之书之精微义蕴，茫无所得其毫厘，而出言吐词，非鄙则倍，且其所为鄙、倍者，又非尽出所自造，而雷同剿袭，大抵老生腐儒之唾余，雄唱雌和，自相夸耀。及其入于场屋，则以此书之于纸而献之于有司，于是乎有得有不得焉"②。

这些人除《四书》《五经》之外的书不读，对于国计民生等现实问题无意关注，所谓"两耳不闻窗外事，一心只读圣贤书"，就是这种社会风习的真实反映。一些人连普通的历史知识、

① 张岱:《石匮书·科目志总论》，上海古籍出版社，2008年影印本。

② 戴名世:《戴名世集》卷四《己卯科乡试墨卷序》，中华书局，1986年。

社会常识也不知为何物。以经学化的八股文取士造成了空疏不实的学风，培养出大批食古不化的书呆子。他们言必称孔孟，却对解决现实问题束手无策。其下者只会死背程文，拟题抄袭。明、清末年，内乱外患，靠作八股文起家的朝廷官员没有几个人能提出有效的应对之策，更没有一个能力挽狂澜的干才，就是对八股取士的一种无言批判。

八股文经学化所造成的恶果，势必会引发那些有才有学有识之士的反思，引起那些在新的时代推动下产生了新的思想倾向与要求个性解放者的不满。一旦气候适宜，他们便会站出来挑战八股文的经学性，不依经守注，而是别出己见。有的甚至公然背弃程朱理学，企望改变其独霸话语权的局面。况且八股文文题的变化，文学化趋势的加强，也在挑战其经学性。而这种挑战与反抗，势必会受到统治阶级的反制，他们会出来纠偏斥谬，以维护、巩固八股文经学性的纯正。这种挑战与反制，在明、清八股文史上屡见不鲜。在这种背景下，各种八股文论纷纷出炉，各种风格之文不断涌现，应时而生的八股文名家大师轮番登台表演，形成了一部波澜曲折，与别的文体史迥然有别的八股文发展演变史。

四

“朝为田舍郎，暮登天子堂”，八股文写好了确能改变平民百姓的命运，这种养士在学校，取士在科考，考得上考不上，全看八股文写得怎么样的明、清科举制，便成了名副其实的八股文取士制。这种变化，使得八股文对明、清两代的影响犹如水银泻地，无孔不入。

在社会上，对科名的艳羡和对八股文的追求已蔚然成风，甚至有些人的人性都扭曲了，这在上节已有述及。我们仅以十取一的最低秀才录取率计算，明代万历时参加过童子试，即写过八股文者当在五百万人左右。除开不决定取录与否，只进行取录人员排名先后的殿试外，明代中叶以后所有与科举有关的考试，都是以八股文的优劣为取录标准的，故只要想参加科举就必学八股文。五百万人写过八股文，这占当时人口基数的比例是相当高的。有这些人的存在，八股文对当时社会的影响就不言而喻了。

八股文对明、清两代文化的影响也是既深且广。

在教育方面，学校教育是围绕着科举考试这根指挥棒进行的，八股文写作自然成为教学的核心。

在文学领域，古文在理念、作法上与八股文出现融合的趋势。白话小说受八股文的影响十分明显，且许多长篇、短篇小说中都有关于八股文写作方面的记叙与评说。如《醒世姻缘传》《红楼梦》《儒林外史》等，在思想内容、形式及作法上，都与八股文有着相互渗透、相互影响之关系。由于戏曲与八股文都属“代言体”，这一共性便决定了两者之间必然会你中有我，我中有你，相互影响和渗透，就如钱泳在《履园丛话》中所说：“演戏如作时文，无一定格局，只须酷肖古圣贤人口气。……形容得像，写得出，便为绝构，便是名班。”① 诗歌也深受八股文的影响，致使明、清诗歌理性大张，诗性甚少。

受八股文的影响，明、清两代的政治生态都发生了变化。

八股文写作既为明、清官员树立起了牢固的儒家正统伦理价值观，也使他们获得了为官处世的基本素质。如八股文写作在格式等方面种种苛严的规定，使他们受到了限制性思维的培训，获

① 钱泳：《履园丛话》卷一二，《笔记小说大观》第二十五册，江苏广陵古籍刻印社，1983 年。

得了在各种条件的限制下进行正确决策和严格按规章办事的本领与意识。这些经层层严格考试选拔出来的人进入官场后，极大地改变了当时的政治生态。

较之以前的各朝各代，明、清政坛忠君爱国的空气变浓了。拿明代来说，像海瑞及明末与阉党做殊死斗争以维护皇权的左光斗、赵南星、黄尊素、高攀龙等，以及在明亡后坚持抗清而英勇捐躯的八股文大师名家金声、黄淳耀、黄道周、陈子龙一类人物层出不穷，为后世所景仰。

然而，也正是有了这么一批树立起坚定的儒家正统观念的人，为了坚持其理想信念，经常对一些与其在政治理念或处事主张上有差异的官员们展开毫不妥协，甚至是不顾大局的争斗，从而使晚明朝廷党争不断。虽然东林党人声称是正邪之争，其实当中有不少纯属党同伐异，是无谓之斗，使国家元气大受损耗，为明王朝的覆灭种下了祸根。

另一方面，规定苛严繁多、刻板式的八股文写作，虽然培养了官员们的思维能力、决策能力，成为程序法规的严格执行者，足以应付处理日常工作，却培养不出能有效应对大风云、大变局的人才。故明亡时除有一批不惜杀身以报君王的忠贞之士外，没有一个能挽狂澜于既倒的英才。鸦片战争后，没有一个能有效抵抗外敌入侵的统帅。朝廷上下，充斥着平庸之士，以及动辄引经据典，指斥别人是汉奸卖国贼的斗士。这样的官场生态，虽然对皇帝来说堪称便利，于国于民却为害巨大。

从以上概述可以看出，经历了近五百年的八股文写作对明、清社会的影响既广又深，且延及后世。特别是它所形成的思维方式和认知方法作为心理积淀至今犹存，给国人带来了不可忽视的负面影响。故对八股文文体的作用，八股文的特性，八股文的发展变化历史，八股文的历史作用进行深入的研究，既是对明、清历史的补充与拓展，又是对明、清文学史的开拓，其文体是古文的重要一支，很有进行精深研究之必要。

五

虽然开展八股文研究有着重要的文化价值，但凡属从事过八股文研究的人都会遇到横亘在自己面前的一道难以跨过的障碍，那就是有关资料极难寻觅。

本来，在明、清两代，各种八股文选本、稿本、刻本汗牛充栋，不可计数。但八股文所特具的与时俱变性使得一些八股文因失去时效性而自然淘汰，也不被藏书家所重。而许多今日难以弄明白的八股文写作方法、写作要求在当时俱为人所共知的常识，人们不屑于记述而极少存世。停科举废八股后，八股文作为一种前朝废物更无人重视，图书馆不收，目录学不讲，零落散失，覆瓿烧薪，虫蛀鼠啮，加上战火水灾，八股文几乎已绝迹。零星存世的也多散落在农村那些祖先曾写过八股文的家庭，故搜寻起来极为困难。

有鉴于此，我们决定以自己几十年间从全国各地文物市场、文物商贩、私家收藏，特别是走村串户购得的各种八股文资料为基础，再加上一些经多方努力才获得的公私所藏之书的复印本，汇编出一套《八股文话》供研究者使用。

幸运的是，此举获得了各界的重视与支持，选题列入“2011—2020年国家古籍整理出版规划项目”和“2018年度国家出版基金项目”。

经过多年的辛勤工作，我们从近千种明、清时刊刻或手抄的八股文资料中选取了数百种编成此书。这些资料中既有明、清学人关于八股文源流、发展、变化的阐述，也有关于各种作法的论叙。既有关于作品的分析评介，也有对名家高手作法的阐释。既有关于八股文题目的，也有关于八股文文体的，还有关于社会影响的。总之，凡属有价值的，能启迪人的，从未公之于世的方方面面的资料，我们都收入了书中，故入选此书的多为孤本、珍本。

对收入书中的各种资料，我们都加以校点和整理，并撰写了导读，对其作者、版本略加考订，并揭示其主要内容、观点及价值，以方便读者阅读使用。

由于受成书字数的限制，我们忍痛割舍了不少东西。还有些已知藏书处，理应收入的资料，因资金匮乏等种种原因而作罢，留下了遗珠之憾。

全书近二百六十万字，既有整书全录，也有书籍节选；既有名家的八股文评述，也有重要八股文选本的序言，林林总总，涉及方方面面。总之，希望能提供各方面有价值的第一手资料供研究者使用，企望他们能从这些难得一见的资料中有新的发现、新的创见，找到自己需要的资料。

编辑这种大型的八股文资料集，属一种开拓性的工作。世有诗话、词话，却无八股文话。清代阮元曾组织大批人编过一部《四书文话》，只有稿本，未经刊刻即已散失。今天的这部《八股文话》，既是继承前人未果之业，又是在填补空白，故受到各界支持也是题中应有之义。

既为开创性的工作，前无借鉴，今无导引，加之水平不够，书中肯定存在这样那样的问题与不足，敬请高明者教正。如有重印可能，则必加参照予以修订。

龚笃清

2020 年 8 月于长沙百明千清斋

凡　例

一、本书收录的是论述、阐发、记叙八股文起源、形成、文体、题目、题旨、写作方法、经学性、文学性、可复制性、与时俱变性、功利性、发展变化史以及其价值、评价等全方位知识的著述、专论、书信、日记、小说、回忆录、杂述、各种八股文选本及有关著述的序、跋、凡例等。

二、为使读者掌握八股文的实质，破解其认识上的误区与盲区，本书立足于搜集那些久已失传、不为人知却有价值的资料，包括孤本、珍本、稿本、抄本、各种八股文选本等。

三、八股文实质上是学习《四书》《五经》的心得体会，《四书》《五经》是八股文的根基。学校教育、科举考试必以八股文为根本，而八股文的功用与价值只有在科举考试中才得到彰显。这种关联便将学校教育、儒家经典的学习、科场规则的制定、八股文写作的过程构成一个环环相扣的系统工程。从事八股文研究，必须将其置于《四书》《五经》的语境、学校教育的环境、科举考试的情境中才能正确把握。故本书适量收录了有关儒家经典、科考方法、学校传授等方面的文字，以期它们产生的对八股文的辅翼之效而收认识更全面、把握更准确之功。

四、本书所收录的各类文字均出自宋、元、明、清、民国时期、新中国成立后刻印、石印、铅印及抄写的各种专著、文集、八股文选本及报刊文章。视其价值，有的全文录入，有的只做节选。它们的出处或在导读中指出，或在篇末加以注明。

五、本书对重要的著述及名家的八股文话均撰写了导读，对各类著述要点、创见之处加以解析，化解难点、疑点，让人能把握其价值所在。对作者的经历及其八股文观，以及在八股文史上的地位、作用等进行了介绍，以期让读者把握八股文之真谛，人与文、世与文之间的内在联系，从而认识到八股文的功能、价值所在。

六、收入本书的各类文字以作者出生年月的先后排序。对考证不出作者准确的出生年月却能判断出其大致生活年代的，则相机排入适当位置。对无法确知其生卒年月，也不能估算出其生活年代的，则置于最后。

总　目

上编　著述

第一册

第二册

第三册

第四册

下编 杂著

第五册

第六册

上编　著述

上仁宗皇帝言事书

〔宋〕王安石　撰

导读

八股文起源于宋代王安石创制的经义，这已成为自明代以来绝大多数八股文研究者的共识。故明、清两代常把八股文称为经义。

虽然从八股文文体构成的某些单个元素的出现来看，可以追溯到唐代甚至先秦。如破题之形式可见于唐赋、试律；其起处并曰破题，此称屡见于唐、宋人之记载。清学者毛奇龄则干脆称八股文体是由唐代应试的试律诗而来："唐制试士改汉魏散诗而限以比语，有破题，有承题，有领比，有颈比，有腹比，有后比，而后结以收之。六韵之首尾即起结也，其中四韵即八比也。然则试文之八比视此矣。"（毛奇龄：《四书改错》）但从八股文的主要构成元素来分析对照，则八股文起源于王安石所创制的经义是确凿无疑的。

构成八股文的最重要的元素，即八股文的题目必须从《四书》《五经》中摘取，文章的议论阐发必须依据题目，也就是题目中的经文，这两点，都是宋经义首创的。这就将八股文牢牢地与《四书》《五经》捆绑在一起，使八股文成为士子学习《四书》《五经》的心得体会，换一个角度说，八股文便成为向士子传输儒家伦理价值观的有效工具。统治阶级欲借八股文取士所要达到的培养、选拔忠于专制统治制度者之目的，也便实现了。这一点，我们只要剖析一下张才叔的《自靖，人自献于先王》这篇经义就可明白。

这篇经义被学者称为不可磨灭之文，宋代吕祖谦将其收入了《宋文鉴》。它是目前可以确证的宋代经义文，被《四库全书总目提要·钦定四书文》称为宋经义的程式之作。它的题目出自《尚书·微子》，内容是对以不同方式表现对商代先王忠诚的微子、箕子和比干三位仁人的推许。张才叔就是按照儒家经典中对三位仁人的评价来阐释《尚书》中"自靖，人自献于先王"这句话的义理，发其微言大义的。其文章的体式已经包括了破题、承题等部分，只是正文部分采用的是散行文字，而不似八股文必用对偶，且分为八股。从对这篇经义的剖析中，我们便可以看出它的确具有了八股文的最本质的构成元素，说明王安石创制的经义确是八股文的前身。

王安石（1021—1086），字介甫，号半山，抚州临川（今江西临川）人。北宋庆历二年（1042）进士。他两次入相，坚决推行变法，被封为荆国公。其改革虽失败，但一颗为国之心却被后人称许。他又是宋朝著名的文学家，诗文皆出类拔萃，垂于后世。他尤擅古文，其文以险峭奇拔著称，被尊为"唐宋八大家"之一。

在变法期间，他改革了科举制度，罢除了唐以来以诗赋和帖经、墨义取士之法，代之以"经义、论、策试士"，从而催生了经义，为八股文的形成打下了内容和形式的基础。王安石变法历受保守派攻击，但他所定下的经义文体却颇受后世称赞，并演变成大显于明、清两代之八股文。他在罢诗赋及明经诸科，改以经义试士时，曾命中书撰大义式，作为程式，颁行天下。他也亲撰程文以供考生揣摩学习。王安石的经义文，题皆取自《四书》《五经》，写作时须融会贯通群经大义，并抒以己见，由此可以判断考生对经典的学习理解程度，识别其水平之高低。且其文讲究文采，层层铺叙，条理清晰。所使用的对仗骈俪短句，都自然率意，不拘格套，长短参差，颇近秦汉古文，不以词害意，只求义理明白，中心突出，故大受世人欢迎。王安石的《上仁宗皇帝言事书》系统地向宋仁宗阐述了改变现行科举制度，特别是学校教育与考试方法的必要性与紧迫性，实际上是发表了全面进行科举改革的宣言书。

为了促使宋仁宗进行科举制度改革，王安石在言事书中把宋仁宗称为有德有才，具有“二帝三王之用心”的英明之君。但他指出，在明君治下理应出现的天下大治没有见到，国家反而陷入内忧外患的困境。其原因何在呢？他引用孟子的话说，是“为政不法于先王之道故也”，即没遵奉尧、舜、文、武等先王的为政之道。而追寻这种情况出现的原因，是“方今天下之人才不足故也”。而要想人才辈出，便要像周文王时那样去“陶冶”，即要“教之、养之、取之、任之有其道”。

在阐发了先王教之、养之、取之、任之之道为何后，王安石分别揭示了当时在这四个方面的种种弊端，它们的存在，不仅不足以陶冶人才，相反会损毁人才。他重点揭示了当世在“教之”“取之”方面的严重问题，从而为进行科举改革提供了充足的理由。

王安石说：“方今州县虽有学，取墙壁具而已，非有教导之官，长育人才之事也。”在州县学里，不学礼乐刑政之事，而只讲说章句。后教课试之文章，却又“非博诵强学穷日之力则不能。及其能工也，大则不足以用天下国家，小则不足以为天下国家之用。故虽白首于庠序，穷日之力以帅上之教，乃使之从政，则茫然不知其方者，皆是也。”他列举了种种“教之非其道”的表现，指出这种学校教育，“非特不能成人之才，又从而困苦毁坏之”，故非改不可。

而在取士上，存在的弊端更为严重。王安石指出：“方今取士，强记博诵而略通于文辞，谓之茂才异等、贤良方正。……记不必强，诵不必博，略通于文辞，而又尝学诗赋，则谓之进士。……夫此二科所得之技能，不足以为公卿，不待论而后可知。”“今朝廷又开明经之选，以进经术之士。然明经之所取，亦记诵而略通于文辞者，则得之矣。彼通先王之意，而可以施于天下国家之用者，顾未必得与于此选也。”

王安石说：“夫教之、养之、取之、任之，有一非其道，则足以败乱天下之人才。”所以，为国家计，他希望宋仁宗能排除万难，“有所施为变革”，即希望宋仁宗对怎样教育人，用什么去教育人，教育要达到什么目的；要怎样去选拔人才，用什么去选拔人才，选拔人才的标准与目的是什么，及“养之”“任之”等与培养人才有关的事项，进行认真审视并加以改革。虽然宋仁宗并不重视其言，但通过这封言事书，我们可以理解王安石在宋神宗朝主持变法时，为什么要以创立经义为突破口，对宋代科举制进行改革了。从这封言事书中，我们可以把握王安石改革科举制的理念、思路及其想达到的目标。他把教育、培养、考选、任用人才当做一个紧密相关的整体，用今天的话来说，是当做一个系统工程来综合考虑的。由于其思虑周密，把握到了科举制度的本质，故明、清两代的科举制度便囊括了这四个方面的内容，这从《明史·选举志》和《清史稿·选举志》中可以看出。

由于王安石如何罢诗赋及明经诸科，改用经义、论、策试士的记载不见于各种资料，故将《续资治通鉴》卷六十八有关王安石论经义的记载附录于后，以便让人们知道为什么要创制经义，以及经义的主要文体特点是什么。

收入本书的《上仁宗皇帝言事书》出自明茅坤选编的《唐宋八大家文钞·临川文钞一》，依据文渊阁《四库全书》本校点。

（乌　媛）

上仁宗皇帝言事书

臣愚不肖，蒙恩备使一路，今又蒙恩召还阙廷，有所任属，而当以使事归报陛下。不自知其无以称职，而敢缘使事之所及，冒言天下之事，伏惟陛下详思而择其中，幸甚。

臣窃观陛下有恭俭之德，有聪明睿智之才，夙兴夜寐，无一日之懈，声色狗马、观游玩好之事，无纤介之蔽，而仁民爱物之意，孚于天下，而又公选天下之所愿以为辅相者，属之以事，而不贰于谗邪倾巧之臣。此虽二帝三王之用心，不过如此而已。宜其家给人足，天下大治，而效不至于此。顾内则不能无以社稷为忧，外则不能无惧于夷狄，天下之财力日以困穷，而风俗日以衰坏，四方有志之士，諰諰然常恐天下之久不安。此其故何也？患在不知法度故也。

今朝廷法严令具，无所不有，而臣以谓无法度者，何哉？方今之法度，多不合乎先王之政故也。孟子曰："有仁心仁闻，而泽不加于百姓者，为政不法于先王之道故也。"以孟子之说，观方今之失，正在于此而已。

夫以今之世，去先王之世远，所遭之变、所遇之势不一，而欲一一修先王之政，虽甚愚者，犹知其难也。然臣以谓今之失，患在不法先王之政者，以谓当法其意而已。夫二帝三王，相去盖千有余载，一治一乱，其盛衰之时具矣。其所遭之变、所遇之势，亦各不同，其施设之方亦皆殊，而其为天下国家之意，本末先后，未尝不同也。臣故曰：当法其意而已。法其意，则吾所改易更革，不至乎倾骇天下之耳目，嚣天下之口，而固已合乎先王之政矣。

虽然，以方今之势揆之，陛下虽欲改易更革天下之事，合于先王之意，其势必不能也。陛下有恭俭之德，有聪明睿智之才，有仁民爱物之意，诚加之意，则何为而不成，何欲而不得？然而臣顾以谓陛下虽欲改易更革天下之事，合于先王之意，其势必不能者，何也？以方今天下之人才不足故也。

臣尝试窃观天下在位之人，未有乏于此时者也。夫人才乏于上，则有沉废伏匿在下，而不为当时所知者矣。臣又求之于闾巷草野之间，而亦未见其多焉。岂非陶冶而成之者非其道而然乎？臣以谓方今在位之人才不足者，以臣使事之所及则可知矣。今以一路数千里之间，能推行朝廷之法令，知其所缓急，而一切能使民以修其职事者甚少，而不才、苟简、贪鄙之人，至不可胜数。其能讲先王之意，以合当时之变者，盖阖郡之间，往往而绝也。朝廷每一令下，其意虽善，在位者犹不能推行，使膏泽加于民，而吏辄缘之为奸，以扰百姓。臣故曰：在位之人才不足，而草野闾巷之间，亦未见其多也。夫人才不足，则陛下虽欲改易更革天下之事，以合先王之意，大臣虽有能当陛下之意而欲领此者，九州之大，四海之远，孰能称陛下之指，以一二推行此，而人人蒙其施者乎？臣故曰：其势必未能也。孟子曰："徒法不能以自行。"非此之谓乎？然则方今之急，在于人才而已。诚能使天下人才众多，然后在位之才可以择其人而取足焉。在位者得其才矣，然后稍视时势之可否，而因人情之患苦，变更天下之弊法，以趋先王之意，甚易也。今之天下，亦先王之天下，先王之时，人才尝众矣，何至于今而独不足乎？故曰：陶冶而成之者，非其道故也。

商之时，天下尝大乱矣，在位贪毒祸败，皆非其人。及文王之起，而天下之才尝少矣。当是时，文王能陶冶天下之士，而使之皆有士君子之才，然后随其才之所有而官使之。《诗》曰：“岂弟君子，遐不作人。”此之谓也。及其成也，微贱兔罝之人，犹莫不好德，《兔罝》之诗是也。又况于在位之人乎？夫文王惟能如此，故以征则服，以守则治。《诗》曰：“奉璋峨峨，髦士攸宜。”又曰：“周王于迈，六师及之。”言文王所用，文武各得其才，而无废事也。及至夷、厉之乱，天下之才，又尝少矣。至宣王之起，所与图天下之事者，仲山甫而已。故诗人叹之曰：“德輶如毛，维仲山甫举之，爱莫助之。”盖闵人才之少，而山甫之无助也。宣王能用仲山甫，推其类以新美天下之士，而后人才复众。于是内修政事，外讨不庭，而复有文、武之境土。故诗人美之曰：“薄言采芑，于彼新田，于此菑亩。”言宣王能新美天下之士，使之有可用之才，如农夫新美其田，而使之有可采之芑也。由此观之，人之才，未尝不自人主陶冶而成之者也。

所谓陶冶而成之者何也？亦教之、养之、取之、任之有其道而已。

所谓教之之道何也？古者天子诸侯，自国至于乡党皆有学，博置教导之官而严其选。朝廷礼乐刑政之事，皆在于学。士所观而习者，皆先王之法言德行治天下之意，其材亦可以为天下国家之用。苟不可以为天下国家之用，则不教也。苟可以为天下国家之用者，则无不在于学。此教之之道也。

所谓养之之道何也？饶之以财，约之以礼，裁之以法也。何谓饶之以财？人之情，不足于财，则贪鄙苟得，无所不至。先王知其如此，故其制禄，自庶人之在官者，其禄已足以代其耕矣。由此等而上之，每有加焉，使其足以养廉耻，而离于贪鄙之行。犹以为未也，又推其禄以及其子孙，谓之世禄。使其生也，既于父子、兄弟、妻子之养，婚姻、朋友之接，皆无憾矣；其死也，又于子孙无不足之忧焉。何谓约之以礼？人情足于财而无礼以节之，则又放僻邪侈，无所不至。先王知其如此，故为之制度。婚丧、祭养、燕享之事，服食、器用之物，皆以命数为之节，而齐之以律度量衡之法。其命可以为之，而财不足以具，则弗具也；其财可以具，而命不得为之者，不使有铢两分寸之加焉。何谓裁之以法？先王于天下之士，教之以道艺矣，不帅教则待之以屏弃远方、终身不齿之法。约之以礼矣，不循礼则待之以流、杀之法。《王制》曰："变衣服者，其君流。"《酒诰》曰："厥或诰曰：'群饮，汝勿佚。尽执拘以归于周，予其杀！'"夫群饮、变衣服，小罪也；流、杀，大刑也。加小罪以大刑，先王所以忍而不疑者，以为不如是，不足以一天下之俗而成吾治。夫约之以礼，裁之以法，天下所以服从无抵冒者，又非独其禁严而治察之所能致也。盖亦以吾至诚恳恻之心，力行而为之倡。凡在左右通贵之人，皆顺上之欲而服行之，有一不帅者，法之加必自此始。夫上以至诚行之，而贵者知避上之所恶矣，则天下之不罚而止者众矣。故曰：此养之之道也。

所谓取之之道者，何也？先王之取人也，必于乡党，必于庠序，使众人推其所谓贤能，书之以告于上而察之。诚贤能也，然后随其德之大小、才之高下而官使之。所谓察之者，非专用耳目之聪明，而私听于一人之口也。欲审知其德，问以行；欲审知其才，问以言。得其言行，则试之以事。所谓察之者，试之以事是也。虽尧之用舜，亦不过如此而已，又况其下乎？若夫九州之大，四海之远，百官亿丑之贱，所须士大夫之才则众矣。有天下者，又不可以一一自察之也，又不可以偏属于一人，而使之于一日二日之间考试其行能而进退之也。盖吾已能察其才行之大者，以为大官矣，因使之取其类以持久试之，而考其能者以告于上，而后以爵命、禄秩予之而已。此取之之道也。

所谓任之之道者，何也？人之才德，高下厚薄不同，其所任有宜有不宜。先王知其如此，故知农者以为后稷，知工者以为共工。其德厚而才高者以为之长，德薄而才下者以为之佐属。又以久于其职，则上狃习而知其事，下服驯而安其教，贤者则其功可以至于成，不肖者则其罪可以至于著，故久其任而待之以考绩之法。夫如此，故智能才力之士，则得尽其智以赴功，而不患其事之不终、其功之不就也。偷惰苟且之人，虽欲取容于一时，而顾僇辱在其后，安敢不勉乎？若夫无能之人，固知辞避而去矣。居职任事之日久，不胜任之罪，不可以幸而免故也。彼且不敢冒而知辞避矣，尚何有比周、谗谄、争进之人乎？取之既已详，使之既已当，处之既已久，至其任之也又专焉，而不一一以法束缚之，而使之得行其意，尧、舜之所以理百官而熙众工者，以此而已。《书》曰："三载考绩，三考，黜陟幽明。"此之谓也。然尧、舜之时，其所黜者则闻之矣，盖四凶是也。其所陟者，则皋陶、稷、契皆终身一官而不徙。盖其所谓陟者，特加之爵命、禄赐而已耳。此任之之道也。

夫教之、养之、取之、任之之道如此，而当时人君，又能与其大臣，悉其耳目心力，至诚恻怛，思念而行之，此其人臣之所以无疑，而于天下国家之事，无所欲为而不得也。

方今州县虽有学，取墙壁具而已，非有教导之官，长育人才之事也。唯太学有教导之官，而亦未尝严其选。朝廷礼乐刑政之事，未尝在于学。学者亦漠然自以礼乐刑政为有司之事，而非己所当知也。学者之所教，讲说章句而已。讲说章句，固非古者教人之道也。近岁乃始教之以课试之文章。夫课试之文章，非博诵强学穷日之力则不能。及其能工也，大则不足以用天下国家，小则不足以为天下国家之用。故虽白首于庠序，穷日之力以帅上之教，乃使之从政，则茫然不知其方者，皆是也。盖今之教者，非特不能成人之才而已，又从而困苦毁坏之，使不得成才者，何也？夫人之才，成于专而毁于杂。故先王之处民才，处工于官府，处农于畎亩，处商贾于肆，而处士于庠序，使各专其业而不见异物，惧异物之足以害其业也。所谓士者，又非特使之不得见异物而已，一示之以先王之道，而百家诸子之异说，皆屏之而莫敢习者焉。今夫士之所宜学者，天下国家之用也。今悉使置之不教，而教之以课试之文章，使其耗精疲神，穷日之力以从事于此。及其任之以官也，则又悉使置之，而责之以天下国家之事。夫古之人，以朝夕专其业于天下国家之事，而犹才有能有不能。今乃移其精神，夺其日力，以朝夕从事于无补之学，及其任之以事，然后卒然责之以为天下国家之用，宜其才之足以有为者少矣。臣故曰：非特不能成人之才，又从而困苦毁坏之，使不得成才也。

又有甚害者，先王之时，士之所学者，文武之道也。士之才，有可以为公卿大夫，有可以为士。其才之大小、宜不宜则有矣，至于武事，则随其才之大小，未有不学者也。故其大者，居则为六官之卿，出则为六军之将也；其次则比、闾、族、党之师，亦皆卒、两、师、旅之帅也。故边疆宿卫，皆得士大夫为之，而小人不得奸其任。今之学者，以为文武异事，吾知治文事而已，至于边疆宿卫之任，则推而属之于卒伍，往往天下奸悍无赖之人。苟其才行足以自托于乡里者，未有肯去亲戚而从召募者也。边疆宿卫，此乃天下之重任，而人主之所当慎重者也。故古者教士，以射、御为急，其他技能，则视其人才之所宜而后教之，其才之所不能，则不强也。至于射，则为男子之事。人之生，有疾则已，苟无疾，未有去射而不学者也。在庠序之间，固当从事于射也。有宾客之事则以射，有祭祀之事则以射，别士之行同能偶则以射，于礼乐之事，未尝不寓于射，而射亦未尝不在于礼乐、祭祀之间也。《易》曰："弧矢之利，以威天下。"先王岂以射为可以习揖让之仪而已乎？固以为射者，武事之尤大，而威天下、守国家之具也。居则以是习礼乐，出则以是从战伐。士既朝夕从事于此而能者众，则边疆宿卫之任，皆可以择而取也。夫士尝学先王之道，其行义尝见推于乡党矣，然后因其才而托之以边疆宿卫之事，此古之人君，所以推干戈以属之人，而无内外之虞也。今乃以夫天下之重任，人主所当至慎之选，推而属之奸悍无赖，才行不足自托于乡里之人，此方今所以谌谌然常抱边疆之忧，而虞宿卫之不足恃以为安也。今孰不知边疆宿卫之士不足恃以为安哉？顾以为天下学士以执兵为耻，而亦未有能骑射行阵之事者，则非召募之卒伍，孰能任其事者乎？夫不严其教，高其选，则士之以执兵为耻，而未尝有能骑射行阵之事，固其理也。凡此皆教之非其道故也。

方今制禄，大抵皆薄。自非朝廷侍从之列，食口稍众，未有不兼农商之利而能充其养者也。其下州县之吏，一月所得，多者钱八九千，少者四五千，以守选、待除、守阙通之，盖六七年而后得三年之禄，计一月所得，乃实不能四五千，少者乃实不能及三四千而已。虽厮养之给，亦窘于此矣，而其养生、丧死、婚姻、葬送之事，皆当出于此。夫出中人之上者，虽穷而不失为君子；出中人之下者，虽泰而不失为小人。惟中人则不然，穷则为小人，泰则为君子。计天下之士，出中人之上下者，千百而无十一，穷而为小人，泰而为君子者，则天下皆是也。先王以为众不可以力胜也，故制行不以己，而以中人为制，所以因其欲而利道之，以为中人之所能守，则其志可以行乎天下，而推之后世。以今之制禄，而欲士之无毁廉耻，盖中人之所不能也。故今官大者，往往交赂遗、营资产，以负贪污之毁；官小者，贩鬻、乞丐，无所不为。夫士已尝毁廉耻以负累于世矣，则其偷惰取容之意起，而矜奋自强之心息，则职业安得而不弛，治道何从而兴乎？又况委法受赂，侵牟百姓者，往往而是也。此所谓不能饶之以财也。

婚丧、奉养、服食、器用之物，皆无制度以为之节，而天下以奢为荣，以俭为耻。苟其财之可以具，则无所为而不得，有司既不禁，而人又以此为荣。苟其财不足，而不能自称于流俗，则其婚丧之际，往往得罪于族人亲姻，而人以为耻也。故富者贪而不知止，贫者则强勉其不足以追之。此士之所以重困，而廉耻之心毁也。凡此所谓不能约之以礼也。

方今陛下躬行俭约，以率天下，此左右通贵之臣所亲见。然而其闺门之内，奢靡无节，犯上之所恶，以伤天下之教者，有已甚者矣。未闻朝廷有所放绌，以示天下。昔周之人，拘群饮而被之以杀刑者，以为酒之末流生害，有至于死者众矣，故重禁其祸之所自生。重禁祸之所自生，故其施刑极省，而人之抵于祸败者少矣。今朝廷之法所尤重者，独贪吏耳。重禁贪吏，而轻奢靡之法，此所谓禁其末而弛其本。然而世之识者，以为方今官冗，而县官财用已不足以供之，其亦蔽于理矣。今之入官诚冗矣，然而前世置员盖甚少，而赋禄又如此之薄，则财用之所不足，盖亦有说矣。吏禄岂足计哉？臣于财利，固未尝学，然窃观前世治财之大略矣。盖因天下之力，以生天下之财，取天下之财，以供天下之费。自古治世，未尝以不足为天下之公患也，患在治财无其道耳。今天下不见兵革之具，而元元安土乐业，人致其力，以生天下之财，然而公私常以困穷为患者，殆以理财未得其道，而有司不能度世之宜而通其变耳。诚能理财以其道，而通其变，臣虽愚，固知增吏禄不足以伤经费也。方今法严令具，所以罗天下之士，可谓密矣。然而亦尝教之以道艺，而有不帅教之刑以待之乎？亦尝约之以制度，而有不循理之刑以待之乎？亦尝任之以职事，而有不任事之刑以待之乎？夫不先教之以道艺，诚不可以诛其不帅教；不先约之以制度，诚不可以诛其不循理；不先任之以职事，诚不可以诛其不任事。此三者，先王之法所尤急也，今皆不可得诛，而薄物细故，非害治之急者，为之法禁，月异而岁不同，为吏者至于不可胜计，又况能一一避之而无犯者乎？此法令所以玩而不行，小人有幸而免者，君子有不幸而及者焉。此所谓不能裁之以刑者也。凡此皆治之非其道也。

方今取士，强记博诵而略通于文辞，谓之茂才异等、贤良方正。茂才异等、贤良方正者，公卿之选也。记不必强，诵不必博，略通于文辞，而又尝学诗赋，则谓之进士。进士之高者，亦公卿之选也。夫此二科所得之技能，不足以为公卿，不待论而后可知。而世之议者，乃以为吾常以此取天下之士，而才之可以为公卿者，常出于此，不必法古之取人然后得士也。其亦蔽于理矣。先王之时，尽所以取人之道，犹惧贤者之难进，而不肖者之杂于其间也。今悉废先王所以取士之道，而驱天下之才士，悉使为贤良、进士，则士之才可以为公卿者，固宜为贤良、进士，而贤良、进士亦固宜有时而得才之可以为公卿者也。然而不肖者，苟能雕虫篆刻之学，以此进至乎公卿，才之可以为公卿者，困于无补之学，而以此绌死于岩野，盖十八九矣。夫古之人有天下者，其所慎择者，公卿而已。公卿既得其人，因使推其类以聚于朝廷，则百司庶府，无不得其人也。今使不肖之人，幸而至乎公卿，因得推其类聚之朝廷，此朝廷所以多不肖之人，而虽有贤智，往往困于无助，不得行其意也。且公卿之不肖，既推其类以聚于朝廷；朝廷之不肖，又推其类以备四方之任使；四方之任使者，又各推其不肖以布于州郡。则虽有同罪举官之科，岂足恃哉？适足以为不肖者之资而已。其次九经、五经、学究、明法之科，朝廷固已尝患其无用于世，而稍责之以大义矣。然大义之所得，未有以贤于故也。今朝廷又开明经之选，以进经术之士。然明经之所取，亦记诵而略通于文辞者，则得之矣。彼通先王之意，而可以施于天下国家之用者，顾未必得与于此选也。其次则恩泽子弟，庠序不教之以道艺，官司不考问其才能，父兄不保任其行义，而朝廷辄以官予之，而任之以事。武王数纣之罪，则曰："官人以世。"夫官人以世，而不计其才行，此乃纣之所以乱亡之道，而治世之所无也。又其次曰流外，朝廷固已挤之于廉耻之外，而限其进取之路矣，顾属之以州县之事，使之临士民之上。岂所谓以贤治不肖者乎？以臣使事之所及，一路数千里之间，州县之吏，出于流外者，往往而有，可属任以事者，殆无二三，而当防闲其奸者，皆是也。盖古者有贤不肖之分，而无流品之别。故孔子之圣，而尝为季氏吏，盖虽为吏，而亦不害其为公卿。及后世有流品之别，则凡在流外者，其所成立，固尝自置于廉耻之外，而无高人之意矣。夫以近世风俗之流靡，虽自士大夫之才，势足以进取，而朝廷尝奖之以礼义者，晚节末路，往往怵而为奸，况又其素所成立，无高人之意，而朝廷固已挤之于廉耻之外，限其进取者乎？其临人亲职，放僻邪侈，固其理也。至于边疆宿卫之选，则臣固已言其失矣。凡此皆取之非其道也。

方今取之既不以其道，至于任之，又不问其德之所宜，而问其出身之后先，不论其才之称否，而论其历任之多少。以文学进者，且使之治财；已使之治财矣，又转而使之典狱；已使之典狱矣，又转而使之治礼。是则一人之身，而责之以百官之所能备，宜其人才之难为也。夫责人以其所难为，则人之能为者少矣。人之能为者少，则相率而不为。故使之典礼，未尝以不知礼为忧，以今之典礼者未尝学礼故也；使之典狱，未尝以不知狱为耻，以今典狱者未尝学狱故也。天下之人，亦以渐渍于失教，被服于成俗，见朝廷有所任使，非其资序，则相议而讪之，至于任使之不当其才，未尝有非之者也。且在位者数徙，则不得久于其官，故上不能狃习而知其事，下不肯服驯而安其教，贤者则其功不可以至于成，不肖者则其罪不可以至于著。若夫迎新将故之劳，缘绝簿书之弊，固其害之小者，不足悉数也。设官大抵皆当久于其任，而至于所部者远，所任者重，则尤宜久于其官，而后可以责其有为。而方今尤不得久于其官，往往数日辄迁之矣。

取之既已不详，使之既已不当，处之既已不久，至于任之则又不专，而又一一以法束缚之，使不得行其意。臣固知当今在位多非其人，稍假借之权，而不一一以法束缚之，则放恣而无不为。虽然，在位非其人，而恃法以为治，自古及今，未有能治者也。即使在位皆得其人矣，而一一以法束缚之，不使之得行其意，亦自古及今，未有能治者也。夫取之既已不详，使之既已不当，处之既已不久，任之又不专，而又一一以法束缚之，故虽贤者在位，能者在职，与不肖而无能者，殆无以异。夫如此，故朝廷明知其贤能足以任事，苟非其资序，则不以任事而辄进之，虽进之，士犹不服也。明知其无能而不肖，苟非有罪，为在事者所劾，不敢以其不胜任而辄退之，虽退之，士犹不服也。彼诚不肖而无能，然而士不服者何也？以所谓贤能者任其事，与不肖而无能者，亦何以异故也。臣前以谓不能任人以职事，而无不任事之刑以待之者，盖谓此也。

夫教之、养之、取之、任之，有一非其道，则足以败乱天下之人才，又况兼此四者而有之？则在位不才、苟简、贪鄙之人，至于不可胜数，而草野闾巷之间，亦少可任之才，固不足怪。《诗》曰："国虽靡止，或圣或否。民虽靡膴，或哲或谋，或肃或艾。如彼泉流，无沦胥以败。"此之谓也。

夫在位之人才不足矣，而闾巷草野之间，亦少可用之才，则岂特行先王之政而不得也，社稷之托，封疆之守，陛下其能久以天幸为常，而无一旦之忧乎？盖汉之张角，三十六万同日而起，而所在郡国，莫能发其谋；唐之黄巢，横行天下，而所至将吏，无敢与之抗者。汉、唐之所以亡，祸自此始。唐既亡矣，陵夷以至五代，而武夫用事，贤者伏匿消沮而不见，在位无复有知君臣之义、上下之礼者也。当是之时，变置社稷，盖甚于弈棋之易，而元元肝脑涂地，幸而不转死于沟壑者无几耳。夫人才不足，其患盖如此。而方今公卿大夫，莫肯为陛下长虑后顾，为宗庙万世计，臣窃惑之。昔晋武帝趣过目前，而不为子孙长远之谋，当时在位，亦皆偷合苟容，而风俗荡然，弃礼义，捐法制，上下同失，莫以为戒，有识固知其将必乱矣。而其后果海内大扰，中国列于夷狄者，二百余年。伏惟三庙祖宗神灵所以付属陛下，固将为万世血食，而大庇元元于无穷也。臣愿陛下鉴汉、唐、五代之所以乱亡，惩晋武苟且因循之祸，明诏大臣，思所以陶成天下之才，虑之以谋，计之以数，为之以渐，期为合于当世之变，而无负于先王之意，则天下之人才不胜用矣。人才不胜用，则陛下何求而不得，何欲而不成哉？夫虑之以谋，计之以数，为之以渐，则成天下之才甚易也。

臣始读《孟子》，见孟子言王政之易行，心则以为诚然。及见与慎子论齐、鲁之地，以为先王之制国，大抵不过百里者，以为今有王者起，则凡诸侯之地，或千里，或五百里，皆将损之至于数十百里而后止。于是疑孟子虽贤，其仁智足以一天下，亦安能毋劫之以兵革，而使数百千里之强国，一旦肯损其地之十八九，而比于先王之诸侯？至其后，观汉武帝用主父偃之策，令诸侯王地悉得推恩分其子弟，而汉亲临定其号名，辄别属汉。于是诸侯王之子弟，各有分土，而势强地大者，卒以分析弱小。然后知虑之以谋，计之以数，为之以渐，则大者固可使小，强者固可使弱，而不至乎倾骇变乱败伤之衅。孟子之言不为过，又况今欲改易更革，其势非若孟子所为之难也。臣故曰：虑之以谋，计之以数，为之以渐，则其为甚易也。

然先王之为天下，不患人之不为，而患人之不能；不患人之不能，而患己之不勉。何谓不患人之不为，而患人之不能？人之情所愿得者，善行、美名、尊爵、厚利也，而先王能操之以临天下之士。天下之士，有能遵之以治者，则悉以其所愿得者以与之。士不能则已矣，苟能，则孰肯舍其所愿得，而不自勉以为才？故曰：不患人之不为，而患人之不能。何谓不患人之不能，而患己之不勉？先王之法，所以待人者尽矣，自非下愚不可移之才，未有不能赴者也。然而不谋之以至诚恻怛之心，力行而先之，未有能以至诚恻怛之心，力行而应之者也。故曰：不患人之不能，而患己之不勉。陛下诚有意乎成天下之才，则臣愿陛下勉之而已。

臣又观朝廷异时欲有所施为变革，其始计利害未尝不熟也，顾一有流俗侥幸之人不悦而非之，则遂止而不敢为。夫法度立，则人无独蒙其幸者，故先王之政，虽足以利天下，而当其承弊坏之后，侥幸之时，其创法立制，未尝不艰难也。以其创法立制，而天下侥幸之人亦顺悦以趋之，无有龃龉，则先王之法，至今存而不废矣。惟其创法立制之艰难，而侥幸之人不肯顺悦而趋之，故古之人欲有所为，未尝不加之以征诛，而后得其意。《诗》曰：“是伐是肆，是绝是忽，四方以无拂。”此言文王先征诛而后得意于天下也。夫先王欲立法度，以变衰坏之俗而成人之才，虽有征诛之难，犹忍而为之，以为不若是，不可以有为也。及至孔子，以匹夫游诸侯，所至则使其君臣捐所习，逆所顺，强所劣，憧憧如也，卒困于排逐。然孔子亦终不为之变，以为不如是，不可以有为。此其所守，盖与文王同意。夫在上之圣人，莫如文王，在下之圣人，莫如孔子，而欲有所施为变革，则其事盖如此矣。今有天下之势，居先王之位，创立法制，非有征诛之难也。虽有侥幸之人不悦而非之，固不胜天下顺悦之人众也。然而一有流俗侥幸不悦之言，则遂止而不敢为者，惑也。陛下诚有意乎成天下之才，则臣又愿断之而已。

夫虑之以谋，计之以数，为之以渐，而又勉之以成，断之以果，然而犹不能成天下之才，则以臣所闻，盖未有也。然臣之所称，流俗之所不讲，而今之议者以谓迂阔而熟烂者也。窃观近世士大夫所欲悉心力耳目以补助朝廷者有矣。彼其意，非一切利害，则以为当世所不能行。士大夫既以此希世，而朝廷所取于天下之士，亦不过如此。至于大伦大法，礼义之际，先王之所力学而守者，盖不及也。一有及此，则群聚而笑之，以为迂阔。今朝廷悉心于一切之利害，有司法令于刀笔之间，非一日也，然其效可观矣。则夫所谓迂阔而熟烂者，惟陛下亦可以少留神而察之矣。

昔唐太宗贞观之初，人人异论，如封德彝之徒，皆以为非杂用秦、汉之政，不足以为天下。能思先王之事，开太宗者，魏文正公一人尔。其所施设，虽未能尽当先王之意，抑其大略，可谓合矣。故能以数年之间，而天下几致刑措，中国安宁，夷蛮顺服，自三王以来，未有如此盛时也。唐太宗之初，天下之俗，犹今之世也，魏文正公之言，固当时所谓迂阔而熟烂者也，然其效如此。贾谊曰："今或言德教之不如法令，胡不引商、周、秦、汉以观之?"然则唐太宗之事，亦足以观矣。

臣幸以职事归报陛下，不自知其驽下无以称职，而敢及国家之大体者，诚以臣蒙陛下任使，而当归报。窃谓在位之人才不足，而无以称朝廷任使之意，而朝廷所以任使天下之士者，或非其理，而士不得尽其才，此亦臣使事之所及，而陛下之所宜先闻者也。释此一言，而毛举利害之一二，以污陛下之聪明，而终无补于世，则非臣所以事陛下惓惓之义也。伏惟陛下详思而择其中，天下幸甚！

附：清毕沅著《续资治通鉴》卷六十八记王安石论经义

二月，丁巳朔，罢诗赋及明经诸科，以经义、论、策试进士。

先是，议更贡举法，帝以苏轼言为是，它日，以问王安石，安石曰："不然，今人材乏少，且学术不一，异论纷然，此盖不能一道德故也。欲一道德，则必修学校；欲修学校，则贡举法不可以不变。"赵抃亦是轼议，安石曰："若谓此科常多得人，自缘仁进别无它路，其间不容无贤，以为科法已善则未也。今以少壮时当讲求天下正理，乃闭门学作诗赋，及其入官，世事皆所不习。此乃科法败坏人材，致不如古。"帝以为然。

已而中书言："古之取士皆本学校，道德一于上，习俗成于下，其人材皆足以有为于世。今欲追复古制，则患于无渐，宜先除去声病对偶之文，使学者得专意经术，以俟朝廷兴建学校，然后讲求三代所以教育、选举之法，施之天下。"于是罢明经及诸科、进士试诗赋，各专治《易》《诗》《书》《周礼》《礼记》一经，兼以《论语》《孟子》。每试四场，初本经，次兼经大义，凡十道；次论一首，次策三道；礼部试即增二道。中书撰大义式颁行。试义者须通经有文采，乃为中格，不但如明经墨义粗解章句而已。取诸科解名十分之三，增进士额。其殿试则专以策，限千字以上。分五等：第一等、二等赐进士及第，三等赐进士出身，第四等赐同进士出身，第五等赐同学究出身。置京东西、陕西、河东、河北路学官，使之教导。

作义要诀

〔元〕倪士毅　撰

导读

《作义要诀》是元人倪士毅写作的一部指导元代士人写作经义以应科举考试的书。

倪士毅，生卒年不详，只能考知他在元至顺（1330—1332）年间尚在世。字仲宏，元徽州歙县，又说为休宁（今均属安徽）人。

倪士毅生平事迹无考，只知他是个理学家，曾从学于人称为定宇先生的陈栎（1252—1334）。他与被时人称为硕儒的赵东山，入明后曾应征参与修撰《元史》的汪克宽（1304—1372）结为好友。从陈栎和汪克宽的生卒年，可大致推知倪士毅的年龄大小。

作为理学家，多少都有道家情怀，故倪士毅长期隐居徽州祁门山，学者称之为道川先生。他遵行理学宗旨，事亲至孝，接物以诚。平日讲论，非礼义廉耻之说与朱熹之定论，不以教人，故在徽地广受尊信。倪士毅著有《重订四书辑释》二十卷，该书是疏解朱熹《四书集注》之语的，后虽为胡广等融汇于《四书大全》之中，却无多少新意，被《四库全书总目提要》讥为师承师说，“转相稗贩”。

《作义要诀》一卷，按《四库全书总目提要》的说法，“是编皆当时经义之体例”。由此书也可以推知，倪士毅当年也是一个热衷于科举考试的人。不然，他怎么会精心去撰写这样一本讲述科举文体经义要旨的书呢？

值得重视的是，倪士毅在《自序》中为我们勾勒出了经义的发展变化轨迹。

对于经义的创制，一般都很清楚，因为宋、元、明、清对这方面的记叙及议论均有文献资料在。但对宋代经义的发展，元代经义的变化，却缺乏详细的文献记载，故其体式形态、写作要求均难以弄准确。而倪士毅却在《作义要诀自序》中将这些问题都粗线条，却是准确地予以了揭示。

他说："宋初因唐制，取士试诗赋（省题诗及八韵律赋）。至神宗朝王安石为相，熙宁四年辛亥，议更科举法，罢诗赋，以经义、论、策试士，各占治《诗》《书》《易》《周礼》《礼记》一经，此经义之始也。宋之盛时，如张公才叔《自靖》义，正今日作经义者所当以为标准。至宋季，则其篇甚长，有定格律：首有破题，破题之下有接题（接题，第一接，或二三句，或四句。下反接，亦有正说而不反说者），有小讲（小讲后有引入题语，有小讲上段。上段毕，有过段语。然后有下段），有缴结。以上谓之冒子。然后入官题。官题之下有原题（原题有起语、应语、结语。然后有正段，或又有反段，次有结缴），有大讲（有上段，有过段，有下段），有余意（亦曰从讲），有原经，有结尾。篇篇按此次序，其文多拘于捉对。大抵冗长，繁复可厌，宜今日又变更之。今之经义不拘格律，然亦当分冒题、原题、讲题、结题四段。"

这篇《自序》，以简炼的语言，粗线条地勾勒出了经义的创制、发展、变化经过。他指出经义创自王安石变科举法，取代前之诗赋以试士，各占治一经，"此经义之始也"。

宋代盛时之经义是以张庭坚（才叔）之《自靖，人自献于先王》经义文为代表，经义写得理足气盛，只用简短的篇幅便能将题目即经义的微言大义发挥殆尽。

但到宋代末年，经义发生了很大变化，不仅篇幅“甚长”，还要“定格律”。年长月久，“篇篇按此次序，其文多拘于捉对。大抵冗长，繁复可厌，宜今日又变更之”。怎么变呢？倪士毅指出，张庭坚之《自靖，人自献于先王》一文，“正今日作经义者所当以为标准”，应以之为准则加以变更。所以元代经义的体式、内容与南宋末年有所不同。

元代“变更”的结果，又使“今之经义不拘格律，然亦当分冒题、原题、讲题、结题四段”。

通过倪士毅的《自序》，宋、元经义的演变过程及不同时期的文体特征都被揭示得一清二楚。这就可以纠正后人对宋、元经义文体状况认识上的谬误，知道张庭坚的《自靖，人自献于先王》这篇被称为“正今日作经义者所当以为标准”的经义是“不拘格律”的，是简炼短小的。元代经义先承南宋末年体式与风格，大约至天顺后才以张庭坚文为标准，先是“不拘格律”，后才“分冒题、原题、讲题、结题四段”，即由四段构成元朝末年的经义体式。

《作义要诀》分总论和分论两个部分。总论又分两个部分，即卷首的“宏斋曹氏曰”与卷末的“总论”。分论则分别阐述倪士毅所倡导的四段经义文，即“冒题、原题、讲题、结题”的写作原则与方法。分论中也以“宏斋曹氏”即曹泾的话为主，倪士毅的话则以按语方式写出。曹氏生平事迹均无考，只从《作义要诀自序》中知道他写过《宋季书义说》，可能倪士毅在《自序》中对南宋末年经义状况的知识，就来源于其作。

《作义要诀》讲述的是元代的四段经义作法。其中最值得重视，且融入了明、清八股文写作之中的，当属在“立说大要”中说的：“主张题目，第一要识得道理透彻，第二要识得经文本旨分晓，第三要识得古今治乱安危之大体。然后一见题目，胸中便有称量。”这种辨识题目即经文所应具备的功力，就决定了经义内容的深刻与否，是明、清八股文所尊奉的认题原则与方法。从源流上追寻，八股文的认题方法当源出于此。

明、清八股文的文体构成元素，从倪士毅的《自序》与现存经义中可以发现有不少即出于宋，特别是南宋经义之中，如破题、承题、入题（即缴结）、结尾等即是。所以倪士毅的《作义要诀》及其《自序》的价值，就在于给人们揭示了宋代经义是八股文的本源。

收入本书的《作义要诀》，系根据文渊阁《四库全书》本校点而成。

（龚　昊）

《四库全书总目提要》集部四十九诗文评类二《作义要诀》一卷提要

元倪士毅撰。士毅有《四书辑释》，已著录。是编皆当时经义之体例。自宋神宗熙宁四年始以经义试士，元太宗从耶律楚材之请，以三科选举，经义亦居其一。至仁宗皇庆二年，酌议科举条制，乃定蒙古、色目人第一场经问五条，汉人、南人第一场经疑二问，限三百字以上，不拘格律。元统以后，蒙古、色目人亦增经义一道。明以来，科举之文，实因是而引伸者也。是书所论，虽规模浅狭，未究文章之本源，然如云"第一要识得道理透彻，第二要识得经文本旨分晓，第三要识得古今治乱安危之大体"，又云"长而转换新意，不害其为长；短而曲折意尽，不害其为短。务高则多涉乎僻，欲新则类入乎怪。下字恶乎俗，而造作太过则语涩；立意恶乎同，而搜索太甚则理背"，皆后来制义之龟鉴也。国家设科取士，仍以经义为先。我皇上圣训谆谆，厘正文体，操觚之士皆知以先正为步趋。是书又在明前，法虽小异，而理则相通，录而存之，或亦先河后海之义欤？原序称兼采谢氏、张氏之说，《永乐大典》注其说已载《举业筌蹄》卷中，故不复录。今是卷适佚，姑仍旧本阙之，然大旨则已具于此矣。

作义要诀

自　序

按宋初因唐制，取士试诗赋（省题诗及八韵律赋）。至神宗朝王安石为相，熙宁四年辛亥，议更科举法，罢诗赋，以经义、论、策试士，各占治《诗》《书》《易》《周礼》《礼记》一经，此经义之始也。宋之盛时，如张公才叔《自靖》义，正今日作经义者所当以为标准。至宋季，则其篇甚长，有定格律：首有破题，破题之下有接题（接题，第一接，或二三句，或四句。下反接，亦有正说而不反说者），有小讲（小讲后有引入题语，有小讲上段。上段毕，有过段语。然后有下段），有缴结。以上谓之冒子。然后入官题。官题之下有原题（原题有起语、应语、结语。然后有正段，或又有反段，次有结缴），有大讲（有上段，有过段，有下段），有余意（亦曰从讲），有原经，有结尾。篇篇按此次序，其文多拘于捉对。大抵冗长，繁复可厌，宜今日又变更之。今之经义不拘格律，然亦当分冒题、原题、讲题、结题四段。愚往年见宏斋曹公《宋季书义说》，尝取其可用于今日者摘录之。兹又见南窗谢氏、临川章氏及诸家之说，遂重加编辑，条具于左，以便初学云。

宏斋曹氏曰

宏斋曹氏（泾）曰：

作文各自有体，或简或详，或雄健，或稳妥，不可以一律论。盖文气随人资禀，清浊厚薄所赋不同，则文辞随之。然未有无法度而可以言文者。法度者何？有开必有合，有唤必有应，首尾当照应，抑扬当相发，血脉宜串，精神宜壮。如人一身，自首至足，缺一不可，则是一篇之中，逐段逐节，逐句逐字，皆不可以不密也。

又曰：

文字大概以纯者为合格，健者为有气。合格者，中程度。有气者，起人眼目。然今人作文，于二者皆易有病。盖似纯者无气焰，则率略委靡，又不足以起人眼目；似健者多草野，则夹杂怪僻，又不可以合有司程度。如愚所见，当于规矩之中，用老苍之体，庶几合格，则不为有司所摈，出奇则又非低手可及。必识此意，乃可进步。

立说大要

又论立说大要曰：

主张题目，第一要识得道理透彻，第二要识得经文本旨分晓，第三要识得古今治乱安危之大体。然后一见题目，胸中便有称量。然又须多看他人立意，及自知历练，则胸中自然开广，又不要雷同。须将文公四书子细玩味，及伊洛议论，大概皆要得知。则不但区处性理题目有断制，凡是题目，皆识轻重，皆区处得理。

到若所谓经旨者，亦试言其概。唐虞题目，须要识得他气象浑厚处。汤武征伐，须要见他不得已处。商盘周诰，须要见忠厚处。如大禹治水之行；所无事太甲之悔过；伊尹一德之告归；盘庚迁亳之为民；高宗之有志中兴；洛诰之倚重周公，及周公切切告归之意；君奭之挽留，与夫无逸之本旨及化商。一切事体，皆大势所重也。则就这上立意，得切者最好。自此之外，亦难尽言。或题目散，头绪多，我须与他提一个大头脑。如王会龙省试义，提“道”字符串是也。

或捉题字做纲目，亦如王会龙之提“道”字是也。（其题目云：“道积于厥躬，惟教学半，念终始典于学，厥德修罔觉。监于先王成宪，其永无愆。惟说式克钦承，旁招俊乂。”王会龙义起语云：“人君，道与心为一，既欲参古人之善而无愧。大臣，心与君为一，尤欲取天下之善而无遗。盖道无终穷，不在吾身，则在古人，不在古人，则在天下。君不自圣而益求乎？古臣不恃君之圣，而益求乎贤，此所以能致其君之备道也欤!”）

或用经句，最切者，如周明之“百志惟熙”，题以“勿忘勿助”为主是也。（明之义，愚未之见。如林逢龙《太学发解义》以“有德必有言”为主，亦是也。其题目云：“德无常师，主善为师，善无常主，协于克一，俾万姓咸曰大哉王言。”逢龙接题云：“有德者必有言，惟德之会于吾君者，既极其精微，则言之散于天下者，皆称其广大，有如德之所在。苟择焉而不精，则言之所发，必语焉而不详矣。何以为大公至正之论，而息夫人之异论也哉？此伊尹之告太甲，盖欲其以德之一为言之大也。”）

余皆不可以尽言，但要者，一题须要截得住，须提得紧。要处重，其细碎处放轻不妨。有道理，合经旨，又不雷同，又教人一见便晓，如此便是主张。大概以此立意，以此用工，自当有所见也。

或曰：

行文关键多则响。常读熟做熟，则行文自熟。凡做商周题，用唐虞事，则精神壮观。做唐虞题，用商周事，则不甚好。大凡义，不必长，亦不必短，在措辞如何耳。长而转换新意，不害其为长；短而曲折意尽，不害其为短。务高则多涉乎僻，欲新则类入乎怪。晦则读之使人厌，浅则读之使人轻。下字恶乎俗，而造作太过则语涩；立意恶乎同，而搜索太甚则理背。皆学者所当知也。

又凡做君题、国家题，反处不可太甚，只须轻轻说过。

存庵胡氏初翁曰：

闻之前辈，凡做唐虞题目，不尚反。盖彼时无此等不好气象也。

论冒题

或曰破题。为一篇纲领，至不可苟。句法以体面为贵，而包括欲其尽。题句多，则融化不见其不足。题字少，则敷演不见其有余。命意浑涵而不失于迂，用字亲切而不病于俗，斯得之矣。接题，所以承接破题之意。一篇主意，要尽见于二三句中，尤不可不用工也。

或曰冒头。如人头面，著不得十分多肉，肉多则嫌有肥气，不雅观也。

原　题

宏斋曹氏曰：

原题之体，其文当圆，其体当似论。前辈考校，多于题下看人笔端。须是见识高，看文字多，方于此有议论慷慨之体。中间最不要露圭角，又不要作成段对文。只要参差呼唤，圆转可观。大抵是唤起之后，便应一应，结一结，然后正一段，反一段，又总缴结。此为正体。其反说者，不必多比。正段宜减大半。又或有于正段后，复作一段，或是引事，或是譬喻，如此议论竟，不必作反段亦可也。

讲　题

愚按：旧义必有余意及考经（亦曰原经），今日固不拘此，然遇可用处，亦宜用之，但不必拘泥耳。宏斋论“余意”“原经”二条，摘录于后，变而通之，存乎其人。若用，亦只数句点缀足矣，不可失之太多也。

宏斋曹氏曰：

所谓余意，乃是本题主意外，尚有未尽之意，则于此发之。须是意新，又不背主意，仍于主意有情乃可。这个有数样：本意所轻者，于此却微与提起。本题头绪多者，此处与贯而一之。本意作两并不相关者，此处与发明之。本意有自本至效者，此又翻转来言之。若只是本题意，又来说作一片，全无些斡运，则徒劳耳。

又曰：

当初所以有原经者，须是说这个题目，其来历、次第如何。或是谁人做底事，他这事是如何。或是谁人说底话，他这话是如何。要推寻来因究竟，下梢结煞，方谓之原经也。第一要认他先后次序，伦理分晓，及提得个血脉端正，然后摆布做来。

且如大概称颂事实之题，当旁引事实来证主意，分轻重呼唤，方引入本题出处，更自与他照应议论，然后结之。此格甚平正，初无难也。

若是告戒之题，须要认他先后次序，如《太甲》上、中、下三篇，及《一德》之书，《盘庚》上、中、下三篇，周家《大诰》，东征《召诰》，营洛《多士》，迁商民，这个先后之次截然，最要铺摆仔细。

又，不但篇目次第，只一中亦要分次第，不可截断。如本题系是在前，则起头宜作议论一唤，唤动即就题目说来，便就此解他正意。这回方才迤逦转去，寻后面事使去，云“不特此尔”，后面又作如此说，下梢又是如何，却于本题后引来拥从而结之，此一体也。

如本题系是在后，则当起头逐一原去，其初是如何，中间又如何，乃引入本题，却作一小片议论而结之，又一体也。

引事不在多，只要精切。或得一句最切，只就此一句发明，全靠善于斡运耳。凡引事，宁可真而少，不可多而杂，最要识此意，要知大概。起头多是引证，中间便当唤出出处，然后便当解意分晓结之，此又大概原经之法也。

结　题

宏斋曹氏曰：

结尾亦要识体格，不但用事证题而已。若本题系有大节目事体，则宜就此究竟，到实结裹处结之，此为议论到底，是一格也。

本题用经句主张有来历者，宜于结尾唤起出处，状得分晓，此有根据，有首尾文字，是一格也。

此外，又有定格。说唐虞治体，宜以成王对之。说盘庚迁亳事，宜以周家化商事证之。皇极之说，宜以圣门事证之。二典三谟亦然。汤武征伐，宜相照证。周召告归，可互参考。三后化商，皆要相串。最宜识此意，其他方可泛引事证耳。

又或本题中实有议论未尽，而道理实有当发挥者，又当作一段议论，不必用事，亦可也。引事之体，既引状本题后，又须更唤一唤，以己意慷慨议论，断制主意，教他响朗，然后结之。此可以见人笔力，宜耐心加工也。

总 论

以上亦据所见略言之耳，其详不可尽也。在乎即类推之，以心体之，自求其意于外而得胸中之活法，乃有实工夫耳。要是下笔之时，说得首尾照应，串得针线细密，步步思量主意，句句挑得明，教他读去顺溜。

又，大概文字，全在呼唤。有时数句，全在数个字挑剔得好，须是十倍精神。

自此之外，又有一项法度。一篇之中，凡有改段接头处，当教他转得全不费力，而又有新体。此虽小节，亦看人手段，如陈懋钦省试，会其有极义，自接题小讲，及原题讲段，原经结尾，一切转头处，并不用寻常套子。如“尝谓”“今夫”之类（旧义多用“尝谓”二字作原题起语，“今夫”二字作大讲起语），盖只教他人不见痕迹，而又自转换最妙者。江万里易义之体，分明是于此处出奇，亦法之可法者也。然亦不甚要，因笔漫及之。

大学衍义补

（选卷九、卷六十八至卷七十八）

〔明〕丘濬　撰

导读

丘濬（1421—1495），字仲深，琼山（今属海南省）人。乡试中解元，明景泰五年甲戌（1454）科中进士。

他幼孤家贫，却嗜书好学。无力置书，常走数百里去向人求借，必得方止。老年右目失明，犹披览不辍。加上他有过目不忘的天赋，故博通古今，尤熟国家典故，以经济之才自负。成化初，两广用兵，他指陈形势，洋洋数千言，领兵者虽不尽用其策，丘濬却以此名重公卿间。

丘濬受到过八股文的长期浸染，是个儒家忠实信徒、儒家思想的笃行者。他指事陈言，曾列时弊二十二事，上言朝廷，皆为忧盛危明之计。他为官廉介，官至文渊阁大学士，参预机务，然“所居邸第极湫隘，四十年不易”。修《英宗实录》时，有人说于谦之死，应当以不轨称之。丘濬却放胆陈言，认为于谦在“土木之变”时有大功于社稷，没有他，“社稷危矣！事久论定，诬不可不白”。其持正如此。

作为明代前期的八股文名家，丘濬在明代八股文史上所做出的最大贡献在于以一己之力，扭转了八股文坛的风气，对明代八股制艺的改进完善起了很大作用。

明代前期，在保证八股文向士人灌输正统的儒家思想的过程中，形成了恪遵传注，体会语气，谨守绳墨，尺寸不逾的雅正传统。其词简朴，其文短小，无不古质庄严，被后人视为夏鼎商彝。然而这种传统到天顺以后受到了严重挑战。

正统、景泰、天顺年间，为遏止科场中的剿袭现象，割裂经文而创制的各种小题不断出现，士人们为作好这种语意不连贯，被截成几节，甚至是上下节文意完全相反的文题，只有生拉硬扯，甚至违背经旨传注去瞎凑。这一来各种奇涩险怪的言论和见解都出现了，这于统治者欲以儒家思想来控制士人的意愿大为不利。

丘濬作为一个儒家正统思想的捍卫者，看出其中包蕴着厌古喜新、生心害政的苗头，在主持乡、会试时利用衡文的权利，对这种文风“皆痛抑之”（《明史·丘濬传》）。他“取士刊文，必以明经合传为主。所传诸程墨，凡理学题必平正通达，事实题必典则浑厚”（梁章钜:《制义丛话》卷之四），对奇涩险怪之文统统不予取录。他主持的成化乙未（1475）科会试，所取录的会元王鏊，以及由他选拔出来、殿试钦点为状元的谢迁，后来都成为明代八股文史上的重要人物。

在国子监祭酒任上，丘濬“尤谆切告诫，返文体于正”（《明史·丘濬传》）。

通过这些措施，使得成化、弘治年间的八股文文风回复简朴平易，“明体达用，文质得中，彬彬称绝盛”（梁章钜:《制义丛话》卷之四）。

后人对丘濬的这些做法给予很高评价，“廖道南谓举止尔雅，自丘文庄知贡举始”（梁章钜:《制义丛话》卷之四）。梁章钜则认为他“能转移文运，又何减于欧阳永叔”。

作为一个八股文名家，丘濬的八股文也很有特色，并形成了自己的风格。

丘濬的八股文注重明经合传，文质得中。由于他学识渊博，尤熟国家典故，故他在八股文中往往能发题文中别人所未能发之奥旨，新人耳目。他在出于《孟子》的《父子有亲　五句》题文中，把儒家的仁、义、礼、智、信说成是人的天性，并说人伦根于天性，把父子、君臣、夫妇、长幼、朋友之伦，与仁、义、礼、智、信相搭配，说五伦均出于这五种天性。这种说法当然是合乎统治阶级利益的，故极为王耘渠所欣赏，说“直可参入注疏”（见《明文钞》三编中该文王耘渠之评点），简直把他奉为程、朱一流的人物了。

丘濬八股文的另一个特点是十分讲究文法，使八股时文的作法规范化。

在《父子有亲　五句》题文中，他以五个句子来分诠五伦与仁、义、礼、智、信的关系，如以“是故相生也，而为父子。有父子则有仁之性焉，有仁之性，是以为父而慈，为子而孝，油然亲爱之无间也”来诠释父子与仁之关系。五句中文法顺逆变化，又寓变化于整齐，这种方法，一直为后人所模仿。其讲亲义别序信，句句典切，开后人发挥字义的无限法门。

丘濬的八股文立意高远，骨力雄峻，故气象宏大，涵盖一时，这大概与他“议论好矫激”的个性有关。八股文能表现作者性情，于此可得一证。其名作《周公兼夷狄驱猛兽而百姓宁》即具有这种特点。

这是一篇程文，是丘濬在主持乡、会试时所作。为改变当时八股文坛出现的追求新奇险怪、华词丽藻之风气，欲使背离明初雅正传统的八股时文，归文体于正，他利用主持乡、会试之权，写出来供当时的士子揣摩学习用的。这样的范文他写了不少，对规范八股文的作法产生了很大影响，故清代著名学者梁章钜称他有“转移文运之功”，赞其正文体，转移风气之作用不亚于欧阳修。此程文便是其中的一篇，它具有典型的明代前期八股文之特点，是一篇传诵数百年的八股时文。

全文立意宏大，气势雄浑，文字毫不雕琢，简洁明白，不乏阳刚之美，具有典型的明初体式。清代著名八股文学者王耘渠称赞此文说：“篇中三四着意处，如五岳四渎，尽天下之大观。故阅数百年精神焕发，光可照人，余亟录此以明制艺初体，固已奇伟若是。”著名八股文家方苞则说它“骨力雄峻，涵盖一时。此程与元墨并制科文之极盛也”。细读全文，知如此评价，均非谀词，而是实说。由此可知明初八股文无意求工，却古质庄严，俨若古文词，与后人相比，确有不可企及之处。

丘濬的学识、思想水平在其《大学衍义补》一书中得以集中体现。

顾名思义，《大学衍义补》当然是补写宋代真德秀未完之《大学衍义》一书。《明史·丘濬传》说，他“以真德秀《大学衍义》于治国平天下条目未具，乃博采群书补之”，成《大学衍义补》。

《大学衍义》是真德秀演绎发挥《大学》中之所谓“八条目”之作，却只写完了“六条目”，即“格物、致知、诚意、正心、修身、齐家”，尚有“治国、平天下”二条目没有完成。丘濬的《大学衍义补》，就将真德秀没有写成的“治国、平天下”二条内容，进行了续写，大量引经据典，进行演绎、发挥，且水平超过了真氏之作。

总体而言，八条目集中表达了孔子修己治人的思想。真德秀诠释、发挥了修己部分的六个条目，而丘濬诠释的两个条目则为治人的部分，且因治人即治国，范围广，学问深，内容丰富，故成书后，达一百六十卷之多，一百五十万字左右。无论是卷数或字数，均为真氏所著的四倍。

丘濬在“治国平天下之要”这个大题目之下，又列出十二个部分，即“正朝廷、正百官、固邦本、制国用、明礼乐、秩祭祀、崇教化、备规制、慎刑宪、严武备、驭夷狄、成功化”。在每个部分，视内容之多少，又分不等的小目若干，从而多视角、多层次地对历朝历代的政治、经济、文化、教育、军事、外交各方面作出系统的阐发，为当时的统治者提供了大量治国理政所需要的理论策略及方式方法，其涉及内容之广，收集资料之多，都是前所罕见的，这也充分体现了丘濬的经国济民思想及其“经济之志”。

该书的写作体例是，在每个小目中，先从四书、十三经等儒家经典中，摘引与该小目有关的论述。在每条引语下，又引先儒的注释或发挥之语以为佐证。然后又加上丘濬自己的按语，提出自己的看法，以足其内容并供统治者参酌。在摘引儒家经典之后，再大量摘引史书中与该目内容相关的记载，以说明历代帝王将相等处理、解决该问题时所采用的方法与得失。有的地方还加以点评，以期引起当时统治者的警戒。

如《大学衍义补》卷九“治国平天下之要”之下有“正百官　清入仕之路”这一条目，是专门讲述儒家选人用人的理念及如何选拔人才。

作者首先摘引了《周礼》的有关记叙，以建立儒家正统的选人用人观，然后以“臣按”的方式综述周朝取士的办法。在摘引了《王制》记叙三代选士的情况后，又以“臣按”的方式讲叙三代乡里选用之法并加以点评，特别指出后来进士科的“进士”之名其原盖出于此。

此后则从汉朝开始，到魏、晋、南北朝、隋、唐、宋，将历朝历代各种选人用人的情况加以罗列。其方法是，先依次摘引各朝帝王有关用人诏书中的言论和史实以及名儒如董仲舒、朱熹等人的经典语言，来说明各朝各代选人用人的真谛，再分别以“臣按”的方式加以解说或评判，以资皇帝或大臣们择善而行。

从这些摘引、引论和“臣按”中，我们可以把握到三代、汉朝的乡举里选之法，魏、晋时的九品官人之法，隋、唐、宋的科举之法的精髓，选人之法的利弊，这些对明、清统治者在选人理念与方法上均可给予借鉴与启迪。

最值得重视的是，在一系列“臣按”之中，丘濬将自隋以后科举之文的利弊尽行揭示，对王安石创制经义，明太祖朱元璋创制八股文的经过、文体形式、内容要求、题目制取、考试情状、功用、利弊等都阐述得明明白白。

如在讲叙宋神宗朝王安石创制经义时的“臣按”说：“此后世经义之始。前此所谓明经者，试其墨书、帖义，但取其记诵而已，未尝考其义理，求其文采也。王安石为人固无足取，及其自作三经，专用己说，欲以此一天下士子使之遵己，固无是理，然其所制经义之式，至今用之以取士，有百世不可改者，是固不可以人废言也。”这就准确地揭示出了八股文与经义的关系。

又如在评议朱熹作贡举述及朱元璋创制八股文时的“臣按”说：“本朝试士之制，虽不尽用朱氏分年之议，然士各专一经，经必兼四书，一惟主于濂洛关闽之说以端其本。又必使之兼明子史百家之言，古今政务之要，而以论策试之，考其识见，本末兼该，文质得中，虽不尽如朱氏之说，实得朱氏之意于数百年之后矣。……本朝科举，参酌前代之制，而取厥中，凡所谓明经、宏辞诸科，一切革罢，惟有进士一科。……夫自洪武甲子定为三岁一开科，至是三十余试矣。科场条贯，日增日密，一切病弊，尽革无余。惟程试之文气，进用之人才，似乎有愧于前者。虽或气运之使然，习俗之流弊，然不可不知其故也。祖宗时其所试题目，皆摘取经书中大道理、大制度，关系人伦治道者，然后出以为题。当时题目无甚多，故士子专用心于其大且要者，其用功有伦序，又得以余力旁及于他经及诸子史。主司亦易于考校，非三场匀称者不取。近年以来，典文者设心欲窘举子，以所不知，用显己能。其初场出经书题，往往深求隐僻，强截句读，破碎经文，于所不当连而连，不当断而断，遂使学者无所据依，施功于所不必施之地，顾其纲领体要处，反忽略焉。以此科场题目，数倍于前，学者竭精神，穷目力，有所不能给。故于策场所谓古今制度，前代治迹，当世要务，有不暇致力焉者，甚至登名前列者，亦或有不知史册名目、朝代前后、字书偏旁者，可叹也已。……凡其所命之题，专主一说，谓之主意，殊不知圣经深远，非一人之见所能尽。理苟通焉，斯在所取矣，何必惟己之同哉！士子志于必得，谓非合主司之意，不可以取中，往往将圣经贤传之旨，旁求曲说，牵缀迁就，以合主司所主之意，此非独坏士习，其为圣经之蠹也甚矣。”这段“臣按”，将明代八股文“一惟主于濂洛关闽之说以端其本”的根本宗旨揭示出来，将八股文内容对题目即经文的依傍，其初始的出题原则，其后的变化以及截搭题的产生原因及危害，都阐述得一清二楚，为今日研究明代八股文的流变留下了极为有用的文献资料。后面对明代前期科举考试的种种规则、方式的讲叙，也是研究科举制的难得资料。

八股文的产生、发展、变化直至消亡，都不是一个孤立的现象，而是与时代，与各种与之相关、相依的事物、制度、学术紧密关联的。所以，要想真正把握八股文的真谛及其方方面面的现象，非要将与之相关联的一切都弄清楚不可。八股文作为明、清科举制中的核心部分，与学校、考试、四书、五经及各种经典、史籍、理学、道德、学风均紧密相关。比如四书、五经及程朱传注决定了八股文的内容，是八股文的灵魂的来源，要了解八股文，非得将它的方方面面都弄明白不可，故本书就选取了“本经术以为教”诸条目。学校则是讲授经典、学习八股文写作的地方，故本书就选取了有关学校的诸条目。八股文的流变与时代有很大的关系，故本书就选取了“一道德以同俗”这一条目，因八股文的变化与学风、社会道德有着不可分割的联系，而这些都是时代变化的显示器。在这些部分的“臣按”中，都有着不少真知灼见，读懂了它们，也就直接或间接地理解了八股文是什么，八股文的功用何在等重要问题。总之，一如丘濬在《进〈大学衍义补〉表》中所述，他编撰此书，是“稽圣经，订贤传，劄取无遗；纪善行，述嘉言，搜求罔弃。附以管中之所见，觊于日下之可行”，“倘得彻九重之听，取以备乙夜之观，采于十百之中，用其二三之策，未必无补于当世，亦或有取于后人”，应该说，他的目的是部分达到了的，如我们今天在其“臣按”中获得了不少别无觅处的八股文研究资料即是明证。至于他搜集、有序罗列的治国理政资料，更便于今人使用，为功不少。

收入本书的各卷，是依据文渊阁《四库全书》本《大学衍义补》校点而成。

（龚　昊）

大学衍义补卷九

治国平天下之要

正百官 清入仕之路

《周礼》："大司徒，以乡三物物，事也。三物，德、行、艺也教万民，而宾敬之也兴举也之。一曰六德，知别是非、仁公无私也、圣通明也、义有断制、中诚实也、和无乖戾。二曰六行，孝善事父母、友善于兄弟、睦亲其九族、姻亲其外亲、任信于朋友、恤振于贫乏。三曰六艺，礼有五礼、乐有五乐、射有五射、御有五御、书有六书、数有九数。"

乡大夫，三年则大比，考其德行道艺，而兴贤者能者。乡老及乡大夫，帅其吏谓州长以下与其众寡谓无多少，以礼谓行乡饮酒礼，礼谓礼之也宾之以宾客之礼敬之。厥明明日也，乡老及乡大夫、群吏献贤能之书于王。王拜受之，登于天府。掌宗庙之宝藏者。内史贰之。书其副本也。

臣按：成周盛时，用乡举里选之法以取士。然所以取士之法，则奉大司徒之教而兴举之也。其教云何？所谓六德、六行、六艺是也。德存于心，不可见，故考其行艺而书之。二十五家为闾，闾有胥，闾胥则书其敬敏任恤者。百家为族，族有师，族师则书其孝弟睦姻有学者。五百家为党，党有正，党正则书其德行道艺。二千五百家为州，州有长，州长则考其德行道义而劝之。

万二千五百家为乡，乡有大夫，则于三年大比，考其果有六德、六行而为贤，通夫六艺之道而为能，则是能遵大司徒之所教而成材矣。于是乡老及乡大夫帅胥、师、正、长之属，合闾、族、州、党之人，行乡饮之礼，用宾客之仪以兴举之；书其氏名于简册之中，献其所书于天府之上。谓之宾者，以宾礼敬之而不敢忽也。虽然，岂但宾于乡而已哉！《易》曰："观国之光，利用宾于王。"则在天子亦宾之矣。然不特此耳，及其登名天府之时，贤能之书一上，九重之君，至尊至贵，亦且屈万乘之尊，以拜而受之。所以然者，岂非贤才之生，乃上天所遗以培植国家元气者乎！

《王制》："命乡论谓述其德艺而保举之秀士，升之司徒，曰选士。选择而用之也。司徒论选士之秀者而升之学，曰俊士。才过千人之谓。升于司徒者，不征征谓徭役于乡；升于学者不征于司徒，曰造士。造，成也。大乐正论造士之秀者，以告于王，而升诸司马，曰进士。司马辨论官材，论进士之贤者，以告于王，而定其论。论定然后官之，任官然后爵之，位定然后禄之。"

臣按：三代盛时，仕进有二道，有由乡学而进者，有由国学而进者。乡学则掌于乡大夫，而用之在大司徒；国学则掌于大乐正，而用之在大司马。乡学所教之士，大夫论其秀者升之司徒，则谓之选士。选者，择而用之也。升之司徒，既选而用之，则不给徭役于乡矣；选士之中，有不安于小成者，司徒又论而升之国学，则虽司徒之徭役亦不给矣。此二等皆谓之造士。造者，成也。由选士而为造士，是乡学所进者，则用之为乡遂吏。由俊士而为造士，是国学所进者，则进之于大乐正。大乐正于是乎论其秀颖者以告于王，而升诸大司马焉，是之谓进士也。既为进士，则大司马辨论其材之大小、高下而官使之，举其贤者以告于王，既有一定之论，然后授之以官，或以为司士，或以为内史之类，所谓官之也；既任其官，然后予之以爵，或以为士、为大夫，而进至于卿，所谓爵之也；有爵斯有位矣，其位既定，然后颁之以禄，或食九人，或食八人，所谓禄之也。此三代乡里选用之法。而所谓进士者，盖以其成材将进于朝以用之故耳。后世取士不复此制，而亦以“进士”名，其原盖出于此，其名虽同，而其所以进之之实则不同也。

汉高祖诏曰：“王者莫高于周文，伯者莫高于齐桓，皆待贤人而成名。今天下贤者智能，岂特古之人乎？患在人主不交故也。贤士大夫有肯从我游者，吾能尊显之，布告天下，使明知朕意。其有意称明德者，必身劝为之驾；有贤者，郡守自为劝勉，驾车遣之。遣诣相国府署行义年谓行状年纪也，有而弗言，觉免。发觉，免其官。”

文帝十五年，诏诸侯、王、公、卿、郡守，举贤良能直言极谏者。

臣按：贤良极谏科始此。

孝武初，董仲舒对策曰：“臣愚以为使列侯、郡守二千石，各择其吏民之贤者，岁贡各二人，且以观大臣之能。所贡贤者有赏，所贡不肖者有罚。夫如是，诸侯吏二千石，皆尽心于求贤，天下之士可得而官使也。”后遂令州郡举茂才、孝廉，皆自仲舒发之。

臣按：乡举里选之法，后世所以不可行者，盖人情日伪，敢于为私以相欺，公于为党以相蔽。苟无试验之方，防察之政，纠举之法，而徒任人而不疑，信言而不惑，则情伪日滋，而贤否不可复辨矣。仲舒所谓“岁贡”之法，贡其吏民之贤者尔。今所贡者则学校之士也。今贡者试不中，有罚俸之比而无赏，然亦姑应故事而已。诚能振举祖宗之法，而加严于学校之教，提调之罚，考试之方，亦足以得人致用也。

元光元年初，令郡国举孝廉各一人。

臣按：孝廉科始此。

元光五年，征吏民有明当世之务，习先圣之术者，县次续食，令与计偕。计，谓上计簿也。偕，谓每岁郡国有上计之吏，命与俱来也。

臣按：今世科举，初场试士以五经四书，即此“习先圣之术”；终场策士以时务，即此“明当世之务”。乡贡举人赴礼部者，给脚力廪给，即此“续食计偕”。

元朔元年，诏曰：“十室之邑，必有忠信。三人并行，厥有我师。今或至阖郡而不荐一人，是化不下究，而积行之君子雍于上闻也。二千石官长纪纲人伦，将何以佐朕烛幽隐、劝元元、厉烝庶、崇乡党之训哉？且进贤受上赏，蔽贤蒙显戮，古之道也。其与中二千石、礼官、博士议不举孝廉者罪。”有司奏议曰：“古者，诸侯贡士，壹适，谓之好德；适谓德其人。再适，谓之贤贤；三适，谓之有功，乃加九锡。不贡士，一则黜爵，再则黜地，三则黜爵、削地，毕矣。今诏书昭先帝圣绪，令二千石举孝廉，所以化元元、移风易俗也。不举孝，不奉诏，当以不敬论；不察廉，不胜任也，当免。”奏可。

臣按：汉世去古未远，而贤能之士，皆知自重，而不肯自炫以求售。而上之所以待之者既厚，而求之者亦切。出而仕者，有司既躬为之驾，而县次续食，俾与计偕；其不肯出者，既悬赏以招人之荐，又严法以罪人之不荐，虽无宾兴拜受之礼，犹存好贤敬士之心。后世严缪举之罚，而限其途辙者，则有之矣，未闻有不举之罚，而责其荐扬者也。

元朔五年，诏补博士弟子，郡国县官有好文学、敬长上、肃政教、顺乡里，出入不悖所闻，令相、长、丞上属二千石，二千石谨察可者，令与计偕，诣太常得受业如弟子。

臣按：汉制，郡国举士，其目大概有三：曰贤良方正也，孝廉也，博士弟子也。贤良、孝廉举以任用，似今之科目；博士弟子，入补国学，似今之岁贡。其察举考试之实不同，而其取士大略则相类也。

孝武立五经博士，开弟子员，设科射策。

臣按：射策者，谓为难问疑义，书之于策，有欲射者，随其所取，得而释之。何武、萧望之、翟方进等，皆以射策甲科为郎。

孝宣本始元年，地震，诏内郡国文学、高第各一人。

臣按：此因灾异举士之始。其后，日食、星陨辄行之。

元康四年，诏遣大中大夫循行天下，举茂材异伦之士。

臣按：此遣使行天下举士之始。其后或遣谏议大夫，或遣博士，或遣光禄大夫，举茂材、特立、淳厚、直言，其名目不一。

光武始诏三公、光禄勋、御史、司隶、州牧，岁举茂材。

臣按：前此举士无常时，至此始岁一举。

汉召信臣，以明经甲科为郎。

臣按：明经之科，始见于此。

后汉顺帝时，尚书令左雄议改察举之法，限年四十以上儒者试经学，文吏试章奏。

臣按：限年之法始于此。

魏陈郡立九品官人之法，州郡皆置中正，以定其选。

臣按：魏始置中正，州郡县皆有之，而以本处人充，俾区别所管人物，定为九等，吏部凭之授受。及其弊也，惟据阀阅，不辨贤愚。所以刘毅云："下品无高门，上品无寒士。"历晋南北朝至隋，选举之法皆用之，至开皇中方罢。

晋武帝诏州郡举秀异之才。

刘宋，凡州秀才、郡孝廉至，皆策试。

隋始置进士科。

臣按：此后世进士之科之始，盖始专以文辞试士也。夫三代以前，乡举里选之法行，取士专以德行为本。汉制，孝廉、茂材等科，皆命公卿、大夫、州郡举有经术德行之士，试以治道，然后官之。魏晋以降，所举秀孝，犹取经术，州郡皆置中正以品其才行。虽其立法未必尽善，然清谨之士，犹知有所畏忌，不敢放恣，恐有言行之疵，以为终身之累。至是，隋有进士之举，始专试士以文辞，士皆投牒自进，州里无复察举之制矣。

唐制，取士之科，大要有三：由学馆者曰生徒，由州县者曰乡贡，皆升于有司而进退之。其科之目，有秀才，有明经，有俊士，有进士，有明法，有明字，有明算，有一史，有三史，有开元礼，有道举，有童子，此岁举之常选也。其天子自诏者曰制举，所以待非常之才焉。

臣按：唐科目虽曰多端，而行之最久者，进士、明经而已。然进士以声韵为学，不本经术；明经以帖诵为能，不穷义理；所谓德行者不复问矣。

武后天授元年，策问贡士于洛阳殿。殿前试士自此始。

臣按：此后世临轩策士之始。

玄宗开元中，令诸州贡举，省试不第，愿入学者听。

臣按：此下第举人入学之始。

宋之科目，有进士、有明经诸科。常选之外，又有制科，而进士得人为盛。神宗始罢诸科，而分经义、诗赋以取士。

宋太宗谓待臣曰："朕欲博求俊彦于科场中，非敢望拔十得五，止得一二，亦可为致治之具。"

太平兴国九年，进士始分三甲。自是赐宴琼林苑，上因谓近臣曰："朕亲选多士，殆忘饥渴，召见临问，观其才拔而用之，庶使田野无遗贤，而朝廷多君子耳。"

臣按：历代科目得人，惟宋为盛。盖以太宗留意科目，自是以后，天下士子争趋向之故也。

仁宗时，张方平知贡举，言文章之变与政通。今设科选才，专取辞艺。惟道义积于中，英华发于外，以文取士，所以叩诸外而质其中之蕴也。言而不度，则何观焉？迩来文格日失其旧，各出新意，相胜为奇。朝廷屡下诏书戒饬，学者乐于放逸，罕能自还。

嘉祐二年，亲试举人，凡与殿试者始免黜落。时进士习为奇僻钩章棘句，浸失浑厚，欧阳修知贡举，痛裁抑之。浇薄之士，不预选者多毁修，然自是文体亦少变。

臣按：文章关气运之盛衰，而科场之文为甚。盖科场之文，乃一世所尚者，上以此取人，以为一代辅治之具；下以此为业，以为一生进用之阶。非徒取其能文而已，盖将因其文以叩其人心之所蕴，才之所能，识之所及；由是用之，将借之以辅君泽民，修政立事，不苟然也。昔朱熹尝与其门人言及科举文字之弊，熹叹曰："最可忧者，不是说文字不好，这事大关世变。东晋之末，其文一切含胡，是非都没理会。"夫东晋未以文取士，所谓文者，出于众人之私作，未必人人同也，其祸且至于不可支持；况科举之文，乃国之所以取士，士之所以为业者，其所关系岂不益大哉！苟非在上屡颁戒饬之诏，慎择主试之人，示之以趋向之方，付之以斡旋之柄，则文辞日流于卑弱，而国势随之矣。呜呼！可不念哉！

英宗以间岁贡士法不便，诏礼部三岁一贡举。

臣按：此即成周三年一大比之制，自是遂为常制，至今日行之。

神宗时，王安石告其君曰："今人才乏少，且其学术不一，异论纷然，不能一道德故也。一道德则修学校，欲修学校，则贡举法不可不变。若谓此科常多得人，自缘仕进别无他路，其间不容无贤尔。今以少壮时，正当讲求天下正理，乃闭门学作诗赋；及其入官，世事皆所不习，此科法败坏人才，致不如古。既而言者又谓，古之取士皆本学校，道德一于上，习俗成于下，其人才皆足以有为于世。今欲追复古制，则患于无渐，宜除去声韵对偶之文，使学者专意经术。于是改法，罢诗赋、帖经、墨义，士各占《易》《诗》《书》《周礼》《礼记》，兼《论语》《孟子》，中书撰大义式颁行。试义者，须通经有文采，乃为中格，不但如明经墨义粗解章句而已。"

臣按：此后世经义之始。前此所谓明经者，试其墨书、帖义，但取其记诵而已，未尝考其义理，求其文采也。王安石为人固无足取，及其自作三经，专用己说，欲以此一天下士子使之遵己，固无是理，然其所制经义之式，至今用之以取士，有百世不可改者，是固不可以人废言也。及其所谓"士当少壮时，正当讲求天下正理，乃闭门学作诗赋，及其入官，世事皆所不习"，切中今世学者习科举之弊。今世举子所习者，虽是《五经》濂洛之言，然多不本之义理，发以文采，徒缀缉敷演以应主司之试焉耳。名虽正理，其实与前代所习之诗赋无大相远也。欲革其弊，在择师儒之官，必得人如胡瑗者，以教国学；慎主司之选，必得人如欧阳修者，以主文柄。则士皆务实用以为学，本义理以为文，而不为无益之空言矣。他日出而为国家用，其为补益盖亦不小。

熙宁三年，亲试进士，始专以策定著，限以千字。

臣按：殿廷试士，始于唐武后时。宋初沿之，然皆试以诗赋。至是神宗始试以策，至今用之。方是时，苏轼为编排官，见一时举人所试策，多阿谀顺旨，乃拟一道以进，大略谓科场之文，风俗所系，所收者天下莫不以为法，所弃者天下莫不以为戒。今始以策取士，而士之在甲科者，多以谄谀得之。天下观望，谁敢不然？风俗一变，不可复返。正人衰微，则国随之。噫！观轼兹言，则知朝廷以言试士，虽若虚文，而一时人心之邪正，国势之兴衰，实关于此。识治体者，不可不加之意。

理宗御笔付知贡举杜范曰："朕爰简儒彦，俾典文衡。凡尔攸司，宜鉴旧弊。一取一舍，惟公惟明。经学欲其深纯，词章欲其典则。言惟合理，策必济时。毋以穿凿缀缉为能，毋以浮薄险怪为尚。参稽互考，优劣自分。庶使贤俊毕登，以副朕新美治功之意。"

臣按：宋朝文弊，至理宗时极矣。每遇大比，帝辄下诏崇雅黜浮，盖有以见夫士习之美恶，形于文辞之浮雅。文辞之浮雅，而实有关于气化之盛衰也。苏轼告神宗曰："愿陛下明诏有司，试之以实学。博通经史者，虽朴不废；稍涉浮诞者，虽工必黜。则风俗稍厚，学术近正，庶几得忠实之士，不至蹈衰季之风。"臣于今日亦然。

朱熹作贡举，私议曰："古者学校选举之法，始于乡党而达于国都。教之以德行道艺，而兴其贤者能者。盖其所以居之者无异处，所以官之者无异术，所以取之者无异路。是以士有定志而无他慕，早夜孜孜，惟惧德业之不修，而不忧爵禄之未至。"又曰："古者《大学》之教，以格物致知为先，而其考校之法，又以九年知类通达，强立不反为大成。盖天下之事，皆学者所当知。而其理之载于经者，则各有所主也。今治经者类皆舍其所难，而就其所易，仅穷其一而不及其余。若诸子之学，同出于圣人。诸史则该古今兴亡治乱得失之变，皆不可阙者。而学者岂能一旦尽通？若合所当读之书，而分之以年，试义各二道，诸经皆兼《大学》《论语》《中庸》《孟子》义各一道，论则分诸子为四科，而分年以附焉。诸史及时务以次分年，如经、子之法，试策各二道。使治经者必守家法，答义者必通贯经文，条举众说，而断以己意。有司命题，必依章句。如是则士无不通之经，无不习之史，而皆可用于世矣。”

臣按：朱熹之议，虽未上闻，而天下莫不称诵，以为后世贡举之法，未有过焉者也。我太祖皇帝于开国之初，即诏天下曰：自洪武三年为始，特设科举以起怀才抱德之士，务在经明行修，博古通今，文质得中，名实相称。其中选者，朕将亲策于廷，观其学识，品其高下，而任之以官。果有才学出众者，待以显擢。使中外文臣皆由科举而选，非科举者毋得与官。至十七年，又命礼部颁行科举程式，凡三年大比，子、午、卯、酉年秋乡试，辰、戌、丑、未年春会试。士各专一经，皆兼《大学》《论语》《中庸》《孟子》四书，四书义主朱氏集注章句，《易》主程朱传义，《书》主蔡氏传及古注疏，《诗》主朱氏集传，《春秋》主三传及胡氏、张洽传，《礼记》主古注疏。肆我太宗皇帝修《五经四书大全》，《易》《诗》《书》如旧，惟《春秋》则宗胡氏，《礼记》则又加以陈澔集说焉。初场以初九日，试四书义三道，本经四道。次场用十二日，试论一道，诏诰表内科一道，判语五条。终场以十五日，试经、史、时务、策五道。初场及终场未能者，许减其二道。呜呼！本朝试士之制，虽不尽用朱氏分年之议，然士各专一经，经必兼四书，一惟主于濂洛关闽之说以端其本。又必使之兼明子史百家之言，古今政务之要，而以论策试之，考其识见，本末兼该，文质得中，虽不尽如朱氏之说，实得朱氏之意于数百年之后矣。凡前代之科目，如制科、秀才之类，一切废绝；前代之制度，如诗、赋、墨义之类，一切不用；可谓简而要，明而切，真可以行之于千万年而无弊矣。

本朝科举，参酌前代之制，而取厥中，凡所谓明经、宏辞诸科，一切革罢，惟有进士一科。洪武三年，诏天下行省，以是年秋八月开乡试。明年春二月，礼部会试。其解额以五百人为率，会试取百人。而所试之文，尚仍元制，至十七年，始定今科试格式。十八年，会试，止录士子姓名、乡贯，而未刻程文。录文自二十一年始也。自是三年一开科，取人无额，惟善是取；宣德改元，始镌定额。两京十二藩〔贵州、云南附〕各随地产以差多寡，而会试如洪武初取士之数。又以北方学者，文采不能自见，分南、北、中三类取人。正统壬戌，于各布政司旧额上量增之，而会试则加以半。景泰初，诏除科额，以复洪武、永乐之旧，寻复镌定，比旧额稍增。礼部试，则临期取旨，自是遂为定制。夫自洪武甲子定为三岁一开科，至是三十余试矣。科场条贯，日增日密，一切病弊，尽革无余。惟程试之文气，进用之人才，似乎有愧于前者。虽或气运之使然，习俗之流弊，然不可不知其故也。

祖宗时其所试题目，皆摘取经书中大道理、大制度，关系人伦治道者，然后出以为题。当时题目无甚多，故士子专用心于其大且要者，其用功有伦序，又得以余力旁及于他经及诸子史。主司亦易于考校，非三场匀称者不取。近年以来，典文者设心欲窘举子，以所不知，用显己能。其初场出经书题，往往深求隐僻，强截句读，破碎经文，于所不当连而连，不当断而断，遂使学者无所据依，施功于所不必施之地，顾其纲领体要处，反忽略焉。以此科场题目，数倍于前，学者竭精神，穷目力，有所不能给。故于策场所谓古今制度，前代治迹，当世要务，有不暇致力焉者，甚至登名前列者，亦或有不知史册名目、朝代前后、字书偏旁者，可叹也已。然以科额有定数，不得不取以足之。以此士子仿效成风，策学殆废，间有一二有策学者，又以前场不称，略不经目，人才所以不及前者，岂不以是哉！其录出以为程文者，又多萎苶粗浅，拘泥缠绕，不厌士心，录一出，议论纷然。其所谓主意之说，尤为乖缪。凡其所命之题，专主一说，谓之主意，殊不知圣经深远，非一人之见所能尽。理苟通焉，斯在所取矣，何必惟己之同哉！士子志于必得，谓非合主司之意，不可以取中，往往将圣经贤传之旨，旁求曲说，牵缀迁就，以合主司所主之意，此非独坏士习，其为圣经之蠹也甚矣。有司主此以出题，士子主此以为文，今日为士子，既以此进身，异日为主司，又以此取士。《宋史》所谓“缪种流传”，今日时文之弊，殆类之也。然此又不但科试为然，而提学宪臣之小试，殆又有甚焉者也，其所至出题，尤为琐碎，用是经书题目愈多，学者资禀有限，工夫不能遍及，此策学所以几废，而科举所得，罕博古通今之士也。

正统、景泰以前，所刻程文，皆士之亲笔，有司稍加润色耳。近日多是考官代作，甚至举子无一言于其间，殊非设科之本意。若夫考试之官，两京及会试皆出自朝命，乡试则方面官先期访请。洪武以来，惟有学者是用，不问是何官职，虽儒士亦在所聘，后乃有建言专用教官者。其所礼聘，无非方面之亲私，率多新进士，少能持守，一惟监临官是听，内外之权，悉归御史。凡科场中出题、刻文、阅卷、取人，皆一人专之。所谓弥封、誊录，殆成虚设，谨按科场旧例，分帘内外以隔绝交通之弊。自帘以内，考试官主之，自帘以外，监试官主之，而提调官则兼总内外焉。然唯莅其事尔，而取人刻文，皆不得预。所以用巡按御史为监临官者，特以纠察其不如法者尔。今宜敕有司，凡科场条贯，必复祖宗之旧。所命题必光明正大，切于人情物理，关于彝伦治道者。小录所刻之文，谓之程文，特录出为士子程式也，非用是以献上也。文有可为程式者则刻，无则否，或多或寡，不必齐同，不许代举子作，如有欠阙繁冗，稍加笔削可也。经书题目，无甚凶恶字面，不必回避。初场经义四条以通三条，书义三条以通二条，为合格，否则不取。五策问目，通以十事为率，非通五以上不在取数。会试则本数不足，取别数足之；乡试则此经不足，足以他经。凡解额惟限之不许过数，苟无足取者，宁欠无足；通场全无，然后短中求长，取以备数。如此，则科目所得者，皆通经学古之士，而适于世用矣。更乞申明旧制，在外乡试，俱照会试及两京例，不设监临官。其巡按御史，止于科场外严加纠察。士子欲入场者，专委提学宪臣考验；而亦不许他官小试。凡百执事，不许用进士、举人出身人员，恐有夤缘作弊。临晚给烛，虽唐宋故事，然今科场代笔换卷，多在昏暮，宜革去给烛而取减场。

先期聘考试官，必详加询访，不许徇私滥举。许御史纠治，惟有学行誉望者是取，不分有司教职，见任致事。仍乞申严帘内帘外之限，不许通融出入，三日一宴之礼，惟送酒肴，不必宴会。考试官阅卷去取既定，先将所取中卷，用其字号编定名第，一样三本，封号印记。其一留以自备，其二以授提调监试官。至期比朱墨卷相同，然后拆号，各照所编定字号填榜，不许更易。又于各经各存备卷三五卷，如所取卷有差错，即随经用所备卷依次补之。如此，庶几科场少弊，可以得人，而复祖宗之旧矣。又考会试举人，往时入场者，极多不过二千人，今则积多已逾四千矣。窃恐数科之后，日累日多，又不止此数。窃考宋欧阳修作《礼部唱和诗序》，谓宋制考校五十日。今制，自初八日入场，至二十日以后揭晓，不过十余日。卷多日少，恐不能无遗才。请下礼部议宽其日限，而移殿试于三月望日。庶几考试者日力有余，得以尽其心力，精详文理，以为国家求才。〔以上科举〕

汉武帝时，太常孔臧等议请太常博士置弟子，复其身。择民年十八已上、仪状端正者，补博士弟子。郡、国、县、道、邑，有好文学、敬长上、肃政教、顺乡里，出入不悖所闻者，令二千石谨察可者，当与计偕诣太常，得受业如弟子。一岁皆辄试，能通一艺以上，补文学掌故缺，其高第可以为郎中者，太常籍奏，即有秀才异等，辄以名闻。

臣按：此太学生入仕之始。夫自汉置博士弟子试，通一艺者补以官。其后唐人有学馆生徒之设，宋人有三舍之制。今世岁贡生员，礼部奏于奉天门下，试中，送国子监肄业，循资送吏部选用。本朝入仕之途，科目之外，惟此为重。亦多得人。〔此学校岁贡〕

《周礼》："宰夫，掌百官府之征令，五曰府，主蓄藏文书及器物者。六曰史，理文辞述事者。七曰胥，治文书之次叙，谓才智为什长者。八曰徒。趋走以应呼召者。"

臣按：周官之府吏胥徒，即今之吏员也。所谓庶人之在官者，与下士同禄是已。是时未有进试之阶，至秦弃儒崇吏，汉因之，始有试吏入仕之途。考之史，若路温舒为县狱吏，丙吉为鲁狱吏，龚胜为郡吏，赵禹为佐史之类，则是吏员入官，其来久矣。本朝入仕之途，于科目监生之外，有吏员。凡在外藩宪、卫、府、州、县任自辟举，以六年或三年为满限，至部分拨在内诸司，以三年为考，依资格叙用。〔此吏员出身〕

以上清入仕之路。

臣按：我朝选举之制，比汉唐宋为省，科举之外，止有监学历仕、吏员资次二途，以为常选。其他如经明行修、贤良方正、材识兼茂、楷书、秀才、童子之类，皆兴废不常；惟任子，祖宗虽有定数，然皆出自恩典，或与或否，近年三品以上子孙入监方有定例。故臣于入仕之路，独详进士之科，而兼及监生吏员者，以当世之所重者在进士科，而此二途次之。窃惟本朝虽大封拜，百官亦未尝具服拜贺。惟于策士传胪之后，群臣致辞庆贺曰："天开文运，贤俊登庸。"由是观之，则祖宗所恃以求贤辅治之具，诚莫先于进士一科。是以百年以来，凡明治体，建功业者，皆自此途以出。唐史言："方其取以辞章，类若浮文而少实；及其临事施设，奋其事业，隐然为国名臣者，不可胜数。"宋人亦言："豪杰之士，由之而进。"夫唐宋取士以诗赋，多文而少实，尚足以得一时之豪杰以为名臣。况本朝取士之制，本《六经》《语》《孟》之文，用濂洛关闽之说，即汉人所谓经术，宋人所谓道学者也。为士者诚专心于此，而有所得焉。上之人，精择而谨取之，必名实相符，文质相称，然后得预斯选焉。其所得之人才，当不止于唐宋而已也。

大学衍义补卷六十八

治国平天下之要

崇教化　设学校以立教上

《易·颐》之《彖》曰："天地养万物，圣人养贤以及万民。"

程颐曰："圣人极言颐之道，天地之道则养育万物，养育万物之道正而已矣。圣人则养贤才与之共天位，使之食天禄，俾施泽于天下，养贤以及万民也。"

臣按：颐之义，养也。天地养万物，而人乃万物中之一物，圣人则万人中之一人也。天地养万物，而人与圣人皆在天地所养之中，圣人于人之中，乃其首出者也。体天地养物之仁，以养乎人。然天下之大，亿兆之众，必欲人人养育之，非独力之不能给，而亦势之所不能及也。是以于众人之中，择其贤者而养之，使其推吾所以体天地养物之心以养乎人人。厘之以其职，散之以其民，裂之以其地，付之以吾一视之仁，注之于其心，而寄之于其目，而使之代吾之视一以仁之也。然非养之以廪食，则彼不暇而为，非养之以义理，则彼不知所为，故必豫有养之而后用之也。然养之之义，以贞正为道。苟养之不以正，如战国之田文，养士至三千余人，东都之延熹，大学诸生至三万余人，适足以起乱，果何益哉！盖颐之道，养正则吉，养而不正，其凶必矣。

《舜典》帝曰："夔，命汝典乐，教胄子，直而温，宽而栗庄敬也，刚而无与毋同虐，简而无与毋同傲。诗言志，歌永言，声依永，律和声。八音克谐，无相夺伦，神人以和。"

朱熹曰："胄，长也，自天子至卿大夫之適子也。凡人直者，必不足于温，故欲其温。宽者，必不足于栗，故欲其栗。所以虑其偏而辅翼之也。刚者必至于虐，故欲其无虐。简者必至于傲，故欲其无傲，所以防其过而戒禁之也。教胄子者，欲其如此，而其所以教之之具，则又专在于乐。如《周礼》大司乐，掌成均之法以教国子弟。而孔子亦曰：'兴于诗，成于乐。'盖所以荡涤邪秽，斟酌饱满，动荡血脉，流通精神，养其中和之德，而救其气质之偏者也。"

臣按：舜既命契为司徒，敷五教，而又于命伯夷典礼之后，命夔典乐，教胄子。盖司徒之所敷者，布其教于天下，典乐之所教者，专其教于国学也。胄子者，天子之元子、众子，与公卿大夫元士之適子，皆将有天下国家之责者，不可无豫教之法。然所以教之者，在因其资质而辅翼防范之，使皆适其中而无或偏焉。然化之以其形，不若化之以其声。于是专命典乐之官，以司教导之任。盖兴起之于比兴赋咏之间，调和之于声音节奏之外，血脉于是乎动荡，精神于是乎流通，邪秽于是乎荡涤，渣滓于是乎消融。真积力久，自然和顺，于道德有莫知其所以然者矣。向也气质之美者，于是而益美，偏者于是而不偏。他日承天而践祚，君国而子民，修政而立事，皆得成德全才之人而用之矣。帝世以乐教人之意如此，后世不复知此意。学校之设，其知以礼为教也，固鲜矣，况乐乎！方其受教之初也，不知礼乐为何物，及其临用之际，一视礼乐为虚文，而欲人才之复古，治道之隆盛，难矣！

《大雅·棫朴》诗曰："倬大也彼云汉天河，为章文章于天。周王寿考，遐与何同不作人。"

朱熹曰："云汉，天河也，在箕、斗二星之间，其长竟天。文王九十七乃终，故言寿考作人，谓变化鼓舞之也。"

曹居贞曰："作者，鼓舞振动之意。商之末世，士气卑弱甚矣，非鼓舞奋动之，乌能自奋而有成哉！"

《旱麓》诗曰："鸢飞戾天，鱼跃于渊。岂弟君子，遐不作人。"

朱熹曰："鸢之飞，则戾于天矣。鱼之跃，则出于渊矣。岂弟君子而何不作人乎？言其必作人也。"

《思齐》诗曰："肆成人冠以上为成人有德，小子童子有造为也。古人之无斁，誉名也髦俊也斯士。"

朱熹曰："古之人，指文王也。言文王之德，见于事者如此，故一时人材，皆得其所成就。盖由其德纯而不已，故令此士皆有誉于天下，而成其俊乂之美也。"

吕祖谦曰："圣人流泽万世者，无有大于作人，所以续天地生生之大德也。故此诗以是终焉。文王之无斁，夫子之诲人不倦，其心一也。"

臣按：学校之设，所以明伦兼育养也。盖伦理之在人，人人有之而不能人人尽其道。圣人于是选其少俊者，聚之学宫而教之，俾讲明其道。而真知其所以然与其所当然，而决然不疑焉，则异日用之以理天下之务，治天下之人，为臣则忠，为子则孝。临事则不苟避，见义则必勇为。平居则犯颜敢谏，临难则仗义死节。而思以其身当天下之重任，世道之责。其基本于是乎积累，其机括由是乎转移也。理固贵乎讲明，而气尤在乎振作。要必上之人，久于其道，凯以强教之而张之，当其机，弟以说安之而弛之，适其会鼓而舞之，振而作之。使之有感发兴起之心，欢欣交通之志，则其得之于天浩然刚大者，塞乎天地之间而不馁矣。然非有以作其气于平日，安能得其用于异日哉？《诗》称文王之世，济济多士，而国家以宁者，盖有以获乎作人之效也。

《灵台》诗曰："於论伦也鼓钟，於乐辟璧通雍泽也。"

朱熹曰："辟雍，天子之学，大射行礼之处也。水旋丘如璧，以节观者，故曰辟雍。"

臣按：先儒谓《灵台》一诗，辟雍之教寓焉。台池鸟兽钟鼓之乐，乐之形也，其乐也外。辟雍教化道义之乐，乐之本也，其乐也内。可见先王盛时，本乐以为教，所以鼓舞作兴乎贤才者，随所在而有也。

《文王有声》曰："镐京辟雍，自西自东，自南自北，无思不服，皇王烝烝，君也哉。"

张载曰："灵台辟雍，文王之学也。镐京辟雍，武王之学也。至此始为天子之学矣。"

朱熹曰："镐京，武王所营也。此言武王徙居镐京，讲学行礼，而天下自服也。"

臣按：辟雍之学，自文王已有之，至武王有天下，始专以为天子之学焉。

《诗序》："《子衿》刺学校废也。乱世，则学校不修焉。"

臣按：治世未有不修学校者，学校之废，必见于末季之世。

"《小雅·菁菁者莪》乐育材也。君子能长育人材，则天下喜乐之矣。"

臣按：此二诗，朱熹《集传》皆以其序说为非，及观所作《白鹿洞赋》有曰："广青衿之疑问。"又曰："乐菁莪之长育。"则又用序说。盖以此二诗为学校而作，自汉以来则然矣。虽其诗中所言，与序说若不类者。然序谓：乱世则学校废，治世则乐育贤才。可见世道之治乱，系乎人才之有无；人才之有无，由乎学校之兴废也。然则修学宫，育贤才，使青青子衿有喜乐之心，无佻达之失，岂非王政之大务欤。

"《鲁颂·泮水》颂僖公能修泮宫也。"颂凡八章，首章曰："思发语辞乐泮水泮宫之水，薄采其芹水菜。鲁侯戾至也止，言观其旂。其旂茷茷飞扬也，鸾声哕哕和也。无小无大，从公于迈。"

朱熹曰："诸侯之学，乡射之宫，谓之泮宫。其东西南方，有水形如半璧，以其半于辟雍，故曰泮水，而宫亦以名也。此饮泮宫而颂祷之词。"

项安世曰："古之为泮宫者，其条理不见于经，而有诗在焉。首三章则言其君相之相与乐此而已。自四章以下，乃其学法自敬其德而至于明其德，明其德而至于广其心，广其心而至于固其谋，终焉。此则学之本也。自威仪孝弟之自修，而达于师旅狱讼之讲习，自师旅狱讼之讲习，而极于车马器械之精能，此则学之事也。自烈祖之鉴其诚，而至于多士之化其德，自多士之化其德，而至于远夷之服其道，此则学之功也。"

臣按：泮宫之作，不书于《春秋》，说者多以为疑。而朱熹以为，颂祷之辞，盖《春秋》常事不书，学校之修，乃有国之常事故也。然因此诗，以考见古人学校之条理，虽曰颂祷之辞，然亦可见三代盛时学校之事，其关系有如项氏所推究者。后世设学，乃颛颛以为教读学生之所，其于读书作课之外，一无所事，虽谓之名存实亡，不为过矣。

《周礼》："太宰以九两系邦国之民。三曰师以贤得民，四曰儒以道得民。八曰友以任相任以事得民。"

"大司徒以本俗六安万民。四曰联师儒，五曰联朋友。"

叶时曰："以太宰系邦国之九两，参之以司徒安万民之六俗，而皆以师儒行乎其中。诚以九两无师儒之系，则无以淑人心；六俗无师儒之联，则无以厚民俗。师者，所以宗主名教者也。儒者，所以扶持名教者也。师道不立，则天下无善人；儒道不立，则天下无正学。虽有土地富贵，治利族任，何所恃以相系？虽有宫室坟墓，兄弟朋友，何所恃以相联？甚矣！天下一日不可无师儒之功也。”

臣按：天下不可一日无师儒之功，国家不可一日弛学校之教。本儒以设教，立师以明道，会友以讲学，所以系邦国者在是，所以安万民者在是。毋徒视以为虚文，苟应故事，以为不急之务。

“师氏以三德教国子：一曰至德以为道本，二曰敏德以为行本，三曰孝德以知逆恶。教三行：一曰孝行以亲父母，二曰友行以尊贤良，三曰顺行以事师长。居虎门之左以教国子弟，凡国之贵游子弟学焉。贵，谓有职守在学者。游，谓无职守不在学者。”

朱熹曰：“三德以教国子：一曰至德，二曰敏德，三曰孝德。至德云者，诚意正心，端本清源之事。而道则天人性命之理，事物当然之则，修身齐家治国平天下之术也。敏德云者，强志力行，畜德广业之事。而行则理之所当为，日可见之迹也。孝德云者，尊祖爱亲，不忘其所由生之事。而知逆恶，则以得于己者，笃实深固，有以真知彼之逆恶而自不忍为者也。凡此三者，虽曰各以其材器之高下，资质之所宜而教之，然亦未有专务其一，而可以为成人者也。是以列而言之，以见其相须为用，而不可偏废之意。先王之教，所以本末相资，精粗两尽，而不可倚于一偏也。既曰三德矣，而又教以三行者。一曰孝行，二曰友行，三曰顺行。盖德也者，得于心而无所勉者也。行则其所行之法而已，不本之以其德，则无所自得。而行不能以自修，不实之以其行，则无所持循，而德不能以自进。是以既教之以三德，而必以三行继之，则虽其至末至粗，亦无不尽，而德之修也不自觉矣。”

臣按：成周盛时，设为师氏以教国子。所以教之之法，曰德、曰行而已。非但以教公卿大夫元士之適子，凡国之贵游子弟，无不与焉。德者行之本原，行者德之实迹。有德以为之本，随事而著其行。在父母则亲之，在贤良则尊之，在师长则事之。凡若此者，无非以充其孝德而已。既有孝德，则知顺善之可为，而逆恶之不可为，强志力行，以求至乎至极之地也。教国子而使之竭力亲亲以尽其孝，而又尊贤良，事师长，以友以顺焉，则德之得于心者极其至，而道之原于天者于是乎生矣。此成周学校所养之誉髦，所以成人有德而得全才之用也欤。

“保氏养国子以道，乃教之六艺：一曰五礼，二曰六乐，三曰五射，四曰五驭御同，五曰六书，六曰九数。乃教之六仪：一曰祭祀之容，二曰宾客之容，三曰朝廷之容，四曰丧纪之容，五曰军旅之容，六曰车马之容。”

朱申曰：“古之为教，德行道艺而已。师氏教国子以德行，故保氏养以道，而教以六艺焉。五礼：吉、凶、军、宾、嘉也。六乐：云门、大韶、大咸、大夏、大濩、大武也。五射：白矢、参连、剡注、襄尺、井仪也。五驭：鸣和鸾、逐水曲、过君表、舞交衢、逐禽左也。六书：象形、会意、转注、处事、假借、谐声也。九数：方田、粟米、差分、少广、商功、均输、赢朒、方程、勾股。”

吴澄曰：“师，道之教训；保，保其身体。养国子以道者，以师氏之德行审喻之，而后教之以六艺、六仪也。祭祀之容，穆穆皇皇。宾客之容，严恪矜庄。朝廷之容，济济翔翔。丧纪之容，累累颠颠。军旅之容，暨暨詻詻。车马之容，匪匪翼翼。德行，里也。艺仪，表也。养之以道，而表里俱善，而保氏之教成矣。”

臣按：保氏以六艺教国子，而朱熹《大学序》谓，人生八岁，则教之以礼、乐、射、御、书、数之文，何也？盖六艺之事，非八岁之童所能者，特使之知其名物耳，故谓之文。必至十有五岁入大学，然后教之以其事焉。

大司乐“掌成均之法，以治建国之学政，而合国之子弟焉”。“以乐德教国子，中和祗庸孝友；以乐语教国子，兴道讽诵言语；以乐舞教国子，舞云门、大卷、大咸、大磬、大夏、大濩、大武。”

郑玄曰：“成均，五帝学也，周人立此学之宫。”

贾公彦曰：“建，立也。周人以成均之法式，以立国之学政，而合聚国之子弟将以此教之。”

吕祖谦曰：“成均，五帝之学。以五帝之学政，建国之学政，合国之子弟而教之。自舜命夔典乐教胄子，以此知五帝之教政，无不自乐始。所以舜命以典乐，必兼教胄子之事。成周之乐，皆以掌乐之官司之。古人惟陶冶之功最深，动荡鼓舞，优游浃洽，使自得之。自舜与周皆以典乐之官，兼教导之事。五帝成均之法虽不可见，观舜命夔典乐、教胄子一章，大略可见。汉太常典乐，而兼教育之任，亦此意。”

吴澄曰：“教之切要者乐也。而德者乐之本，语者乐之则，舞者乐之效。乐德而曰中和、祗庸、孝友者，中者德之理，和者德之容，祗为德之敬，庸为德之常，孝与友者德之施。乐语而曰兴道、讽诵、言语者，兴者因物而发也；道者道达人情也。讽谓讽谏微言以寓意也；诵谓诵书举古训以告之也。言者自言，心之所蕴也，语者因问而答之也。乐舞而备六代者，乐莫盛于六代，言其舞之善，则其声音之善可知也。盖乐所以节夫舞也。云门、大卷，黄帝乐也，言其德如云之出，又能聚也。大咸，尧乐，咸言其德之遍及，池言其润泽也。大磬，舜乐也，言其德能绍尧也。大夏，禹乐也，言其德能大中国也。大濩，汤乐也，言其能以宽治民而救护之也。大武，武王乐也，言其能成武功也。”

臣按：成均者，五帝之乐。周人备前代之乐，而大司乐所掌之法，即五帝之法也。五帝者，颛顼、高辛、帝喾、尧、舜也。

彼三帝者，其教法无可考。舜绍尧治，而命后夔典乐以教胄子，所谓直而温，以至八音克谐者，即其法也。二帝之法如此，安知其非承三帝之余烈哉？先儒谓古人教人，惟陶冶之功最深。是以五帝三王之世，学校之中，士之所得于心者，无非乐之德，出于口者，无非乐之语，动其容者，无非乐之舞，自幼以至于长，由中以达于外，皆此物也。非僻之心，无自而入，中和之德，所以易成。自成周之学政不传，后世所以教人者，不过章句训诂而已。作无益之文，习非礼之礼，人才日卑，风俗日下，其以此欤！

“大胥掌学士之版籍也，以待致诸子。春入学舍采菜同合舞，秋颁学合声。”

吴澄曰：“胥，有才智之称。学士，谓卿大夫学舞者。致，谓按此版籍以致其来也。古者士见于师，以菜为贽。菜，蘋蘩之属也。合舞，谓等其进退，使应节奏也。颁学者，颁其才艺之所称。合声，亦谓等其曲折，使应节奏也。”

“小胥掌学士之征令而比之，觵罚爵其不敬者，巡舞列而挞扑罚其怠慢者。”

吴澄曰：“学士，即大胥在版之国子也。盖学士之未至者，征之使来学。至者令之使有为。比则较其能否。觵者，罚爵也。挞者，扑罚也。”

臣按：学校之政，有不帅教者，轻则觵之，罚之以酒也。重则挞之，罚之以扑也。盖人之资禀不同，性情亦异。中人以上，固有不待教而自循于理者。若夫中人以下之资，化之而不从，示之而不听，故先王制为教刑以愧耻之，虽帝世以德化民，有不免焉。《虞书》所谓“扑作教刑”是已。而《学记》亦曰：“夏楚二物，收其威也。”是则教之有刑，其来尚矣。

以上论设学校以立教。上。

大学衍义补卷六十九

治国平天下之要

崇教化　设学校以立教中

《礼记·王制》曰："天子命之教，然后为学。小学在公宫南之左，大学在郊。天子曰辟雍，诸侯曰頖宫。"

陈澔曰："辟，明也。雍，和也。君则尊明雍和于此，学中习道艺，使天下之人，皆明达谐和也。頖之言班，所以班政教也。旧说辟雍水环如璧，泮宫半之，盖东西门以南通水，北无水也。"

臣按：学之名，自五帝之时有之，然始见于《周礼》大司乐。所谓成均者，说者谓此大学也，而未闻有诸侯学。诸侯有学，始见于《鲁颂》。而此言天子命之教，然后为学。又言小学在公宫南之左，大学在郊，则是诸侯非但有学，而其学又有小大者焉。小学所以处学之小者，而教之以洒扫应对之类。大学所以处学之大者，而教之以格致诚正之类。

"乐正崇四术，立四教，顺先王诗、书、礼、乐以造士。春秋教以礼乐，冬夏教以诗书。"

郑玄曰："乐正者，乐官之长，掌国子之教顺。此诗书礼乐四术，以教成是士，故云以造士。"

陈澔曰："术者，道路之名。言诗书礼乐四者之教，乃入德之路，故言术也。古人之教，虽曰四时各有所习，其实未尝截然弃彼而习此，亦互言耳。”

“王大子、王子、群后谓诸侯之大子、卿大夫、元士之適子，国之俊选皆造焉。凡入学以齿。”

方悫曰：“天子之子，则適庶皆与，诸侯而下，则庶子不与。学所以明人伦，人伦之大，莫先乎孝弟，故入学者必以齿。曰凡，则无贵贱皆以齿矣。”

“将出学，小胥、大胥、小乐正简不帅教者，以告于大乐正，大乐正以告于王。王命三公、九卿、大夫、元士皆入学。不变，王亲视学；不变，王三日不举去食乐，屏之远方。西方曰棘，东方曰寄，终身不齿。”

郑玄曰：“出学，谓九年大成也。大胥、小胥皆乐官属也。大乐正告于王，王命三公至于元士皆入学习礼以化之，不变，王亲为之临视，重弃贤者子孙也。”

周谞曰：“棘，急也。示其虽屏之，欲棘于悔过。寄者，示其虽屏之，特寓于此尔。屏而必谓之棘与寄者，恩也；卒不免于不齿者，义也。”

方悫曰：“以视学之礼化之，而又不变，则终不变矣。故三日不举，将以弃之也。将弃之而不举，则自贬损以责其教之不至也。”

臣按：先儒有言，圣人以学校为朝廷之大政，使太子齿于俊选，使乐正磨其性情，必顺先王诗、书、礼、乐以性其情，然后已也。不变者九年，虽王子亦屏远方。公于教化而不私，则凡在学者，孰敢不性其情，以蹈于中和之域哉？观此，可见先王之世，其立教以化人也，极其情文之备，尽其恩义之详。其有教而不化也，养之以久，待之以宽，亲临而观感之，责己以竦动之，其不轻以绝人也如此，非至于甚不得已而不不齿焉。此先王之世，所以无弃人，而人亦不轻自弃也欤。

《文王世子》："凡学以下皆音效世子及学士必时四时各有所教，春夏学干盾也戈句子戟也，秋冬学羽翟雉之羽籥笛之属，皆于东序。小乐正学干，大胥赞相助之。籥师学戈，籥师丞赞之。胥鼓《南》，春诵、夏弦，大师诏之。瞽宗秋学如字礼，执礼者诏之。冬读书典，书者诏之。礼在瞽宗，书在上庠。"

陈澔曰："干戈为武舞，羽籥为文舞。小乐正、大胥、籥师、丞胥四人，皆乐官之属。诵，口诵歌乐之篇章也。弦，以琴瑟播被诗章之音节也，皆大师诏教之。瞽宗，殷学名。上庠，虞学名。周有天下，兼立虞、夏、殷、周之学也。"

吴澄曰："《诗》云'以雅以南'，谓诗之二雅二南。胥鼓南者，亦谓大胥以鼓而节二南之乐歌。"

臣按：《王制》主于教造士，而王大子、王子、群后之大子、元士之適子亦与焉。《文王世子》主于教世子，而国之学士亦及焉。盖古者大学之设以教胄子，而必及于俊选，以其位虽有贵贱，而他日并皆将有辅世长民之责，皆不可以不教也。

《明堂位》曰："米廪，有虞氏之庠也。序，夏后氏之序也。瞽宗，殷学也。頖宫，周学也。"

孔颖达曰："此明鲁得立四代之学。"

陈澔曰："鲁之米廪，即虞氏之庠，谓藏此米于学宫也，亦教孝之义。序者射也，射以观德，有先后之次焉。乐师，瞽矇之所宗，故谓之瞽宗。頖，半也。诸侯曰頖宫，以其半辟雍之制也。"

《学记》曰："君子如欲化民成俗，其必由学乎。"又曰："古之王者建立也国君长也民，教立教学立学为先。"

陈澔曰："化民成俗，必如唐虞之於变时雍，乃为至耳，然则舍学何以哉？此学乃大学之道，明德新民之事也。"

吴澄曰："古者建王国，天子自君其畿内之民。又建侯国，命诸侯各君其封内之民。其民饱暖逸居，而无以教之，则近于禽兽。故天子诸侯之国，皆必建学立师以教其民，使之知有礼义也。"

"古之教者，家有塾，党有庠，术有序，国有学。"

郑玄曰："术，当为遂。五百家为党，万二千五百家为遂。"

孔颖达曰："古谓上代也。百里之内，二十五家为闾，同一巷，巷首有门，门边有塾。民在家之时，朝夕出入，恒受教于塾。里中之有道德、仕而年老退归者，为之师。庠、序皆学名，于党中立学，教闾中所升也。于遂中立学，教党学所升也。国，谓天子所都及诸侯国中。"

臣按：真德秀言："古法，其近民者教弥数。故二十五家为闾，闾有塾，民朝夕处焉。四间为族，则岁之读法十有四。士生斯时，不待舍去桑梓，而有学有师。敬敏任恤，则闾胥书之；孝弟睦姻，则族师书之。其所以教，又皆因性牖民，而纳诸至善之域。礼熔乐冶，以成其德，达其材。古者教人之功盖如此。今之世里，于民最近而无学。士尝轻去土著而事远游，行之修窳，无所乎考。至其设教，以琢辞锼句为巧，诡圣僻说为能，非惟无以淑其人，抑且重斫丧之也。"真氏此言，切中秦汉以来教学之弊。我圣祖慨然欲复古庠序之制，未即大位之先，即建国于学。洪武二年，诏天下立府州县学。八年，诏立社学。上谕中书省臣曰："昔成周之世，家有塾，党有庠，故民无不知学，是以教化行而风俗美。今京师及郡县皆有学，而乡社之民，乐睹教化。宜令有司，更置社学，延师儒以教民间子弟，庶可导民善俗也。"窃观三代以后之君，以武功定天下者，往往缓于文事。汉历高、惠、文、景至武帝五世，始立大学。宋历太祖、太宗、真宗至仁宗四世，州郡始有学。我圣祖立国子学于未登极前之三年，立郡县学于登极后之二年。至于八年，即立社学。其与古人家塾、党庠、术序之名虽不同，其以土著教人，则一也。

“比年入学，中年考校。一年视离经离绝经书句读辨志别其趋向邪正，三年视敬业于所习无怠忽乐群于朋徒无睽，五年视博习不以程度为限制亲师于训诲知嗜好，七年视论学讲求学问蕴奥取友择取益者，谓之小成。九年知类知其类聚通达明通义理，强立而不反，谓之大成。夫然后足以化民易俗，近者说服，而远者怀之，此大学之道也。”

陈澔曰：“每岁皆有入学之人。中年，间一年也。每间一年，而考校其艺之进否也。七年是学之小成。至于九年，则理明义精，触类而长，无所不通，有卓然自立之行，而外物不得以夺之矣，是大成也。”

吴澄曰：“自一年至七年之岁终察视之，以上皆小学之事。九年则十五入大学之次年，自始入小学之年而通数之为九年也。若比而教，则可化其民，使之为贤能而移易其俗，人人有士君子之行也。故近而被其教者，既皆心悦而服，远而闻其风者，亦且怀而慕之也。”

臣按：此古者学校逐年比校之法。

“大学始教入学之初，皮弁祭菜，有司衣皮弁之服，祭蘋藻之菜。示敬道也示之以尊敬道艺。宵雅小雅肄习也三，释菜歌《鹿鸣》《四牡》《皇皇者华》。官其始也。三诗取居官受任之美，诱其初志。入学鼓箧入学时击鼓发箧出其书，孙其业也以逊顺之心进其德业。夏楚二物，夏，榎也。楚，荆也。收其威也收敛威仪。未卜禘五年大祭不视学，游其志也。不五年不视学，优游学者之心志。时观而不语春秋视学无有言说，存其心也存其心思。幼者听而弗问，听受师说，无有问难。学不躐等也。此七者，教之大伦也。”

吴澄曰：“禘者，时祭之名。非五年大禘之禘。视学，谓考试学者经业，或君亲往，或有司为之，非天子大视学之礼也。待时祭后乃视学，不欲急迫，使学者得以优游其志而学也。”

臣按：此古者学校示教之法。

“大学之教也，时春夏秋冬教四时之教必有正业，退息退而燕息必有居学。不学操缦操弄琴瑟之弦，不能安弦；不学博依广求物理之所依附，不能安诗；不学杂服冕弁衣裳之类，不能安礼；不兴其艺即三者之学，不能乐好也学。故君子之学也，藏焉修焉，息焉游焉。夫然，故安其学而亲其师，乐其友而信其道，是以虽离师辅而不反也。”

陈澔曰：“凡学之道，贵于能安；安则心与理融而成熟矣。然未至于安，则在乎为之不厌，而不可有作辍也。君子之学也，藏焉修焉之时，必有正业，则所习者专，而志不分息焉。游焉之际，必有居学，则所养者纯，而艺愈熟，故其学易成也。”

吴澄曰：“藏，谓入学受业时，藏其身于所学之宫，若东序瞽宗等处也。修，谓治其正业。息，谓退息私居。游者，玩物适情之谓。”

臣按：《学记》此章，可见古人教学者，无一时一处而不用其功焉，此其学之所以易成也。而成之者，本末兼该，精粗通贯，无一而或遗焉者也。虽然一弛一张，文武之道，是以君子之学，固不可无藏修之处，亦不可无游息之时。盖喜说生于时习，自得由于深造。成其功于进德修业之际，养其心于玩物适情之余。学者如此，则未得之而不苦其难，既得之而去之不速矣。

“今之教者，呻吟讽之声其占视也毕简也，多其讯问也言。及于数所言不止一端进而不顾其安，使人不由其诚，教人不尽其材。其施之也悖，其求犹责也之也佛弗。夫然，故隐其学而疾其师，苦其难而不知其益也。虽终其业，其去之必速，教之不刑，其此之由乎。”

张载曰："人未安之，又进之；未喻之，又造之，徒使人生此节目。不尽其材，不顾其安，不由其诚，皆施之妄也。教人至难，必尽人之材，乃不误人。观可及处，乃告之，故使人必由其诚，教人必尽其材。人之材足以有为，但以其不由于诚，则不尽其材。若曰勉率而为之，则岂有由其诚哉！"

吴澄曰："今之师，诵其所视之简，多其所告之辞，学者未可以进，而又进之，不顾其所学已安与否也。实知此一理，而后使之别穷一理，是谓由其诚。能行此一事，而后教之别为一事，是谓尽其材。否则，使之不由其实，教之不尽其能也。不观其已知已能，而进之以未知未能，是其施教于人也，先后失宜，故曰悖。不俟其自知自能，而强之以必知必能，是其求责于人也，浅深莫辨，故曰佛。如是，则莫能明其所受于师之学，不愿亲其师，而反疾其师矣。已知已行者未能安，则苦其难。进之以其所未可。虽欲益之，而彼不能知其益也。纵使强抑俾终受其业，然所知非久，必又昏忘，所行非久，必又遗失。故曰其去之也必速。刑，犹成也。谓教人不成者由此。"

臣按：此章论教之不成，切中后世教人之弊。祖宗以来，设立学校，惟立师儒以教导之，命有司以提调之，未尝有提督宪臣之设。至正统中，以学政多废弛，乃用建议者，每道添设风宪官一员，以专督学政。设官之意，止欲振作其颓堕者耳，非使其人各自为一法，以通教一方之学者。夫圣人施教，各因其材，虽以孔门弟子，犹分四科。顾乃以中人以下之私见，而欲尽律一方之人才，使之如己，多见其不知量也。凡其所为所行，尽堕在《学记》此章中，记谓教之不成，其此之由。今日人才不及于前，政由于此，非独不能成其不成之才，并与其可成者，分其志，而堕其业也。且其所督地方，多者三四千里，一岁不能遍历，所至之处，又不能浃旬即去，固有九年而仅一至者，彼岂圣人，而能过化存神哉？

臣窃以为，今两京畿及十三藩所用者，须十有四人，其人未易得也。莫若复祖宗之旧，必欲设置，乞敕内阁儒臣，将洪武初侍御史睢稼建言，朝命省台部官会议，定拟格式，立碑在天下学校者，及宪纲等书，一一斟酌详议，参以圣贤教学之法，以中人以下为准，立为学校教养法式，命礼部颁行天下，俾其遵依。为师儒者，必依此式为教。为生徒者，必依此式为学。为守令者，必依此式提调。而提学宪臣所至，一以此式考验其所以教学。提调者必合此式，否则有罚。大抵学校之教，德行为先，然德行难于考验，必先考其艺业。所谓艺业有三：读书、作文、写字。凡此三者，一以中人以下为则，每日背书不过二百字，习字亦然，作课则随其学力所至以为数。本经、四书、史鉴、经义、策论，其正业也。有志及于子集，及作诗辞者听，不以是为正业而试之。其出题，不许裁截破碎经文，及出偏僻之书。课必文从理顺，不许奇怪尖新。以是为准，每月学校将所出题目，申提学宪臣。宪臣以其所出题目，申礼部，转行翰林院、国子监看详。如此，则进人顾其安，使人由其诚，教人尽其才，而施之不悖于正理，而求之不拂于常情矣。此非独有以成就人才，是亦一道德之大端也。

“大学之法：禁于未发之谓豫，当其可之谓时，不陵逾犯也节言分限所在而施之谓孙顺也，相观而善之谓摩相厉并进。此四者，教之所由兴也。发然后禁，则扞拒扞也格如地之坚冻难入而不胜不能承当其教；时过然后学，则勤苦而难成；杂施谓躐等陵节而不孙，则坏乱而不修；独学而无友，则孤陋而寡闻；燕朋逆其师，燕辟废其学。此六者，教之所由废也。”

陈澔曰：“豫者，先事之谓。时者，不先不后之期也。不陵节而施，谓不教幼者以长者之业也。相观而善，如称甲之善，则乙者观而效之，乙有善可称，甲亦如之。燕私之朋，必不责善，或相与以慢其师，燕游邪僻，必惑外诱，得不废其业乎？此燕朋燕辟之害，皆由于发然后禁。以下四者之失，皆与上文四者相反也。”

臣按：教之所由兴者有四，先儒谓三属于师，一属于友。臣则以为，所由废者有六，其前三者属于师，其后三者属于友也。由是观之，可见师之为教，止于大纲，若夫切磋琢磨，薰陶渐染，而朋友有讲习之益，观感之化，尤为多焉。

“学者有四失，教者必知之。人之学也，或失则多才有余者，或失则寡才不足者，或失则易俊快者，或失则止钝滞者。此四者心之莫同也。知其心，然后能救其失也。教也者，长善而救其失者也。”

吕祖谦曰：“四者心之所由莫同，病各有别，知其心，然后能救其失。譬如医者，要识他病，处方始随证用药。”

陈祥道曰：“古之教者，观性以知心，因心以救失。多者约之以礼，寡者博之以文，易者抑之以自反，止者勉之以自强，此长善救失之道也。”

臣按：人之生也，性无不善，故人人皆有是善。然气禀所拘，物故所蔽，不能无失也。故教者必因其本无而今有者，拯救补塞之。如是，则师之教道立，而天下无不成之才矣。

《尚书大传》曰：“公卿之大子，大夫元士之適子，十有三年始入小学，见小节焉，践小义焉。二十入大学，见大节焉，践大义焉。故入小学，知父子之道，长幼之节。入大学，知君臣之义，上下之位。故为君则君，为臣则臣，为父则父，为子则子。”

臣按：《白虎通》曰：八岁入小学，十五入大学。此云十有三年始入小学，二十入大学。说者谓，八岁、十五岁，天子世子之礼。十三、二十，乃公卿大夫元士適子入学之期。臣窃以为，八岁至十三，皆可以入小学，十五至二十，皆可以入大学，大约言之耳，非截然立此以为期限也。

《孟子》曰：“设为庠序学校以教之。庠者，养也。校者，教也。序者，射也。夏曰校，殷曰序，周曰庠。学则三代共之，皆所以明人伦序也。也。人伦明于上，小民亲于下。”

朱熹曰：“庠以养老为义，校以教民为义，序以习射为义，皆乡学也。学，国学也，共之无异名也。父子有亲，君臣有义，夫妇有别，长幼有序，朋友有信，此人之大伦也。庠序学校，皆以明此而已。”

臣按：三代学校之制，其乡学之名，虽有不同，而国学之名，则无或异。然其所以教之者无间，小大壹是，皆以明伦为本焉。所谓养老、教民、习射，其义虽殊，而同归于阐明伦理以为教本，养育人才以为治具而已。盖今日教之于学校，俾其讲明义理，异日则将用之于政治，使其推平日学校之所讲明者，以施政行教而辅君善俗焉。

以上设学校以立教。中。

大学衍义补卷七十

治国平天下之要

崇教化　设学校以立教下

汉武帝初，董仲舒对策曰："王者南面而治天下，莫不以教化为大务。立太学以教于国，设庠序以化于邑。"

又曰："养士莫大乎太学。太学者，贤士之所关也，教化之本原也。今以一郡一国对，亡应书者谓无应举贤良文学之诏书，是王道往往而绝也。臣愿陛下兴大学，置明师以养天下士，数考问以尽其材，则英俊宜可得矣。"

臣按：汉兴，高祖未遑庠序之事。至武帝，始立学校之官，皆自仲舒发之。

元朔元年，公孙弘为学官，请曰丞相御史言，制曰：盖闻导民以礼，风之以乐。今礼坏乐崩，朕甚闵焉。故详延天下方正博闻之士，太常议与博士弟子，崇乡里之化，以广贤才。谨与太常臧、博士平等议。曰：三代之道，乡里有教，夏曰校，殷曰序，周曰庠。其劝善也显之朝廷，其惩恶也加之刑罚。故教化之行也，建首善自京师始，由内以及外。今陛下本人伦，劝学修礼，崇化厉贤以风四方，太平之原也。古者政教未洽，不备其礼。请因旧官而兴焉，为博士官置弟子五十人，复其身。太常择民年十八已上，仪状端正者，补博士弟子。

臣按：前此博士虽各以经授徒，而无考察试用之法。至是，武帝因公孙弘请，为博士官置弟子。史言武帝所谓兴太学者，此也。汉以后有太学始此，而史不明书其事。说者谓武帝未尝筑宫以居之。然考《三辅黄图》，太学在长安西北七里，则太学实建于此。

班固曰："八岁入小学，学六甲五方书计之事，始知室家长幼之节。十五入大学，学先圣礼乐，而知朝廷君臣之礼。其有秀异者，移乡学于庠序；庠序之异者，移国学于少学。诸侯岁贡少学之异者于天子，学于大学，命曰造士。行同能偶，则别之以射，然后爵命焉。"

臣按：今世由郡县学生，岁贡而进学于大学，三代以前，已有此制也。

唐太宗增创学舍一千二百间，国学、太学、四门亦增生员。其书算各置博士，凡三百六十员。其屯营、飞骑，亦给博士，授以经业。高丽、百济、高昌、吐蕃诸国酋长，亦遣子弟请入国学。国学之盛，近古未有。

臣按：立学建师，非但以教诲生徒，亦以一道德也。周人备四代之学。后世既有太学、国子监，而又有四门学，似不为过。而又置书算等博士。书算乃六艺之一，成周叙之于六德六行之后。德行本也，文艺末也，本末不备，何以为学？岂可颛颛设官，而教以艺哉？若夫屯营之士，蕃夷之子弟，其来入学者，亦当杂之于多士之中，从师讲解，使之熏陶渐染，相观而善，不必各给以博士也。

唐制：京都学生八十人，大都督府、中都督府、上州各六十人，下都督府、中州各五十人，下州四十人，京县五十人，上县四十人，中县、中下县各三十五人，下县二十人。州县学生，州县长官补，长史主焉。每岁仲冬，州县馆监举其成者，送之尚书省。

臣按：郡县有学，始北魏献文时，而其生徒有数，亦于是时始也。唐制：天下都督、天下县学校有生徒，各因其州县之等第而定其数，每岁举其成者送之尚书省。史志所谓“由学校者曰生徒”是已。我朝于府州县各立学，府学廪膳生四十人，州学三十人，县学二十人，其增广生则不拘额数。夫圣人之于人，非不欲人人教而养之也，顾势有所不能尽也，于是择其尤者而笃厚之，非谓一郡一邑之人，才止于此也。地有小大，人有众寡，养之者虽各有数，而教之者则无其限焉。教之养之至于大成，而后贡之。而又有科目，拔于常贡之外。虽然承平日久，人才日多，人才所当养者，又不可拘拘于故常也。且如今松江之华亭，江右之临川，人民里数，多至七百，而汉中之平利，广右之恭城，止于一二里，其生徒之数，乃无异焉。请如唐制，因其郡邑人民多少之数，而定为养士之额。

阳城为国子司业，引诸生告之曰：“凡学者所以学，为忠与孝也。诸生有久不省亲者乎?”明日，辞城还养者二十辈。有三年不归侍者，斥之。

臣按：阳城为此言以告诸生，则是唐无归省之令。我朝学规，每三年一次归省，著在令甲，一日不容过，则是我祖宗以孝为训，前代有所不及也。窃观自古学制之规范，皆出自有司看详处置。惟我朝学规，出自圣祖所定，凡师友之义分与所当为及不当为，一切禁令，无不委曲详尽。圣祖之心，真如日月之照临，无处不到，雨露之沾霈，无一或遗也。

宋仁宗庆历中，范仲淹等建议，请兴学校，本行实，乃诏州县立学。时胡瑗教学于苏湖，是时方尚词赋，独湖学以经义时务，有经义斋，治事斋。经义斋，择通经有器局者居之。治事斋，人各治一事，又兼一事，如边防、水利之类。故天下谓湖学多秀彦。其出而筮仕，往往取高第，及为政，多适于世用，由讲习有素也。至是诏州县皆立学，于是建太学于京师。而有司请下湖州取瑗法以为太学法，著为令。

臣按：三代以后，文治首称宋朝，然其立学，乃在四世之后，自其开国至是，几八十年矣。我圣祖以岁戊申开国，明年，即诏天下府、州、县立学。其太学之立，乃在未登极之前三年，岁乙巳也。方其初立学也，惟许存仁为博士，以专学事。四年，升学为四品，始设祭酒，即拜存仁为之。存仁元儒，许谦之孙。谦承考亭正学，而存仁承上命以为教，一宗朱氏之学。学者非六经四书不读，非濂洛关闽之学不讲，所谓全体大用之学者也。所谓治事者，固已在乎经义之中，一时学校之士，无不明经者。经明以之治事，凡所谓水利、边防等事，皆自此而推之也。宋人乃分之为二，则是以体用为二事，而非圣贤之学矣。

神宗熙宁八年，诏诸州学官，先赴学士院试大义五道，取优通者选差。

元丰元年，诏诸路州学官共五十三员。

马端临曰："元丰中大兴学校，而天下之有教授者，只五十三员，盖重师儒之官，不肯轻授滥设故也。其所用者，既是有出身人，然又必试中而后授，则与入馆阁翰苑者同科，其遴选至矣。"

臣按：《礼》曰：师严然后道尊，道尊然后民知敬学。祖宗以来，最重教官之选，往往取之耆儒宿学。其后科目兴，乃取之乙榜举人，其有优异者，不次擢居显要。故居是官者，人人自奋，既皆以道自重，而一时公卿大臣，藩臬守令，亦皆重之。人既乐为之，莫不谨身饬行以示教，严立规范以为教，善人多而风俗美，朝廷得人之用，皆由师道之立也。近世师儒之职日轻，公卿藩臬，略不加之以礼。而乙科举人，多不屑就，乃取岁贡之士为之，徒取充位而已，所谓教法者，荡然矣。臣窃以为国家要务，莫急于储贤，储贤必先于教养。所以代君以施教养者，师儒之职也，其任若轻而实重。自今宜如宋人慎重其选。假如一府并其州，共有十学，该设教官三十五员，不分教训职名，一郡所选教官，苟足以分摄各学，不必备员。朝廷既遴选其人，不肯轻授，人得之以为难，自然贵重。官既不多，所以供亿者稍足，而彼亦不厌其禄薄矣。仍敕有司，申明宪纲，以礼待之。坐以听讲，不行跪礼，违者坐以风宪失职之罪。如此，则教官得人。教官得人，则生徒充业，而国家有得人之效，所以成世务，寿国脉，此其基也。

元丰二年，颁学令，太学置八十斋，斋容三十人。外舍生二千人，内舍生三百人，上舍生百人，总二千四百。月一私试，岁一公试，补内舍生。间岁一舍试，补上舍生。封弥誊录，如贡举法。而上舍试，则学官不与考校。公试外舍生，入第一第二等，参与所书行艺与籍者，升内舍。内舍试入优平二等，参与行义，升上舍。上舍分三等，俱优为上，一优一平为中，俱平若一优一否为下。上等命以官，中等免礼部试，下等免解。

马端临曰："古人所谓中年考校，九年大成者，进德修业之事也。至汉人之补博士弟子员，则只限以通一经，而后授之官。唐人之法，尚仿佛如此。至宋熙、丰后立三舍之法，则不过试之以浮靡之文，而诱之以利禄之途。然明经必至于通一艺，试文而必至于历三舍，皆非旦暮可就。故国家虽未尝严其法制，稽其去留，而为士者，内耻于习业之未精，外诱于荣途之可慕，其坐学之日，自不容不久。"

臣按：大学之教，所以聚天下贤才，使之讲明经史，切磋琢磨，以成就其器业，以为天下国家之用，非颛颛以计岁月，较高下，以为仕进之途也。三代之制，比年入学，中年考较，必至于七年而小成，九年而大成，然后用之。月书季考，程颐尚以为教之使争。夫何士子，尚在学校之中，遽已立为升进之法，比之私试，等第其文，其为争也尤大焉，是岂三代明伦之教，古人大学之法哉？本朝洪武十六年，定生员三等高下。凡通四书未通经者，居正义崇志广业堂。一年半之上，文理条畅者，升修道诚心堂。一年半之上，经史兼通，文理俱优者，升率性堂。升率性堂者，方许积分。积分之法，孟月试本经义，仲月试论及内科诏诰章表一，季月试史策及判语二。每试，文理俱优与一分，理优文劣者与半分，文理纰缪者无分。岁内积至八分者，为及格，与出身。不及分者，仍坐堂肄业，一如科举之制。其后此制不用，监生惟计年月先后，拨出六部诸司，历事三阅月，所司考其勤谨，奏送吏部附选，挨次取用。外此又有写本写诰者，就中选能书者充。此大学出身之资格也。方其在学校时，每月之中，会讲背书，皆有定日。每季一试，惟第高下，以为激劝之方，而于出身无所关预。又轮差于内外诸司，俾其习为政事，半年回学。昼则趣事于各司，夕则归宿于斋舍。优游之以岁月，琢磨之以义理，约束之以规法。廪食学校，则俾其习经史，历肄各司，则俾其习政法。遇大比科，许其就试，其为教法，可谓本末兼举矣。近年以来，为边事起之故，建议者欲存省京储，以备急用，始为依亲之例，教法稍变祖宗之旧。今疆埸无事，储备日充，请敕所司，申明旧法，以复祖宗养士之旧。

高宗绍兴八年，叶林上言：“光武起于河朔，五年而建太学。元帝兴于江左，一年而建太学。光武十分天下有其四，元帝十分天下有其二，然二君急于教养，未尝以恢复馈饷为解。今中兴国祚，驻跸东南，百司庶府，经营略备。若起太学，计官吏生徒之费，不过一观察使之月俸。愿谋之大臣，咨之宿学，亟复盛典，以昌文治。”

臣按：太学之设，教养生徒，以为国家之用，其所关系至重。张载有言："人才出，国将昌。子孙才，族特大。"国家之有贤才，犹人家之有子孙也。所以培养之者，乌可以不加之意哉？祖宗养贤之制，视前代为盛。各门设宣课司以收商税，尽以为供给士子之费。设典簿以掌钱粮，设掌馔以司饮食。其膳夫三更五点不起，有误会馔，责罚，三罚处以极刑。监丞典簿掌馔管吏不严，重加责罚。呜呼！圣祖草创之初，事多未备，其所以廪养多士者，已如此其周密。况列圣相承，承平日久，顾所以养士者，反不如草创之初可乎？臣请申明祖宗旧制，复会馔以养太学之士，是亦圣孝继志述事之大节也。

程颢言于朝曰："治天下以正风俗，得贤才为本。宜先礼命近侍贤儒，及百执事，悉心推访有明先王之道，德业充备，足为师表者。其次有笃志好学，材良行修者。延聘敦遣，萃于京师，朝夕相与讲明正学。其道必本于人伦，明乎物理。其教自小学洒扫应对以往，修其孝弟忠信，周旋礼乐。其所以诱掖激励，渐摩成就之道，皆有节序。其要在于择善修身，至于化成天下，自乡人而可至于圣人之道。其学行皆中于是者为成德。取材识明达可进于善者，使日受其业。择其学明德尊者，为太学之师，次以分教天下之学。择士入学，县升之州，州宾兴于太学，太学聚而教之，岁论其贤者能者于朝。凡选士之法，皆以性行端洁，居家孝弟，有廉耻礼让，通明学业，晓达治道者。"

臣按：颢之此言，可谓端本澄源之论。夫国家之治，由乎政事修举；政事修举，由乎人才众多；人才众多，由乎师道得人也。必欲师道得人，必须推访延聘。然今日儒科大兴，士乐仕进，而草泽遗贤固有，然不若在学校科目者为多。请就今科贡之法，以行古推访之意。今制：于进士乙科中取州县教职，于教职秩满者，选太学儒师。行之既久，固难顿革。今后遇有博士、助教等官员缺，与其非人而滥授，不若虚其职而摄之为愈也。许令执政及近侍臣僚，具实保荐天下郡县教官，果德业充备，笃志好学，材良行修者，然后授之，不必俟其秩满也。会试所取，苟文理平通者，即列在乙榜，不问其愿否。但年三十以上者，俱送大学，俾其坐堂。半年以上公堂试中三次者，具名送部，仍留在监食廪肄业，遇缺，挨次取选。其岁贡到监，有愿教职者，免其杂差。三次考中者，送选如举人例。如此，既不失朝廷之制，而于程氏之意，亦庶乎得之矣。

程颐看详学制，大概以为：学校礼义相先之地，而月使之争，殊非教养之道。请改试为课，有所未至，则学官召而教之，更不考定高下，镌解额以去利诱，省繁文以专委任，励行检以厚风教。

臣按：前代学制不定，屡下学官看详。本朝学规，盖自国初已定，至今遵守，不敢有所更易。程颐看详学制，请改试为课。臣窃以为，试课两不相妨。逐日使之作课，以为常程，每季合试，以为激劝，恐不为过。但须如颐所谓，召学生当面点抹，教其未至。又于其中有违背经旨，立意索隐，而为钩棘之语者，则面谕之，使其改正。如此，非但可以正其习尚，亦可因之以端其志趣矣。

程颐曰："古者八岁入小学，十五入大学，择其才可教者聚之，不肖者复之农亩。盖士农不易业，既入学则不治农，然后士农判。古之仕者，自十五入大学，至四十方仕，其间自有二十五年学，又无利可趋，则所志可知，须去趋善，便自此成德。后之人自童稚间，已有汲汲趋利之心，何由得向善？故古人必使四十而仕，然后志定。"

臣按：程氏此言，见得古人教人及其为学，志专一而不分。后世一切诱之以利，而学者亦是因利而为学，此人才所以不古若，而治道日趋于下也。

朱熹曰："小学教之以事，大学教之以理。"

臣按：所谓教之以事，如礼乐射御书数，及孝弟忠信之类。教之以理，如格物致知，所以为忠信孝弟者。

朱熹《学校议》曰："学校必选实有道德之人使为学官，以来实学之士，裁减解额，舍选滥缪之恩，以塞利诱之涂。盖古之太学，主于教人而因以取士，故士来者，为义而不为利。"

又曰："古者圣王设为学校，以教其民，由家及国，大小有序，使其民无不入乎其中，而受学焉。而其所以教之之具，则皆因其天赋之秉彝，而为之品节，以开导而劝勉之。使其明诸心，修诸身，行于父子、兄弟、夫妇、朋友之间，而推之以达乎君臣上下、人民事物之际，必无不尽其分焉。及其学之既成，则又兴其贤且能者，置之列位。是以当是之时，理义休明，风俗醇厚，而公卿大夫列士之选，无不得其人焉。此先王学校之官，所以为政事之本，道德之归，而不可以一日废焉者也。至于后世学校之设，虽或不异乎先王之时，然其师之所以教，弟子之所以学，则皆忘本逐末，怀利去义，而无复先王之意。以故学校之名虽存，而其实不举。至于风俗日敝，人材日衰，虽以汉、唐之盛隆，而无以仿佛乎三代之叔季。"

臣按：朱熹谓古之大学，主于教人，而因以取士，故士来者，为义而不为利。臣窃以为，仁义未尝不利。士之自学校而升之太学也，或以岁贡，或以科目，或以大臣之子。其所以游太学者，养之饩廪，处之斋舍，临之以师儒朋友，约束之以法制规矩。彼果何所为而来哉？固将以希禄食，干爵位，以为父母之养，乡里之荣，以行己之所志也。其心未尝无所利，苟无所利，孰肯去乡井，捐亲戚，以从事于客游哉？但在上之人，所以处置之何如耳。为学莫大于明经，立身莫先于忠孝。有矩范以镇其浮，有资限以抑其躁，有考校以试其进。如是，则凡在学之士，彼以利而来，吾以义而教；彼能行吾之义，则彼所谓利者，从而得矣。则天下之士，孰不愿游于吾之学哉！

朱熹《感兴》诗曰："圣人司教化，黉序育群材。因心有明训，善端得深培。天序既昭陈，人文亦褰开。云何百代下，学绝教养乖。群居竞葩藻，争先冠伦魁。淳风久沦丧，扰扰胡为哉？"

熊刚大曰："此篇论大学之教，盖道者文之本，文者道之末。古人于其本者加意，故设学教育，惟以天理人伦为重，文艺之间，特余力游意云耳。后世于其末者用功，故设学教育，惟以文词葩藻为尚，天理人伦曾不讲明，此朱子所以深叹也。"

朱熹《大学章句序》曰："盖自天降生民，则既莫不与之以仁义礼智之性矣，然其气质之禀，或不能齐，是以不能皆有以知其性之所有而全之也。一有聪明睿智能尽其性者出于其间，则天必命之以为亿兆之君师，使之治而教之，以复其性。此伏羲、神农、黄帝、尧、舜所以继天立极，而司徒之职，典乐之官，所由设也。三代之隆，其法浸备，然后王宫国都，以及闾巷，莫不有学。人生八岁，则自王公以下，至于庶人之子弟，皆入小学，而教之以洒扫应对进退之节，礼乐射御书数之文。及其十有五年，则自天子之元子、众子，以至公卿大夫、元士之適子，与夫民之俊秀，皆入大学。而教之以穷理正心，修己治人之道。此又学校之教，大小之节，所以分也。夫以学校之设，其广如此，教之之术，其次第节目之详又如此。而其所以为教，则又皆本之人君躬行心得之余，不待求之民生日用彝伦之外。是以当世之人无不学。其学焉者，无不有以知其性分之所固有，职分之所当为，而各俛焉以尽其力。此古昔盛时，所以治隆于上，俗美于下，而非后世之所能及也。"

臣按：自古论小学、大学之教，未有详明如此者。由是观之，可见学校之教，根于天命之性，率性之道，自三皇五帝以来已有之，不过因民生性分之所固有，职分之所当为，而修之以为教，非本无是理，而强以之而率民也。后世不知教事之为重，而往往从事于政治、刑法之间。间有为之者，亦是慕其名而无其实。立人以为师，徒充其位；聚人以为徒，徒冒其名。治道所以不古若者，其病根实在于是。有志于三代之隆者，必自立教始；欲立教者，必自学校始。伏惟圣神留意。

吕祖谦曰："学校之设，非为士之贫而养之也。又非欲群其类，而习为文辞也。不农不商，若何而可以为士？非老非释，若何而可以为儒？事亲从兄，当以何者为法？希圣慕贤，当自何门而入？道德性命之理，当如何而明？治乱兴衰之故，当何由而达？考之古，以为得失之鉴。验之今，以为因革之宜。此士之所当用心也。自孔门高第，犹勤勤于问仁问孝，问智问政。所以为士，请之于师，辨之于友。后世之士，不逮远矣。倘离群索居，而蔽其所习，则固陋乖僻，无自进于道。圣人忧之，著为成书，以诏万世，教养渐摩，以俾之讲习，立师儒之官以董正之。此开设学校之本意也。"

臣按：先王开设学校之本意，吕氏言之尽矣。教者必知此，然后知所以立教；学者必知此，然后知所以为学。

以上设学校以立教。下。

大学衍义补卷七十一

治国平天下之要

崇教化 明道学以成教上

《周易·乾》九二："君子学以聚之，问以辨之，宽以居之，仁以行之。"

程颐曰："学聚、问辨，进德也。宽居、仁行，修业也。"

真德秀曰："乾，天德也，圣人之事也。犹必学以成之，学之不可已者如是。九二曰：'庸德之行，庸言之谨，闲邪存其诚，善世而不伐，德博而化。'九三曰：'知至至之，可与幾也。知终终之，可与存义也。'皆学之事也。"

臣按：大人之所以为大人者，以其德业之盛也。学者未至于大人之地，欲希之者当何如？亦惟进德修业而已矣。忠信所以进德也。修辞立其诚，所以居业也。学以聚之，问以辨之，则德之进者日以崇。宽以居之，仁以行之，则业之修者日以广。夫然，则九二大人之地，亦可以企而及之矣。然则用功之要何先？曰诚而已。忠信，诚也，修辞以立其诚，诚即忠信也。诚乎，诚乎，其进德修业之本乎？

《蒙》之《彖》曰："蒙以养正，圣功也。"

程颐曰："未发之谓蒙。以纯一未发之蒙而养其正，乃作圣之功也。发而后禁，则扞格而难胜。养正于蒙，学之至善也。"

朱熹曰："蒙以养正，乃作圣之功。"

张栻曰："孟子曰：大人者，不失其赤子之心者也。盖童稚之时，纯一不杂，人欲未起，天理实存。谓之大人者，守此而已；谓之小人者，失此而已。人于是时保护养育，则虚静纯白，浑然天成。施为动作，酬酢进退，皆天理也，非作圣之功起于此乎？"

臣按：《学记》云：禁于未发之谓豫。发然后禁，则扞格而不胜。是以圣人施教，必于童蒙之时。是以商之三风十愆，先具训于蒙士。周之正事彝酒，豫诰教于小子。穆王以听言格命，告于幼子童孙。盖与此养蒙同一意也。方人之幼也，欲念未炽，情窦未开，其本然之性得于天者，犹纯全不昧，故教之者易入。而其所受之教，亦坚久而不忘。此养之所以贵于豫而正。不正则又莫若弗教之，听其自然而自有之也。然则所以养之以正者若何？朱熹《感兴》诗曰："童蒙贵养正，逊弟乃其方。鸡鸣咸盥栉，问讯谨暄凉。奉水勤播洒，拥彗周室堂。进趋极虔恭，退息常端庄。劬书剧嗜炙，见恶逾探汤。庸言戒粗诞，时行必安详。圣途虽云远，发轫且勿忙。十五志于学，及时起高翔。"

《大畜》之《象》曰："天在山中，大畜。君子以多识前言往行，以畜其德。"

程颐曰："天为至大而在山之中，所畜至大之象。君子观象以大其蕴畜。人之蕴畜，由学而大，在多闻前古圣贤之言与行。考迹以观其用，察言以求其心，识而得之，以畜成其德，乃大畜之义也。"

魏了翁曰："天在山中，譬则心之体也。闻一言焉，见一行焉，审问而谨思，明辨而笃行，即所以畜其心之德。盖畜故，乃所以养新，而新非自外至也。昭昭之多，止于所不见，是以愈畜而愈大。"

臣按：程氏言人之蕴畜，由学而大，此盖就卦象言之，以德言也。若以学言之，则人之为学，亦必由蕴畜而后大焉。为学者，苟颛颛于一艺一能，则其学局而小矣。故于凡天地之大，古今之变，事物之理，圣贤言行之懿，无一而不蕴畜于心，然后其学大焉。朱子曰“学者必自知识入”，《易》曰“多识”，《大学》曰“致知”，此为学之先务也。

《商书·说命》曰：“学于古训乃有获。”

蔡沈曰：“古训者，古先圣王之训，载修身治天下之道，二典三谟之类是也。学古训，深识义理，然后有得。”

又曰：“惟学逊谦抑也志，务专力也时敏无时而不敏，厥修乃来。”

蔡沈曰：“逊其志，如有所不能，敏于学。如有所不及，虚以受人，勤以励己，则其所修如泉始达，源源乎其来矣。”

又曰：“惟斅学半，念终始典于学，厥德修罔觉。”

蔡沈曰：“斅，教也，言教人居学之半。盖道积厥躬者体之，立教学于人者用之。行兼体用，合内外，而后圣学可全也。始之自学，学也；终之教人，亦学也。一念终始，常在于学，无少间断，则德之所修，有不知其然而然者矣。”

臣按：学之一言，前此未有言者，而傅说首以告高宗。说之言，虽以告当时之君，然万世之下，学者之所以为学，与其所以为教，上下可通用也。真氏既以全章载之“帝王为学”之条，今摘此数语，以示后世之斅学者云。

《诗·敬之》：“日就月将，学有缉熙于光明。”

朱熹曰：“成王受群臣之戒，而述其言曰：‘敬之哉，敬之哉！’乃自为答之之言曰：‘我不聪而未能敬也，然愿学焉。庶几日有所就，月有所进，续而明之，以至于光明也。’”

臣按：真德秀谓，玩此二语，则成王用力于学者可知矣。高宗、成王皆王者之学，然大学之道，自天子至于庶人，一而已矣。高宗之学，曰逊志，曰时敏。成王之学，曰就将，曰缉熙。学者而不由此，未有能进者也。噫！高宗、成王皆万乘之君，且务学如此，学者可不知所勉乎！

《论语》：子曰："学而时习之，不亦说喜意乎？有朋自远方来，不亦乐乎？人不知而不愠，不亦君子乎？"

朱熹曰："学之为言，效也。人性皆善，而觉有先后。后觉者必效先觉者之所为，乃可以明善而复其初也。习，鸟数飞也。学之不已，如鸟数飞也。既学而又时时习之，则所学者熟，而中心喜说，其进自不能已矣。自远方来，则近者可知。愠，含怒意。君子成德之名，及人而乐者，顺而易；不知而不愠者，逆而难；故惟成德者能之。然德之所以成，亦曰学之正，习之熟，说之深而不已焉耳。"

王逢曰："学习，兼大学、小学而言。明善而复初，是大学明明德之事。朋来而以善及人，是新民之事。不知不愠而成君子，是止至善之事也。"

臣按：天下之理二，善与恶而已矣。所贵乎学者，以其能明其善，以复其本然之初，以为君子，而不流于恶以为小人。孔子教人，拳拳以君子小人并言而屡道之。门人记其言以为《论语》，开卷即以君子托其始，至其末也，又以君子结其终焉。以见圣人之教，无非欲人明其善以去其恶，存乎公以绝乎私，笃乎义而不喻于利以为君子。所以然者，欲其复其本然之善，成其固有之德也。使斯世之人，人人有君子之行，而不流于小人之归，则天下成比屋可封之俗矣。

子曰："弟子入则孝善事父母，出则弟善事兄长，谨行之有常而信言之有实，泛广也爱众谓众人而亲近也仁。行有余力，则以学文。谓诗书六艺之文。"

程颐曰：“为弟子之职，力有余则学文。不修其职而先文，非为己之学也。”

尹焞曰：“德行，本也。文艺，末也。穷其本末，知所先后，可以入德矣。”

朱熹曰：“洪氏谓，未有余力而学文，则文灭；其质有余力而不学文，则质胜而野。愚谓力行而不学文，则无以考圣贤之成法，识事理之当然，而所行或出于私意，非但失之于野而已。”

臣按：圣人之言，贯彻上下。先儒谓，此章虽言为弟子之职，始学者之事，然充而极之，为贤为圣，亦不外是。凡圣人之言无不然者，岂但此章哉！

子曰：“君子不重，则不威；学则不固。主忠信。无友不如己者。过，则勿惮改。”

程颐曰：“君子自修之道，当如是也。”

游酢曰：“君子之道，以威重为质，而学以成之。学之道，必以忠信为主，而以胜己者辅之。然或吝于改过，则终无以入德，而贤者亦未必乐告以善道，故以过勿惮改终焉。”

张栻曰：“重者，严于外者也。忠信者，存乎中者也。存乎中，所以制其外；严于外，所以保其中也。而资友以辅之，改过以成之，君子之学，不越于是而已矣。”

臣按：此章，程颐谓自修之道当如是。而张栻谓君子之学，不越于是。则孔门之教学者，其用功亲切之要，有在于此，所当尽心者也。

子曰：“学而不思则罔，思而不学则殆。”

朱熹曰：“不求诸心，故昏而无得；不习其事，故危而不安。”

张栻曰：“自洒扫、应对、进退而往，无非学也。然徒学而不能思，则无所发明，罔然而已。思者，研穷其理之所以然。徒思而不务学，则无可据之地，危殆不安矣。学而思，则德益崇；思而学，则业益广。盖其所学，乃其思之所形，而其所思，即其学之所存也。用功若此，内外进矣。”

臣按：学而思，思而学，为学之道，不外是矣。

子曰：“温寻绎也故而知新，可以为师矣。”

朱熹曰：“故者旧所闻，新者今所得。言学能时习旧闻，而每有新得，则所学在我，而其应不穷，故可以为人师。若夫记问之学，则无得于心，而所知有限。故《学记》讥其不足以为人师，正与此意互相发也。”

臣按：《学记》谓：“记问之学，不足以为人师。”而此则云：“温故知新，可以为师。”可云者，明未至此者，不可以为师，非以为能如是，则为师有余也。若夫不足之云者，非但不可，且不足矣。不足者，有余之对也。

子曰：“中人以上，可以语告也上也；中人以下，不可以语上也。”

朱熹曰：“言教人者，当随其高下而告语之，则其言易入，而无躐等之弊也。”

张栻曰：“圣人之道，精粗虽无二致，但其施教，则必因其材而笃焉。盖中人以下之质，骤而语之太高，非惟不能以入，且将妄意躐等，而有不切于身之弊，亦终于下而已矣。故就其所及而语之，是乃所以使之切问近思，而渐进于高远也。”

子曰：“君子博学于文，约之以礼，亦可以弗畔矣夫。”

颜渊曰：“夫子循循然善诱人，博我以文，约我以礼。”

子思曰：“博学之，审问之，慎思之，明辨之，笃行之。”

孟子曰：“博学而详说之，将以反说约也。”

臣按：孔门之教，知行二者而已。博学于文，约之以礼，孔门之教也。博我以文，约我以礼，颜子受孔子之教以为学也。子思所谓“博学而继之以问，思辨而笃于行”。孟子谓“博学详说，而反之以约”，皆是理也。三千之徒，莫不闻其师说，而颜子独以为己有，而谓之博我约我，则似孔子专为颜子设此教也。呜呼！此孔子所以善诱，而颜子所以好学也欤。曾子之作《大学》，格物致知而后诚意正心。子思得于曾子，孟子得于子思，一知行之外，无余法焉。周、程、张、朱之学，皆不外此。而陆九渊者，乃注心于茫昧，而外此以为学，是果圣人之学哉？

子曰：“德之不修，学之不讲，闻义不能徙，不善不能改，是吾忧也。”

尹焞曰：“德必修而后成，学必讲而后明，见善能徙，改过不吝，此四者，日新之要也。苟未能之，圣人犹忧，况学者乎！”

子曰：“志于道，据于德，依于仁，游于艺。”

朱熹曰：“志者，心之所之之谓。道则人伦日用之间所当行者是也。知此而心必之焉，则所适者正，而无他岐之惑矣。据者，执守之意。德则行道而有得于心者也。得之于心而守之不失，则终始惟一，而有日新之功矣。依者，不违之谓。仁则私欲尽去，而心德之全也。工夫致此，而无终食之违，则存养之熟，无适而非天理之流行矣。游者，玩物适情之谓。艺则礼乐之文，射御书数之法，皆至理所寓，而日用之不可阙者也。朝夕游焉，以博其义理之趣，则应务有余，而心亦无所放矣。此章言人之为学当如是也。盖学莫先于立志。志道，则心存于正而不他；据德，则道得于心而不失；依仁，则德性常用而物欲不行；游艺，则小物不遗而动息有养。学者于此，有以不失其先后之序，轻重之伦焉，则本末兼该，内外交养，日用之间，无少间隙，而涵泳从容，忽不自知其入于圣贤之域矣！”

子曰：“不愤不启，不悱不发。举一隅不以三隅反，则不复也。”

程颐曰："愤悱，诚意之见于色辞者也。待其诚至而后告之，既告之，又必待其自得，乃复告尔。"又曰："不待愤悱而发，则知之不能坚固；待其愤悱而后发，则沛然矣。"

朱熹曰："愤者，心求通而未得之意。悱者，口欲言而未能之貌。启，谓开其意。发，谓达其辞。物之有四隅者，举一可知其三。反者，还以相证之义。复，再告也。上章已言圣人诲人不倦之意，因并记此欲学者，勉于用力，以为受教之地也。"

"子以四教，文、行、忠、信。"

程颐曰："教人以学文、修行，而存忠信也。忠信，本也。"

金履祥曰："文、行、忠、信，此夫子教人先后浅深之序也。文者，诗书六艺之文，所以考圣贤之成法，识事理之当然，盖先教以知之也。知而后能行，知之固将以行之也，故进之于行。既知之又能行之矣，然存心之未实，则知或务于夸博，而行或出于矫伪，安保其久而不变，故又进之以忠信。忠信皆实也，分而言之，则忠发于心，而信周于外。程子谓发己自尽为忠，循物无违谓信。天下固有存心忠实，而于事物未能尽循而无违者，故又以信终之。至于信，则事事皆得其实，而用无不当矣。此夫子教人先后浅深之序，有四节也。"

子曰："后生可畏，焉知来者之不如今也。四十、五十而无闻焉，斯亦不足畏也已。"

朱熹曰："孔子言后生年富力强，足以积学而有待，其势可畏，安知其将来不如我之今日乎？然或不能自勉，至于老而无闻，则不足畏矣。言此以警人，使及时勉学也。曾子曰：'五十而不以善闻，则不闻矣。'盖述此意。"

张栻曰："后生可畏，以其进之不可量也。然苟至四十五十，于道无所闻，则其不能激昂自进可知，因循至是，则无足畏者矣。辞气抑扬之间，学者所宜深味也。虽然有至于四十五十而知好学，如《中庸》所谓‘困知勉行’者，圣人犹有望焉。若后生虽有美质，而悠悠岁月，则夫所谓四十五十，将转盼而至，可不惧哉！”

子曰：“古之学者为己，今之学者为人。”

程颐曰：“为己，欲得之于己也。为人，欲见知于人也。”

朱熹曰：“圣贤论学者用心得失之际，其说多矣，然未有如此言之切而要者。于此明辨而日省之，则庶乎其不昧于所从矣。

又曰：“大抵以学者而视天下之事，以为己事之所当然而为之，则虽甲兵、钱谷、笾豆、有司之事皆为己也。以其可以求知于世而为之，则虽割股、庐墓、敝车、羸马，亦为人耳。”

《学古箴》曰：“相告先民，学以为己，今也不然，为人而已。为己之学，先成其身。君臣之义，父子之仁。聚辨居行，无怠无忽。至足之余，泽及万物。为人之学，烨然春华。诵数是力，纂组是夸。结驷怀金，煌煌炜炜。世俗之荣，君子之鄙。惟是二者，其端则微。眇绵弗察，胡越其归。”

臣按：所引《论语》孔子之言，凡其所言以示学者，皆所以为教也。学者本之以为学，教者本之以为教，圣贤同归矣。

子夏曰：“百工居肆谓官府造作之处，以成其事。君子学以致极也其道。”

朱熹曰：“工不居肆，则迁于异物，而业不精。君子不学，则夺于外诱，而志不笃。尹氏曰：学所以致其道也。百工居肆，必务成其事。君子之于学，可不知所务哉？二说相须，其义始备。”

臣按：百工居肆，方能成其事。君子学，方可以致其道。然今之士子，群然居学校中，博弈饮酒，议论州县长短，官政得失。其稍循理者，亦惟饱食安闲，以度岁月，毕竟成何事哉？惟积日待时，以需次出身而已。其有向学者，亦多不务正学，而学为异端小术。中有一人焉，学正学矣，而又多一暴十寒，半涂而废，而功亏一篑者，亦或有之。学之不以道而不能致其极，皆所谓自暴自弃之徒也。此最今日士子之病，宜痛禁之。

“大学之道，在明明德，在亲亲当作新民，在止于至善。古之欲明明德于天下者，先治其国。欲治其国者，先齐其家。欲齐其家者，先修其身。欲修其身者，先正其心。欲正其心者，先诚其意。欲诚其意者，先致其知。致知在格物。物格而后知至。知至而后意诚。意诚而后心正。心正而后身修。身修而后家齐。家齐而后国治。国治而后天下平。自天子以至于庶人，壹是皆以修身为本。”

朱熹曰：“大学者，大人之学也。明，明之也。明德者，人之所得乎天，而虚灵不昧，以具众理而应万事者也。但为气禀所拘，物欲所蔽，则有时而昏。然其本体之明，则有未尝息者，故学者当因其所发而遂明之，以复其初也。新者，革其旧之谓也。言既自明其明德，又当推以及人，使之亦有以去其旧染之污也。止者，必至于是而不迁之意。至善，则事理当然之极也。言明明德、新民，皆当止于至善之地而不迁。盖必其有以尽夫天理之极，而无一毫人欲之私也。此三者大学之纲领也。明明德于天下者，使天下之人，皆有明其明德也。心者，身之所主也。诚，实也。意者，心之所发也。实其心之所发，欲其必自慊而无自欺也。致，推极也。知，犹识也。推极吾之知识，欲其所知无不尽也。格，至也。物，犹事也。穷至事物之理，欲其极处无不到也。此八者，《大学》之条目也。物格者，物理之极处无不到也。知至者，吾心之所知无不尽也。知既尽，则意可得而实矣。意既实，则心可得而正矣。修身以上，明明德之事也。齐家以下，新民之事也。壹是，一切也。正心以上，皆所以修身也。齐家以下，则举此而措之耳。”

臣按：儒者之学，不出乎《大学》一书，所谓三纲领八条目也。外有以极其规模之大，内有以尽其节目之详。凡夫所谓三纲、五常、六纪、三统、五礼、六乐，尽天下义理，皆不出乎此道。凡夫所谓六经、十九史、诸子百家，尽天下经典，皆不出乎此书。儒者之道，至于是而止，无俟他求也。圣贤之所以教，士子之所以学，帝王之所以治，撮凡举要，皆在此矣。盖学至于平天下，而天下平，学问之功，于是乎极，圣贤之能事，于是乎毕矣。此儒者之道所以大而实，而异乎异端之小而虚欤！或者乃求圣道于渺茫之外，而高谈性命与异端，较其是非，乌知所谓《大学》之道哉！

以上明道学以成教。上。

大学衍义补卷七十二

治国平天下之要

崇教化 明道学以成教下

《中庸》："天下之达道五，所以行之者三。曰：君臣也，父子也，夫妇也，昆弟也，朋友之交也。五者天下之达道也。知、仁、勇三者，天下之达德也。所以行之者一也。"

朱熹曰："达道者，天下古今所共由之路，即《书》所谓五典。《孟子》所谓父子有亲，君臣有义，夫妇有别，长幼有序，朋友有信是也。知，所以知此也。仁，所以体此也。勇，所以强此也。谓之达德者，天下古今所同得之理也，一则诚而已矣。达道虽人所共由，然无是三德，则无以行之。达德虽人所同得，然一有不诚，则人欲间之，而德非其德矣。"

"或生而知之，或学而知之，或困而知之，及其知之一也。或安而行之，或利而行之，或勉强而行之，及其成功一也。"

朱熹曰："知之者之所知，行之者之所行，谓达道也。以其分而言，则所以知者，知也。所以行者，仁也。所以至于知之成功而一者，勇也。以其等而言，则生知安行者，知也。学知利行者，仁也。困知勉行者，勇也。盖人性虽无不善，而气禀有不同者，故闻道有蚤莫，行道有难易，然能自强不息，则其至一也。"

吕大临曰："所入之涂虽异，而所至之域则同，此所以为中庸。若乃企生知安行之资为不可几及，轻困知勉行，谓不能有成，此道之所以不明不行也。”

子曰：“好学近乎知，力行近乎仁，知耻近乎勇。知斯三者，则知所以修身。知所以修身，则知所以治人。知所以治人，则知所以治天下国家矣。”

朱熹曰：“此言未及乎达德而求以入德之事。通上文三知为知，三行为仁，则此三近者，勇之次也。斯三者，指三近而言。人者，对己之称。天下国家，则尽乎人矣。”

吕大临曰：“愚者自是而不求，自私者徇人欲而忘返，懦者甘为人下而不辞。故好学非知，然足以破愚。力行非仁，然足以忘私。知耻非勇，然足以起懦。”

臣按：理之在人，人人所同由者，道也。人人所同得者，德也。人人所同存者，诚也。得天下古今人所同由者于己，德也。存天下古今人所同得者于心，诚也。非知之则无所见，非行之则无所得。学者未至于生知安行之域，此学知、利行、困知、勉行之功，所以不可无也。教者因其资质之近，而导以入之，使各至其至焉，则天下无弃才矣。

“诚之者，择善而固执之者也。博学之，审问之，慎思之，明辨之，笃行之。”

朱熹曰：“圣贤之德，浑然天理，真实无妄，不待思勉而从容中道。未至于圣，则不能无人欲之私，而其为德，不能皆实。故未能不思而得，则必择善，然后可以明善。未能不勉而中，则必固执而后可以诚身。学、问、思、辨，所以择善而为知，学而知也。笃行，所以固执而为仁，利而行也。”

或曰：“学问思辨，亦有序乎？”朱熹曰：“学之博，然后有以备事物之理，故能参伍之以得所疑而有问。问之审，然后有以尽师友之情，故能反复之以发其端而可思。思之谨，则精而不杂，故能有所自得，而可以施其辨。辨之明，则断而不差，故能无所疑惑而可以见于行。行之笃，则凡所学问思辨而得之者，又必皆践其实而不为空言矣。”

饶鲁曰：“学必博，然后有以聚天下之见闻，而周知事物之理。问必审，然后有以祛其学问之所疑，而自得于心。辨必明，然后有以别其公私、义利、是非、真妄于毫厘疑似之间，则不至于差缪。择善至此，可谓精矣。如是而加以笃行，则日用之间，由念虑之微，以达于事为之著，必能去利而就义，取是而舍非，不使人欲之私，得以夺乎天理之正。而凡学问思辨之所得者，皆有以践其实矣。所执如此，其固为何如？”

许谦曰：“博学，是总说，圣贤每教人博学。夫子谓‘博学于文’。颜子谓‘博我以文’。孟子谓‘博学而详说之’。盖为学规模不广，浅见谀闻安能知道？问思以下，是逐一事一节理会。问须是详审，使答者辞尽意畅。如樊迟问仁知，既闻于师，又质于友，必达其意而后止。既问而得之，又思之使自得于心。思则必慎。思之不及，非慎也；思之过，非慎也；思之泛，非慎也；思之凿，非慎也。思既得之，又加辨晰，使明彻无纤毫疑滞，然后措之行事而笃焉。”

臣按：诚之之道，在乎择善固执。所以择善而固执之者，则在乎博学、审问、慎思、明辨、笃行焉。章句谓此五者，诚之之目也。程子曰：“五者废其一，非学也。”学者乌可不循序而兼致其功乎？

“有弗学，学之弗能弗措也。有弗问，问之弗知弗措也。有弗思，思之弗得弗措也。有弗辨，辨之弗明弗措也。有弗行，行之弗笃弗措也。人一能之己百之，人十能之己千之。果能此道矣，虽愚必明，虽柔必强。”

朱熹曰：“君子之学，不为则已，为则必要其成，故常百倍其功。”又曰：“明者择善之功，强者固执之效。”

［臣］按：或又谓，子思之意，盖曰人有弗学者，学之，有弗问者，问之。学之问之，弗得弗措，则为必要其成。朱子以学字为句，且曰“弗为则已”，则人有弗学弗问者矣，与下文“人一己百”等语，文不相贯，其说亦有理。

吕大临曰：“君子所以学者，为能变化气质而已。德胜气质，则愚者可进于明，柔者可进于强。不能胜之，则虽有志于学，亦愚不能明，柔不能立而已矣。盖均善而无恶者，性也，人所同也。昏明强弱之禀不齐者，才也，人所异也。诚之者，所以反其同而变其异也。夫以不美之质，求变而美，非百倍其功，不足以致之。今以卤莽灭裂之学，或作或辍，以变其不美之质，及不能变，则曰天质不美，非学所能变，是果于自弃，其为不仁，甚矣！”

臣按：为学最是变化气质为难。为学而能变己之气质，则其学成矣。施教而能变人之气质，则其教成矣。

“故君子尊德性而道问学，致广大而尽精微，极高明而道中庸。温故而知新，敦厚以崇礼。”

朱熹曰：“尊者，恭敬奉持之意。德性者，吾所受于天之正理。道，由也。温，犹燖温之温，谓故学之矣，复时习之也。敦，加厚也。尊德性，所以存心而极乎道，体之大也。道问学，所以致知而尽乎道，体之细也。二者修德凝道之大端也。不以一毫私意自蔽，不以一毫私欲自累。涵泳乎其所已知，敦笃乎其所已能。此皆存心之属也。析理则不使有毫厘之差，处事则不使有过不及之谬。理义则日知其所未知，节文则日谨其所未谨。此皆致知之属也。盖非存心无以致知，而存心者又不可以不致知。故此五句，大小相资，首尾相应。圣贤所示入德之方，莫详于此，学者宜尽心焉。”

臣按：尊德性、道问学二者，儒者为学之大端也，二者不可偏废。致广大、极高明、温故、敦厚四者，尊德性之目也。尽精微、道中庸、知新、崇礼四者，道问学之目也。朱子谓其“大小相资，首尾相应，圣贤所示入德之方，莫详于此”。盖二者可相有而不能相无，偏其一，则非圣人之道、儒者之学矣。彼陆九渊者，乃欲专以其一为学，乌有是理哉？

孟子曰：“中也养不中，才也养不才，故人乐有贤父兄也。如中也弃不中，才也弃不才，则贤不肖之相去，其间不能以寸。”

朱熹曰：“无过不及之谓中，足以有为之谓才。养，谓涵育薰陶，俟其自化也。贤，谓中而才者也。乐有贤父兄者，乐其终能成己也。为父兄者，若以子弟之不贤，遂遽绝之而不能教，则吾亦过中而不才矣，其相去之间，能几何哉！”

张栻曰：“中者以德言，才者以质言。惟有德者，为能涵养性情，而无过不及之患，故谓之中。而其倚于一偏者，不能自正者，则谓之不中。天资美茂，如忠厚、刚毅、明敏之类，皆谓之才。而其资禀之不美，以陷于刻薄、柔懦、愚暗之流，则谓之不才。父兄之于子弟，见其不中不才也，则当思所以教之。教之之道，莫如养之。养之者，如天地涵养万物，其雨露之所沾，风雷之所振，和气之薰陶，宁有间断乎哉？故物以生遂焉。父兄养子弟之道，亦当如是也。宽裕以容之，义理以渐之，忠信以成之。开其明，以祛其惑，引之以其方，而使之自喻。夫岂岁月之功哉？彼虽不中不才，涵养之久，岂无有萌焉？如其有萌，养道益可施矣。”

臣按：孟子此章，言父兄之于子弟，必当有以教养之。然国家之于臣下，师儒之于子弟，亦莫不然。苟不能养之而弃绝之，则其间之相去，其与父兄之于不中不才子弟何异哉？

孟子曰：“仁，人心也；义，人路也。舍其路而弗由，放其心而不知求，哀哉！人有鸡犬放，则知求之；有放心而不知求。学问之道无他，求其放心而已矣。”

程颐曰：“心至重，鸡犬至轻。鸡犬放，则知求之；心放，则不知求。岂爱其至轻而忘其至重哉！弗思而已矣。圣贤千言万语，只是欲人将已放之心，约之使反复入身来，自能寻向上去，下学而上达也。”

朱熹曰：“仁者心之德。程子所谓心如谷种，仁则其生之性是也。然但谓之仁，则人不知其切于己，故反而名之曰人心，则可以见其为此身酬酢万变之主，而不可须臾失矣。义者行事之宜，谓之人路，则可以见其为出入往来必由之道，而不可须臾舍矣。‘哀哉’二字最宜详味，令人惕然有深省处。上兼言仁义，而下专论求放心者，能求放心，则不违于仁，而义在其中矣。学问之事，固非一端，然其道则在于求其放心而已。盖能如是，则志气清明，义理昭著，而可以上达。不然，则昏昧放逸，虽曰从事于学，而终不能有所发明矣。”

臣按：蔡渊曰：或者但见孟子有“无他”“而已矣”之语，便立为不必读书穷理，只要存本心之说，所以卒流于异学。《集注》谓：“学问之事，固非一端，然其道则在于求放心而已。”正所以发明孟子之本意，以示异学之失，学者切宜玩味。窃考其所谓异学者，盖指当时陆九渊也。至今学者，犹有假之以惑世废学，切宜痛绝。

孟子曰：“羿善射者之教人射，必志犹期也于彀弓满也。学谓学射者亦必志于彀。大匠工师也诲人，必以规矩匠之法也。学者亦必以规矩。”

朱熹曰：“此章言事必有法，然后可成师。舍是则无以教弟子，舍是则无以学。曲艺且然，况圣人之道乎？”

张栻曰：“彀者，弩张回的处也。射者期于中鹄也，然羿之教人，使志于彀。鹄在彼，而彀在此，心心存乎此，虽不中，不远矣。学者学为圣贤也，圣贤曷为而可至哉？求之吾身而已。求之吾身，其则盖不远。心之所同然者，人所固有也，学者亦存此而已。存乎此，则圣贤之门墙，可渐而入也。规矩所以为方圆，大匠诲人，使之用规矩而已。至于巧，则非大匠之所能诲，存乎其人焉，然巧固不外乎规矩也。学者之于道，其为有渐，其进有序。自洒扫应对至于礼仪之三百，威仪之三千，犹木之有规矩也，亦循乎此而已。至于形而上之之理，则在其人所得何如。形而上者，固不外乎洒扫应对之间也，舍是以求道，是犹舍规矩而求巧也。此章所举二端，教人者与受教于人者，皆不可以不知。"

臣按：此章言施教、受教之法。朱熹谓："师舍是则无以教，弟子舍是则无以学。"张栻谓："教人者与受教于人者，皆不可不知。"

孟子曰："教亦多术矣。予不屑之教诲也者，是亦教诲之而已矣。"

朱熹曰："多术，言非一端。屑，洁也。不以其人为洁而拒绝之，所谓不屑之教诲也。其人若能感此，退自修省，则是亦我教诲之也。"

尹焞曰："言或抑或扬，或与或不与，各因其材而笃之，无非教也。"

张栻曰："教人之道，不一而足。圣贤之教人，固不倦也。然有时而不轻其教诲者，非拒之也，是亦所以教诲之也。然就不屑教诲之中，亦有数端焉。或引而不发，而使之自喻。或惧其躐等，而告之有序。圣贤之书，若是者多矣。又有以其信之未笃，则不留于门，使自求之，如孟子之于曹交。以其行之未善，用拒而不见，而使之知之，如孔子之于孺悲。凡此，亦皆为不轻其教诲，而乃所以教诲之也。盖圣贤言动无非教也，在学者领略之何如耳。”

臣按：先儒谓不屑教，非忍而绝之，实将激而进之，是亦多术中教诲之一术也。

孟子曰：“君子之所以教者五：有如时雨化之者，有成德者，有达财者，有答问者，有私淑艾者。此五者，君子之所以教也。”

朱熹曰：“五者，盖因人品高下，或相去远近、先后之不同。时雨，及时之雨也。草木之生，播种封植，人力已至而未能自化，所少者，雨露之滋耳。及此时而雨之，则其化速矣。教人之妙，亦犹是也，若孔子之于颜、曾是已。财，与材同，各因其所长而教之者也。成德，如孔子之于冉、闵。达材，如孔子之于由、赐。就其所问而答之，若孔、孟之于樊迟、万章也。私，窃也。淑，善也。艾，治也。人或不能及门受业，但闻君子之道于人，而窃以善治其身，是亦君子教诲之所及，若孔、孟之于陈亢夷之是也。孟子亦曰：‘予未得为孔子徒也，予私淑之人也。’圣贤施教，各因其材，小以成小，大以成大，无弃人也。”

张栻曰：“《记》曰：当其可之谓时，所谓有如时雨之化者也，言如时雨之造化万物也。今夫物之萌者，欲发甲者，欲拆于是时也，而雨及之，则皆得以遂矣。盖不先不后，当其可而适与之会，无待于彼之求也。君子之教，其察之精矣。于其告之，得之者如物之被时雨焉。其于欲达未达之间，所赖者深矣。龟山杨氏以为，如告曾子以吾道一以贯之是也。盖曾子未尝问，而夫子呼以告之，当其可也。成德者，因其有德而成之，如颜、闵、仲弓之徒，其德之所存，虽存乎其人，而成之者圣人也。达材者，因其材而达之，如赐之达，由之果，求之艺，随其天资所禀而达之，使尽其材，则教之功也。”

臣按：此章圣贤施教之道，先儒谓君子之教人，如天地之生物，各因其材而笃焉。天地无弃物，圣贤无弃人。

公孙丑曰："道则高矣，美矣，宜若登天然，似不可及也。何不使彼为可几及而日孳孳也。"孟子曰："大匠不为拙工改废绳墨，羿不为拙射变其彀率弯弓之限。君子引引弓也而不发发矢也，跃如如踊跃而出也也，中道而立，能者从之。"

朱熹曰："言教人者，皆有不可易之法，不容自贬以徇学者之不能也。又因彀率而言君子教人，但授以学之之法，而不告以得之之妙，如射者之引弓而不发矢然。其所以不告者，已如踊跃而见于前矣。中者，无过不及之谓。中道而立，言其非难非易。能者从之，言学者当自勉也。此章言道有定体，教有成法，卑不可抗，高不可贬，语不能显，默不能藏。"

张栻曰："公孙丑之意，以为孟子之道高大，学者有难进之患，欲少抑而就之，庶其可以几及而为之孳孳也。夫圣人之道，天下之正理，不可过也，不可不及也。自卑者视之，以为甚高，而不知高之为中也。自隘者视之，以为甚大，而不知大之为常也。徇彼而迁就，则非所以为道矣。故孟子以大匠之绳墨，羿之彀率为譬。夫绳墨而可改，则非所以为绳墨矣。彀率而可变，则非所以为彀率矣。君子之教人，引而不发，引之使向方，而发则系于彼也。跃如者，言其自得之如有所兴起于中也。盖义理素存乎其心，向也陷溺，而今焉兴起耳。道以中为至。中道而立，其能者固从之，其不能者亦莫如之何也已。亦犹大匠设绳墨，羿为设彀率以示人，其能与不能，则存乎其人耳。中道而立，能者从之，此正大之体而天地之情也。"

公都子曰："滕更之在门也，若在所礼而不答，何也？"孟子曰："挟贵而问，挟贤而问，挟长而问，挟有勋劳而问，挟故而问，皆所不答也，滕更有二焉。"

赵岐曰："滕更，滕君之弟，来学者也。二，谓挟贵、挟贤也。"

尹焞曰："有所挟，则受道之心不专，所以不答也。"

朱熹曰："君子虽诲人不倦，又恶夫意之不诚者。"

张栻曰："受道者以虚心为本，虚则受。挟则私意先横于胸中，而可告语乎？故空空之鄙夫，圣人未尝不竭两端之教。而滕更在门，若在所礼而不答也。使滕更思其所以不答之故，于其所挟，致力以销弭之，其庶几乎？"

荀子曰："学恶音乌乎始？恶乎终？曰：其数则始乎诵经，终乎读礼。其义则始乎为士，终乎为圣人。真积力久，则入学至乎没而后止也。君子之学也，入乎耳，著乎心，布乎四体，形乎动静。小人之学也，入乎耳，出乎口，口耳之间，财四寸耳。"

臣按：程颐谓学未至，而其言至者，循其言，亦可以入道。荀子曰：真积力久乃入。荀卿元不知此，臣窃谓，此所谓贤人而言圣人之道也。

扬子曰："务学不如务求师。师者人之模范，模不模，范不范，为不少矣。一哄巷同之市，不胜异意焉，一卷之书，不胜异说焉。一哄之市，必立之平，一卷之书，必立之师。习乎习以习非之胜是也，况习是之胜非乎！於戏！学者审其是而已矣。"或曰："焉知是而习之？"曰："视日月而知众星之蔑微也也，仰圣人而知众说之小也。"

司马光曰："南方之俗，以雕题为美。羌戎之俗，以焚尸为荣。安于所习，不知其非，习小道者亦类于此。人苟尽心于圣人之道，则众说之不足学，易知矣。"

又曰："学者所以求为君子也，求而不得者，有矣，夫未有不求而得者也。"

臣按：理有善有恶，人有君子有小人。为人而求为君子而不为小人，非学不能也。学也者，所以明善而去恶也。善明而恶去，则不为小人而为君子矣。

韩愈曰："古之学者必有师，师者所以传道、受业、解惑也。人非生而知之者，孰能无惑？惑而不从师，其为惑也，终不解矣。是故道之所存，师之所存也。嗟乎！师道之不传也久矣，欲人之无惑也难矣。古之圣人，其出人也远矣，犹且从师而问焉。今之众人，其下圣人也亦远矣，而耻学于师。是故圣益圣，愚益愚。"

周敦颐曰："或问曰：'曷为天下善？'曰：'师。'曰：'何谓也？'曰：'性者刚柔善恶中而已矣。''不达。'曰：'刚善为义，为直，为断，为严毅，为干固。恶为猛，为隘，为强梁。柔善为慈，为顺，为巽。恶为懦弱，为无断，为邪佞。惟中也者，和也，中节也，天下之达道也，圣人之事也。'故圣人立教，俾人自易其恶，自至其中而止矣。故先觉觉后觉，暗者求于明，而师道立矣。师道立，则善人多，善人多，则朝廷正而天下治矣。"

朱熹曰："此所谓性，以气禀而言也。刚柔固阴阳之大分，而其中又各有阴阳以为善恶之分焉。恶者固为非正，而善者亦未必皆得乎中也。中也者，和也，天下之达道也。此以得性之正而言也。然其以和为中，与《中庸》不合，盖就已发无过不及者而言之，如《书》所谓"允执厥中"者也。易其恶，则刚柔皆善，有严毅慈顺之德，而无强梁、懦弱之病矣。至其中，则其或为严毅，或为慈顺也，又皆中节而无太过不及之偏矣。师者所以攻人之恶，正人之不中而已矣。师道立，则善人多，善人多，则朝廷正而天下治，此所以为天下善也。"

又曰："圣希天，贤希圣，士希贤。伊尹、颜渊大贤也，伊尹耻其君不为尧舜，一夫不得其所，若挞于市。颜渊不迁怒，不贰过，三月不违仁。志伊尹之所志，学颜子之所学，过则圣，及则贤，不及则亦不失令名。"

朱熹曰："三者随其用之浅深，以为所至之近远。不失令名，以其有为之实也。”

胡宏曰：“周子患人以发策决科，荣身肥家，希世取宠为事也，故曰志伊尹之所志。患人以广闻见，工文辞，矜智能，慕空寂为事也，故曰学颜子之所学。”

又曰：“圣人之道，入乎耳，存乎心，蕴之为德行，行之为事业。彼以文辞而已者，陋矣。”

程颐曰：“圣贤之言，不得已也。盖有是言，则是理明，无是言，则天下之理有阙焉。如彼耒耜、陶冶之器，一不制，则生人之道有不足矣。圣贤之言虽欲已得乎！然其包函尽天下之理，亦甚约也。后之人始执卷，则以文章为先，而其所为，动多于圣人。然有之无所补，无之无所缺，乃无用之赘言也。而止于赘而已，既不得其要，则离真失正，反害于道必矣。”

朱熹曰：“古之圣贤，其文可谓盛矣，然初岂有意学为如是之文哉？有是实于中，则必有是文于外。如天有是气，则必有日月星辰之光耀。地有是形，则必有山川草木之行列。圣贤之心，既有是精明纯粹之实，以磅礴充塞乎其内，则其著见于外者，亦必自然条理分明，光辉发越，而不可掩。盖不必托于言语，著于简册，而后谓之文。但是一身接于万事，凡其语默人所可得而见者，无适而非文也。姑举其最而言，则《易》之卦画，《书》之记言，《诗》之咏歌，《春秋》之述事，与夫《礼》之威仪，《乐》之节奏，皆已列为“六经”，而垂万世，其文之盛，后世固莫能及。然其所以盛而不可及者，岂无所自来，而世亦莫之识也！”

程颐曰：“古之学者一，今之学者三，异端不与焉。一曰词章之学，二曰训诂之学，三曰儒者之学。欲趋道，舍儒者之学不可。言学，便以道为志；言人，便以圣为志。”

臣按：程氏言今之学者有三，谓词章、训诂、儒者也。臣窃以谓，词章、训诂，皆儒学之事也。词章以达意，训诂以解经，儒者固不能外此以为学。但肆意乎枝叶之文，而不根乎义理；局志于言语之末，而不求夫道理，则不可也。

或问："古之道，如是之明，后世之道，如是不明，其何故也?"

程颐曰："此无他，知道者多，即道明；知道者少，即道不明也。知者多少，亦由乎教也。"

真德秀曰："以鲁国言之，止及今之一大州，然一时间所出大贤十余人，岂不是有教以致然也。盖是圣人既出，故有许多贤者。以后世天下之大，经二千年间，求如一颜、闵者，不可得也。"

臣按：程氏谓知道多少，皆由乎教，则学校之设，师儒之教，诚不可无于天下也。

又曰："《坎》之六四：'纳约自牖。'人心有所蔽，有所通。通者明处也，当就其明处而告之，求信，则易也。非惟告于君者如此，为教者亦然。夫教，必就人之所长，所长者，心之所明也。从其心之所明而入，然后推及其余。孟子所谓成德达材是也。"

臣按：程颐谓，纳约自牖，非惟告于其君如此，为教者亦然。盖告教于人，必就其所通以开其所蔽，则易入也。

杨时曰："学者，学圣贤之所为也。欲为圣贤之所为，须是闻圣贤所得之道。若只要博通古今，为文章忠信原悫，不为非义之士而已，则古来如此等人不少，然以为闻道，则不可。学而不闻道，犹不学也。志学之士，当知天下无不可为之理，无不可见之道。思之宜深，毋使心支而易昏；守之宜笃，毋使力浅而易夺。要当以身体之，以心验之，则天地之心，自陈露于目前，古人之大体，已在我矣，不然未免口耳之学。古之学者，以圣人为师，其学有不至，故其德有差焉。人见圣人之难为也，故凡学以圣人为可至，必以为狂而窃笑之。夫圣人固未易至，若舍圣人而学是，将何所取则乎？以圣人为师，犹学射而立的然。的立于此，然后射者可视之而求中，若其中不中，则在人而已。不立之的，以何为准？”

臣按：射者必志于的，不立的，则无以为准，而何以射哉？儒者之学亦然。故曰学以圣人为的。

朱熹《白鹿学规》曰：“父子有亲，君臣有义，夫妇有别，长幼有序，朋友有信，右五教之目。尧舜使契为司徒，敬敷五教，即此是也。学者学此而已。而其所以学之之序，亦有五焉，其别如左：博学之，审问之，慎思之，明辨之，笃行之。右为学之序。学、问、思、辨四者，所以穷理也。若夫笃行之事，则自修身以至于处事接物，亦各有要，其别如左：言忠信，行笃敬。惩忿，窒欲，迁善，改过。右修身之要。正其义不谋其利，明其道不计其功。右处事之要。已所不欲，勿施于人。行有不得，反求诸己。右接物之要。”

臣按：朱氏此规，虽为学者而设，然圣贤之所以为圣贤，及其所以为学，与所以施教者，皆不外乎此也。所谓知其理之当然，而责其身以必然。凡为学者，皆以是而责诸己，施教者皆以是而求诸人，人人皆然，则道明而行矣，天下岂有不平也哉？

张栻曰：“天下之物众矣，纷纭胶轕，日更于前。可喜可怒，可慕可愕，所以荡耳目而动心志者，何可胜计！而吾以藐然之身当之，知诱于外，一失其所止，则迁于物。夫人者，统役万物者也，而顾乃为物役，其可乎哉？是以贵于讲学也。讲学而明理，则执天下之物不固，而应天下之变不胶。吾于天下之物无所恶，而物无以累我，皆为吾役者也。吾于天下之事无所厌，而事无以汩我，皆吾心之妙用也，岂不有余裕乎？然所谓讲学者，宁他求哉？致其知而已。知者，吾所固有也。本之六经以发其蕴，泛观千载以极其变。即事即物身亲格之，超然会夫大宗，则德进业广，有其地矣。”

臣按：张栻大意谓，人所以统役万物，而不为物役者，贵乎有讲学之功也。讲学在乎致知，本之六经以发其蕴，泛观千载以极其变，即事即物身亲格之，超然会夫大宗，以为进德广业之地。吁！学而会夫大宗，则字之全体具，而大用周矣。

黄干曰：“有太极而阴阳分，有阴阳而五行具。太极二五妙合，而人物生。赋于人者，秀而灵，精气凝而为形，魂魄交而为神，五常具而为性，感于物而为情，措诸用而为事。物之生也虽偏且塞，而亦莫非太极二五之所为，此道原之出于天者然也。圣人者，又得其秀之秀而最灵者焉。于是继天立极，而得道统之传，故能参天地，赞化育，而统理人伦，使人各遂其生，各全其性者。其所以发明道统，以示天下后世者，皆可考也。尧之命舜，则曰：‘允执厥中。’中者，无所偏倚，无过不及之名也。存诸心而无偏倚，措之事而无过不及，则合乎太极矣。此尧之得于天者，舜之得统于尧也。舜之命禹，则曰：‘人心惟危，道心惟微。惟精惟一，允执厥中。’舜因尧之命，而推其所以执中之由，以为人心形气之私也，道心性命之正也。精以察之，一以守之，则道心为主，而人心听命焉，则存之心，措之事，信能执其中，曰精曰一。此又舜之得统于尧，禹之得统于舜者也。其在成汤，则曰：‘以义制事，以礼制心。’此又因尧之中，舜之精一，而推其制之之法，制心以礼，制事以义，则道心常存，而中可执矣，曰礼曰义。此又汤之得统于禹者也。其在文王，则曰：‘不显亦临，无射亦保。’此汤之以礼制心也。不闻亦式，不见亦入，此汤之以义制事也。此文王之得统于汤者。其在武王，受丹书之戒，则曰：‘敬胜怠者吉，义胜欲者从。’周公系《易》爻之辞曰：‘敬以直内，义以方外。’曰敬者，文王之所以制心也。曰义者，文王之所以制事也。此武王、周公之得统于文王者也。至于夫子，则曰：‘博学于文，约之以礼。’又曰：‘文行忠信。’又曰：‘克己复礼。’其著之《大学》，曰：‘格物致知，诚意正心，修身齐家，治国平天下。’亦无非数圣人制心制事之意焉。此又孔子得统于周公者也。颜子得于博文约礼、克己复礼之言，曾子得之《大学》之义，故其亲受道统之传者如此。至于子思，则先之以戒惧谨独，次之以知仁勇，而终之以诚。至于孟子，则先之以求放心，而次之以集义，终之以扩充。此又孟子得统于子思者然也。及至周子，则以诚为本，以欲为戒。此又周子继孔、孟不传之绪者也。至二程子，则曰：‘涵养须用敬，进学则在致知。’又曰：‘非明则动无所之，非动则明无所用。’而为“四箴”以著克己之义焉。此二程得统于周子者也。先师文公之学，见之《四书》，而其要则尤以《大学》为入道之序，盖持敬也，诚意正心修身，而见于齐家治国平天下。外有以极其规模之大，而内有以尽其节目之详。此又先师之得其统于二程者也。圣贤相传，垂世立教，粲然明白，若天之垂象，昭昭然而不可易也。虽其详略之不同者，愈讲而愈明也。学者之所当遵承而同守也，违乎是则差也。故尝撮其要指而明之，居敬以立其本，穷理以致其知，克己以灭其私，存诚以致其实。以是四者而存诸心，则千圣万贤所以传道而教人者，不越乎此矣。”

臣按：道学之传，起自尧舜而备于孔子。至孟子没，中绝者千有余年。有宋周子，始复开其端。阐而明之者二程，绪而成之者朱子也。朱门高第弟子，亲得其真传者，勉斋黄氏一人，其在朱门，亦犹孔门之有曾子焉。其得之口传心授者，最为亲切。故其总叙圣贤道统所以传授者，真而的，详而明，有非诸儒所及者。至其篇末，又撮其要指而明之。所谓居敬以立其本，穷理以致其知，克己而灭其私，存诚以致其实。所以发明圣贤传道之要指，示学者入道之方，无余蕴矣。臣谨剟六经诸子之言，有及于道与学而可以成教于天下者，备载于篇，而终之以黄氏斯言。盖摘出前人传授之实，以为后人教学之准，使之知所向方云。

以上明道学以成教。下。

大学衍义补卷七十三

治国平天下之要

崇教化　本经术以为教上之上

《周易》："《易》有太极，是生两仪，两仪生四象，四象生八卦。"

朱熹曰："一每生二，自然之理也。易者，阴阳之变。太极者，其理也。两仪者，始为一画以分阴阳。四象者，次为二画，以分太少。八卦者，次为三画，而三才之象始备。此数言者，实圣人作《易》自然之次第，有不假丝毫智力而成者。画卦揲蓍，其序皆然。"

胡一桂曰："此明伏羲始画八卦也。八卦为小成之卦三画之卦，乾一、兑二、离三、震四、巽五、坎六、艮七、坤八。伏羲不是逐卦如此画，只是自太极理也生两仪，为第一画者二阳仪阴仪，两仪生四象为第二画者四，太阴少阴，太阳少阳。四象生八卦为第三画者八，所谓始画八卦者此也。"

臣按：先儒谓《易》者生生之妙，而太极者，所以生生者也。一生二，二生四，四生八，八生三十二，三十二生六十四，程颐所谓加一倍法者，一言以蔽之矣。此《易》学纲领，开卷第一义。

"是故天生神物谓蓍龟，圣人则之。天地变化，圣人效之。

天垂象，见吉凶，圣人象之。河出图，洛出书，圣人则之。”

朱熹曰：“此四者，圣人作《易》之所由也。”

张栻曰：“通于天者，河也。有龙马负图而出，此圣人之德，上配于天，而天降其祥也。中于地者，洛也。有神龟载书而出，圣人之德，下及于地，而地呈其瑞也。圣人则之，故《易》兴于世。然后象数推之以前民用，卦爻推之以前民行，而示天下后世也。”

臣按：先儒谓四者，圣人作《易》之由。神物一也，天地变化二也，天垂象三也，《河图》《洛书》四也。是知圣人作《易》之由，非止一端，为一物也。说者乃颛颛谓圣人则《河图》以作《易》，其然，岂其然哉？盖圣人毕具众理于一心，偶因一物以起义。

“古者包牺氏之王天下也，仰则观象于天，俯则观法于地，观鸟兽之文与当有天字地之宜，近取诸身，远取诸物，于是始作八卦。以通神明之德，以类万物之情。”

朱熹曰：“俯仰远近，所取不一，然不过以验阴阳消息两端而已。神明之德，如健顺动止之性。万物之情，如雷风山泽之象。”

臣按：神物变化，天象图书，圣人由之以作《易》。天文地理，人身物则，圣人取之以作卦。《易》言其纲，卦言其目。

“天地定位，山泽通气，雷风相薄，水火不相射，八卦相错。”

朱熹曰：“邵子曰：此伏羲八卦之位，乾南坤北，离东坎西，兑居东南，震居东北，巽居西南，艮居西北。于是八卦相交而成六十四卦，所谓先天之学也。”

“帝天之主宰出乎震，齐乎巽，相见乎离，致役乎坤，说言乎兑，战乎乾，劳乎坎，成言乎艮。”

朱熹曰："邵子曰：此卦位乃文王所定，所谓后天之学也。"

臣按：先天后天之言，始见于《乾》之文言，然谓先于天后于天焉耳。至宋邵雍，始以天地定位以下，为伏羲先天《易》，帝出乎震以下，为文王后天《易》。各有方位之次，分为横圜之图。

子曰："加我数年，五十以学《易》，可以无大过矣。"

朱熹曰："此章之言，《史记》作'假我数年'，若是，我于《易》则彬彬矣。加，正作假，而无'五十'字。盖是时，孔子年已几七十矣，'五十'字误，无疑也。学《易》，则明乎吉凶消长之理，进退存亡之道，故可以无大过。盖圣人深见《易》道之无穷，而言此以教人，使知其不可不学，而又不可以易而学也。"

真德秀曰："圣人作《易》，不过推明阴阳消长之理而已。阳长则阴消，阴长则阳消，一消一长，天之理也。人而学《易》，则知吉凶消长之理。以阴阳对言，则阳为善，为吉，阴为恶，为凶。独言阳，则阳自有吉、有凶。盖阳得中则吉，不中则凶。阴亦然。以天理言，则为消息盈虚。以人事言，则为存亡进退。盖消则虚，长则盈，如日中则昃，月盈则亏，暑极则寒，寒极则暑。此天道所不能已也。人能体此，则当进而进，当退而退，当存而存，当亡而亡。如此，则人道得而与天合矣。故孔子可以进则进，可以退则退，可以久则久，可以速则速，用之则行，舍之则藏。此孔子之身，全体皆《易》也。"

臣按：史谓夫子晚而好《易》，读之，韦编三绝。盖尤加精审尔，非谓至此始学《易》也。朱熹谓此章大指在无大过，不在五十上。

周敦颐曰："大哉《易》也，性命之源乎？"又曰："圣人之精，画卦以示，圣人之蕴，因卦以发。卦不画，圣人之精不可得而见；微卦，圣人之蕴，殆不可悉得而闻。《易》何止五经之源，其天地鬼神之奥乎?”

朱熹曰：“精者，精微之意。画前之《易》，至约之理也。伏羲画卦，专以明此而已。蕴，谓凡卦中之所有，如吉凶消长之理，进退存亡之道，至广之业也。有卦则因以形矣，阴阳有自然之变，卦画有自然之体。此《易》之为书，所以为文字之祖，义礼之宗也。然不止此，盖凡管于阴阳者，虽天地之大，鬼神之幽，其理莫不具于卦画之中焉。此圣人之精蕴，所以必于此而寄之也。”

臣按：朱熹又谓《易》有精有蕴。如《师》：贞，丈人吉。此圣人之精，画前之《易》，不可易之妙理。至于容民畜众处，因卦以发。盖其蕴也，非独此一段，凡六十四卦，皆当以此推之。

程颢曰：“上天之载，无声无臭，其体则谓之《易》，其理则谓之道，其用则谓之神。”

又曰：“《易》起于数，非也，有理而后有象，有象而后有数。《易》因象以明理，由象而知数。得其义，则象、数在其中矣。”

程颐曰：“易，变易也，随时变易以从道也。其为书也，广大悉备。将以顺性命之理，通幽明之故，尽事物之情，而示开物成务之道也。至微者，理也；至著者，象也。体用一源，显微无间。观会通以行其典礼，则辞无所不备。故善学者，求言必自近，易于近者，非知言者也。予所传者辞也，由辞以得其意，则在乎人焉。”

范念德曰：“易也，时也，道也，皆一也。自其流行不息而言之，则谓之《易》。自其推迁无常言之，则谓之时。而其所以然之理，则谓之道。”

臣按：《易》之为《易》，有理有数。言理者宗程颐，言数者宗邵雍。至朱熹作本义启蒙，始兼二家说。先儒谓程学言理，而理者人心之所同，今读其传，犁然即与心合。邵学言数，数者康节之所独，今得其图，若何而可推验？明理者虽不知数，自能避凶而从吉。学数者倘不明理，必至舍人而言天。穷理而精，则可修己治人。言数不精，且将流于技术。《易》虽告以卜筮，而未闻以推步。汉世纳甲飞伏卦气，凡推步之术，无不倚《易》为说，而《易》实无之。今邵学无传，不若以理言《易》，则日用常行，无往非《易》矣。

"看《易》且要知时，凡六爻人人有用。圣人自有圣人用，贤人自有贤人用，众人自有众人用，学者自有学者用，君有君用，臣有臣用，无所不通。"

"圣人用意深处，全在系辞。"

张载曰："易为君子谋，不为小人谋。"

邵雍曰："君子于《易》，玩象，玩数，玩辞，玩意。夫《易》者，圣人长君子、消小人之具也。及其长也，辟之于未然，及其消也，阖之于未然。一消一长，一阖一辟，浑浑然无迹，非天下之至神，其孰能与于此？"

臣按：先儒谓玩象、玩数、玩辞、玩意，此学《易》之法。

杨时曰："夫《易》求之吾身，斯可见矣。"

朱熹曰："《易》之为书，文字之祖，义理之宗。"又曰："《易》有两义：一是变易，是流行者；一是交易，是对待者。"

"《易》中之辞，大抵阳吉而阴凶，亦有阳凶而阴吉者。盖有当为，有不当为。若当为而不为，不当为而为之，虽阳亦凶。"

"《易》中多言利贞、贞吉、利永贞之类，皆是要人守正。"又曰："《易》大概欲人恐惧修省。"

臣按：《易》者五经之本源，万世文字之所自出，义理之所由生者也。散见于五经者，皆学者人伦日用所当为之事。而其所以当为与不当为者，其理则具于《易》，可行与止之幾，于是乎决焉。是读经而不读《易》，如木之无本，水之无源也。

“伏羲画八卦，只此数画，该尽天下万物之理。学者于言上会得者浅，于象上会得者深。”又曰：“凡读一卦一爻，便如占筮所得，虚心以求其辞义之所指，以为吉凶可否之决，然后考其象之所以然者，求其理之所以然者。推之于事，使上自王公，下至民庶，所以修身治国，皆有可用。”

“看《易》者，须识理、象、数、辞四者。”又曰：“读《易》之法，先读正经，不晓，则将彖、象、系来解。”

臣按：程氏论《易》，曰辞、曰变、曰象、曰占。邵氏论《易》，曰象、曰数、曰辞、曰意。至于朱氏之论，则曰理、曰数、曰象、曰辞焉。三家之说虽不同，然所谓辞象者，皆未有遗焉者也。岂不以《易》有理有数，有变有占，而其意寓乎其中。所谓象与辞者，平居无事之时，所当观而玩者，尤为要切乎？程氏之说，即孔子之说，所谓《易》有圣人之道四焉者也。我朝赵谦谓，如《乾》之初九，变也。潜龙，象也。勿用者，占也。初九潜龙勿用，辞也。有言象而不言占者，占在象中。有言占而不言象者，象在占中。以此推之，尽矣。要其归，则三百八十四爻，只是一“时”字。臣窃以谓，程氏本孔子说《易》之本指，动静观玩之用，邵、朱二说，教人读《易》之法也。学《易》者，必兼三说以求之，思过半矣。〔以上论《易》〕

孔安国曰：“孔子讨论坟典，断自唐虞，以下讫于周。芟夷烦乱，剪截浮辞，举其宏纲，撮其机要，足以垂世立教。典谟训诰誓命之文，凡百篇，所以恢弘至道，示人主以轨范也。帝王之制，坦然明白，可举而行，三千之徒，并受其义。”

程颐曰：“上古虽已有文字，而制立法度，为治有迹，得以纪载，有史官以识音志其事，自尧始耳。”

臣按：先儒谓，《书》者史之所纪录也。从聿从者。聿，古笔字。以笔画成文字，载之简册，曰书者谐声。伏羲始画八卦。黄帝时，苍颉始制文字。凡通文字能书者，谓之史。人君左右有史，以书其言动。尧舜以前，世质事简，莫可考评。孔子断自尧舜以后史所纪录，定为虞夏商周四代之书。

孔颖达曰：“以其上古之书，谓之《尚书》。此文继伏生之下，则知尚字，乃伏生所加也。”

臣按：尚训为上。

程颐曰：“看《书》须要见二帝三王之道。如二典，即求尧所以治民，舜所以事君。”

朱熹曰：“二典三谟等篇，义理明白，句句是实理。尧之所以为君，舜之所以为臣，皋陶、稷、契、伊、傅辈所言所行，最好绸缪玩味体贴，向自家身上来，其味自别。”

又曰：“唐虞三代事，浩大阔远，何处测度？不若求圣人之心，如尧则考其所以治民，舜则考其所以事君。且如《汤誓》：汤曰：‘予畏上帝，不敢不正。’熟读，岂不见汤之心。”

臣按：《书》之大义，在奉天治民，事君其要也。程朱二子论《书》，专指尧治民、舜事君为言。盖二者，人伦之至也。若夫舜、禹、成汤、文、武之所以治民，禹、皋、夔、益、稷、契、伊、傅、周、召之所以事君，其心未尝不同，因其所言所行而见也。

又曰：“《尚书》初读，若于己不相关，熟而诵之，乃知尧、禹、汤、文之事，无非切己者。”

又曰：“钦之一字，书中开卷第一义也，读者深味而有得焉，则一经之全体不外是矣。”

又曰：“高宗旧学于甘盘，《六经》至此，方言学字。”

臣按：《书》之为书，人皆知其为帝王为治之要道，而不知学者之所以为学，与其所以为学者之本原，皆本诸此。学者存养以敬，而进学以致知。所以致其知者，学于古训，敩学于人也。由是以格君心之非，而致之于无过之地，则时雍咸宁之化，不在唐虞之世矣。

又曰："《书》有古文今文。古文乃壁中之书，今文乃伏生口传。"

又曰："《书》有两体，有极分晓者，有极难晓者。如《盘庚》《大诰》《多方》《多士》之类，恐是当时召来而面命之，自是当时一类说话。至于《汤诰》《微子之命》《君陈》诸篇，则修其词命。"

又曰："《典》《谟》诸书，恐是曾经史官润色来。《周诰》诸篇，只似今榜文晓谕，方言俚语，随地随时，各自不同。"

吕祖谦曰："《书》者，尧、舜、禹、汤、文、武、皋、夔、稷、契、伊尹、周公之精神心术，尽寓其中。观《书》不求心之所在，夫何益？欲求古人之心，尽吾之心，然后可以见古人之心。"

蔡沈曰："二帝三王之治，本于道，二帝三王之道，本于心。得其心，则道与治固可得而言矣。何者？精一执中，尧、舜、禹相授之心法也。建中建极，商汤、周武相传之心法也。曰德、曰仁、曰敬、曰诚，言虽殊，而理则一，无非所以明此心之妙也。至于言天，则严其心之所自出；言民，则谨其心之所由施。礼乐教化，心之法也；典章文物，心之著也；家齐国治而天下平，心之推也。心之德，其盛矣乎！二帝三王，存此心者也。夏桀、商受，亡此心者也。太甲、成王，困而存此心者也。存则治，亡则乱。"

臣按：《书》之大要，在于"允执厥中"之一语。而其所以信执其中者，在知人心道心之所以分。既知其所以分，又能精察而一以守之，则信能执之矣。是知唐虞圣君为治之要，不出乎一心而已。故朱、吕二子及蔡氏，皆本诸心为言，盖示人以读书旨要也。

真德秀曰："五十八篇之《书》，无一语不及天，无一语不主敬。"

董鼎曰："帝王之书，历代所宝，天下家传人诵之。人生八岁入小学，教之以诗书六艺之文，即此《书》也。孔子断自唐虞，讫于周者，盖以前乎五帝，为三皇，世尚洪荒。后乎三王，为五伯，习尚权谲。故自唐讫周，以定百篇之书。自是诵习者，简要而不繁；举行者，中正而无弊。一书之中，其于明德、新民之纲，修齐、治平之目，即《尧典》已尽其要。而危微精一四言，所以开知行之端；主善协一四言，所以示博约之义。务学，则《说命》其入道之门；为治，则《洪范》其经世之要也。他如齐天运，则有羲和之历；定地理，则有《禹贡》之篇。正官僚，则有《周官》之制度；修己任人，则有《无逸》《立政》诸书。煨烬坏烂之余，百篇仅存其半，而宏纲实用尚如此。"

又曰："六经莫古于《书》。《易》虽始于伏羲，然有卦未有辞，辞始于文王耳。六经莫备于《书》。五经各主一事而作耳。《易》主卜筮，《洪范》之稽疑也。《礼》主节文，《虞书》之五礼也。《诗》主咏歌，后夔之乐教也。《周礼》设官，《周官》六卿率属之事也。《春秋》褒贬，皋陶命德讨罪之权也。五经各主帝王政事之一端，《书》则备纪帝王政事之全体。修齐治平之规模事业，尽在此书。"

臣按：天下大道二，义理、政治也。《易》者，义理之宗；《书》者，政治之要。是以六经之书，此为大焉。学者学经以为儒，明义理以修己，行政治以治人，学之能事毕矣，儒者之全体大用备矣。《易》者其体，《书》者其用也。〔以上论《书》〕

以上本经术以为教。上之上。

大学衍义补卷七十四

治国平天下之要

崇教化　本经术以为教上之中

《书》曰："诗言志。"

朱熹曰："心之所之谓之志。心有所之，必形于言：故曰诗言志。"

臣按：此万世言诗之始。先儒谓自有天地万物，而诗之理已寓。婴儿之嬉笑，童子之讴吟，皆有诗之情而未动也。桴以蒉，鼓以土，籥以苇，皆有诗之用而未文也。康衢顺则之谣，元首股肱之歌，皆诗也。故曰诗言志。至于五子述大禹之戒，相与歌咏，伤今而思古，则变风变雅已备矣。

《诗大序》曰："诗者志之所之也。在心为志，发言为诗。"

朱熹曰："心之所之谓之志，而诗所以言志也。"

臣按：先儒谓此一节，言诗之自出。

"故正得失，动天地，感鬼神，莫近于诗。"

朱熹曰："事有得失，诗因其实而讽咏之，使人有所创艾兴起。至其和平怨怒之极，又足以达于阴阳之气，而致灾召祥。盖其出于自然，而不假人力，是以入人深而见功速，非他教之所及也。

"先王以是经夫妇，成孝敬，厚人伦，美教化，移风俗。"

朱熹曰："先王指文、武、周公、成王。是，指风雅颂之正。经，常也。女正乎内，男正乎外，夫妇之常也。孝者，子之所以事父。敬者，臣之所以事君。诗之始作，多发于男女之间，而达于父子、君臣之际。故先王以诗为教，使人兴于善而戒其失，所以道夫妇之常，而成父子君臣之道也。三纲既正，则人伦厚，教化美，而风俗移矣。"

臣按：先儒谓夫妇之经者，孝敬之成也。盖天下之道，只从夫妇中出，而夫妇之道，又只从中正中来。以此气象事亲，则成孝，事君，则成敬。由是而人伦厚，教化美，风俗移，皆出于诗之功用也。

"故诗有六义焉：一曰风，二曰赋，三曰比，四曰兴，五曰雅，六曰颂。"

朱熹曰："此一条，本出于《周礼》大师之官，盖三百篇之纲领管辖也。《风》《雅》《颂》者，声乐部分之名也。《风》则十五国风，《雅》则大小雅，《颂》则三颂也。赋比兴，则所以制作《风》《雅》《颂》之体也。赋者直陈其事，比者以彼状此，兴者托物兴词。盖众作虽多，而其声音之节，制作之体，不外乎此。故大师之教国子，必使之以是六者，三经而三纬之。则凡诗之节奏指归，皆将不待讲说，而直可吟咏以得之矣。"

"上以风化下，下以风刺上，主文而谲谏。言之者无罪，闻之者足以戒，故曰风。"

朱熹曰："风者，民俗歌谣之诗，如物被风而有声，又因其声以动物也。上以风化下者，诗之美恶，其风皆出于上，而被于下也。下以风刺上者，上之化有不善，则在下之人，又歌咏其风之所自，以讥其上也。凡以风刺上者，皆不主于政事，而主于文词，不以正谏，而托意以谏。若风之被物，彼此无心，而能有所动也。"

“至于王道衰，礼义废，政教失，国异政，家殊俗，而变风变雅作矣。”

朱熹曰：“国异政，家殊俗者，天子不能统诸侯，故国国自为政。诸侯不能统大夫，故家家自为俗也。正变之说，经无明文可考。”

“故变风发乎情，止乎礼义。发乎情，民之性也。止乎礼义，先王之泽也。”

朱熹曰：“情者，性之动；而礼义者，性之德也。动而不失其德，则以先王之泽，入人者深，至是而犹有不忘者也。然此言，亦其大概有如此者，其放逸而不止乎礼义，固已多矣。”

“是以一国之事，系一人之本，谓之风。言天下之事，形四方之风，谓之雅。雅者，正也，言王政之所由废兴也。政有大小，故有小雅焉，有大雅焉。颂者，美盛德之形容，以其成功告于神明者也。是谓四始，诗之至也。”

朱熹曰：“形者，体而象之之谓。《小雅》皆王政之小事，《大雅》则言王政之大体也。《颂》皆天子所制郊庙之乐歌。《史记》曰：‘《关雎》之乱，以为风始；《鹿鸣》为小雅始；《文王》为大雅始；《清庙》为颂始：所谓四始也。’诗之所以为诗者，至是无余蕴矣。后世虽有作者，其孰能加于此乎？邵子曰：删诗之后，世不复有诗矣，盖谓此也。”

臣按：先儒谓诗之作，其来远矣。至夫子删诗，则无余蕴。后世作者，连篇累牍，学之者，可以兴观群怨乎？用之者，可以正得失、动天地、厚人伦、美教化乎？后人读之者，又果可以达于政而专对乎？至于风云之状，月露之形，则固无益于事矣。若夫哀淫愁怨，导欲增悲，则又非徒无益也。邵子之言，警人深矣。呜呼！后之有作者，当以三百篇为主，而不为无实之虚言。虽其体制不皆尽合于古，而亦可以得古诗人之意之彷佛矣乎？

《周礼》："大师教六诗：曰风，曰赋，曰比，曰兴，曰雅，曰颂。以六德为之本，以六律为之音。"

朱熹曰："六德：中、和、祗、庸、孝、友。六律：谓黄钟至无射六阳律也。大吕至应钟为六阴律，与之相间，故曰六间，又曰六吕。其为教之本末，犹舜之意也。"

《王制》曰："天子五年一巡守，命大师陈诗，以观民风。"

方悫曰："诗所以言志，风所以从上。诗言之哀乐，足以见民风之厚薄。民风之厚薄，足以知上政之得失，故命大师陈诗焉。"

子曰："《诗》三百，一言以蔽犹盖也之，曰思无邪。"

朱熹曰："《诗》三百十一篇，言三百者，举大数也。思无邪，《鲁颂·駉》篇之辞。凡《诗》之言善者，可以感发人之善心。恶者，可以惩创人之逸志。其用归于使人得其情性之正而已。然其言微婉，且或各因一事而发，求其直指全体，则未有若此之明且尽者。故夫子言《诗》三百篇，而惟此一言，足以尽盖其义，其示人之意，亦深切矣。"

臣按：思无邪一言，虽足以尽盖一诗之义，然学者须于三百五篇，一一各考究其义，使无一之不尽，然后蔽以此三言，以为诵诗三百之要，则可以言诗矣。苟颛颛然曰吾思无邪，而于古人之旨趣训诂，略不究心，而曰吾通经矣，可乎哉？

子夏曰："巧笑倩好口辅也兮，美目盼目黑白分也兮，素粉地以为绚彩色画之饰也兮，何谓也？"子曰："绘事后素。"曰："礼后乎？"子曰："起予者商也，始可与言诗已矣。"

朱熹曰："此逸诗也。言人有此倩盼之美质，而又加以华采之饰，如有素地而加采色也。子夏疑其反谓以素为饰，故问之。绘事，绘画之事也。后素，后于素也。《考工记》曰：'绘画之事，后素功。'谓先以粉地为质，而后施五采，犹人有美质，然后可加文饰。礼必以忠信为质，犹绘事必以粉素为先。起，犹发也。起予，言能起发我之志意。”

谢良佐曰：“子贡因论学而知诗，子夏因论诗而知学，故皆可与言诗。”

杨时曰：“甘受和，白受采，忠信之人，可以学礼。苟无其质，礼不虚行。此绘事后素之说也。孔子曰，绘事后素。而子夏曰，礼后乎？可谓能继其志矣。非得之言意之表者能之乎？商、赐可与言诗者以此。若夫玩心于章句之末，则其为诗也，固而已矣。所谓起予，则亦相长之义也。”

臣按：子贡因论贫富之道，而知学问之功。子夏则因论《诗》之绘事后素，而知礼后之说。二贤者，圣人皆谓其始可以言诗。先儒谓“始”字不可轻放过。谓如此触类而长，方才可以读书。然圣人于子贡，则先呼其名，而继以告诸往而知来者。于子夏，则先曰起予，而呼其名继焉。盖此理隐然见于言外，因此而可以得彼，此理盎然蕴于胸中，因彼而有以发此，非善学者不能也。而用之以学诗，尤为亲切。故圣人于此，皆呼其名，而致其亲切之训。学诗者，其尚以二贤为法。

子曰：“《关雎》乐而不淫，哀而不伤。”

朱熹曰：“《关雎》，《周南》国风诗之首篇也。淫者，乐之过而失其正者也。伤者，哀之过而害于和者也。《关雎》之诗，言后妃之德，宜配君子。求之未得，则不能无寤寐反侧之忧。求而得之，则宜其有琴瑟钟鼓之乐。盖其忧虽深，而不害于和；其乐虽盛，而不失其正。故夫子称之如此。欲学者玩其辞，审其音，而有以识其情性之正也。”

臣按：先儒谓《关雎》之诗，乐得淑女以配君子。至于琴瑟友之，钟鼓乐之，所谓乐而不淫也。哀窈窕，思贤才，至于寤寐思服，展转反侧，所谓哀而不伤也。学者玩其辞语，审其声音，而原其性情之际，则亦有以识其所存所发之正也已。

子曰："吾自卫反鲁，然后乐正，《雅》《颂》各得其所。"

朱熹曰："鲁哀公十一年冬，孔子自卫反鲁。是时，《周礼》在鲁，然《诗》《乐》亦颇残缺失次。孔子周流四方，参互考订，以知其说。晚知道终不行，故归而正之。"

洪兴祖曰："王者迹熄而诗亡，其存者缪乱失次。孔子复得之他国以归，定著为三百五篇，于是《雅》《颂》各得其所。"

臣按：《诗》有三经：《风》《雅》《颂》。此言《雅》《颂》而不及《风》者，先儒谓列国各有不正之声，庙朝所不奏。二南亦用之房中耳，故正乐止言《雅》《颂》。

子曰："诵诗三百，授之以政，不达；使于四方，不能专对，虽多亦奚以为？"

程颐曰："须是未读诗者，授以政，不达；使，不能专对。既读诗，便达于政，便能专对。始，是读诗。"又曰："穷经，将以致用也。世之诵诗者，果能从政而专对乎？然则其所学者，章句之末耳。此学者之大患也。"

朱熹曰："专，独也。《诗》本人情，该物理，可以验风俗之盛衰，见政治之得失。其言温厚和平，长于风谕，故诵之者，必达于政而能言也。"

臣按：《诗》与《易》《书》《春秋》《礼》，并为五经。其四经皆出自圣贤之制作删述，所以纪载圣君贤相，大贤君子之言行事功。惟《诗》之为诗，则多里巷田野匹夫匹妇欢悲怨怒之言，甚至淫佚悖乱之事，亦或有之。顾使羁臣贱妾之辞，与尧、舜、禹、汤、文、武、周公、孔子之格言大训，并列以为经。呜呼！夫岂无其故哉？盖以人之生也，性情具于中，志趣见于外，必假言以发之也。言以发其心之所蕴，志有所抑扬，言不能无短长。心有所喜怒，言不能无悲欢。动于心而发之口，有自然之理致，有自然之音响。天机自动，天籁自鸣。此诗之所以作也。诗之作也，原于天理之固有，出于天趣之自然。作之者应口而出声，赋之者随宜而应用。或因之以申吾不容已之情，或由之以发吾不可言之意，或假之以明吾难显白之事。章不必有定句也，句不必有定字也。言从而理顺，声和而韵协，斯得之矣，固未有所谓义例也，又恶用训诂为哉？昔孔子既删诗以为经，而又时时雅言以教学者。有曰："诵诗三百，授之以政，不达；使于四方，不能专对，虽多亦奚以为？"又尝以教其子曰："不学诗，无以言。"则是诗之为用，可以达政事，备问对，资言谈可见也。今观三百五篇，而律以诸儒之章旨训解，其间言及于政事之施，专对之用，言谈之助，政不多有。间有一二剟取而施用之，亦自有限，不知圣人何故云云也？及考之《大学》《中庸》《孟子》之书，取凡三书所引诗言观之，而又旁及于《礼记》中《学记》《乐记》《表记》《坊记》《缁衣》等篇，与夫《左氏春秋》、刘向《说苑》、《韩诗外传》诸书，一一参考，然后知孔门读诗之法，与后世拘于义例，而局以训诂者异焉。曾子述孔子之意作《大学》，凡十引《诗》。子思得曾子之传作《中庸》，凡十二引《诗》。孟子学于子思，作书七篇，凡十二三引诗。究其旨义，多与诸儒所训解之《诗》，意不全合。由是以观，圣门教人读《诗》，必有所授受而出于义例训诂之外者，三子者相传，必有所自。而左氏之所赋，汉儒之所说，盖亦非无所因者矣。后之学《诗》者，必也本孔、曾、思、孟之所传，据《论》《学》《庸》《孟》之所引，以为诵《诗》三百之法。是故章句以纲之，训诂以纪之，讽咏以昌之，涵濡以体之。察之性情隐微之间，审之言行枢机之始。本朱子此言以为读诗之常法。诗因于事，不迁事以就诗；事寓于诗，不迁诗以就事。不铢铢而析之，不寸寸而较之。取吕氏此言以为用诗之活法。夫如此，其于孔门学《诗》

之法，其庶矣乎。虽然，未也。子贡因论学而知《诗》。子夏因论《诗》而知学。“鸢飞戾天，鱼跃于渊”，子思以明上下一理之察，《旱麓》之章旨，果若是乎？“穆穆文王，於缉熙敬止。”朱子以敬止为无不敬而安所止。他日之训解，又何不若是乎？是知读《诗》之法，在随文以寻意；用《诗》之妙，又在断章而取义也。学者诚以是而求诸三百五篇，则《雅》无大小，《风》无正变，《颂》无商、周、鲁，苟意会于心，言契乎理，事适其机，或施之政事，或发于语言，或用之出使，与凡日用施为之间，无往而非《诗》之用矣，固不拘拘于义例训诂之末也。

子曰：“小子何莫学夫《诗》？《诗》可以兴，可以观，可以群，可以怨。迩之事父，远之事君。多识于鸟兽草木之名。”

朱熹曰：“小子，弟子也。兴，谓感发志意。观，谓考见得失。群，谓和而不流。怨，谓怨而不怒。人伦之道，《诗》无不备。其绪余，又足以资多识。学《诗》之法，此章尽之。读是经者，所宜尽心也。”

臣按：先儒谓《论语》之及《诗》者多矣，而惟此章为备。学者苟于此尽心焉，则有以感发其志意，而为善不懈；有以考见其得失，而于事无惑。和而不流，以处群居之常；怨而不怒，以处人伦之变。孝父忠君，而于人伦之大者无愧；博物洽闻，而于一物之小者不遗。《诗》之为益，不既多乎！其为益之多如此，学者所宜尽心也。

子谓伯鱼曰：“女为《周南》《召南》矣乎？人而不为《周南》《召南》，其犹正墙面而立也与！”

朱熹曰：“为，犹学也。《周南》《召南》，《诗》首篇名，所言皆修身齐家之事。正墙面而立，言即其至近之地，而一物无所见，一步不可行。”

臣按：先儒谓《诗》有二南，犹《易》有乾坤。学《诗》

者自此入，而修齐治平之道，皆自此出。此章与“诵《诗》三百”，“小子何莫学夫《诗》”，皆明穷经致用之道。

《孟子》：“咸丘蒙问曰：‘《诗》云：普遍也天之下，莫非王土；率循也土之滨，莫非王臣。而舜既为天子矣，敢问瞽瞍之非臣，如何？’曰：‘是《诗》也，非是之谓也；劳于王事而不得养父母也。’曰：‘此莫非王事，我独贤劳也。’故说《诗》者，不以文字也害辞语也，不以辞害志。以意逆迎也志，是为得之。如以辞而已矣，《云汉》之诗曰‘周余黎民，靡有孑独立之貌遗脱也’，信斯言也，是周无遗民也。”

程颐曰：“举一字是文，成句是辞。”

张载曰：“知《诗》莫如孟子，以意逆志，读《诗》之法也。”

朱熹曰：“《诗·小雅·北山》之篇也。作《诗》者自言，天下皆王臣，何为独使我以贤才而劳苦乎？非谓天子可臣其父也。《云汉》，《大雅》篇名也。言说《诗》之法，不可以一字而害一句之义，不可以一句而害设辞之志。当以己意而迎取作者之志，乃可得之。若但以其辞而已，则如《云汉》所言，是周之民，真无遗种矣。惟以意逆之，则知作《诗》者之志，在于忧旱，而非真无遗民也。”

又曰：“意，谓己意。志，谓诗人之志。逆，迎之也。其至否迟速，不敢自必，而听于彼也。”

《史记》曰：“古诗本三千余篇，孔子去其重，取其可施于礼义者，三百五篇。”

孔颖达曰：“按书传所引之诗，见在者多，亡逸者少。则孔子所录，不容十分去九，马迁之言，未可信也。”

朱熹曰：“三百五篇，其间亦未必皆可施之礼义者，但存其实以为鉴戒耳。”

程颐曰："古之人幼而闻歌颂之声，长而识美刺之意，故人之学，由诗而兴。后世老师宿儒，尚不知诗之义，后学岂能兴起乎？"

又曰："《周南》《召南》如乾坤。二南之诗，盖圣人取之以为天下国家之法，使邦家乡人，皆得歌咏之也。有天下国家者，未有不自齐家始。故先言后妃，次言夫人，又次言大夫妻。而古人有能修之身以化在位者，文王是也，故继之以文王之诗。"

又曰："学者不可不看《诗》，看《诗》便使人长一格。"

张载曰："置心平易，然后可以言《诗》。涵泳从容，则忽不自知而自解颐矣。"

又曰："求《诗》者贵平易，不要崎岖。盖诗人之情性，温厚平易老成，其志平易，故无艰险之言。大率所言皆目前事，而义理存乎其中。以平易求之，则思远以广，愈艰险，则愈浅近矣。"

谢良佐曰："学《诗》者须先识得六义体面，而讽咏以得之。"

又曰："君子之于《诗》，非徒诵其言，又将以考其情性。非徒考其情性，又将以考先王之泽。盖法度礼乐虽亡，于此犹能并得其深微之意而传之。"

又曰："《诗》须讽咏以得之。古诗即今之歌曲，今之歌曲，往往能使人感动。至学《诗》却不然，只为泥章句故也。"

欧阳修曰："《诗》述商周，自《玄鸟》《生民》，上陈稷、契，下讫陈、灵，千五百年之间，旁及列国君臣世次，国地山川，封域图牒，鸟兽草木虫鱼之名，与其风俗方言训诂，盛衰治乱，美刺之由，无所不载。"

游酢曰："学《诗》者，可以感发人之善心。如观《天保》之诗，则君臣之义修矣。观《棠棣》之诗，则兄弟之爱笃矣。观《伐木》之诗，则朋友之交亲矣。观《关雎》《鹊巢》之风，则夫妇之经正矣。昔王裒有至性，而子弟至于废讲《蓼莪》，则《诗》之兴发善心，于此可见矣。”

朱熹曰：“《诗经》全体，大而天道精微，细而人事曲折，无不在其中。”

又曰：“《诗》之为经，所以人事浃于下，天道备于上，而无一理之不具。”

刘瑾曰：“通三百篇而论其大义，则其喜不至渎，怒不至绝，怨不至乱，谏不至讦。天时日星之大，虫鱼草木之微，人伦纲常之道，风气土地之宜，神祇祖考之祀，礼乐刑政之施，凡天人相与之理，莫不毕备于一经之中也。”

又曰：“本之二南以求其端，参之列国以尽其变。正之于《雅》，以大其规。和之于《颂》，以要其止。此学《诗》之大旨也。于是乎章句以纲之，训诂以纪之，讽咏以昌之，涵濡以体之。察之情性隐微之间，审之言行枢机之始，则修身及家平均天下之道，其亦不待他求，而得之于此矣。”

问：“《诗》何以兴？”朱熹曰：“读《诗》见其不美者，令人羞恶；见其美者，令人兴起。”

又曰：“读《诗》之法，只是熟读涵泳，自然和气从胸中流出，其妙处不可得而言，不待安排布置，务自立说也。”

臣按：真德秀有言：三百篇虽难晓，今诸老先生发明其义，了然可知。如能反复涵泳，真可以感发其性情，则所谓兴于《诗》者，未尝不存也。臣窃以谓，古人教胄子率以乐。今世古乐不存，而所谓《诗》者，固三代之遗音也。学校之中，闲居游息之时，俾其歌咏三百篇诗，虽其节奏无传，然即今乡饮所歌《鹿鸣》之音调，稍谐协之，纵不能皆如古人之全，然亦可以彷佛其万一也。其于兴起感发惩创之道，不为无助。〔以上论诗〕

以上本经术以为教。上之中。

大学衍义补卷七十五

治国平天下之要

崇教化　本经术以为教上之下

孔子曰："吾志在《春秋》。"

臣按：此言见于唐玄宗所制《孝经序》，其言本何休《公羊传序》。序之言，则出于《纬经》《孝经》《钩命决》也。

孟子曰："世衰道微，邪说暴行有作，臣弑其君者有之，子弑其父者有之。孔子惧，作《春秋》。《春秋》，天子之事也。是故孔子曰：'知我者，其惟《春秋》乎，罪我者，其惟《春秋》乎！'"

胡安国曰："仲尼作《春秋》以寓王法。惇典、庸礼，命德、讨罪，其大要皆天子之事也。知孔子者，谓此书之作，遏人欲于横流，存天理于既灭，为后世虑至深远也。罪孔子者，以谓无其位，而托二百四十二年南面之权，使乱臣贼子禁其欲而不得肆，则戚矣。"

金履祥曰："《春秋》起隐公元年己未之岁，止哀公十四年庚申，凡二百四十二年。"又曰："鲁旧自有《春秋》，东迁之后，书法失周公制作典礼之意，善恶是非不明，虽弑逆之变，亦多不书其实。使为臣者不知此义，陷于弑逆之罪而不觉；为人君者不知此义，前后有谗贼而不见。故孔子因鲁史之旧而修之，使是非褒贬，昭然可见，因此而鉴戒明，乱臣贼子惧。致治之法，可垂万世，故谓之作。”

臣按：孔子曰：“吾志在《春秋》。”是则《春秋》一书，诚圣人志向之所在也。圣人之志，在于尊王，然有其德而无其位，虽欲尊王，将何以行其志哉？于是假鲁史作《春秋》，以伸吾之志。是以一书之中，十二公，二百四十二年，凡所书者，无非寓吾尊王之志。而后之训释者，不知圣人之志之所在，因一事而为一说，非圣人志矣。惟孟子受学孔子之孙，独得圣人之志。于书法之中，而为之言曰“《春秋》天子之事也”。即此一言解此一书，圣人之志，昭然明白于天下后世矣，诸儒纷纷之说，可一洗之。

又曰：“昔者禹抑洪水，而天下平。周公兼夷狄，驱猛兽，而百姓宁。孔子成《春秋》，而乱臣贼子惧。”

张栻曰：“成《春秋》而乱臣贼子惧者，乱臣贼子之情伪毕见，而讨绝之法著焉，施于万世，皆无所遁其迹故也。”

臣按：乱臣贼子之所以惧者，以其所行所为，悖天子之典礼，犯天子之刑宪也。

孟子曰：“王者之迹熄而《诗》亡。《诗》亡然后《春秋》作。晋之《乘》，楚之《梼杌》，鲁之《春秋》，一也。其事则齐桓、晋文，其文则史。”

孔子曰：“其义则丘窃取之矣。”

朱熹曰：“王者之迹熄，谓平王东迁，而政教号令不及于天下也。《诗》亡，谓《黍离》降为国风，而雅亡也。《春秋》，鲁史记之名，孔子因而笔削之，始于鲁隐公之元年，实平王之四十九年也。《乘》义未详。赵氏以为兴于田赋乘马之事。或曰，取记载当时行事而名之也。梼杌，恶兽名。古者因以为凶人之号。取记恶、垂戒之义也。《春秋》者，记事者必表年以首事。年有四时，故错举以为所记之名也。古者列国皆有史官，掌记时事。此三者皆其所记册书之名也。春秋之时，五伯迭兴，而桓文为盛。史，史官也。窃取者，谦辞也。《公羊传》作：‘其辞，则丘有罪焉尔。’意亦如此。盖言断之在己，所谓笔则笔，削则削，游、夏不能赞一辞者也。”

尹焞曰：“言孔子作《春秋》，亦以史之文，载当时之事也。而其义则定天下之邪正，为百王之大法。”

臣按：《诗》以言志，《春秋》以纪事，理虽同，而体制则异也。孟子曰：“王者之迹熄而《诗》亡，《诗》亡然后《春秋》作。”《春秋》岂继《诗》之具哉？而孟子以是为言。而解者曰：“《诗》亡，谓《黍离》降为国风，而雅亡也。”夫雅者，王者燕享会朝之诗，《春秋》所纪者，岂其伦哉？然谓“王者迹熄而《诗》亡”，谓之迹，则似有所指之处，非泛言也。臣窃意以为，先王盛时，诸侯岁朝于天子，考礼正刑，以一其德。天子于是考之正之，而加赏罚焉。诸侯既朝之后，天子五年一巡守，又命太师陈诗以观民风。其君德之善否，其国政之得失，其民风之美恶，见于民俗歌谣之间者，皆得以上闻。或刺或美，天子因之而施黜陟刑赏之典焉。至于周衰，诸侯不复朝觐，天子不复巡守。太师不复采诗，而民间之美刺不复上闻，天子之赏刑，不复施于列国矣，所谓《诗》亡也。孔子乃假鲁史以作《春秋》，因诸侯之行事，加以笔削之公，而寓天子刑赏之意焉。盖《诗》列十有五国之风，《春秋》亦纪二十有三国之事。《诗》有美刺，《春秋》有褒贬。此《春秋》之作，所以继于《诗》亡之后也欤？或曰：“平王四十九年，《春秋》始作，然《柏舟》《硕人》等诗，皆平王以后之作，焉得谓之《诗》亡？”曰：“是时诗虽作于民间，而不采之以闻于天子，有亦如无，虽谓之亡可也。”

孟子曰：“春秋无义战，彼善于此则有之矣。征者上伐下也，敌国不相征也。”

朱熹曰：“《春秋》每书诸侯战伐之事，必加讥贬，以著其擅兴之罪，无有以为合于义而许之者。但就中彼善于此则有之，如召陵之师之类是也。征所以正人也。诸侯有罪，则天子讨而正之。此《春秋》所以无义战也。”

臣按：《春秋》，天子之事也。诸侯有罪，天子正之，义也。天子不自征，命诸侯征之，亦义也。以诸侯伐诸侯，而不禀命于天子，则非义矣。此《春秋》所以作也。

《左氏传》成公十四年：君子曰：“《春秋》之称，微辞微而显义显，志记也而晦，谓约言以记事，事叙而文微。婉曲也而成章篇也，尽而不污，谓尽其事实，无所污曲。惩恶而劝善，非圣人谁能修之？”

《穀梁传》曰：“成天下之事业，定天下之邪正，莫善于《春秋》。”

庄周曰：“《春秋》经世，先王之志也，议而不辨。”

司马迁曰：“余闻之董生：‘周道废，孔子知时之不用，道之不行也，是非二百四十二年之中，以为天下仪表，贬诸侯，讨大夫，以达王事而已矣。’子曰：‘我欲载之空言，不如见之于行事之深切著明也。’《春秋》上明三王之道，下辨人事之经纪，别嫌疑，明是非，定犹与去声，善善恶恶，贤贤贱不肖，存亡国，维绝世，补敝起废，王道之大者也。拨乱世，反之正，莫近于《春秋》。《春秋》文成数万，其指数千。万物之聚散，皆在《春秋》。《春秋》之中，弑君三十六，亡国五十二，诸侯奔走不得保社稷者，不可胜数。察其所以，皆失其本已。故《易》曰：‘差以毫厘，谬以千里。’故臣弑君，子弑父，非一朝一夕之故，其渐久矣。有国者不可以不知《春秋》，前有谗而不见，后有贼而不知。为人臣者不可以不知《春秋》，守经事而不知其宜，遭变事而不知其权。为人君父而不通于《春秋》之义者，必蒙首恶之名。为人臣子而不通于《春秋》之义者，必陷篡逆诛死之罪。其实皆以善为之，而不知其义，被之空言不敢辞。夫不通礼义之指，至于君不君，臣不臣，父不父，子不子。夫君不君则犯，臣不臣则诛，父不父则无道，子不子则不孝。此四者，天下之大过也。以天下大过予之，受而不敢辞。故《春秋》者，礼义之大宗也。"

苏轼曰："孔子因鲁史记为《春秋》，一断于《礼》。凡《春秋》之所褒者，《礼》之所与也；其所贬者，《礼》之所否也。《记》曰：'礼者所以别嫌，明微，定犹与也。'而《春秋》一取断焉。故凡天下之邪正，君子之所疑而不能决者，皆至于《春秋》而定，非定于《春秋》，定于礼也。故太史公曰：'《春秋》者，礼义之大宗也。'"

臣按：程颐亦曰："礼一失，则为夷狄，再失，则为禽兽。"圣人恐人之入夷狄也，故《春秋》之法极谨严，所以谨严者，华夷之辨尤切切也。

王通曰："《春秋》之于王道，是轻重之权衡，曲直之绳墨也，舍则无所折衷矣。"又曰："《春秋》其以天道终乎，故止于获麟。"

韩愈曰："《春秋》谨严。"又曰："孔子之作《春秋》，诸侯用夷礼则夷之，进于中国则中国之。"

程颐曰："《春秋》之法极谨严，中国而用夷礼则夷之。韩子之言，深得其旨。"

周敦颐曰："《春秋》正王道，明大法也，孔子为后世王者而修也。乱臣贼子诛死者于前，所以惧生者于后也。宜乎万世无穷王祀夫子，报德报功之无尽焉。"

程颐曰："五经载道之文，《春秋》圣人之用。五经之有

《春秋》，犹法律之有断例也。律令惟言其法，断例始见法之用。”又曰：“五经如药方，《春秋》如用药治病。圣人之用，全在此书。《春秋》一句即一事，是非便见于此，乃穷理之要。”又曰：“《春秋》传为案，经为断。”又曰：“以传考经之事迹，以经别传之真伪。”又曰：“自伏羲、尧、舜，历夏、商以至于周，或文或质，因袭损益，其变既极，其法既详。于是孔子参酌其宜，以为百王法度之中制，此其所以《春秋》作也。”颐作《春秋传序》曰：“夫子作《春秋》，为百王不易之大法。后世以史视《春秋》，谓褒善贬恶而已，至于经世之大法，则不知也。《春秋》大义数十，炳如日星，乃易见也。惟其微辞奥义，时措从宜者，为难知耳。或抑或纵，或予或夺，或进或退，或微或显，而得乎义理之安，文质之中，宽猛之宜，是非之公，乃制事之权衡，揆道之模范也。夫观百物而后识化工之神，聚众材而后知作室之用。于一事一义，而欲窥圣人之用，非上智不能也。故学《春秋》者，必优游涵泳，默识心通，然后能造其微也。”

臣按：程颐谓学《春秋》者，必优游涵泳，默识心通，然后能造其微。杜预序《左传》亦曰：“优而柔之，使自休之。餍而饫之，使自趣之。若江海之浸，膏泽之润，涣然冰释，怡然理顺，然后为得。”二子之言，前后相契，是诚读书之法，非但《春秋》也。然《春秋》圣人所亲笔者，其用意尤深，必如此玩味之，然后有所得，而造其微也。

张载曰：“《春秋》之书，在古无有，乃仲尼所自作，惟孟子为能知之，非理明义精，殆未可学。先儒未及此而治之，故其说多凿。”

臣按：公羊、穀梁、左丘明虽及见孔子，而不能尽知孔子所以作经之大意。惟孟子以亚圣大贤之资，从学孔子之孙，得其家传，而知其大指所在。张载谓惟孟子为能知之。观其所谓《春秋》天子之事一言，可见其所知非诸儒所及。诸儒千言万语，皆不出乎此也。

邵雍曰：“《春秋》皆因事而褒贬，非有意于其间，故曰《春秋》尽性之书也。”又曰：“《春秋》为君弱臣强而作，故谓之名分之书。”又曰：“圣人之经，浑然无迹，如天道焉。《春秋》录其事，而善恶形于其中矣。”

又曰：“《春秋》，孔子之刑书也，功过不相掩。五伯者，功之首，罪之魁也。先定五伯之功过而学《春秋》，则大意立矣。”又曰：“五伯功过不相掩，圣人先褒其功，后贬其罪。故罪人有功，亦必录之。”

杨时曰：“《春秋》正是圣人处置事处。他经言其理，此经言其用。理既明，则其用不难知也。”

胡宏曰：“天理人欲，莫明辨于《春秋》。圣人教人消人欲，复天理，莫深于《春秋》。”

李侗曰：“《春秋》一事，各是发明一例，如观山水，徙步而形势不同，不可拘以一法。”

胡安国曰：“《春秋》为诛乱臣贼子而作，其法尤严于乱贼之党。”又曰：“通于《春秋》，然后能权天下之事。”

又曰：“《春秋》之文，有事同则词同者，后人因谓之例。然有事同而词异，则其例变矣。是故正例非圣人莫能立，变例非圣人莫能裁。正例天地之常经，变例古今之通谊。惟穷理精义，于例中见法，法外通例者，斯得之矣。”

安国《春秋传序》曰：“古者列国各有史官，掌记时事。《春秋》鲁史尔，仲尼就加笔削，乃史外传心之要典也。而孟氏发明宗旨，目为天子之事者，周道衰微，乾纲解纽，乱臣贼子接迹，当世人欲肆而天理灭矣。仲尼天理之所在，不以为己任而谁可？五典弗惇，己所当叙。五礼弗庸，己所当秩。五服弗章，己所当命。五刑不用，己所当讨。故曰：‘文王既没，文不在兹乎！天之将丧斯文也，后死者不得与于斯文也。天之未丧斯文也，匡人其如予何？’圣人以天自处，斯文之兴丧在己，而由乎人哉？故曰：‘我欲载之空言，不如见诸行事之深切著明也。’空言独能载其理，行事然后见其用。是故假鲁史以寓王法，拨乱世，反之正。”又曰：“《春秋》见诸行事，非空言比也。公好恶，则发乎《诗》之情。酌古今，则贯乎《书》之事。兴常典，则体乎《礼》之经。本忠恕，则导乎《乐》之和。著权制，则尽乎《易》之变。百王之法度，万世之准绳，皆在此书。”

朱熹曰：“《春秋》以形而下者，说上那形而上者去。”又曰：“《春秋》皆乱世之事，圣人一切裁之以天理。”

又曰：“周衰，王者之赏罚不行于天下。诸侯强陵弱，众暴寡。是非善恶，由是不明。人欲肆，而天理灭矣。夫子因鲁史而修《春秋》，是是而非非，善善而恶恶。诛奸谀于既死，发潜德之幽光。是故《春秋》成而乱臣贼子惧。”

又曰：“《春秋》大指其可见者，诛乱臣，讨贼子，内中国，外夷狄，贵王贱伯而已，未必字字有义也。”又曰：“圣人作《春秋》，不过直书其事，善恶自见。”

又曰：“正其谊不谋其利，明其道不计其功，《春秋》之大指也。”又曰：“《春秋》本明道正谊之书，今人止较齐、晋伯业优劣，反成谋利，大义晦矣。”

又曰：“左氏曾见国史，考事颇精，只是不知大义，专去小处理会，往往不曾讲学。公、穀考事甚疏，然义理却精。二人乃经生，传得许多说话，往往都不曾见国史。”

张栻曰：“《春秋》即事而明天理，穷理之要也。观其书，取其大义数十，断为定论，而详味其抑扬予夺轻重之宜，则有以权万变矣。”

吴澄曰："子朱子云：'析之有以极其精而不乱，然后合之有以尽其大而无余。'读《春秋》者，其亦可以是求之矣。"

臣按：孔子删述六经，其五者皆述前代帝王之作，因其已成之典籍，删而修之者也。惟《春秋》一经，乃圣人亲手笔削。凡其平生之心术志意，皆聚于一书之中。学者于五经，皆当究心，而于此经，尤当加意焉。是故天不可测矣，因其运行而测其妙。地不可窥矣，因其生物而窥其大。圣人之心不可求矣，因其迹而求其心，因其用而求其体。《春秋》之经，圣人之迹，而所以权衡二百四十二年之事者，其用也。即是以求圣人，而圣人全体大用，于是乎在矣。

《礼记》曰："经礼三百，曲礼三千，其致一也。"

朱熹曰："经礼三百，便是《仪礼》中士冠礼、诸侯冠礼之类，此是大节，有三百条。如始加、再加、三加，又如坐如尸立如齐之类，皆是其中小目，有三千条。"

臣按：经礼，谓经常之礼，如冠昏丧祭、朝觐会同之类。曲礼，委曲之礼，如行礼有进退升降、俯仰揖逊之类。

《中庸》曰："礼仪三百，威仪三千。"

朱熹曰："礼仪，经礼也。威仪，曲礼也。"

《汉志》曰："帝王质文，世有损益。至周，曲为之防，事为之制，故曰'经礼三百，威仪三千'。及周之衰，诸侯将逾越法度，恶其害己，皆灭去其籍。自孔子时而不具。至秦大坏。汉兴，高堂生传《士礼》十七篇。"

韩愈曰："尝苦《仪礼》难读，又其行之于今者盖寡，沿袭不同，复之无由考于今，诚无所用之。然文王、周公之法制，粗在于是。孔子曰：吾从周，谓其文章之盛也。古书之存者希矣。百氏杂家，尚有可取，况圣人之制度耶！"

真德秀曰："韩子可谓好古矣。然以为于今无所用，则亦考之未详也。”

朱熹曰：“礼书如《仪礼》，尚完备于他书。”又曰：“《仪礼》，礼之根本。而《礼记》乃其枝叶。”又曰：“《仪礼》，经也。《礼记》，传也。”又曰：“《仪礼》是经，《礼记》是解《仪礼》。且如《仪礼》有冠礼，《礼记》便有《冠义》。《仪礼》有昏礼，《礼记》便有《昏义》。以至燕射之礼，莫不皆然。”

又曰：“《仪礼》虽难读，然伦类若通，则其先后彼此，展转参照，足以互相发明，久之自通贯也。”

臣按：朱熹子在跋其书曰：“《仪礼》之为书也，于奇辞奥指中，有精义妙道焉；于纤悉曲折中，有明辨等级焉。不惟欲人之善其生，且欲人之善其死；不惟致严于冠昏、朝聘、乡射，而尤严于丧祭。”后世徒以其推士礼而达之天子，以为残阙不可考之书。徐而观之，一士也，天子之士与诸侯之士不同，上大夫与下大夫不同，等而上之，固有可得而推者矣。

杨复曰：“朱子既修家乡、邦国、王朝礼，以丧祭二礼，属门人黄氏成章，十有二卷。大哉书乎！秦汉而下未有也。近世以来，儒生习诵，知有《礼记》，而不知有《仪礼》。今因其篇目之仅存者，为之分章句，附传记，使条理明白而易考。后之言礼者，有所据依，不至于弃经而任传，违本而逐末。”

臣按：古礼之传于世也有三，《仪礼》《礼记》《周礼》也。后世欲复古礼者，必自《仪礼》始。然《仪礼》止有士大夫礼，而无有所谓天子礼者，必合彼二礼与他书有及于礼者，然后成全体焉。朱子自辑家乡、邦国、王朝礼，其余以付其门人黄干、杨复，仅以成书，名曰《经传通解》。然世有欲复古礼者，尚有考于斯书。〔以上论《仪礼》〕

文中子曰：“先师谓孔子以王道在是也，如有用我，则执此以往。”又曰：“吾视千载已上，圣人在上者，未有若周公焉。

其道则一，而经制大备，后之为政有持循。”

臣按：《周礼》一书，经制大备，后之为政有所持循，王通之言，真得其要矣。自有此书以来，未有能用之者。假而用之者，王莽也。轻而用之者，苏绰也。误而用之者，王安石也。至于善用之者，则未见其人焉。通谓执此以往，专欲用之，窃恐时异势殊，官政事体，民情土俗，不能皆如古，惟精择其切要者而审行之，以此为持循之则则可矣。必执其书而一按其制，其流极之弊，安知其不与三子同归乎？

唐太宗曰：“《周礼》真圣作也。首篇云：‘惟王建国，辨方正位，体国经野，设官分职以为民极。’诚哉言乎！不井田，不封建，不肉刑，而欲行周公之道，不可得也。”

《唐书》曰：“《周礼》者，周公致太平之书。先圣极由衷之典，法天地而行教化，辨方位而叙人伦。其义可以幽赞神明，其文可以经纬邦国，备物致用，其可忽乎！”

臣按：王通，人臣也，执此以往，固可见之空言。若夫太宗，人君也，居可致之位，有可为之势，又当开国创业之初，所谓体国经野，设官分职以为民极，政是可以有为之时也，乃亦付之浩叹，发为空言，所谓“说而不绎”者欤？

程颐曰：“必有《关雎》《麟趾》之意，然后可以行《周官》之法度。”

朱熹曰：“程子谓有《关雎》《麟趾》之意，而后可行《周官》之法度，须是自闺门衽席之微，积累到薰蒸洋溢天下，无一民一物不被其化，然后可以行《周官》之法度。不然则为王莽矣。”

臣按：若程、朱二氏言，则《周官》终无可行之时。须必正身齐家以为之本，则本原其意，持循其制，参酌其宜，以立为一代之法度。持守之坚，积累之久，然后能薰蒸洋溢于天下，使无一人一物不被其化。若必待天下薰蒸洋溢，然后可行《周官》之法度，窃恐极天地混沌，终无可行之期矣。

颐又曰："《周礼》一书，周公致治之大法在其中，须知道者观之，可决是非也。"

张载曰："《周礼》是的当之书，然其间必有末世增入者。如盟诅之类，必非周公之意。"

臣按：朱熹言："周公当年立下此法，却不曾行得尽，方是个草本。"而孙处亦言："周公之为《周礼》，亦犹唐之显庆《开元礼》也，唐人预为之以待他日之用，其实未尝行也。惟其未经行，故谨述大略，俟其临事而损益之。"噫！"临事损益"之一言，非但周公作书之本意，乃后人用《周礼》之活法也。以《周官》制度为持循之本，而又因时随事以损益之，孰谓《周官》不可行于后世哉？

杨时曰："《周官》之书，先王经世之务也，不可不讲。"

朱熹曰："《周礼》乃周家盛时圣贤制作之书。"又曰："《周礼》一书，周公立下许多条贯，皆是从广大心中流出。"又曰："《周官》编布精密，乃周公运用天理烂熟之书。"

熹又曰："比、闾、族、党之法，正周公建太平之基本。一如棋盘相似，枰布定后，棋子方有放处。此书大纲，是要人主正心、修身、齐家、治国、平天下，使天下之民，无不被其泽。又推而至于鸟兽草木，无一不得其所而已。不如是，不足以谓之'裁成辅相，参赞天地'。"

熹又言于其君曰："窃见《周礼·天官·冢宰》一篇，乃周公辅导成王，垂法后世，用意最深切处。欲知三代人主正心诚意之学，于此考之，可见其实。"

臣按：朱熹又谓，五峰胡氏，以《周礼》为非周公致太平之书。谓如天官冢宰，却管甚宫闱之事。其意只是见后世宰相，请托宫闱，交结近习，以为不可。殊不知此正人君治国平天下之本。盖宫中、府中，宜为一体。凡夫人君之供奉、用度，一一皆关白外朝之大臣，则人君固有所惮，而不肯为非礼；而左右嬖幸之臣，亦有所畏忌，而不敢以非礼导其上也。所以格人君非心之萌，而致于无过之地，莫切于此。谓此为三代人君正心诚意之学，岂不信然？

范祖禹曰："天地有四时，百官有六职，天下万世，备尽于此。如网之在纲，裘之挈领，虽百世不可易也。人君如欲稽古以正名，苟舍《周官》，未见其可。"

臣按：自有《周官》以来，六典之设，惟见于我朝。前代虽设六部，而宰相之官，则未尝废也。

吕祖谦曰："先王之教天下，未始有精粗本末之间也。夫朝不混市，野不逾国，人不侵官，后不敢以奸王之权，诸侯不敢以僭天子之制，公卿大夫不牟商贾之利，六卿九牧相属而听命于三公。彼皆民上也，而尺寸法度不敢逾，一毫分守不敢易。所以习民于尊卑、等差、阶级之中，消其逼上无等之心，而寓其道德之意。是以民服事其上，而下无觊觎，贱不亢贵，卑不逾尊，举一世之人，皆安于法度分守之内。志虑不易，视听纯一，易直淳庞而从上之令。父诏其子，兄授其弟，长率其属，何往而非五礼、五乐、三物、十二教哉！方位国野，设官分职，何往而非以为民极哉！尝读晋之《国语》，每叹绛之富商韦藩木楗过朝之事，以为富商之饶于财，使之泽其车而华其服，非不足也，而必易车服于过朝之际，不敢与士大夫混然无别焉。民志之定，而中道之存，成王、周公之遗化固隐然在此也。"

臣按：《周礼》一书，或以为周公作，或以为非。或谓文王治岐之制，或谓成周理财之书。或谓战国阴谋之书，或谓汉儒傅会之说。或谓末世渎乱不经之书，或作七论七难以排之。朱熹曰："后人皆以《周礼》非圣人书，其间细碎处虽可疑，其大体直是非圣人做不得。"又曰："谓是周公亲笔做成固不可，然大纲却是周公意思。"由是观之，其是与非，昭然明白矣。夫自三皇五帝以来，顺风气之宜，因时势之常，制为法度以为民立极，一代有一代之制。盖至周公思兼前王，监视往代。集百圣之大成，立一代之定制。密察而详悉，曲而当，尽而不迂，有以通天下之理，成天下之务，周天下之变。此周公作书之旨也。然而其制度多与他书所载者，有不尽合焉者，何也？古人有言，《周礼》一书，有阙文〔军司马之类〕，有省文〔遂人、匠人之类〕，有互见〔九等品举之类〕，有兼官〔公孤不备数，教官无府史胥徒〕，有豫设〔凡千里封公四、封侯八、伯十一之类〕，有不常置〔夏采方相氏之类〕，有举其大纲者〔四两为卒之类〕，有副相副贰者〔自卿至下士，各随才高下，同治此事〕，有常行者〔垂法象魏之类〕，有不常行者〔合民询国迁之类〕。今观诸经，其措置规模，不徒于弼亮天地，和洽神人，而盟诅仇伐，凡所以待衰世者，无不备也。不徒以检柅君身，防绝祸患，而米盐丝枲，凡所以任贱役者，无不及也。使之维持一世，则一世之人安；维持百世，则百世之人安；维持千万世，则千万世之人安。诒谋燕翼，后世岂无僻王？皆赖前哲以免，则周公之用心也，所谓兼三王、监二代，尽在于是。是书之作于周公，与他经不类。《礼记》就于汉儒，则《王制》所说朝聘为文襄时事。《月令》所说官名，为战国间事，曾未若《周礼》之纯乎周典也。由此言观之，则凡后儒疑《周礼》细碎者，可以洒然矣。若夫后世用之，而往往取败者，岂是书之过哉？不善用之者过也。观夫成周，享国八百年之久，其末也，周之地不大于郳莒，一介弁髦，蕞然拥虚器而立于强诸侯之上，环而顾之，皆莫敢萌非分之心，独何所畏哉？周公之制，有以维持之也。此用《周礼》之明效也。彼新莽、荆舒，假此以济其私，乌可因咽而废食？

吴澄曰："按：周公相成王，建六官，分六职，礼乐政事，粲然大备。即其设位言之，则曰《周官》；即其制作言之，则曰《周礼》。周衰，诸侯恶其害己，灭去其籍。秦孝公用商鞅，政与《周官》背驰，始皇又恶而焚之。汉河间献王好古学，购得《周官》五篇，武帝求遗书，上之，藏于秘府。哀帝时，刘歆校理秘书，始著于《录略》，然《冬官》久亡，以《考工记》补之。《考工记》乃前世能识古制者所作，先儒皆以为非，惟歆独识之。而五官亦复错杂，传至于今，莫敢是正。今本《尚书》以考之《周官》一篇，成王董正治官之全书也。执此以考《周礼》之六官，则不全者可坐而判也。夫冢宰掌邦治，统百官，均四海。执此以考《天官》之文，则其所载，非统百官、均四海之事，可以知其非冢宰之职也。司徒掌邦教，敷五典，扰兆民。执此以考《地官》之文，则其所载，非敷五典、扰兆民之事，可以知其非司徒之事也。宗伯掌邦礼，治神人，和上下。司马掌邦政，统六师，平邦国。执此以考春、夏二官，则凡掌邦礼、邦政者，皆其职也，舍此则非其职。司寇掌邦禁，诘奸慝，刑暴乱。司空掌邦土，居四民，时地利。执此以考秋、冬二官，则凡掌邦禁、邦土者，皆其职也，舍此则非其职。是故《天官》之文，有杂在他官者，如内史、司士之类。亦有他官之文，杂在《天官》者，如甸师、世妇之类。《地官》之文，有杂在他官者，如大司乐、诸子之类。亦有他官之文，杂在《地官》者，如闾师、柞氏之类。《春官》之文，有杂在他官者，如封人、大小行人之类。亦有他官之文，杂在《春官》者，如御史、大小胥之类。《夏官》之文，有杂在他官者，如衔枚氏、司隶之类。亦有他官之文，杂在《夏官》者，如职方氏、弁师之类。至于掌祭之类，吾知其非《秋官》之文。县师、廛人之类，吾知其为

《冬官》之文。缘文寻意以考之，参诸经籍以证之，何疑之有？”

臣按：自《周礼》出于汉，六官而亡其一，世儒以《考工记》补《冬官》亡，未始有异议者。宋淳熙中，俞庭椿始著《复古编》，谓司空之篇，实杂出于五官之属。且因司空之复，而六官之伪误，亦遂可以类考。嘉熙间，王次点复作《周官补遗》。元泰定中，丘葵又参订二家之说，以为成书。吴澄作《三礼考注》，首以是言，且谓《冬官》未尝亡，而《地官》之文实亡也。由是以观，则《冬官》本未尝亡，所亡者《冬官》首章，所谓“惟王建国”至“以为民极”二十字，及“乃立冬官司空”至“邦国”二十字，及大司空之职、小司空之职二条，亦如《虞书》之《舜典》，实未尝亡，特失其“曰若稽古”以下二十八字耳。虽然，自隋唐以来，立为六部，率以学校属礼部，财赋属户部，行之实亦良便。后世有志复古以至太平者，师周公之意，而不泥其故迹可也。〔以上《周礼》〕

以上本经术以为教。上之下。

大学衍义补卷七十六

治国平天下之要

崇教化　本经术以为教中

程颐曰："《礼记》杂出于汉儒，然其间传圣门绪余及格言甚多，如《乐记》《学记》之类，无可议者。《檀弓》《表记》《坊记》之类，亦甚有至理，惟知言者择之。如《王制》《礼运》《礼器》，其书亦多传古意。"

又曰："《礼记》除《中庸》《大学》，惟《乐记》为最近道，学者深思而自得之。《表记》其亦近道矣乎？其言正。"

朱熹曰："《礼记》要兼《仪礼》读，如《冠礼》《丧礼》《乡饮酒礼》之类，皆载其事，《礼记》只发明其理。读《礼记》而不读《仪礼》，则许多理，俱无安着处。"

又曰："或谓《礼记》乃汉儒说，恐不然。汉儒最纯者莫如董仲舒。仲舒之文最纯者，莫如三策，何曾有《礼记》中说话来。如《乐记》所谓天高地下，万物散殊，而礼制行矣。流而不息，合同而化，而乐兴焉。仲舒安能到此？必是古来流传，得此文字如此。"

臣按：《礼记》一书，杂出于汉儒，然非汉儒所能作，乃其所传记者也。《大学》，曾子作，《中庸》，子思作，《缁衣》，公孙尼子作，《月令》，吕不韦作，《王制》，文帝时博士刺经作。

臣窃以为，《易》《书》《诗》《春秋》四经之外，帝王之良法，圣贤之格言，杂出于四十九篇之中详矣。是诚学者致知之要，人君为治之法也。《易》言阴阳，《书》言政事，《诗》言性情，《春秋》言名分，然皆主于一事。惟《礼》之为书，无所不载。大而三才五典，细而庶类万事，与夫治道之常，礼节之变，无不曲备而旁通焉。臣于治国平天下之要，采辑诸书，而于是书所取为多。

又曰："若欲观礼，须将《礼记》节出切于日用常行者看。"

臣按：《礼记》一书，虽专以礼名，而礼之为礼，不止于一，读者当以礼为主，而分四科以类考之。先儒谓四科：礼也，仪也，乐也，制度也。以吉、凶、军、宾、嘉节目之大者归之礼。以应对、进退、坐立、趣行节目之大者归之仪。声律、歌舞、音容、节奏归之乐。封井、宗学、宫室、器服归之制度。以此四科，读此四十七篇，思过半矣。

周行己曰："圣人制为冠、昏、丧、祭、朝聘、乡射之礼，以行君臣、父子、兄弟、夫妇、朋友之义。其形而下者，见于饮食、器服之用，其形而上者，极于无声无臭之微。众人勉之，贤人行之，圣人由之。故所以行其身，与其家，与其国，与其天下者，礼治则治，礼乱则乱，礼存则存，礼亡则亡。"又曰："秦氏焚灭典籍，三代礼文大坏。汉兴，购书，《礼记》四十九篇，杂出诸儒传记，不能悉得圣人之旨。考其文义，时有牴牾。然而其文繁，其义博，学者博而约之，亦可以弗畔。盖其说也，粗在应对进退之间，而精在道德性命之要。始于童幼之习，而卒于圣人之归。"

臣按：《礼记》之书，天下之事，无所不载，而专以礼名者，其大要在礼也。虽然，天下之事，何者而非礼哉？盖儒者之事，无一而非礼。学而非礼，则为异端；治而非礼，则为伯道。

人有礼则安，无礼则危。国有礼则治，无礼则乱。事有礼，则事为有纪，否则散。物有礼，则物为成器，否则废。人无一而可无礼，无礼则非仁矣。仁也者，人也。人而无仁，则非人矣。孔子曰："克己复礼为仁。"张子曰："礼仪三百，威仪三千，无一而非仁也。"由是观之，则知人之所以为人者，以其有仁也。为仁由礼，为礼由敬，则此圣人传心之要，治国平天下之基，所由建立者也。

吴澄曰："汉兴，得先儒所记礼书二百余篇。大戴氏删为八十五，小戴氏又损益为四十三。《曲礼》《檀弓》《杂记》分为上下。马氏增以《月令》《明堂位》《乐记》。郑氏从而为注，总四十九篇。精粗杂记，靡所不有。秦火之余，区区掇拾，所谓存十一于千百，虽不能以皆醇，然先王之遗制，圣贤之格言，往往赖之而存。"

臣按：《礼记》四十九篇，宋儒表章《大学》《中庸》，与《论语》《孟子》并为四书，今其所存者四十七篇。吴氏以其类相从，以为纂言，然非古经之旧也。夫经文繁杂，虽若不一，而吾之心则一焉。以吾纯一之心，而精择夫不一之言，一权衡之以吾圣人之道，所谓大中至正焉者，本之以正心修身，据之以循常应变，用之以齐家治国平天下，六经之道同归矣。〔以上《礼记》〕

"子所雅常也言，诗书执守也礼，皆雅言也。"

朱熹曰："《诗》以理性情，《书》以道政事，《礼》以谨节文，皆切于日用之实，故常言之。礼独言执者，以人所执守而言，非徒诵说而已也。"

臣按：先儒谓此章，即圣人言语之节，而见其立教之法。诗书执礼，是夫子所常言。曰利，曰命，曰仁，是夫子所罕言。怪、力、乱、神，是夫子所不言。夫子雅素之言，止于如此。若性与天道，则有不可得而闻者，要在默而识之也。噫！生人之德，莫大乎仁。天赋之理，莫先乎性。仁乃圣人所罕言，性则大贤所不得闻者也。今世三尺童子，读书未识偏旁，开口便谈性命，圣门之教，岂若是哉？

子曰："兴于诗，立于礼，成于乐。"

朱熹曰："兴，起也。诗本性情，有邪有正。其为言既易知，而吟咏之间，抑扬反复，其感人又易入。故学者之初，所以兴起其好善恶恶之心，而不能自已者，必于此而得之。礼以恭敬辞逊为本，而有节文度数之详，可以固人肌肤之会，筋骸之束。故学者之中，所以能卓然自立，而不为事物之所摇夺者，必于此而得之。乐有五声十二律，更唱迭和，以为歌舞。八音之节，可以养人之性情，而荡涤其邪秽，消融其查滓。故学者之终所以至于义精仁熟，而自和顺于道德者，必于此而得之，是学之成也。"又曰："按《内则》，十岁学幼仪，十三学乐诵诗，二十而后学礼。则此三者，非小学传授之次，乃大学终身所得之难易先后浅深也。"

程颐曰："天下之英才不为少矣，特以道学不明，故不得有所成就。夫古人之诗，如今之歌曲，虽闾里童稚，皆习闻之而知其说，故能兴起。今虽老师宿儒，尚不能晓其义，况学者乎？是不得兴于诗也。古人自洒扫应对，以至冠、昏、丧、祭，莫不有礼，今皆废坏，是以人伦不明，治家无法，是不得立于礼也。古人之乐，声音所以养其耳，采色所以养其目，歌咏所以养其性情，舞蹈所以养其血脉，今皆无之，是不得成于乐也。是以古之成材也易，今之成材也难。"

真德秀曰："自周衰，礼乐崩坏，然礼书犹有存者，制度文为，尚可考寻。乐书则尽缺不存。后之为礼者，既不合先王之制，而乐犹甚。今世所用，大抵郑、卫之音，杂以夷狄之声而已，适足以荡人心，坏风俗，何能有补乎？然礼乐之制虽亡，而礼乐之理则在。故《礼记》谓致礼以治身，致乐以治心。外貌斯须不庄不敬，而慢易之心入之矣；中心斯须不和不乐，而鄙诈之心入之矣。庄敬者礼之本也，和乐者乐之本也。学者诚能以庄敬治其身，和乐养其心，则于礼乐之本得矣，亦足以立身而成德也。三百篇之《诗》虽云难晓，今诸儒发明其义，了然可知。如能反复涵泳，其可以感发兴起，所谓兴于《诗》者，亦未尝不存也。"

臣按：先儒谓，无程氏之说，后世不知所以成材之难。无真氏之说，后世遂果以成材为难矣。然则人材之成，果难乎，易乎？曰：上之人立教以成之，则易；下之人奋志以为之，则易。上无其教，下无其志，而欲人材之成，难矣。如此，则世乏良材，国无善治，后世所以不如古，其在此欤！

陈亢问于伯鱼曰："子亦有异闻乎？"对曰："未也。尝独立，鲤趋而过庭。曰：'学诗乎？'对曰：'未也。''不学诗，无以言。'鲤退而学诗。他日，又独立，鲤趋而过庭。曰：'学礼乎？'对曰：'未也。''不学礼，无以立。'鲤退而学礼。"

朱熹曰："事理通达，而心气和平，故能言。品节详明，而德性坚定，故能立。"

臣按：圣门之教，以诗礼为先。盖口之所讽咏者，温柔敦厚之言；身之所检束者，恭俭庄敬之体。如此，则可以造于成德达材之地矣。圣人所以教其子与其门人，皆不外乎此也。

《经解》："孔子曰：入其国，其教可知也。其为人也，温柔敦厚，《诗》教也。疏通知远，《书》教也。广博易良，《乐》教也。洁静精微，《易》教也。恭俭庄敬，《礼》教也。属辞比事，《春秋》教也。故《诗》之失，愚。《书》之失，诬。《乐》之失，奢。《易》之失，贼。《礼》之失，烦。《春秋》之失，乱。"

真德秀曰："古者君臣上下，共由六经之道。上之所以为教者此也，下之所以为学者此也。上因性以为教，下亦因学以为俗。故观其国之俗，即知其君之教。学《诗》，则能感发其性情之正，故其为人，温和而柔顺，敦笃而厚重。学《书》，则通知古今治乱之理，故其为人，疏明不滞，而所见者远。《乐》以道和，故学之者开广而博大，平易而温良。《易》道简洁精深，《礼》主于恭俭庄敬，故学之者，各得之而成其德。《春秋》连属其辞，比次其义，以寓是非褒贬之旨，故凡能如是者，必有得于《春秋》者也。古之学者，学一经必得一经之用。曰其为人，则气质俱化，习与性成。其视后世通经之士，徒习章句训义，而无益于性情心术者，何如哉？然人各有所偏。醇厚者于智或不足，故其失愚。疏达者于言或易发，故其失诬。博大者易以奢广，峻洁者易以深刻。恭敬者或烦劳而不安乐，属辞比事而不至者，善恶或至缪乱。故必矫其失，而后有以全其得，亦如古者教胄子之意也。曰《诗》之失、《书》之失云者，盖言学经者之失，非谓经之有失也。"

臣按：真氏又言："学此经者，当思有以得于经者何如？学《诗》矣，吾之德果温柔敦厚矣乎？学《书》矣，吾之德果疏通知远矣乎？必如是而深思焉，如是而自勉焉，庶乎为善于经者。不然则章句而已耳，训义而已耳。其何益哉？"其言警切，读经者当以是自察，教经者当以示训，观人者当以为征。

荀子曰："《书》者，政事之纪也。《诗》者，中声之所止也。《礼》者，法之大分，类之纲纪也。故学至乎《礼》而止矣，夫是之谓道德之极。《礼》之敬文也，《乐》之中和也，《诗》《书》之博也，《春秋》之微也，在天地之间者毕矣。"又曰："《礼》《乐》法而不说，《诗》《书》故而不切，《春秋》约而不速。"

杨倞曰："此说六经之意，《书》所以纪政事。《诗》谓乐章，所以节音，主乎中而止，不使流淫。《礼》所以为典法之大分，统类之纲纪。类，谓礼法所触类而长者。"

真德秀曰："法而不说，谓陈列其法，使人自悟，而无待于论说。故而不切，谓但述已然之得失，使人知以为监，而不待于迫切。"

庄子曰："《诗》以道志，《书》以道事，《乐》以道和，《易》以道阴阳，《春秋》以道名分。"

朱熹曰："庄子此语，后来人如何可及。"

臣按：荀况学圣人之道未至者，其言五经似矣。庄周则非圣人之道，而自为一家言者，而亦尊崇圣人之经如此。且其言简而理尽，后之总论经者，皆莫及焉。然言六经而不及《礼》，则彼学老聃者，则固以礼为忠信之薄，而放荡于礼法之外者乎？荀之言则重乎礼，庄之言则遗乎礼。可见儒学所以异于老庄者，其辨在乎礼而已矣。

扬子曰："说天者莫辨乎《易》，说事者莫辨乎《书》，说体者莫辨乎《礼》，说志者莫辨乎《诗》，说礼者莫辨乎《春秋》。"

真德秀曰："战国以来辩士之说，胜而不根诸理，流俗惑之，至汉犹然。故扬子发此论，然于五经之旨，未能有大发明也。"

班固曰："六艺之文，《乐》以和神，仁之表也。《诗》以正言，义之用也。《礼》以明体，明者著见，故无训也。《书》以广听，知之术也。《春秋》以断事，信之符也。五者尽五常之道，相须而备，故《易》为之原。"

真德秀曰："六经于五常之道，无不包者。今以五常分属于六艺，是《乐》有仁而无义，《诗》有义而无仁也，可乎哉？大率汉儒论经，鲜有得其指要者，反不若庄生之当于理也。"

程颐曰："凡看书各有门庭。《诗》《易》《春秋》不可逐句看，《尚书》《论语》可以逐句看。圣人用意深处，全在系辞，《诗》《书》乃格言。”

朱熹曰：“上古之书，莫尊乎《易》。中古后书，莫大于《春秋》。然此两书，皆未易看。”又曰：“子所雅言，《诗》《书》执礼，未始及《易》。夫子尝以教人，只是如此，今人便先为玄妙之说。”

臣按：古有六经，《易》《诗》《书》《春秋》《礼》《乐》也。《易》《诗》《书》《春秋》四者，亲经孔子所删定者也。而《礼》与《乐》无全书。后世所谓礼经者，《仪礼》《周礼》《礼记》也，三书者皆出于汉世。《仪礼》《周礼》有成书，而《礼记》则杂出于汉儒之所记。《乐》书无传，而《乐记》一篇，杂于《礼记》中，其文雅驯，又多格言，非汉儒所及，盖亦古经之遗也。自宋王安石弃《仪礼》不以取士，世遂因之。今所谓五经者，《易》《书》《诗》《春秋》《礼记》也。学者各专一经，能于本经之外，旁及他经，方见天地之纯全，古人之大体，然后得为全体大用之学。苟拘拘于章句训义之末，以取一第，以为进身之阶，即束之高阁，而所用者非所学，是固非圣贤教学之道，亦岂祖宗所以造士之意哉？〔以上六经〕

何晏曰：“《鲁论语》二十篇，《齐论语》别有《问王》《知道》，凡二十二篇。其二十篇中，章句颇多于《鲁论》。《古论》出孔氏壁中，分《尧曰》下章《子张问》以为一篇，有两《子张》，凡二十一篇，篇次不与齐、鲁《论》同。”

朱熹曰：“以何晏所叙篇数考之，则今之《论语》，信为《鲁论》矣。”

金履祥曰：“此段何晏进《论语集解》之疏文也，朱子节入。然《鲁论》《齐论》至张禹始合，至郑康成则以《鲁论》考之《齐论》《古论》为之注，三论始合为今定本。”

柳宗元曰："诸儒皆以《论语》孔子弟子所记，不然也。孔子弟子，曾参最少，又老乃死。而是书记其将死之言，则其去孔子之时甚远，而当时弟子，略无存者矣。吾意孔子弟子尝杂记其言，而卒成其书者，曾子弟子乐正子春、子思之徒也。故是书之记诸弟子必以字，而曾子不然，盖其弟子号之云耳。而有子亦称子者，孔子之殁，诸弟子尝以似夫子而师之，乃叱避而退，则固尝有师之号矣。"

朱熹曰："柳氏之言，其论曾子者得之。而有子叱避之说，则史氏之鄙陋无稽，而柳氏惑焉。以孟子考之，当以曾子不可而寝其议，有子曷尝据孔子之位而有其号哉?"

程颐曰："《论语》之书，成于有子、曾子之门人，故其书独二子以子称。"

朱熹曰："程子因柳氏之说，断而裁之以为此说。杨氏又谓此书首记孔子之言，而以二子之言次之，盖其尊之亚于夫子，尤为明验。至于闵、损、冉、求，亦或称子，则因其门人所记，而失之不革也欤。"

又曰："《论语》为书，传道立言，深得圣人之学。"或问："《论语》以何为要?"曰："要在知仁。孔子说仁处，最宜玩味。"曰："孔子说仁处甚多，尤的当是何语?"曰："皆的当。但其门人所至有不同，故其答之亦异。"

臣按："仁"之一字，先儒以心之德，爱之理为训。臣窃以为，仁之为仁，乃人心之全德，道理之总名。仁义礼智之仁，如元亨利贞之元也。专以元言，则元属乎春；统以元言，则亨利贞何者而非一元之气乎？仁之于义礼智，亦犹是也。是故颜子问仁，子曰："克己复礼为仁。"仲弓问仁，子曰："主敬行恕为仁。"樊迟问仁，子曰："居处恭，执事敬，与人忠为仁。"子张问仁，子曰："恭宽信敏惠为仁。"司马牛问仁，子曰："仁者其言也讱。”凡若此者，皆因一人之问，而告之以一理也。若夫樊迟一人，则凡三问焉，首告之以恭敬忠，次告之以先难后获，终告之以爱人。是仁之为仁，无往而不在，凡夫天下之理，人心之德，无一事之非仁也。夫其所谓出门如宾，承事如祭，己所不欲，勿施于人，与夫其言也讱，先难后获及爱人者，皆就事而言也。若夫所谓礼，所谓忠，所谓敬，所谓恭，所谓宽，所谓信，所谓敏与惠，皆以为仁。可见仁之为仁，不止于一德，盖众理之总名，诸德之要道。若专以为一德，指为一事，则仁之道小矣。故曰仁也者，人也。以见人之所以为人，以其全尽此人之理也。但其发之最先者，则以恻隐为之端耳。先儒解之曰，仁者，天理之至公，人心之全德，当以此言为中的。

又曰：“《论语》之书，其辞近，其指远。辞有尽，指无穷。有尽者索之训诂，无穷者要当会之以神。”

李侗曰：“人之持身，当以孔子为法。孔子相去千余载，既不可得而亲之，所可见者，独《论语》耳。《论语》盖当时门人所记孔子言行也。每读而味之，玩而绎之，推而行之，虽未升堂入室，亦不失为士君子也。”

朱熹曰：“孔门答问，曾子闻的话，颜子未必与闻，颜子闻的话，子贡未必与闻。今却合在《论语》一书，后世学者岂不是幸事，但患自家不去用心。”

又曰：“夫子教人，零零星星，说来说去，合来合去，合成一个大事物。”

臣按：朱熹尝言，初入学即读《论语》，其后读尽天下书，不见有一书胜如《论语》者。盖诸圣人，一人是一圣人，孔子则合众圣人以为大圣人。诸书一书是一书，《论语》是合众书以为一书。孔子之言，明白正大，皆就人伦日用上说，所谓大中至正之理，中庸之道也。孔子之说，譬如人在平地上行，从容自在。后人之说，如人厌行平地，却上高山，泛大海，虽是高深，然多崎岖险阻，不若平地之可以常行无碍也。所谓高山大海，谓之非地不可，然非其平坦者，致远恐泥。为学之道，所当读之书，诚无有要于《论语》者。读书者以《论语》为主，以权衡天下之书，以折衷诸儒之说，随其资质之近似，而因其一言之明处，以达圣人之全体，然后推之以用于天下。《大学》经之一章，儒者全体大用之学也，虽不记之《论语》书中，然真孔子之言也，学者所当世守之以为家传之心法。〔以上《论语》〕

以上本经术以为教。中。

大学衍义补卷七十七

治国平天下之要

崇教化　本经术以为教下

程颐曰："《大学》孔氏之遗书，而初学入德之门也。于今可见古人为学次第者，独赖此篇之存，而《论》《孟》次之。学者必由是而学焉，则庶乎其不差矣。"

邵申曰："他书言平天下本于治国，治国本于齐家，齐家本于修身者有矣。言修身本于正心者，亦有矣。若夫推正心本于诚意，诚意之本于致知，致知之在于格物，则他书未之言，六籍之中，惟此篇而已。"

程复心曰："不由是而学，则记诵词章之旨，虚无寂灭之教，与夫权谋术数，百家众技，皆纷然杂出，此其所以差也。"

朱熹曰："河南程氏两夫子出，实始尊信此篇而表章之。既又为之次其简编，发其归趣，然后古者大学教人之法，圣经贤传之指，粲然复明于世。虽以熹之不敏，亦幸私淑而与有闻焉。顾其为书，犹颇放失，是以忘其固陋，采而辑之，间亦窃附己意，补其阙略，以俟后之君子。极知僭逾无所逃罪，然于国家化民成俗之意，学者修己治人之方，则未必无小补云。"

臣按：《大学》在《礼记》中，程氏兄弟始表章之。朱熹又为之章句、或问。

又曰："《大学》是曾子述孔子说为学之大方，而门人又传述以明其旨，前后相因，体统都具。玩味此书，知得古人为学所向，却读《语》《孟》便易入。后面功夫虽多，而大体已立矣。"

又曰："《大学》是为学纲领。先读《大学》，立定纲领，他书皆杂说在里许。通得《大学》了，去看他经，方见得此是格物致知事，此是诚意正心事，此是修身事，此是齐家治国平天下事。"

又曰："今且熟读《大学》作间架，却以他书填补去。"又曰："《大学》是个腔子，要填教他实。"

臣按：此二条，真德秀所以作《大学衍义》，本诸此。

又曰："看《大学》且逐章理会。先将本文念得，次将章句来解本文，又将或问来参章句，须逐一令记得，反复寻究。待念得浃洽，既逐段晓得，却统看温寻过。"又曰："《大学》一书，有正经，有章句，有或问。看来看去，不用或问，只看章句便了。久之，亦只看正经便了。又久之，自有一部《大学》在我胸中。"又曰："《大学》之书，譬如人起屋，是画一个大地盘，在这里会得这个了，他日若有材料，却依此起将去。"

臣按：朱熹谓某一生，看得这文字，透见得前贤所未到处。温公作《通鉴》，言平生精力尽在此书。某于《大学》亦然，先须通此，方可读他书。又谓不用某许多工夫，亦看某的不出，不用圣贤许多工夫，亦看圣贤的不出。

臣按：朱子有功于圣门，非止一端，然其最大者，在《大学》一书。是书在《礼记》中，程子始表章之，然犹未大明于世也。朱子章句、或问一出，天下家传而人诵之，皆知圣门有全体大用之学。为学者不能外此以求圣贤之道；为治者不能外此以成帝王之功。治而外此，则为伯道，用非其用，无体故也。学而外此，则为异端，体非其体，无用故也。朱子谓平生精力，尽在此书。择焉而精，其在章句；语焉而详，其在或问乎？所谓析之极其精而不乱，合之尽其大而无余。其朱子自道欤？

程颐曰："不偏之谓中，不易之谓庸。中者天下之正道，庸者天下之定理。此篇乃孔门传授心法，子思子恐其久而差也，故笔之书以授孟子。其书始言一理，中散为万事，末复合为一理。放之则弥六合，卷之则退藏于密，其味无穷，皆实学也。善读者玩索而有得焉，则终身用之，有不能尽者矣。"

朱熹曰："中者，不偏不倚，无过不及之名。庸，平常也。"

陈淳曰："文公解庸为平常，非于中之外别有所谓庸，只是这中的便是日用平常道理。平常与怪异字相对。"

陈栎曰："不偏不倚，未发之中，以心论者也，中之体也。无过不及，时中之中，以事论者也，心之用也。"

臣按：朱熹谓庸是依本分，不为怪异之事。尧、舜、孔子只是庸，夷、齐所为，都不是庸了。子思作书以是为名，以见人之存心行事，一切以不偏不倚、无过不及为准则。而其所以为是者，皆是日用平常之事也。故其为书，不徒谓之中，而又加以庸焉。恐学者以中庸为难行之事，使知其中即是庸，不庸则非中矣。

又曰："曾子学于孔子而得其传，子思又学于曾子而得其所传于孔子者，既而惧夫传之久远而或失其真也，于是作为此书。"又曰："《中庸》一篇，某以己意分其章句，是书岂可以章句求哉？然学者之于经，未有不得于辞，而能通其意者。"

黄榦曰："《中庸》与他书不同。《论语》是一章说一事，《大学》亦然。《中庸》则大片段，须是滚读，方知首尾，然后逐段解释，则理通矣。今莫若且以《中庸》滚读，以章句仔细一一玩味，然后首尾贯通。"

真德秀曰："《中庸》始言天命之性，终言无声无臭，宜若高妙矣。然曰戒慎，曰恐惧，曰谨独，曰笃恭，则皆示人以用力之方。盖必戒惧、谨独，而后能全夫性之善，必笃恭而后造无声无臭之境。未尝使人驰心窈冥，而不践其实也。”

臣按：《中庸》一书，杂在《礼记》中，程氏始表出之，至朱熹为之章句、或问，始大明于世。盖中之为言，始于《虞书》，庸之言，则昉于《易》也。尧以是传之舜，舜以是传之禹，汤文武周公，皆闻而知是道者也。孔子集群圣之大成，删述六经，既载其授受之言于《书》，门人又记其所尝言者于《鲁论》之终篇，中之道至是大著矣。虽然中之在人，虽出于心，而人之所以信执之者，不过言与行而已。故于《易》之《乾》《文言》，又著一“庸”字焉，曰“庸言之信，庸行之谨”。尝以语其门人曰：“中庸之为德也，其至矣乎？民鲜久矣。”门人既载之《论语》中，子思以孔子之孙，而亲受业于曾子。曾子亲受其师之口传面命者也。有所受而为此书，乃合中庸二字以为其书之名，而载其圣祖所尝语者于第二第三章，所以立万世圣学之标准也。其意若曰，圣门之学必中，而中又必庸，乃人伦日用之常，非诡异难行之事也。是理也，乃上天之所命，人物之所率，圣人之所以教，学者之所以学，帝王之所以治，百姓之所以行，壹皆以是中庸为准则。不可偏于此，亦不可倚于彼，不可以不及，亦不可以太过。平平焉以无险无陂，常常焉以不怪不奇。教者必于是，而受其教以为学者，亦必于是。治者必于是，而奉其治以为生者，亦必于是。为学者异乎此，则为异端之差；为治者异乎此，则为伯道之杂。先儒谓此为孔门传授心法，而臣亦曰子思所以立万世圣学之标准者，此也。〔以上言《中庸》〕

司马迁曰：“孟轲述唐虞三代之德，是以所如者不合，退而与万章之徒，序诗书，述仲尼之意，作《孟子》七篇。”

朱熹曰：“熟读七篇，观其笔势，如熔铸而成，非缀缉可就也。《论语》便是记录缀缉所为，非一笔文字矣。”

韩愈曰：“孔子之道，大而能博，门弟子不能遍观而尽识也，故学焉而皆得其性之所近。其后离散，分处诸侯之国，又各以其能授弟子，源远而末益分。惟孟轲师子思，而子思之学出于曾子。自孔子没，独孟轲氏之传得其宗。故求观圣人之道者，必自孟子始。”

又曰：“扬子云曰：古者杨、墨塞路，孟子辞而辟之，廓如也。夫杨、墨行，正道废。孟子虽贤圣，不得位，空言无施，虽切何补。然赖其言，而今之学者，尚知宗孔氏，崇仁义，贵王贱霸而已。其大经大法，皆亡灭而不救，坏烂而不收，所谓存十一于千百，安在其能廓如也。然向无孟氏，则皆服左衽而言侏离矣。故愈尝推尊孟氏，以为功不在禹下者，为此也。”

陈栎曰：“孟子辟杨、墨，功不在禹治洪水下者，洪水溺人之身，异端陷溺人心，心溺之祸，甚于身溺故也。”

程颐曰：“孟子有大功于世，以其言性善也。”又曰：“孟子性善、养气之论，皆前圣所未发。”

朱熹曰：“邪说横流，坏人心术，甚于洪水猛兽之灾，惨于夷狄篡弑之祸。故孟子深拒而力救之，再言岂好辩哉，予不得已也，所以深致意焉。然非知道君子，孰能真知其所以不得已之故哉！”

又曰：“孟子道性善，称尧舜，使天下晓然知仁义之所在者，此所以正人心，以为息邪说距诐行之本也。排为我，斥兼爱，使天下晓然知邪诐之不可由者，此所以息邪距诐而为正人心之用也。盖其体用不偏，首尾相应如此，然后足以拨乱世而反之正。此所以虽得其本，而不免于多言也。然岂其心之所好哉？亦畏天命，悲人穷，不得已而然耳。”

臣按：六经之外，书籍之在天地间者，《论语》之外，有

《孟子》。故先儒论儒道之书，必以《论》《孟》并言。盖此二书，六经之骨髓，儒道之根本也。为学之要，出治之法，皆不外乎此。六经，譬则海也山也。《论语》，譬则泛海之航，上山之阶也。《孟子》其入海之潢，登山之径乎？故学尧、舜、禹、汤、文、武、周公之道者，必自孔子入；而入孔子之门者，必自孟子始。〔以上言《孟子》〕

程颐曰："学者当以《论语》《孟子》为本，《论语》《孟子》既治，则六经可不治而明矣。"又曰："学者须将《论语》中诸弟子问处，便作自己问，圣人答处，便作今日耳闻，自然有得。虽孔孟复生，不过以此教人。若能于《语》《孟》中深求玩味，将来涵养成甚生气质。"又曰："凡看《语》《孟》，且须熟读玩味，须将圣人言语切己，不可只作一场话说。人只看此二书切己，终身尽多也。"

又曰："孔子言语，句句是自然；孟子言语，句句是实事。"

臣按：程颐又言：学者先读《论语》《孟子》，如尺度权衡相似，以此去量度事物，自然见得长短轻重。朱熹亦谓，先读得《语》《孟》二书，十分透彻，其他书都不费力，触处便见。由是观之，圣贤千言万语，不出乎孔孟之所言；经籍积案盈箱，不出乎《语》《孟》之所载。学者苟能专心致志于此二书，用之以制事，推之以教人，本之以事君，施之以为政，学问之功于是乎至，圣贤之事于是乎毕矣。

朱熹曰："《论语》之言，无所不包，而其所以示人者，莫非操存涵养之要。七篇之旨，无所不说，而其所以示人者，类多体验扩充之端。"

或问于朱熹曰："学者之于《论》《孟》，其用功也奈何？"曰："循序而渐进，熟读而精思可也。"曰："然则请问循序渐进之说？"曰："以二书言之，则先《论》而后《孟》，通一书而后及一书。以一书言之，则其篇章文句，首尾次序，亦各有序，而不可乱也。量力所至，约其程课而谨守之。字求其训，句索其旨。不得乎前，则不得求其后；不通乎此，则不敢志乎彼。如是而循序渐进焉，则意定理明，而无疏易陵躐之患矣。是不惟读书之法，是乃操心之要，尤始学者之不可不知也。”曰：“其熟读精思者何邪？”曰：“《论语》一章，不过数句，易以成诵。成诵之后，反复玩味于燕闲静一之中，以须其浃洽可也。《孟子》每章，或千百言，反复论辩，虽若不可涯者。然其条理疏通，语意明洁，徐读而以意随之，出入往来以十百数，则其不可涯者，将有以得之于指掌之间矣。”

臣按：朱熹又言：大抵观书，先须熟读，使其言皆若出于吾之口，继以精思，使其意皆若出于吾之心，然后可以有得耳。徐行却立，处静观动，如攻坚木，先其易者，然后及其节目。如解乱绳，有所不通，姑置而徐理之。此朱子读书法也。程子亦曰：读书者当观圣人所以作经之意，与圣人所以用心。圣人之所以至于圣人，而吾之所以未至者，所以未得者。句句而求之，昼诵而味之，中夜而思之，平其心，易其气，阙其疑，则圣人之意可见矣。此程子读书法也。学者读书，诚以此两贤之言为法，则凡圣贤之所以著书立言，与其所以立心制行，而至于为圣为贤者，皆可于言意之表得之矣。得其言于心，本之以制行，本之以处事，本之以为学，本之以为政，不徒出口入耳，而皆有诸己以为实行，措诸事以为实用，圣贤地位，不难到矣。

朱熹又曰：“《论语》工夫少，得效多。六经工夫多，得效少。”又曰：“天下之物，莫不有理，而其精蕴，则已具圣贤之书，故必由是而求之。然欲简而易知，约而易守，则莫若《大学》《论语》《中庸》《孟子》也。”又曰：“不先乎《大学》，无以提挈纲领而尽《论》《孟》之精微。不参之《论》《孟》，则无以融贯会通而极《中庸》之归趣。然不会其极于《中庸》，则又何以建立大本，经纶大经，而读天下之书，论天下之事哉！”

臣按：孔、孟之时，已有六经之说，而四书之名，则始于宋焉。所谓四书者，《论语》《大学》《中庸》《孟子》也。此数书者，所谓为天地立心，为生民立命，为往圣继绝学，为万世开太平之具也。学者必先读四书，而后及于六经；而读四书者，又必自《大学》始。程子谓其为初学入德之门。朱子谓其为古者大学教人之法。真氏谓其为圣学之渊源，为治之根柢，君天下之律令格例。是知儒者之书，莫切要如《大学》一书。小学由是而入德，大学本是以为教。圣人之道，帝王之治，皆不出乎是焉。是则《易》也，《书》也，《诗》也，《春秋》与《礼》也，《论》《孟》之与《中庸》也，皆所以填实乎《大学》一书。今日在学校，则读之以为格物致知之资，他日有官守，则用之以为齐治平均之具。我祖宗以学校育才，以经术造士。教之于学校者，以此经此书；取之于科目者，以此经此书。盖将资之以为辅治之具，而以是经是书之所载者，以敷布乎天下，使斯世斯民，皆皞皞乎雍熙泰和之域也。然则凡今日所施教而承学者，乌可不知其所自哉？〔以上兼言四书〕

以上本经术以为教。下。

大学衍义补卷七十八

治国平天下之要

崇教化　一道德以同俗

《易·象》曰："天与火同人，君子以类族辨物。"

程颐曰："火与天同，故为同人之义。君子观同人之象，而以类族辨物，各以其类族辨物之同异也。若君子小人之党，善恶是非之理，物情之离合，事理之异同，凡异同者，君子能辨明之，故处物不失其方也。"

朱熹曰："天在上，而火炎上上声，其性同也。类族辨物，所以审异而致同也。"

臣按：天下之事理，有同有异。同则一，异则二。惟有以一其二，然后有以合其异而同焉。是故理出于天，而具于人者，为道、为德、为事。事在天下者，有族有物。族以类而聚，物以群而分。其聚也各以其类而合，其分也各以其形而殊。苟非在上者一之以道德，安能使其合者不苟于同，而殊者不终于异哉！合者不苟于同，殊者不终于异，则咸为道德之归。此人所以无异心，家所以无殊俗，国所以无异政也。天无不覆，而火上于天，故明之所及者广，于凡天之所覆者，无不照烛，荡荡乎四海九州，同一文明之化也。

《诗序》曰："王道衰，礼义废，政教失，国异政，家殊俗。”

朱熹曰：“天子不能统诸侯，故国国自为政。诸侯不能统大夫，故家家自为俗也。”

臣按：国国自为政，家家自为俗者，由道德之不一也。道德之所以不一者，由乎王道衰，而礼义废，政教失也。使文、武之君常存，而道德之教不息，礼义兴行，政教不失。上焉而君，有所依据以为治。中焉而臣，有所持循而辅治。下焉而民，莫不守其制而不敢易，遵其化而不能违。如此，则亿兆家如一家，千百国如一国，千万世如一世矣。

《王制》：“天子无事与诸侯相见曰朝，考礼正刑一德，以尊于天子。”

陈祥道曰：“考礼，所以杜其僭僻。正刑，所以防其淫暴。一德，所以同其趣向。如此，则礼刑一而无异政之国，道德一而无异教之民。此尊天子之道也。”

臣按：礼刑出于上而行于下。诸侯当无事之时，而行来朝之礼，则稽考其礼之行于侯国者，恐其或有所违僭者乎？违僭则亟改之。质正其刑之用于侯国者，恐其或有所偏枉者乎？偏枉则亟正之。若夫德之为德，则上下之所同得者也。上本是德以为政教，而侯国之政教亦必率而行之。苟有异同焉，则非一矣，故必一之。使上之所行，下之所遵，同一天理之公、人道之正也。如是，则是能尊崇天子之命矣。

司徒：“一道德以同俗。”

郑玄曰：“道德一，则俗之习尚，不各道其所道以为道，不各德其所德以为德，所谓同之也。”

方悫曰：“道，人所共由；德，人所同得，其可以二乎？一道德而使之无异习，故曰同俗。”

臣按：天地之生人也，虽同一其天，而各异其地。惟其地之异，是以所习者，不能无异焉。此其所以有异俗也。圣人居天子之位，宅中以图治，必反其习之异，以归之同焉，则国不异政，家不殊俗矣。何也？盖蚩蚩之民所生于地者，其气虽异，而所禀于天者，其理则同。彼以其气之偏，而异其趣向，吾则本天地之正气，人心之正道，抑其偏而返之正，合其异而归之同。使天下之人，同其趣向，而无彼疆此界之殊，是岂别为一种巧妙之法，出于其性分之外哉？无非因其固有之理，使复其初而已。是故天生人而与之以性，人所共由者，谓之道。人所同得者，谓之德。各由其所由，自以为宜；各得其所得，自以为是。而不知其所由者，非所当由；其所得者，非所当得。人人各是其所是，而不知其为非。此天下之俗，所以纷纷不同也。圣人在上，则设为学校，建立师儒。本义理以为教条，著经书以为教法。必则古昔，必称先王。必明圣人之道，谆谆然而播告之修，切切然而申明其义。使天下之人，咸知道出于天而行于人，德本于道而得于己。同一降衷之理，同一秉彝之天。敢有非吾之道而道其所道，非吾之德而德其所德，则政令之所以禁，刑罚之所必加也。如此，则营东郊西，越南冀北，地不同而皆同其天，人虽异而不异其行。风俗岂有异同者哉？吾见人人同其所行，家家同其所习，处处同其所尚矣。风俗岂有不同者哉？然则风俗所以同者，夫岂无其故哉？上文有曰，修六礼以节民性，明七教以兴民德，齐八政以防民淫。六礼：冠、婚、丧、祭、乡、相见。七教：父子、兄弟、夫妇、君臣、长幼、朋友、宾客。八政：饮食、衣服、事为、异别、度、量、数、制。吾修吾之礼，则凡吾人自幼而长，自老而死，皆有所据依，以慎终追远，会合交接。而彼祷禳、追荐、髡首、绝类者，自不为矣。吾明吾之教，则凡吾人由亲而疏，由内而外，皆有所联比，以尊尊、亲亲、长长、幼幼。而彼假合私昵、反伦悖道者，自不行矣。礼修而教明，则道德一矣。然其散见于人为者，一有过焉，则有以悖礼而伤教，而道德不能保其久而不变矣。故又有八政以齐之焉。是故异服异言者有禁，奇技淫巧者有诛。百工技艺，皆有常业，而不敢习为异端。日用器械，皆有定制，而不敢作为邪异。尺度权量，长短大小必同；物数布幅，多寡广狭必定。如是，则若远若近，曰大曰小，皆不敢立异改常，均齐方正，咸惟道德之归。此天下风俗所以常同也欤？

子曰："攻乎异端，斯害也已。"

范祖禹曰："攻，专治也。故治木石金玉之工曰攻。异端，非圣人之道而别为一端，如杨、墨是也。其率天下至于无父无君，专治而欲精之，为害甚矣。"

程颐曰："佛氏之言，比之杨、墨尤为近理，所以其害尤甚。学者当如淫声美色以远之，不尔，则骎骎然入于其中矣。"

史伯璿曰："专治而欲精之，言精于其学，便有此害，非谓精之而更加工巧，方有此害。佛氏之学，能弃君父，灭纲常，立教之初，便有此害也。"

何基曰："人之所以攻治异端之说者，其锢蔽之深者，固无足论。其间有高明贤智之士，而亦学之者，不过谓彼有所短，亦有所长，吾但取其所长，而去其所短。而不知本领既非，所谓善者非真善，攻而治之，陷溺益深，为害滋甚。故夫子断以一言曰，斯害也已。而程子又谓其近理者，为害益甚，尤当远之。是皆圣贤推救焚拯溺之心，援学者于颠冥之地，其为人切矣。"

臣按：风俗之所以不同者，以道德之不一也。道德之所以不一者，以异端道其所道，德其所德故也。战国之时，异端之大者在杨、墨。秦汉以来，异端之大者在佛老。必欲天下之风俗皆同，而道德无不一，非绝去异端之教不可也。然在孟子则辟杨、墨，在韩、欧、程、朱则辟佛老。然而终莫如之何者，非独不能人其人，火其书，庐其居也，非谓尝去矣而复大集，攻之暂破而愈坚，扑之未灭而愈炽也。盖彼之所以盛行者，非彼立法之善也，亦非为彼之人之能也。彼窥吾之所有者而盗之，吾失之而彼得之。吾非独不知彼窃吾之所有，往往讦其所短，而较以是非。谓彼之所为者，近是于吾而非。噫！抑孰知彼之所以为我害者，即我之所固有者哉！夫揽取人之物而窃用之，宜其近是而非也。彼之群居而聚食，窃吾学校养士之礼也。彼之诵经而说法，窃吾弦诵教士之礼也。彼之祈禳，窃吾祭荐之礼也。彼之追荐，窃吾殡虞之礼也。吾用其真者，则彼赝者自不售矣。昔晏子之于权臣僭窃，曰惟礼可以已之。臣于异端亦云。夫礼之在天下，不可一日无者。礼行则道德一矣，道德一则风俗同矣。盖道德其理也，而礼则其礼之有节文，而见于事而可行者也。是故吾有学校以养士，非学校不得以聚徒。吾有经术以教人，非经术不得以驾说。有礼以祭神，非其鬼则不许祭。有具以送终，非得为则不许用。如是，则彼之教吾之人，非独不敢为，且不暇为，而亦不屑为矣。道德其有不一，风俗其有不同也哉？

汉董仲舒言于武帝曰："春秋大一统者，天地之常经，古今之大谊也。今师异道，人异论，百家殊方，指意不同。是以上亡以持一统，法制数变，下不知所守。臣愚以为，诸不在六艺之科、孔子之术者，皆绝其道，勿使并进。邪僻之说灭息，然后统纪可一，而法度可明，民知所从矣。"天子善其对，以仲舒为江都相。丞相卫绾因奏所举贤良，或治申、韩、苏、张之言，乱国政者，请皆罢。奏可。

臣按：为治之道二，政与教而已。政有纪纲，教有枢要。为政而振其纪纲，为教而撮其枢要，治道张矣。夫以四海之大，兆民至众，人各一心，心各一见，人人有意欲行其私。苟非上之人撮其枢要，总摄而整齐之，使一其归。人人必济其所欲，物物必遂其所私，事事必行其所见，天下何由而统于一也？圣人有见于此，所以有一道德之说焉。然道德之体，一而已矣，而其为用，则不一焉。人各其心，心各其见，自皆以为道德也，然皆似是而非，是故以非为是者，滔滔皆是也。习申、韩者，以申、韩为道德。习杨、墨者，以杨、墨为道德。习苏、张者，以苏、张为道德。习佛老者，以佛老为道德。纷纷籍籍，各以其所道德者以为道德。其与学孔、孟者之于孔、孟之道德，若无以异也。彼各是其是，而非人之非。非上之人示之以真是，而明其所以为非，彼安肯非己之所是，而是人之所非哉？武帝即位之初，首举贤良方正，即得董仲舒之真儒者。仲舒首以是为言，而丞相卫绾又以为奏，于是罢黜百家。而世之学者，因是而知尊孔氏之道。自后建太学，立博士，明经术，使儒者之道大明于天下，一洗秦人之陋。至今儒道盛行，经术大明，皆武帝振作之功，卫绾奏请之绩，仲舒发扬之力也。呜呼！其有功于世道，亦岂细哉！

宣帝甘露三年，诏诸儒论五经异同于石渠阁。萧望之等平奏，上亲称制临决，立梁丘《易》、夏侯《尚书》、穀梁《春秋》博士。

唐太宗贞观十四年，命国子祭酒孔颖达等撰《五经正义》，虽包贯诸家为详博，其间不能无缪冗。博士马嘉运驳正其失，有诏更令裁定。

吕祖谦曰：“传注之学，汉之诸儒，专门名家。以至魏、晋、梁、隋，全经固失，然郑玄、王肃之徒，其说犹存，犹有可见之美。自孔颖达集众家之说为《正义》，后之观经者，但知有《正义》，而诸儒之说无复存矣。”

臣按：汉宣帝会诸儒于石渠，讲论五经同异，然惟讲议之而已，未有成书也。至唐太宗始命孔颖达会诸儒臣，撰《五经正义》，是亦一道德之一端也。盖道德虽具于人心，出于天命，然不考之圣贤之经传，安知其不以是为非，以非为是哉？是以自古帝王，有志于三代之治者，莫不以同风俗为务。同风俗者，莫不以一道德为先。一道德者，苟不质正于圣贤之言，何以知其所以然之故，与其所当然之则而施行之哉？虽欲道德之一不可得也。圣贤之言，具载经传，不有以表章而发明之，上之人何以为据？下之人有不信者矣。是以帝王欲一道德以同风俗，往往留意于经籍，而命诸儒考正而会粹之，用以颁布天下，使家传而人诵之。则凡有是道德者，皆知如是则为道德，不如是则非，咸为道德之归，而风俗醇正，而无彼疆此界之殊矣。唐太宗有见于此，而命孔颖达以考正六经。而颖达不足以承上意，而所正者多有缪冗，则亦何益之有哉！颖达之学虽有可疵，而太宗之见，则超然出乎后世人君之表，可尚也已。我太祖开国之先，首建学校。未几，诏行科举，一以五经、四书教人取士，士各专一经而兼治四书。太宗又命诸儒辑五经、四书、《性理大全》书。《易》主程朱，《书》主蔡氏，《诗》主朱氏，《春秋》主胡氏，《礼记》则用陈澔集说，四书之训，则一本朱子集注章句焉。夫五经自汉以来，专门名家，各自开户牖而殊轨辙，或泥于训诂，或流于谶纬。至于有宋濂洛关闽诸儒者出，然后经旨大明于世。而我列圣又表章之，遂为千古不刊之大典，不易之定论。是以道德一，而无岐辙之差，风俗同，而无疆界之别。斯世斯民，得以见天地之纯全，识圣贤之至理，享帝王之盛治，一何幸欤！

东晋范宁好儒学，性质直。尝谓王弼、何晏之罪，深于桀纣，或以为贬之太过。宁曰："王、何灭弃典文，幽沉仁义。游辞浮说，波荡后生。使缙绅之徒，翻然改辙。以至礼坏乐崩，中原倾覆。遗风余俗，至今为患。桀、纣纵暴一时，适足以丧身覆国，为后世戒，岂能回百姓之视听哉？故吾以为一世之祸轻，历代之患重；自丧之罪小，迷众之罪大也。"

臣按：老庄之说，疾世俗之孳孳于利禄，而不知所底止，故肆为论说，欲矫而正之，而不自知其言之过也。后之人祖其言以为说，得其言而不得其所以言。故申、韩用之以为惨刻，王、何用之以为浮荡。申韩用而嬴秦亡，王何恣而魏晋灭。此无他，道德不明于天下。立说者，各自道德其道德，而用其说者，不知其所谓道德之非道德故尔。向使明君在位，而辅其政者有其人，师表立于上，义理明于下，岂有是哉？宋之时，道学大明，其末流之弊，乃有假之说以济其私。一切不事事，上之人从而信之，遂至于议论多而成功少，虚文胜而实效微。一时士大夫其所崇尚者，虽邪正与晋人不同，而同归于乱。呜呼！人主之好尚，可不慎择而精察之哉！

韩愈曰："老子之小仁义，非毁之也，其见者小也。坐井而观天，曰天小者，非天小也。彼以煦煦为仁，孑孑为义，其小之也则宜。其所谓道，道其所道，非吾所谓道也。其所谓德，德其所德，非吾所谓德也。凡吾所谓道德云者，合仁与义言之也，天下之公言也。老子之所谓道德云者，去仁与义言之也，一人之私言也。周道衰，孔子没，火于秦，黄老于汉，佛于晋魏梁隋之间。其言道德仁义者，不入于杨，则入于墨。不入于老，则入于佛。入于彼必出于此。"又曰："古之为民者四，今之为民者六。古之教者处其一，今之教者处其三。农之家一，而食粟之家六。工之家一，而用器之家六。商之家一，而资焉之家六。奈之何民不穷且盗也！"

臣按：古之民四，而其教一。当是之时，人无异习，士无异学，此风俗所以醇厚也。盖民分于四，各有恒业，而衣食易给。教专于一，士有定见，而趣向不差，风俗安得不同！自佛老之教兴，而民与教皆增其二。议论则此是而彼非，风俗则日异而月不同。此无他，各道其道，各德其德，道德不一之故也。

欧阳修曰："佛为夷狄，去中国最远而有佛，固已久矣。尧舜三代之际，王政修明，礼义之教充于天下，于此之时，虽有佛无由而入。及三代衰，王政阙，礼义废，后二百余年，而佛至乎中国。由是言之，佛所以为吾患者，乘其阙废之时而来，此其受患之本也。补其阙，修其废，使王政明而礼义充，虽有佛，无所施于吾民矣。此亦自然之势也。”

臣按：欧阳修此言，推本之论也。然谓之曰，此自然之势也，臣则以为，此自然之理也，岂但势哉？彼佛者去吾中国数万里，其势无由至中国。然其所以导之入吾中国者，中国之人也。今其法行乎中国千余年，其势已坚牢不可动摇。其言入人心也已深，而其像设屋宇，在人耳目者已稔熟，一旦欲去之，其势诚有不易然者。欧阳氏欲吾修补吾政教之阙废者，诚反本之论。然吾政教之阙且废非一日矣，一旦复其千年之故，非假之十百年不能也。十百年之中，其君其相，岂能皆得卓然不惑者为之哉？臣愚以为，莫若定为家乡之礼，颁布天下，使家家行古礼，其势自衰，此则朝令而夕可行也。积数十年，人皆知吾礼之简径，而觉彼法之劳攘，有损于财，无益于事，自然废置而不振。英君谊辟，有志于扶世教、辟邪说者出于其间，举韩子所谓人人、火书、庐居之说，乘其衰而去之，则中国三代道德之教，礼义之俗，顿然复矣。

修又言于君曰：“士之所本，在乎六经。而自暴秦焚书，圣道中绝。汉兴，收拾亡逸，所存无几。去圣既远，莫可考证。偏学异说，因自名家，然而授受相传，尚有师法。暨晋、宋而下，师道渐亡。至唐为《九经正义》，所载既博，所择不精，多引谶纬之书，以相杂乱。乞特诏儒臣，删去谶纬之文，使学者不为怪异之言所惑乱，然后经义纯一，无所驳杂。臣愚以谓，欲使士子学古励行而不本六经，欲学六经而不去其诡异，欲望功化之成，不可得也。”

臣按：秦汉以来之六经，所以至于今日者，实赖孔颖达之《正义》，其刻板尚存于福州府学。世之学经者，因得以考见古人之训诂义例，而知其名物度数之详。虽其间多驳杂诡异之言，如欧阳氏所言者。然朱子谓汉、魏诸儒，正音读，通训诂，考制度，辨名物，学者苟不先涉其流，则亦何以用功于此？则其书亦世之不可无者也，第欲中心有主，而知所择耳。夫自有宋九儒讲明经旨，一洗汉、唐之陋。六经之文，如日中天，六经之道，如水行地。三尺童子皆知性之本善，而有荀况、扬雄之所不及者。然揆其所至出口入耳者，不过传习之言，而因心考义者，虽若有差，终有的然之见。此古之圣贤，其教人皆引而不发，举一隅不以三隅反，则不复者，有由然也。今五经、四书，先儒训释明白无疑矣。学者口诵而心解，不复致疑于其间。然所谓无疑者，岂真无疑哉？朱子谓今之学子能言，真如鹦鹉。盖鹦鹉之言，效人声耳，其心未必有所解也。宋、元之间，草泽之儒，纷然杂出。于所谓五经、四书者，又各加训解，大意主于立说，而不尽以解经。其间可取者，不过数家，其余皆欲炫奇斗胜耳。解经而炫奇斗胜，其视汉人之专门名家，则又益卑矣。宜俾学经者专究心于圣经，然后及于宋儒之传，一以是为主，然后博考汉、魏诸儒之训诂制度名物焉，有余力，则旁及于近世诸人之训说可也。乞敕儒学之臣，精加考择，以示学者。并示以读经之法，必先经而后传，而后及乎诸说，则心有定见，不为异说之所惑乱矣。是乃一道德之门径也。

曾巩曰："古之治天下者，一道德，同风俗。盖九州之广，万民之众，千岁之远，其教已明，其习已成之后，所守者一道，所传者一说而已。故诗书之文，历世数十，作者非一，而言未尝不相为终始，化之如此其至也。当是之时，异行者有诛，异言者有禁，防之又如此其备也。故二帝三王之际，及其中间尝更衰乱，而余泽未熄之时，百家众说未有能出于其间者也。及周之末世，先王之教化法度既废，余泽既熄，世之治方术者，各得其一偏。故人奋其私智，家尚其私学者，蜂起于中国。皆明其所长，而昧其所短，矜其所得，而讳其所失。天下之士，各自为言而不能相通，世之人不复知夫学之有统，道之有归也。”

臣按：百家众技，如耳目口鼻，各有所用，而不能相通。而圣人大学之道，则如心君，处灵台之中，为百骸之主宰，各因其所用者，明而通之，使之互相为用，而底于大成焉。如此，则学有统，道有归，所守者同一道，所传者同一说矣。

程颢言于神宗曰：“治天下以正风俗、得贤才为本。宋兴百余年，而教化未大醇，人情未尽美，士人微谦退之节，乡闾无廉耻之行。刑虽繁而奸不止，官虽冗而材不足者，此盖学校之不修，师儒之不尊，无以风劝养励之使然耳。古者一道德以同风俗，苟师学不正，则道德何从而一？方今人执私见，家为异说，支离经训，无复统一，道之不明不行，乃在于此。臣谓宜先礼命近侍贤儒，各以类举，及凡执事方岳州县之吏，悉心推访。凡有明先王之道，德业充备，足为师表者；其次有笃志好学，材良行修者，皆以名闻。其高蹈之士，朝廷当厚礼延聘。其余命州县敦遣，萃于京师，馆之宽闲之宇，丰其廪饩，恤其家之有无，以大臣之贤，典领其事。俾群儒朝夕相与，讲明正学。其道必本于人伦，明乎物理。其教自小学洒扫应对以往，修其孝弟忠信，周旋礼乐。其所以诱掖激厉渐摩成就之道，皆有节序。其要在于择善修身，至于化成天下，自乡人而可以至于圣人之道。其学行皆中于是者为成德。又其次，取材识明达可进于善者，使日受其业，稍久则举其贤杰，以备高任。择其学业大明、德义可尊者，为大学之师，次以分教天下之学。始自藩府至于列郡，择士之愿学、民之俊秀者入学，渐自大学，及州郡之学。择其道业之成可为人师者，使教于县之学，如州郡之制。如此则得士浸广，天下风俗，将日入醇正，王化之本也。帝王之道，莫尚于此。愿陛下特留宸意，为万世行之。”

虞集曰：“明道欲聚贤能于大学而教之，使以分教天下，此诚一道德以同风俗之成法也。”

臣按：程子谓治天下以正风俗、得贤才为本。臣窃以谓，得贤才又正风俗之本。必欲得贤才以正风俗，而一道德又其本也。道德不一，则人执私见，家为异说，各道其所道，德其所德，不相统一矣。必欲道德之一而咸惟中正之归，则又在师道之立焉。立师道以修学校之政，俾其掌天下之风化，教天下之人材，考正经典，讲明义理，以一人心之趋向，期于道德之一，风俗之同而后已。所以然者，非得夫程子所谓明先王之道，德业充备，足为师表者，曷足以当兹任哉？惟我祖宗建学立师，教育人材，一以五经、四书为教学之具，凡今布列中外者，孰非明先王之道之士哉！今日班行之中，缙绅之列，未必无其人也。盍加推访，其间有德行文学闻望素著，冠于一时，为内外所推重者，即佥举以闻。命以师儒之首秩，俾之自择其属，必得如程子所谓笃志好学、材良行修者，以充其选。而又于大臣中，特命一人，典领其事，如程子所云者，授以玺书，责以提督作兴之任，俾其率领群儒，详立规条，一本程子所上札子，以为准则根据。学校所施行者，必太宗皇帝所定之学规。士子所诵习者，必太宗皇帝所颁之书籍，参诸古典，酌以时制。凡夫学校所以诱掖激厉、渐摩成就之道，节目次第，门分条具，以为一代教养之法。既行之太学，又颁之天下。如此，则施教者有成效，受教者有成德。而推其所得以为教者，皆有成法，而用之无穷矣。要必就其所教多士之中，差其果于行事者，用以厘百司之务。择其深于道义者，留以为太学之师。散其明于经训者，分以掌州县之教。而州县受教之士，又以其所受于教者之教，以卒业于太学，以分任于有司，以推教于他人。彼此承传，后先授受，同此诗书之习，同此道德之归。朝廷之政教，此道此德也；官府之禁令，此道此德也；百官之职业，此道此德也；学校之功课，此道此德也。道德既一，风俗自同。立德者，不索隐以行怪。行事者，不谋利而计功。为学者，不驾虚而翼伪。修辞者，不厌常而喜新。居官者，不党同而伐异。浑浑乎和平温厚之天，坦坦乎大中至正之域。世道至此，虽唐虞三代，不是过也。由是观之，治天下之道，莫大于正风俗，正风俗之要，莫切于一道德。程颢一世大儒，言于其君，欲其特留宸意，为万世行之。臣敢昧死援程颢之言，以为九重告。

朱熹曰："异端害正，固君子所当辟。然须是吾学既明，洞见大本达道之全体，然后据天理以开有我之私，因彼非以察吾之正。议论之间，彼此交尽，而内外之道，一以贯之。如孟子论养气而及告子义外之非，因夷子而发天理一本之大，岂徒攻彼之失而已哉？所以推明吾道之极致本原，亦可谓无余蕴矣。"

臣按：朱子之言，反本之论，所谓上策莫如自治者也。吾惟明吾之道德，则彼所谓非道之道，非德之德，皆因吾之是，而见彼之非，政不必拘拘然而与之较负胜也。吾道既明，吾党既众，则自然所至成俗，不日而复三代之旧矣。

以上一道德以同俗。

行文须知

〔明〕庄元臣　撰

导读

明代嘉靖以后，八股文进入鼎盛期，其标志之一即总结、讲述八股文作法的书籍空前增多，庄元臣之《行文须知》即是其中的一种。

庄元臣，生卒年不详，字忠甫，一作忠原，号方壶子，归安（今浙江湖州）人，又自署松陵（今江苏吴江）人。他于隆庆戊辰（1568）科考中进士，其他生平情况无考。著有《庄忠甫杂著》二十八种。编有《三才考略》十二卷，据《四库全书总目提要》卷一百三十八《类书类存目二》言："是书备科举答策之用，分十二门，皆摭《通典》《通考》诸书为之。"策问是明、清乡、会试第三场的唯一项目，其重要性可想而知。庄元臣编这本书，其出发点自然是为了帮助士子们考中科举。而八股文的好坏是明、清科举考试中决定录取与否的主要甚至是唯一的标准，明、清几乎所有与科举有关的考试，八股文都是其中必试的项目。庄元臣便写作了一本指导八股文写作的书，即《行文须知》一卷。这表明庄元臣是一个对科举有着无限憧憬和寄托的士人，也是一个对科举众文体，特别是对八股文有很深造诣之人，也只有这样的人才有资格有本钱来谈科举文体。

《行文须知》可分为三个部分。第一部分为明代中期以后八股文作法的总说。第二部分为八股文文体作法分说。第三部分为八股文作法杂说。

第一部分以"格""意""调""词"来概说八股文的总体

要求与作法，按作者的说法，是“大凡行文，有意、格、词、调”。

作者认为：“格者，如屋之间架。间架定，然后可以作室；格定，然后可以成文。格有翕张，有步骤，有奇正，有伸缩，有呼吸，有起伏。”

关于“意”，作者说：“文之有意，如屋之有材。间架既定，必须材备，乃可作室；格既定，必须意到，乃可成文。文之意，其作用百端，大都不过二途尽之：一曰衍题，二曰发题。”

关于“调”，作者说：“文之有调，如室之有隔节段落。造室者，间架既定，然又须隔节段落，极其委曲，然后室不空旷直突，所谓复道曲房也。为文者，格式既定，意思既到，又须遣调有法，使一股之中，前后有伦，呼应有势，起伏有情，开合有节，乃臻妙境。今之不知文者，谓调即是词，词即为调，误矣。调字有二义：有遣调之义，有和调之义。”

关于“词”，作者这么说：“文之有词，如室之彩绘。彩绘施，则满室绚烂；词藻工，则叠篇光彩。文多有意同，而一则灿然增色，一则暗然无光，词有工不工也。大都修词之法，贵大雅，贵清空，贵华丽，贵爽剀，贵浏亮，贵洁掉；忌陈腐，忌堆垛，忌晦滞，忌软弱，忌纤巧，忌奇幻。”

在分别界定“格”“意”“调”“词”四者的内涵和作用后，作者均以明代八股文名家名作或程墨范文为例，加以具体论析与阐释，发其义理，揭其作法。

这样做，纲目清晰，纲举目张，将“格”“意”“调”“词”的意蕴与作用及如何运用都阐释得明明白白，有利于人们对八股文作法的理解与运用。

第二部分则对八股文文体各组成部分的作法按顺序一一予以阐述，并举例加以具体论析。如“破题”就列举了“正破”“反破”“倒破”“破意”“晐破”“清空破”等六种破法，并一一选择足以说明其作法的名家名作及程墨佳作扼要地予以阐释，使人一见就懂其奥窍。对于“长题”的破法，则特别强调“须要上下二句相呼应”。

又如“中股”，作者以“明柱”“暗柱”“衍题讲法”“发题之法”“顺题讲”“倒题法”述其作法，每法择最佳时作为例加以阐发，有时还比较不同之作以示其优劣，故能示人以最佳写作途径。其他各目如“承题”“起讲”“提头”“虚股”“末二股”“上下四股格”“收”等，均以此手法阐示，亦均有相同之收效。

在第二部分列有“长题”，应为抄写所出现的倒错之误。因它不属于八股文文体之组成部分，应被列入“收”文之后的第三部分作法杂说。

第三部分有评析明代会元、解元、五经魁八股文优长之文字，也有讲股法的专节，转折发意的四诀。最后的“平淡精神圆融”，是从“近科程墨的然中制举之式者三十篇”中总结出的“三妙”。作者不仅界定了什么是“平淡”“精神”“圆融”，还论析了三者之关系，指出应如何做才能使三者兼具。这实为作者独到的作文心得。作者还以七言诗的形式，分别讲述了“裁剪”“深文”“妙妙”的重要性，亦是别具心裁的八股文体会。

收入本书的《行文须知》，系根据现藏于国家图书馆的清代永言斋抄本《庄忠甫杂著》校点而成。

（龚　昊）

行文须知

大凡行文，有意、格、词、调。格者，如屋之间架。间架定，然后可以作室；格定，然后可以成文。格有翕张，有步骤，有奇正，有伸缩，有呼吸，有起伏。题板者可使之活，题繁者可使之简，题杂者可使之清，题紊者可使之整。详略断续，初无定局，曲折变化，任乎其人。故有一题而文人人殊，迥若人面之不同者，然不妨并美。总之能不诡于题者，能各成个体段，则争奇斗巧，惟意所适。虽然，欲大雅，不欲纤巧；欲片段，不欲琐碎。脱化而不失之疏漏，正大而不失之板俗，新而不失之幻，洁而不失之枯，平而不失之腐。断中有续，正中有奇，题直处有把关手，题曲处有偷关手，题空处有弄丸手，题丛处有解牛手，题暗处有点眼手，题活处有缚虎手，题突处有堑山手，题缺处有堙谷手，题连处有破竹手。枝干相生，连连绵绵；浓淡相匀，郁郁嫣嫣；正反相承，覆覆翩翩；详略相因，隐隐显显。使读之者解颐，览之者神爽，而莫知其所以然而然，乃为上乘之格。

何谓题板者可使之活？如“道千乘之国”题，无轻重低昂，极是板题，顾泾阳先生将推原法总题，后将究竟法总缴，中间只玲珑寓意，不使一训诂实语，何等活泼。

何谓题繁者可使之简？如己卯浙江“质诸鬼神而无疑　二节”，中间曰言曰行，曰远曰近，有许多字眼要发，钱槚却云：“是故时出而为动，则世世道之；时出而为言，则世世法之；时出而为行，则世世则之。以言乎远，远者有望矣；以言乎近，近者不厌矣。岂一人之力，能要天下后世也哉？盖民物之易理，非若幽明之难格也，未有知足穷天地鬼神之奥，而不能得匹夫匹妇之心；生民之易周，非若古今之难究也，未有知足以察三王百世之纪，而不能通斯世斯民之志。”不沾沾然发题，而题旨了然，是却能化繁作简。

何谓题杂者可使之清？如丙子应天“诚者自成也　全章”，到末节有“成己成物”“仁智内外”“时措”种种等项，一齐并出，极是杂乱，顾泾阳却于过文题明云：“若是而成己矣。已成而物亦因之矣。人己兼成，则随所措而咸宜也。君子何以能然哉！”先把“成己成物”“时措”意吊起了，下只讲仁智能合内外，便自清理。

何谓题紊者可使之整？如癸未“四营而成易　四节”题，先说成卦，后说小成，次序紊乱，李九我却先题云：“今夫尸卦之始终，有一变之易矣，有小成之卦矣，有大成之卦矣。顾胡然而成易也，则以四营之法在也。胡然而成卦也，则以有八变之法在也。胡然而小成也，则以有八卦在也。”先分定了次序，后只从题讲去，自有条理。

何谓详略断续，初无定局，曲折变化，任乎其人？如癸酉科“君仁莫不仁　四句”，江解元把上三句细细发挥，除提头过文，中间自有八小股，然不嫌其多；方明斋只把仁义提明云：“仁义者，人君之正道，而所以进退人才恒于斯，所以经纶政事恒于斯也。”下只述过云：“君而仁焉，无往而不仁，而人政之间皆仁矣。君而义焉，无往而不义，而人政之间皆义矣。君而正焉，无之而不正，而人政之间皆正矣。”后就接国定去讲，亦不嫌其为少。是详略无定式也。又如壬午应天“以善服人”题，程文以“善养人”下数句一串讲去，人服处就串心服字，心服处就串王字，固见笔力；王凤洲逐句讲去，先说明服字，次说明心字，后说明王字，随题起意，亦不妨大雅。即如丁丑“我亦欲正人心节”，墨卷在承三圣处俱断一断，而程文一滚做去，愈觉新奇。是断续无定式也。

何谓欲大雅，不欲纤巧？如丁丑“子贡问士　三节”题，程文讲完首句，收一句云：“士必如是而后无忝于称名也已”，下便接去云：“然此天下士也，不易能也”，何等大雅朴素！冯开之朱卷云：“若而人者不以孝弟称，而大德固不逾也；不以信果著，而细行亦不亏也”，语意纤巧，有乖大方，故场中于此处，亦不满之，后虽三易其词，终较程文落一着。

何谓欲片段，不欲琐碎？就如丁丑“子贡问士”，程文于首节虚实相生法讲四比，冯开之提起二句串讲二比，皆正大冠冕，有廊庙气度；袁了凡则做了六比云：“所谓士者，岂徒以其才耶？以此心而行己，则贵有耻焉；以此心而承君，则惧有辱焉。必其行己也，不昧夫羞恶之良；而于出使也，又擅夫专对之美。严此耻于己，所以养其不为之节也；免此辱于君，所以达其有为之才也。”虽是用意化板为活，终觉琐碎，譬如踽踽凉凉之士，廉隅非不修饰，然厕之冠冕佩玉之俦，自觉有寒涩猥琐之态矣。

何谓脱化而不失之疏漏？如丙子应天“举舜而敷治　三节”题，顾泾阳中间只把舜命禹益命稷契意做二比，而首节不暇耕意，却在中节末总发出来，是凌驾而不卤莽也。

何谓正大而不失之板俗？如甲戌“惟天下至圣　三节”题，孙月峰于首节数段，逐段讲还，他却收云：“盖质纵于天，质之粹也，不假于学而自足也。德成于性，德之纯也，无待于外而自足也。信乎其为至圣矣。”又如邓定宇《生财有大道》，前半平头讲四段，皆澹荡大雅，自与板局殊科。

何谓新而不失之幻？如壬午山西《天下国家可均》程文，

人都于上三句分三段讲，彼却罗纹讲云："天下国家之均也，爵禄之辞也，白刃之蹈也，据其事势所在，孰不视之以为难？然任智者能均之，若节者能辞之，轻生者能蹈之，随其资力所近，则皆勉之可至。三者而果难也，人无有能之，人苟能之，君子以为易矣。"却极新，又极稳。

何谓洁而不失之枯？如己卯陕西"吾十有五　全章"，程文字字严紧，句句清洁，然瘠而中腴，愈读愈不厌，盖淘洗之入于圣者也。

何谓平而不失之腐？如徐存斋《由尧舜至于汤　三节》程文，先把见知闻知提明，中间只随题叙去，增减不多几字，后只把见知闻知皆有功于世道意收二比，缴一句云："盖道之所以传而不绝者如此，而继孔子者容独无人乎？"冷宛如此，枯淡若无，然有一毫尘俗气否？所谓皮肤剥尽，惟有一真实也。

何谓断中有续？如冯会元《我亦欲正人心》，讲到承三圣处，"今之天下，惟其无三圣人者也，故杨墨从而乱之也。而予之正人心，凡以承三圣人也，故必欲辞而辟之也。"此处似若断了，下便接云："执予之迹，则其说也长，而称予之衷，则其责也重。"此四句不动锥凿，却自胶连，所谓断中有续，如以刀截水一般，文之神解处正在此。

何谓正中有奇？如癸酉山西《大哉孔子》程文，初玩之，只平平顺题发挥，细玩中间，如所谓"道，形而上，本无定名可求；艺，形而下，始有成迹可执。"又如所谓"射御非学所先也，审执于射御者，将以成名也。如以成名而已矣，则艺诚可执；如其艺而已矣，则御尤易成名。"此等语，皆苦心揣摩，如囊中露颖，最为奇特。

何谓题直处有把关手？如丙子"操则存"题，魏昆溟文讲完了首四句，却收云："无定时而以一念之操舍为其时，无定向而以一念之存亡为定向。”又如己卯“凡事豫则立　二节”题，陆见石讲完了首节，总一总云：“盖当几而措者，其功常劳，而处之常若不给。先事而立者，其功常逸，而应之常若有余。”皆能于关隘处立锁栅，不似直口布袋样子。

何谓题曲处有偷关手？如丁丑《我亦欲正人心》程文，其讲上半节云：“持仁义之本原，而于无父无君之教则遏之，期于经正民兴，以缵平宁之绩，盖常深切著明其说矣，而非好也。究离遁之末流，而于害政害事之弊则防之，期于拨治反正，以继春秋之志，盖尝叮咛反复其言矣，而非好也。”两个“而非好也”就带起下句意了，故下便云：“人心之蔽锢已深，则提撕之不容不力”云云，不用过文，暗拖暗接，最属匠心，乃文家之隐巧处。

何谓题空处有弄丸手？如顾泾阳《举舜而敷治》文，讲毕了首二节意了，不就粘着尧以不得舜为己忧实讲，却于空处发二比云：“由是观之，尧一日而无舜，则就与命禹益”云云，然后方接到末节，是全于题外发意，空中弄丸，毫无粘滞气习，文家凌驾处正在此。

何谓题丛处有解牛手？如甲戌“夫易彰往而察来　二节”，孙月峰讲完了上节，到下节云：“是以将意其涉于玄妙欤，则名之小也，旨之远也，事之肆也，其称名之杂者固如斯也；将意其囿于卑近欤，则类之大也，言之中也，事之隐也，其理之不越者又如此也。”此等处，正如庖丁批大郤，导大窾，因其固然而未尝不中肯綮者也。

何谓题暗处有点眼手？如丙子江西“尧以不得舜为己忧至谓之仁”，王命爵文讲完了首节，过云：“尧舜之忧，尧舜所以仁天下”，点出“仁”字，题旨便跃如。又如陈与郊《用上敬上》过云：“夫以下焉者而贵夫上焉者，则其情易趋，而天下方溺于贵贵，以上焉者而尊夫下焉者，则其势难忘，而天下或昧于尊贤，抑孰知其义之一乎？”如此唤醒“一”字，何等爽恺透露！

何谓题活处有缚虎手？如庚辰“智譬则巧文”，程文讲了首二句，却把正意大发二比云：“圣学精微，必知之真，乃行之至，孔子德本生知，有通极于化者，夫是以化不可为耳。圣道高远，必造其理，斯履其事，孔子知由天纵，有妙于神者，夫是以神不可测耳。由射于百步之外者然。”如此发方拿得譬巧譬力死杀，不被他走作，真是降龙缚虎手段。

何谓题突处有堑山手？如“使禹治之　节”中，只有“江淮河汉”句，极是突兀难平，周仕佐却云：“盖尝观于江之殷也，淮之入也，河之道，汉之流也，而其流有足征者”，只如此铲平了他，是堑山手也。

何谓题缺处有堙谷手？如“周公兼夷狄　句”，王守溪补出武王来，于“季桓子　句”题，程文补出定公来，便稳足无缺失意，是堙谷手。

何谓题连处有破竹手？凡题目三段一样者，须于前段发挥明透，而后两段只轻递过，则开辟有情，而语不重复。如张凤磐《由尧舜至于汤　三节》、高鹤《一乡之善士　二节》文，是为破竹手也。

何谓枝干相生，连连绵绵？如辛未《先进于礼乐》程文后半篇，前二比下“实”字、“厚”字，后二比就承“实”字、“厚”字生去，如根发苗，如干生叶。又如丙子陕西《有布缕之征》程文，过处云：“以下奉上，谓之大义，以上用下，谓之定制”，下遂承云：“义所当供，制所当取”，亦是一法。

何谓浓淡相匀，郁郁嫣嫣？如田钟台《吾岂若使是君为尧舜》起云：“尧舜之道，不惟可穷，而亦可达。乐尧舜之道，特以独善而非兼善”，四句是浓抹，下便接云：“吾岂若以此上致其君，使是君为尧舜之君哉？吾岂若以此下泽其民，使是民为尧舜之民哉？吾岂若以此显设于上下，于吾身亲见之哉？”三句是淡妆。又收云：“盖自昔而言，行道似不如独善之为真；自今而言，则躬耕实不如行道之为公也”，四句又是浓抹，极见大雅。及观沈蛟门《孟义》，则如齐纨蜀锦，文彩掩映，然纯乎浓抹而绝无淡妆，不免带脂粉习气，所以让田公一头。此魁元卷之大凡也。

何谓正反相承，覆覆翩翩？如壬子《仲尼亟称于水》程文，过到末节云：“吾以知君子之学，其敦本尚行，而与声名相孚者，此原泉之水也，固君子之所重也。其钓名干誉，而与本原相违者，此易涸之水也，尤君子之耻也。”又如己卯《遵先王之法　三节》，过到末节云：“为政因之，则简而有功，若丘陵之于高，川泽之于下，而智者必资也。不因之，则劳而无功，若为高而舍夫丘陵，为下而舍夫川泽，而不智孰甚焉。”前是借有本以发无本，此是借智者以发不智，皆以正得反，以反形正之诀，最有力，最自然。

何谓详略相因，隐隐显显？如《子贡问士》程文，讲首节凡四比，前二比是反起虚述，隐而略也；后二比是实讲题意，详而显也。至如萧良有《如有王者》一篇，皆由略而详，由隐而显，极有步骤，极有条理。又如甲子浙江萧鸣凤《唐虞之际　二句》，讲“唐虞”句凡四比，极有虚实相生之法，云：“尧之放勋于前，而舜继之，大圣相承，其交会之时何如也；舜之重华于后，而尧启之，大道相传，其授受之际何际也！贞元会于华夏，而百年兴豪杰之期；光岳萃于人文，而万古仰明良之运。”前二比虚，后二比实，作文者熟之，永无叠床赘复之病。此乃文格之大者，至于中间曲折条件，又当别悉。

文之有意，如屋之有材。间架既定，必须材备，乃可作室；

格既定，必须意到，乃可成文。文之意，其作用百端，大都不过二途尽之：一曰衍题，二曰发题。

衍题者，推见成之题，而推衍其词以成文，有装点而无增加也。如萧良有《如有王者》文，中二比云："德教所敷，不崇朝而遍天下可矣，然可以遍天下，而不能深入乎天下，诚举一世而跻之荡平之域，是仁也，是必世而后能也。风声所播，不终日而感人心可矣，然可以感人心，而不能浃洽乎人心，诚举万邦而措之熙皞之天，是仁也，是必世而后致也。"上四句是反振未至于世则不能仁，下三句是倒跌仁必本于世，只随题敷衍，而至必世所以能仁之意，略不曾发出。又如己卯山东《民可使由之》程文中二比云："天下之正路，而使天下均蹈之，迹耳。非所以迹也，究而极焉，则埋之无方无体者，虽中人且弗悟也，将责之颛蒙之俗，而势愈难矣。天下之周行，而使天下共履之，道耳。非所以道也，进而求焉，则民之不著不察者，虽日用且莫觉也，概谕以精微之论，而惑滋甚矣。"上四句衍"民可使由"，下四句衍"民不可使知"，而至"可由不可知"之故，全未发明，是为衍题之法。

发题者，凡题中语意浑然，不露出所以然之故，而吾直把其所以然之意，挑剔出来，无有剩意，所谓抉朦胧之关，启覆藏之箧是也。如萧良有《如有王者》后二比云："王者日以其精神心术，与天下相流贯，而至于一世，则所隆施久矣，天下所以咸若其化也。不然，非悠远而求博厚能乎哉？天下日以其心思志虑，与王者相潜通，而至于一世，则所涵濡深矣，王者所以聿观厥成也。不然，非久道而求成化得乎哉？"此是将必世所以能仁之意，发透无遗矣。又如《民可使由之》程文末二比云："天下之当然具于性，而民皆可率性也。故取足于由，天下将无不可化之民。民性之本然原于天，而民鲜能达天也。故取必于知，天下始有不可循之教。”亦是将“可由不可知”之故，发明出来，是为发题之法。盖题所以然之故，只有得此意。若八股俱将此意来发，不失之窘，则失之复。

故作文须晓得衍题之法，然后详略浅深，俱有次第，一篇如出一股，无叠床架屋之病。然题亦有可衍而不可发者，如“论笃是与　节”是也。盖题已自为训诂，无复隐所以然之意于其中，吾将何以发之，则但可衍题之法而已。题亦有可发而不可衍者，如“物皆然心为甚”题是也。股股须发出心之所以甚于物意，乃爽人目，若只随题敷衍，有何意趣？故作文者于题目到手时，先把题相视，思其可衍乎，不可衍乎，可发乎，不可发乎，可衍发互用乎，不可衍发互用乎，则下笔自了然无碍矣。

然发题之法，但主于推原，须随题生解，不可预拟。至于衍题之法，其机括极多，作文者须洞晓其奥妙，乃能纵横任意，伸缩自如。有抑扬之法，有操纵之法，有倒顺之法，有反正之法，有究竟之法，有借客伴主之法，有跌扑之法，有先述后讲之法，有先讲后述之法。总之，文章之意，以简切胜浮夸，以蕴藉胜透露，以朴拙胜奇巧，以纡回胜径直，请为剖悉其故。

何谓抑扬之法？大凡欲抑必先扬，欲扬必先抑。然有本身之抑扬，有借客之抑扬。如萧汉冲文：“德教所敷，不崇朝而遍天下可矣”，此就在王者身上，寻出一个速化意，以振久道意，此本身之抑扬也。及观程文提云：“任法以齐民，其治伤于欲速，不知其仁也。”次比对云：“违道以悦民，其治止于欢虞，然而未仁也。”此又别寻两样卑下人品，以扬起王者必世之仁，此借客之抑扬也。二法不同，不妨并用。有抑中再抑而后扬，扬中再扬而后抑者。如庚午浙江凌登瀛《禹吾无间然矣》其提云：“饮食宫室，人之所必资者，常情厚以自奉，未有不求备者也，而况富有天下，其势尤易逞者乎？事神治民，君之所当务者，人情忽于远图，鲜有能加意者，而况贵为天子，其心尤易溺者乎？”常情易犯是一层，天子尤易犯又一层。如此两层抑扬，转觉错落醒目。凡股中若无抑扬之法，便无顿挫，便不松爽。你看戊辰科田、沈二公《庸义》，其前半各备尽抑扬之法，兹不尽录。唐荆川用此法极熟，自谓“生平得力处尽在此”。若壬午陕西《人有不为》程文云：“刚大之器，不为一节试功，则其器常完，而临事可以不慑，遗大投艰，惟所运量矣。弘远之才，不为偏长取效，则其才常厚，而当机可以不挠，持危定倾，惟所斡旋矣。”二比句句实发，不用抑扬，而精神足以达之，然亦大费气力矣。所以后二比不能实发，只将究竟衍之，势不得不尔也。故知文无抑扬，则波澜不兴，边幅易窘，不可不知。

何谓操纵之法？文章以八股为率，自虚比至中二比，大略题意已几发尽矣。后二比欲另搜意，另布股法最难。故要熟操纵之法。中二比既纵，则后二比操之使急，如弹琴者，声音纡徐缓放之后，即紧弦促节，为噍杀迫细之调以收之，然后翕张人心，爽悦人耳，为文亦然。即如乙酉顺天《论笃是与》程文中二比云：“其言切而不浮，似非儇薄人矣，而要之言语之间，可以揣摩而取，则彼醇笃其外而儇薄其中者，未必无若人也。孰为君子而孰为色庄也。其言蓄而不露，似非巧诈人矣，而要之言词之旨，可以虚矫而饰，则彼中藏巧诈而外为驯谨者，未必无若人也。孰为君子而孰为色庄也。”此二比是将题意宽衍二大比。是末二比云：“吾能知诈言之非朴矣，而大巧者常以其巧而托之乎朴，将安从而辨之？吾能知诈言之非忠矣，而大诈者将以其诈而托之乎忠，又安从而辨之？”此二比意思，不异于前比，只是前二比宽，而后二比紧，前二比衍之更长，而此二比约之更短，便自迥然不同调，爽然醒人目矣。所谓操也，有操之成短比者，如前文是也；有操成两句三句或四句，而后以余意续成一比者，其详著于后。

何谓倒顺之法？顺题铺叙为顺，逆题倒发为倒。如庚辰《如有王者》程文中二比云："群黎百姓，情有壅而难通者，历年多，则膏泽之浸润已深，而耳目心志，若一体之联属矣。四方万国，化有阻而难及者，行政久，则德教之涵濡已遍，而精神命脉，若一气之周流矣。"二比是从必世处说到仁上，所谓顺叙者也。末二比云："仁渐义磨，熙熙然并育，仁也，而不知王者必悠远以积之，盖湛恩秽泽，不可以岁月计效也。礼陶乐淑，皞皞乎时雍，仁也，而不知王者必从容以和之，虽过化存神，不能以俄顷奏功也。"二比是从仁处转到必世上，所谓倒发也。一顺一倒，不用换意，而间架迥然不同，其法最妙。

何谓反正之法？题中之意，正发已尽，则用反词发之。即如"必世后仁"题，魏允中文："淳庞沕穆之俗，固得悠远之余也已"，以"悠远"讲必世，是正发；程文云："盖湛恩秽泽，不可以岁月计效也"，以"不可以岁月计效"讲必世，是反发。又如钱仲美《质诸鬼神而无疑　二节》云："民物之易理，非若幽明之难格也，未有知足以穷天地鬼神之奥，而不能得匹夫匹妇之心。生民之易周，非若古今之难究也，未有知足以察三王百世之纪，而不能通斯世斯民之志。"以未有发必能，亦是反发。正反法熟，则布词自不堆积、不重复矣。

何谓究竟之法？题中正意已发尽，不能再发，只得落题一步，说他究竟道理。如《论笃是与》程文后二比云："吾方以君子求天下，而所言或不在是，何以为斯世维忠厚之道。吾方以色庄黜天下，而所与或在于是，何以为斯世禁浮靡之风。"不正讲君子色庄难辨意，却把滥与之流弊究竟处来讲，亦是一法。

何谓借客伴主之法？题中之意，有一个主，必有一个对待之客。对待者，如说君子，便有小人来对待，说治，便有个乱来对待。对待者，虽不在题意内，却可请来作伴。如壬午《水哉》

程文讲末节，末二句云："吾是知君子之学，其敦本尚行而与声名相孚者，此原泉之水也，固君子之所重也。其钓名干誉而与本原相违者，此易涸之水也，尤君子之所耻也。"是因"君子之所耻"，生出"君子之所重"来，然道理却如此。孟子当时亦偏显此意了，今却代他补完，愈觉周密而不觉增添。又如己卯《遵先王之法　三节》程文讲末节云："为政者因之，则简而有功，若丘陵之于高，川泽之于下，而智者必资也。不因之，则劳而无功，若为高而舍夫丘陵，为下而舍夫川泽，而不智孰甚焉。"亦是此法。

何谓跌扑之法？本欲发此意，却先走过一步，然后跌转正意来，行文便有笔力，有猛势。如丁丑《我亦欲正人心》程文后二比："人心之蔽锢已深，则提撕之不容于不力，虽尽吾词，犹惧道之不白，无以臻廓如之效也，欲相忘于无言得乎？邪说之横流方炽，则诋斥之不容于不严，虽竭吾力，犹惧势之莫反，无能破执一之非也，欲置之于不论得乎？"要说不容不言，先说言犹恐其不胜，便自了然。《民可使由之》程文中二比云："虽中人且弗悟也"，"虽日用且莫觉也"，亦是此法。此与抑扬法相近而微不同。

何谓先述后讲之法？先将题面虚述过，然后实讲题意，文便凌驾，且好下手。如壬午南京《以善服人》程文，讲了"服人"二句，接下云："必以善养人乎，则不但服人也，而能服天下。又不但服力也，而能服其心。"先将"善养"与"服人""心服"等题面，一齐吊出了，然后接"悯人之不善"二比实讲，不惟格新，而意亦好发挥。

何谓先讲后述之法？不咬着题目字眼切讲，只将题意暗暗发出，然后直把题目收一句，亦是凌驾体。如顾泾阳《举舜而敷治》末云："尧一日而无舜，则孰与命禹益，舜一日而无禹益，孰与拯昏垫之患，而登天下于平成；尧一日而无舜，则孰与命稷契，舜一日而无稷契，则孰与粒阻饥之民，而跻天下于揖逊。”虽不说出“忧”字，而所以当忧之意已暗暗发挥，故后只须述云：“然则忧舜之不得者尧也，君道也；忧禹皋陶之不得者舜也，相道也。”何等明快新奇。然此二法，亦是近日时文之变体，前此未尝有也。

何谓以简切胜浮夸？作文发意，要在得力，得力则一句可以当十，不得力则十句不能当一。故文有愈简而愈透，有愈繁而愈晦者；有愈淡而愈浓，有愈华而愈无味者；则简切浮夸之优劣可见也。如陕西《吾十有五　全章》程文，他讲“志”字，只曰“不至于从欲不止矣”一句，讲“立”字，只曰“操存其志者又十有五年，而吾始可与立也”，讲“不惑”字，只曰“研穷其所立者又十年，而吾始能不惑也”，讲“知命”字，只曰“所以不惑者而上达焉，命可知矣，时其在五十乎？”讲“耳顺”字，只曰“所以知者而一贯焉，耳斯顺矣，时其在六十乎？”讲“从心不逾”字，只曰“无欲非矩，无矩非心”，何等透快，何等洁净。及观时刻，并是年墨卷，便有许多曼衍赘庞之句，可厌矣。故予尝为诗曰：“雪里孤梅五六花，清标素骨压奇葩。羞杀东园桃李乱，游人兴尽厌繁华。”

何谓以蕴藉胜透露？凡发题意，意随言尽者为透露，意在言表者为蕴藉。透露可以爽人目，然再观之，便觉斩然无味。惟蕴藉者，始玩若淡然无味，玩毕令人冲然有余味，再玩则觉身在春风和气中，心醉神怡，读之不忍释手，乃文之最上乘者。如丁丑“子贡问士”题，主意原重在“行己有耻”上，故陆可教讲后二比末缴云：“此虽未必优于四方之使，而视之行己有耻者，亦可以无议矣。此虽未必孚于乡曲之心，而视之行己无耻者，固有间矣。”把命题主意，咬定发挥，何等爽快。然意随言竭，不耐咀嚼。冯开之缴云："夫士也，行修于家而声誉随之，斯固尚德者所深嘉也，可以其设施之未究而少之哉?"对云："夫士也，操励于己而终身以之，斯亦取节者所必录也，可以其硁硁之小人而弃之哉?"不点出"行己"字面，而重本之意，隐然见于言外，令观者意消，自然胜陆一筹，所以便有元魁之别。故予尝为之诗曰："枝头红白尚含英，惹得游人新意生。刮地东风催发尽，十分春色已无情。"

何谓朴拙胜奇巧?如辛未"生财有大道"题，郭青螺讲了首句，把下四句一齐提起云："是大道也，非小术也，而果安在哉?财始于生，耗于食，一人耕之，众人聚而食之，欲天下之无饥，不可得也。财聚于为，靡于用，下之人徐而图之，上之人疾而用之，欲天下之无贫，不可得也。"然后四句串作二比，极精工，极刻炼，固为美。及观邓定宇讲首句毕了，不下一接语，直云"财以生而聚，患于不众也"云云，散散铺叙四段，若不复锻炼，不加裁剪，然天然风骨，有雍容委蛇之度，玩之平平，测之益远。将郭卷比之，便觉有江海沼涧之别，况点出"是大道也"，已露寒酸，又足之曰"非小术也"，益见伎俩。此正所谓朴胜于奇，拙胜于巧。试将元魁卷并观，则段段皆然，不止此耳。故予尝为之诗曰："十仞墙垣百尺台，网罗风月入襟怀。争如破屋扁舟子，明月清风万里来。"

何谓纡回胜径直?文虽贵自然，不尚奇巧，然须委婉蹁跹，不可直致。即如邓定宇《先进于礼乐》，讲完了上节，收云："夫即时人之论，则礼乐之用，必从后进而不从先进明矣。"此处若就落一句如"用之则吾从先进焉"，便觉直遂，终非夫子浑然口气。渠却缓缓说出："君子所以为君子，野人所以为野人，后进不得称君子，先进不得称野人，故吾不愿从后进而愿从先进。"末遂须"愿从"意，再发二比，转折处如鹤之翔，如鹏之举，雍容优游，不似黄雀鼓翅奋翼，躁急直遂者比。又如孙月峰《惟天下至圣》文，讲完了首节，收云："质纵于天，质之粹也，无假于学而自足也。德成于性，德之纯也，不待于外而自足也。信乎其为至圣矣。"故作堤防，所以障去流，皆用意委曲处。不然，便似东瓜无腰，不若葫芦有颈之可爱也。故予尝为之诗曰："曲曲回廊绕碧流，重重朱户锁山楼。不是居停耽僻隘，恐防红杏出墙头。"凡此作文意之大凡也。其得心应手，则不容以言尽。

文之有调，如室之有隔节段落。造室者，间架既定，然又须隔节段落，极其委曲，然后室不空旷直突，所谓复道曲房也。为文者，格式既定，意思既到，又须遣调有法，使一股之中，前后有伦，呼应有势，起伏有情，开合有节，乃臻妙境。今之不知文者，谓调即是词，词即为调，误矣。调字有二义：有遣调之义，有和调之义。

遣调者，如大将行兵，士卒器械，既已精利，又须调拨诸帅，某为先锋，某为后应，某为仗队，某为诱卒，使其多而不杂，散而有纪，乃为名将。为文亦然。一股已立，又须布置，何意为起，何意为承，何意为转，何意为合，使曲而不突，紧而不懈，腴而不瘠，匀而不复，乃为佳器。

和调者，如庖人烹味，尝其酸咸辛辣，使皆适口，而无偏浓之味。为文亦然。一股之中，相其起承转合，气缓处促之使捷，意晦处刮之使明，句滞处琢之使溜，机窘处衍之使开，词太硬者调之以温和，意太露者调之以蕴藉，此皆调之作用。故有意虽浅而不觉其淡，词虽清而不嫌其单者，其调法善也。有意愈多而反觉其杂，词虽华而反厌其浮者，其调法不善也。

即如《如有王者》墨卷论之，萧良有中二比，立意在衍题。衍题之法，必须宽宽说来，方边幅不窘，然顺题衍去，又觉平淡，气无势。故先把"德教所敷，不崇朝而遍天下可矣"二句是起，“然可以遍天下，而不能深入乎天下”二句作承，“诚举一世而跻之荡平之域”一句作转，“是仁也，是必世而后能也”二句作合，总看这一比，凡七句，前四句虚，后三句实，虚实相生之法也。有前四句之虚，故不窘；有后三句之实，故不浮。是其调拨之妙处。且其起处响亮，承处从容，转处便捷，合处唤醒，缓急有度，呼吸应机，是其和调之妙处。再观魏允中二比云：“仁之渐，义之磨，若是乎世修其政也”三句是起，“则大君之经纶，与四海之精神，相为流贯”三句是承，而“皞皞乎其大顺焉”一句是转，“淳庞沕穆之俗，固得之悠远之余也已”二句是合，魏是立意要发题，故须顺叙。顺叙必须衍发互用，除大君之精神发题外，其余通是衍调，“仁之渐”三句衍“世”字，“皞皞乎大顺”衍“仁”字，“淳庞沕穆”句又衍“仁”字，“悠远之余”又衍“世”字。虽以发题为主，然句句要切发，则意易窘而气太重，故须以衍字之法衬之，而中间得力处只用三句，便自浓淡适匀，且“皞皞乎大顺”最好，盖“仁”字本该再讲一句方是，因起处是三句了，承处又是三句了，若转到“仁”字又是两句，文气便觉重滞，故只以一句接住，而下又合发两句以足“仁”字之意，其意重在“淳庞沕穆”句，盖恐“大顺”句说“仁”字未透，故又着此四字以显之，“悠远”句不得不带来伴说耳，皆是他苦心调遣处。再观阎士选中二比云：“礼乐文章，其仁天下之具，至一世而始备，而天地气运，亦若待圣人返薄而渐归之淳者”五句是起；然后“治还沕穆，而风以移焉，俗以易焉”三句是承，亦是转；“雍熙悠久之化臻矣”一句是合。首五句极力发出所以然之意，后四句只把“仁”字衍开，发题处甚奇特，承接处亦有力气，不为题所压倒，是其调度也。然一味浓抹而无淡妆，文之以意词胜而不以格调胜者，其于和调之功，尚未精熟耳。再观沈一中中二比云：“仁育而义正，可不崇朝而遍天下矣”二句是起，“若夫渐之摩之，使天下由于道而不知”二句是承，“必一世而后可”一句是转，“盖精神心术不久则不流，其所积渐然也”三句是合。此比格局亦是倒叙，与萧卷略同，然萧卷不露出所以然之意出来，留在末二比发，沈之“精神心术”三句，已露出所以然之意了，故后二比不能再发，只得把“仁”字重讲，然不免与“渐之摩之”二句意重复。沈之所以不得尽同于萧者，只为萧之承句尚训释起句，不就倒着题上，所以以“仁”字意作转，以“世”字意作合，故不俟推原而意自足；沈却以“仁”字意作承，以“世”字作转，而合处尚缺，故不得不以推原意补足之，只在承处调度少差，便迥然不同。沈后二比费许多思索，终不及萧之自然。信知调遣之际，须当斟酌一篇材料而布置之，不可草草也。再观刘庭兰中二比云：“当其受命之始，政教既已修明”二句是起，而“延之于一世之后”一句是承，“则所以甄陶涵育于其中者，愈有固国家之元气”二句是转，而“沕穆之风，于是乎浃宇内矣”二句是合。前五句是发题，后一句是衍题。发题处既重，则衍题处简捷，词度自好。若阎卷衍发俱重，所以便觉太浓了。

又如甲戌《学如不及》诸魁卷中比，尽以上半股讲“学如不及”，下半股讲“犹恐失之”，都以知行立柱。陈与郊文云：“以择天下之道而勿明勿措焉，如有所不及知矣，心犹竦然曰：道不易明，能保其择之无遗已乎？早夜以思，惟恐失其所为知也，而何敢以自逸？”对云云。褚栋文云：“其学之为知也，则凡稽古考文，以博观乎斯道之散殊者，皇皇焉既如有所不及知矣，犹恐一人之聪明有限，不足以尽无穷之义理。而所知者，或失则疏也。”对云云。其调遣布格，皆大同小异。及观孙月峰文：“将为明道之学欤，非必研穷无术，然后恐其知之失也。孜孜于察识，其知如不及矣，而自视犹歉焉，曰得无遗于闻见乎，忧退之怀，即与求进之念俱存也。”对云云。虽是亦把知行立柱，然两句不截然分讲，“非必研穷无术”句，把“如”字、“犹”字，一齐振起，大有力量，中间只衍作四句，说尽题目，至合处又把两句题双结，操而纵，纵而复操，调度绝新，无论他处尽美尽善，只二比，一时诸卷中，莫有同其格者。彼不知文之士，必欲另换柱头，另索奇意，方以为新特，不知孙卷亦何尝脱“知行”二字，其意思亦何尝发人所未发，只是调遣布置间，略加组织，便异常调耳。故予尝为之诗曰：“海错山羞未足称，太羹端不废河蘋。但能调得盐梅味，膏脍还应让苋芹。”大抵新其意，不若务新其格调。格调新而售者什九，意新而售者什一。即如阎士选《如有王者》文，中间论到礼乐文章，又论到挽回气化上，意何等奇特！萧作只说一个“仁必待于世”，意何平常！然却加萧于阎之上者，萧以格调胜，而阎以意词胜也。

又如癸未《吾之于人也　全章》诸魁卷讲“谁毁谁誉”处，有云：“毁则有识者方讥其巧诋，孰而吾惩乎？”有云：“毁之行也，起于真非之不明，而其弊使人眩惑而易听。”；有云：“自偏于毁，而天下谓我以憎者之口，扬人之心矣。”皆刻意新奇，夸靡斗巧。及观李九我，却云：“自憎心胜者，则有余嫉，而毁行矣。吾之于人，未尝生一憎心也，而何毁焉？”玩之似平常，新奇不逮前文远甚，然雅淡无俗气，不以绮靡为工，而词理未尝不逮，所以主考具眼，置之于首。格调之胜于尚意，于此可见。故予尝为戒奇之诗，曰：“齐瑟原来不是竽，阳春寡和谩长吁。三年学得屠龙技，争奈无龙却羡鱼。”联作此以自儆云。

文之有词，如室之彩绘。彩绘施，则满室绚烂；词藻工，则叠篇光彩。文多有意同，而一则灿然增色，一则暗然无光，词有工不工也。大都修词之法，贵大雅，贵清空，贵华丽，贵爽剀，贵浏亮，贵洁掉；忌陈腐，忌堆垛，忌晦滞，忌软弱，忌纤巧，忌奇幻。你看从来元作，其词必平正大雅，洞达明白，读之者如曾经览过一般，无一字骇目，无一字碍口，行乎其所当行，止乎其所当止，真如江海之流，不作淙淙细响，居然大观矣。至观魁作，则名言错出，古句层发，锦烂处如朝霞映彩，跌宕处如岗峦偃挺，急健处如苍鹘摩空，舞荡处如云龙戏海，观之者但觉可惊可愕，可珍可喜，而莫知其所从来，然亦决无险怪诞纵之词也。至于落选之卷，非庸陋鄙俚，则狠僻不驯，其见恶于人，无足怪者。

然人知文中实字之当炼，而不知文中虚字之尤当工；人知文中实句之有力，而不知文中虚句之尤有力。如冯开之《子贡问士》提云："夫士贵有守也，亦贵有用也"，着一"亦"字，便有轻才重节之意。又如《我亦欲正人心》："今之天下，惟无三圣人者也，故杨墨从而乱之也"，着一"者"字，便见要责望于承三圣之人。若只说"无三圣人也"，但像死杀要三圣人出来了。又如《先进于礼乐》程文，讲首节，既要浑融，又要微露伤今之意，故其下字眼最为斟酌。如曰："世之论者乃曰"，下一"乃"字，便□不足之意。又云："见其简而遂以为陋也，见其直而遂以为俚也"，曰"见"、曰"遂"、曰"以为"，皆寓不深加察之意。对云："盖习其繁而以为有度也，习其缛而以为有章也"，曰"习"、曰"而以为"，皆寓靡于习染之意，其抑扬褒贬处，全在虚字上斡旋。又如萧会元《如有王者》入题云："吾试度之，如有王者作也，意者其必世而后仁乎？"夫子当时原是尚论古道，非身亲见之，故云"吾试度之"，曰"意者"，皆极力模写"如"字意。又如《中庸义》云："道无过也，世得无有为道而过焉者乎？隐则索之，怪则行之，而徒以誉后世之术，何为者也？吾以为"云云，夫子当时言天下或有此等人品，不曾实指世人，故曰"得无有"、曰"者乎"，皆是格词最得口气，下

“何为者也”四字，多少蕴藉！若说出他以过求病道意，便为俗品。又如《谁毁谁誉》程文，后云：“当其时，曾有以善阿一人而作好者乎？至于今，所以公其是而不可私以好者，即此民也，虽欲枉而誉之，谓吾民何?”下“谓吾民何”四字，亦多少含蓄！若墨卷中有云：“乃欲以不直之毁，行之公恶之民，则见积毁而勿真，必不信矣。”词虽拟古，然失圣人浑然语意，且意露尽无余，便令观者不耐咀嚼。此所谓以虚词含实意，言有尽而意无穷，修词之上乘也。

又对比之中，若不立柱子，须要字中有眼，词中有筋，使其先后次序，不相混淆，乃为老手。如袁了凡于冯开之《子贡问士》文，上节二比，先曰“任”，后曰“惜”，“惜”生于“任”也；先曰“行”，后曰“名”，“名”生于“行”也；先曰“合”，后曰“成”，始“合”而终“成”也；先曰“防”，后曰“持”，“防”暂而“持”久也；先曰“用于国家”，后曰“使于他邦”，由本国而出使也；先曰“可以为使”，后曰“可以专对”，为使而后有言也；先曰“国体重”，后曰“君命伸”，国重则命自伸也。又如萧良有《论语义》中二比亦然，先曰“德教”，后曰“风声”，先曰“遍天下”，后曰“感人心”，先遍而后可感也；先曰“荡平”，后曰“熙皞”，由治而后可忘也。虽不立柱，而步骤截然。不为合掌，方为有纪律之文。

又文章过文，乃唤醒题目处，为文中之眼，所不可少，然不必用而用之，又为腰间生眼，反伤浑成之体，不若不用之为愈。你看邓定宇《生财有大道》文，篇中凡□头四腹四脚，曾有一过文否？然题意亦何尝不明？始知诸卷之作，多重过文者，皆画蛇添足者也。又如壬子科应天“奋乎百世之上　五句”题，孙溥在“非圣人而能若是乎”句下作一过文，极精炼脍炙，及杜静台于此处无过文，反觉天然，学者于此可悟机局矣。

大凡炼字炼句之法，与其丽而繁，无宁朴而简，一字而可以显意，不必以二字足之；一句而可以显意，不必以两句足之。如丙戌黄汝良《执其两端》中二比云："理介于可从可违之路，姑两存而互参之。惟剖悉之后，得其粹然中者，乃始以刍纳为注厝。盖采之舆论，其该岂曰议论多而成功少乎？"既曰"两存互参"，便是"剖悉"，何必又着"惟剖悉之后"出来？既曰"以刍纳为注厝"，则讲用中意已显，又何必复反言以显言之？况"乃始以刍纳为注厝"截住了，便觉硬塞，故程文于此处皆删削之，顿觉精洁透彻，始知词能达意，亦能晦意。故予尝诵唐诗至"虢国夫人承主恩，平明上马入宫门。却嫌脂粉污颜色，淡扫娥眉朝至尊"，因为翻然有感云。

破　题

有正破，如沈一中《如有王者》破："圣人化成天下，以久道得之也"，以"久道"破"必世"，是正。

有反破，如萧会元"圣人尚论夫王道，无近功者也"，不说他久，只说他"无近功"，是反破。

有倒破，如曹会元"大哉尧之为君，圣人赞帝德配天而难名，而其大至矣"，把"大"字倒放在下句，是倒破。

有破意，如《文莫吾犹人》程文云："圣人以文胜为已愧，勉人之尚行也"，题若"以文自任"，而实意"以文自愧"，不破词而破意，此破中之绝佳者。

有晐破，如《民可使由之》程文："论君子之教，有不能尽行于民焉"，题原重下句，故只说"不尽行"，便自该尽了题，若说"有能有不能"，便落下乘矣。

有清空破，如冯会元《子贡问士》："圣人与贤者论士，而其所重可知矣”，连重节字也不说出，而旨自跃如。又如《我亦欲正人心》：“大贤自发其卫道之心，其所任者重矣”，不染一着相字，何等高妙。他如“大贤欲明道以继往圣，而其言不容已矣”，便下李多矣。又如《学如不及》，孙旷破：“敏于求而犹自歉”，沈大冲破：“惟其心之无穷而已”，“无穷”二字，何等清空，胜孙多矣。作破者须当刻意效之，乃能动人。

凡作长题，须要上下二句相呼应。如司马晰《大哉孔子》：“时人以无名议圣，而圣人欲以艺之卑者自名也”，“无名”与“自名”相呼应，便自醒目。又如黄葵阳《先进》破：“圣人志先代之礼乐，虽违时而必从也”，“志”字与“必从”字相呼应，绝妙之作；程破云：“圣人述时人之所尚，表在己之所从”，便判两截了，此破之下也。

承　题

有倒承，如《吾十有五》程文云：“夫所欲即矩，则化矣，而必由志学以进焉，学之不可已也如是夫”，把末节倒在先，然后说到学上，是倒。又如《予怀明德》程文云：“夫无声无臭，天之所以为不显也，知天则知德矣。《皇矣》《蒸民》之诗，何以语此？”亦是倒承。

有反承，《如有王者》程文云：“夫德深入于人则仁矣，非圣人久于其道，而何以致此！”后二句是反言以明之。

有先反后正承，如翁仲益《用下敬上》云：“盖尊贤而果异于贵贵，则但知有贵可矣。惟其义之一，而可轻重于其间哉？”又如《敬大臣则不眩》程文云：“盖事每眩于任之不专也。敬大臣以定国是，而奚眩之有？”此皆起句反说以振题者。

有断制承，如《大哉孔子》程文：“盖惟无所执，斯无所名，此圣人所以为大也，彼常人何以知之?”此全以己意发挥，不沾沾粘题而作，最为高手。

有议论承，如陆可教《子贡问士》云：“夫士贵于才德之至，而苟能不失其身焉，皆圣人所不弃也，故观圣人之论士，而士当务于守矣。”又如唐荆川《太师挚》文云：“盖乐官之贱，宜不可责以去就之义也，况侑食尤乐官之贱者，而皆避乱之去焉，可以识圣人正乐之功矣。”发波澜于数语之内，可谓寸山吐雾，尺水兴波者矣。

凡承题起句，非反则正，反者如前先反之法是也。若正起，必须紧根破题字面来，如《由诲汝》程文云：“圣人教贤者以真知，在不昧其心而已”，承云：“夫知原于心也”，就根着“心”字。沈一贯破云：“圣人于贤者，而教以不欺为知也”，承即云：“夫心之神明，不可欺也”，紧着“欺”字。陈与郊《用下敬上》破云：“论上下之敬，而要其义之同焉”，承云：“夫能行吾敬之为义也”，紧根着“义”字。

凡承题中句，要修炼工致，如陈文选《素以为绚兮》云：“夫礼无质不立也，贤者以诗悟焉，圣人以言诗与焉，而重质之心可想矣”，中二句何等和雅。又如顾泾阳《举舜敷治》文云：“夫天下非人不治也，得舜以总治，得禹皋陶以分治，而后民可安焉。固知圣人之忧不同于农夫之忧也。”中二句何等饬炼。

起　讲

有反振起，如王图《君子不以言举人》起云：“世之需才也甚重，而每以言取之；其求言也甚切，而每以人弃之：斯二者之所为皆过也，其惟君子乎?”是反起。

有影题起，如顾泾阳《举舜而敷治》起云：“且天下之未治也，圣人能以心忧之，而不能以身殉之也。为君者举治民之责，付之于一相，为相者举治民之责，付之于群有司，天下可坐而理矣。”又如冯嘉《遇年饥》起云：“人君之为国也，不能必岁之无歉，而能必岁歉之不为患，以其固结于上下之间者有足恃也。”此皆不明说题目，而暗暗影题意来讲。

有议论起，如冯开之《子贡问士》起云：“古之为士者，才节出于一；今之为士者，才节出于二。自才节分，而士始以才显矣；自士以才显，而论士者益轻节矣。夫子盖欲维之也。”又如陆可教《我亦欲正人心》起云：“治乱之机，乘乎世道，而起乎人心，幸而有圣人焉，时出而维之，而不使至于大乱。然而非圣人之得已也，若禹、周公、孔子是也。”此皆于题外自起议论。

有案断起，如《大哉孔子》程文起云：“大德不官，大道难名。圣如孔子，不可以名求矣。常人智不及此，乃言曰”云云。又如黄葵阳《先进于礼乐》起云：“礼乐之用，万世无弊，而习俗之异，则人心为之也。”此皆先立公案在此，下面只消顺题做去。

有直接起，如孙会元《用下敬上》云：“有名分则有君臣，有道德则有友谊，友之不可无也尚矣。吾谓不可挟者何哉?”又如《告公从》程文起云：“甚矣！君臣相遇之难也，臣能进之，而不能使其言之必用，固往往有之，今六四而曰告公从”云云，此皆直入题目，比于反振者又是一格。又如文恪公《周有八士》起云：“想周盛时，有文武启之，丕显丕承于前，有成康继之，重熙累洽于后，道化洋溢而人文宣朗，光岳气完而贞元会合，于是”云云，亦是直起。

提　头

有案断提，如蔡贵《十室之邑》提云："质以忠信为美，而学以闻道为先，是质固学之所基，而学尤质之所扩者。"立此案断，落去方明。

有反提，如田会元《由诲汝知之》提云："是非以理之在物者，尽知于心，而后谓之知也；亦非以知之在心者，必遍乎物，而后谓之知也。"又如陈与郊《学如不及》云："道本吾人之所可及，而怠心胜者，视之为易焉，道之所以不及也；亦本吾人之所可得，而忽心胜者，恃之为不失焉，道之所以终失也。"皆反振题目。

有正提，如沈璟《学如不及》提云："学以致道也，而其所未及者尚多，非可以今之所及者，而自谓其无不及也；学以求得也，而其所未得者尚多，非可以今所得者，而自谓无所失也。"又萧会元《如有王者》提云："治之极于仁尚矣，顾天下无一日不以仁望于王者，乃王者则未尝以旦夕求仁于天下。吾试度之"云云，此皆正提。

有总挈提，如顾解元《道千乘之国》提云："千乘之国，大国也，上有不易理之万幾，而下有不易结之民心；上有不容滥之财用，而下有不容竭之民力；甚矣其道之难也。"此皆暗总提法。

有推原提，如王图《君子不以言举人》提云："君子之心公，公则为国家求实用；君子之心恕，恕则为国家集众思"，是推进一步提。

虚　股

有排对，如魏解元《如有王者》云：“盖必久于其道，涵濡之者素矣，然后王猷邕而太平之业成；恒于其德，膏泽之者深矣，然后王道纯而从欲之治洽。”

有排对而两意者，如顾解元《举舜而敷治》文云：“舜也仰承一人付托之重，而殚心以释其望；俯念四海属望之深，而务择贤以分其职。”

有客主走对者，如萧会元《如有王者》：“盖道至于王，则转移之下有圆机；而治至于仁，则大化之成非速效。”又如黄葵阳《先进于礼乐》：“声名文物之盛，虽目击夫近世之风，而淳庞敦厚之遗，不敢失乎作者之意。”皆是请客伴主作对。

有分题走对，如《敬大臣则不眩》：“崇礼优貌，群臣无敢望焉，而下有具瞻；图事揆策，群臣无敢参焉，而上有成算。”是把题目截开相对。

有交互走对者，如《遵先王之法》程文：“心不可见，缘可见之法以继其心；法不可穷，济有穷之心以神其用。”又如高解元《去谗远色》程文：“以至贵者视德，而遏吾间发之放心；以至虚者养心，而坚吾贵德之实念。”皆交互走对，意同而词不同。

有连珠走对者，如沈瓒《去谗远色》：“如是以屏吾之欲，则吾之心无敢二于士，而贵德之念以纯；如是以贵士之德，则士之心无敢二于君，而劝贤之道攸寓。”又如王解元《贤贤易色》：“随四者之伦，无一不尽，而理常切于躬行；随尽伦之念，无一不诚，而功不亏于实践。”以意相连而词相对者。

有推原排对者，如《造端乎夫妇》：“太极之本体，分之为两仪，散之为事物，本无有而无不有；真机之显设，夫妇淆其端，天地会其全，亦无在而无不在。”

中 股

有明柱，如陈与郊《学如不及》：“以择天下之道，而勿明勿措焉，如有所不及知矣，心犹悚然曰道不易明，能保其择之无遗矣乎？早夜以思，惟恐失其所为知也，而何敢以自逸也？以守天下之道，而勿笃勿措焉，如有所不及行矣，心犹惕然曰道不易体，能保其守之勿背乎？早夜以思，惟恐失其所为行也，而何敢以自诿也?”此明以知行作柱。

有暗柱，如冯会元《子贡问士》：“所任者纲常，而行不为苟合，盖凛乎以耻自防矣。而用于国家，则可以为使，一出而国体以重焉，此其蕴藉何伟也。所惜者名义，而名不为苟成，盖卓乎以耻自持矣。而使于他邦，则可以专对，一言而君命以伸焉，此其抱负何宏也。”先曰“任”，后曰“惜”，先曰“行”，后曰“名”，先曰“合”，后曰“成”，先曰“用于国家”，后曰“使于他邦”，先曰“可以为使”，后曰“可以专对”，俱有次第，移易不动，是为暗柱。

有衍题讲法，如萧会元《如有王者》，只把“仁”字衍开，而以一句归到“世”上，不曾发出“必世所以能仁”意，其“所以能仁”意，留在后二比发之，是为衍题之法。且先曰“德教”，后曰“风声”，先曰“遍天下”，后曰“感人心”，词中有筋，句中有骨，绝妙之文。

有发题之法，如阎士选《如有王者》：“礼乐文章，其仁天下之具，至一世而始备，而天地气运，亦若待圣人返朴而渐归之淳者。然后治还沕穆，而风以移焉，俗以易焉，雍熙悠久之化臻矣。纪纲法度，其仁天下之术，至一世而始精，而天地气化，亦若待圣人挽漓而渐归之厚者。然后人还固有，而民志格焉，民行兴焉，时雍风动之治成矣。”自“礼乐文章”至“归之淳者”，俱是发出“必世所以能仁”之意，是为发题讲法。

有顺题讲，如陈与郊《学如不及》是也，已见在前。

有倒题法，如萧会元《如有王者》文是也，他人皆说“必世后仁”，渠却说“仁必本于世”，便自超然迈俗。又如《学如不及》，他人皆先讲了“学如不及”，然后讲到“犹恐失之”，俱成格眼套子，孙会元“非必研穷无术，然后恐其知之失也；非必克治无地，然后恐其行之失也”，把“如”字、“犹”字两意一齐都吊醒，便为国手冠场，此等处，学文者不可不知。

末二股

有倒题之法，《如有王者》文云：“仁渐义摩，熙熙然并育，仁也，而不知王者必悠远以积之，盖湛恩瀸泽，不可以岁月计效也。礼陶乐淑，皞皞乎时雍，仁也，而不知王者必从容以和之，虽过化存神，不能以俄顷奏功也。”倒把“仁”字提在先，转到“必世”上，是为倒题之法。

有偏下发题之法，如《敬大臣则不眩》程文：“事未集也，资其谋以为谋”二比是也。

有推原之法，如萧会元《如有王者》云：“王者日以精神心术，与天下相流通，而至于一世，则所隆施久矣，天下所以咸若其化也。不然，非悠远而求博厚能乎哉?”二比是推原“必世所以能仁”之意，因中二比用衍题之法，不曾发此意，故后比便发之。又如《民可使由之》程文，后二比亦是此法。

有喝题推原之法，如陈与郊《学如不及》云：“其功愈积而其神愈不宁，非过也，以无穷视吾道，而以无止法者视吾学，自不觉忧勤之若是耳，岂以须臾为得懈者耶？其气愈锐而其心愈不足，非矫也，以惟微者视道心，而以惟危者视人心，自不觉其竞业之若是耳，岂以泮奂为无虞者耶?”“其功愈积”两句，已喝尽题目了，“非过也”以下，俱是推原他所以勤学之心。

有喝题涵咏法，如孙会元《学如不及》云：“时习弗懈，何其心之专也，而作辍是防，则犹若有不专者在也。此心之兢业，惟虑道之终非己有，而不敢以一息懈矣。”对云云，“时习勿懈”四句，已喝尽题目了，“此心”三句，只浑融把勤学之心，涵咏几句收煞，亦是一法。

有反振起法，如魏解元《如有王者》文云：“本其神明之德，非不能为斯世求速化，而机不容强，惟舒徐以俟之。自昔圣人在上，而仁覆天下，其不可以岁月计功，类如此矣。”“本其”二句是反振法，“自昔”二句是涵咏法，因中间已点出“必世”字面，故只说从容舒徐便了题意。

有另立柱法，如王荆石《事君能致其身》约有十二股，然每各另起柱，不用倒换正变之法。如黄葵阳《忠焉能勿诲乎》文亦然。但在今时嫌于太实，故时文多不用之。

有宾主交互对法，如《人有不为》程文云：“其在君子，以其素所不为者信天下，虽为古今所不韪之事，而无愧无怍，直负荷而有余；其在天下，以素所不为者信君子，虽为宇宙所未有之功，而不沮不挠，可对扬而无歉”，以“君子”“天下”，互为宾主作对。如萧会元《如有王者》文亦然。

有反正对法，如“无一念不运于道之中”，对“无一念敢逾于道之外”之类是也。又如高解元《孟义》后二比云：“圣人之精神心术，一息不运，则化机不流”，对云“天下之万幾庶政，一念及之，则业挫可勉”是也。

凡中比末比，各有变对法，则无合掌之病。如《民可使由之》程文中比云："天下之正路，而使天下均蹈之迹耳。非所以迹也，究而极焉，则理之无方无体者，虽中人且弗悟也，将责之颛蒙之俗，而势愈难矣。天下之周行，而使天下共履之道耳。非所以道也，进而求焉，则民之不著不察者，虽日用且莫觉也，概谕以精微之论，而惑滋甚矣。"因此二比不立柱头，故用变对法，就不合掌。如《天下有道则庶人不议》末比云："天子方采之里巷之传，询之商旅之论，岂禁而不议哉？君之建立，惟道则公，亡可议耳。庶人则进无逢迎之意，退无忌讳之思，岂畏而不议哉？民之心思，惟道则服，无容议耳。"巧构天然，绝醒人目。又《如有王者》程文云："盖湛恩瀸泽，不可以岁月计效"，对云"虽过化存神，不能以俄顷奏功"，何等变化，极堪为法。

上下四股格

凡上下四股各半篇，俱要虚实相生。上半当由虚而实，四比如同一比。下当由实而虚，亦四比如同一比。如《子贡问士》程文上半篇云："士以守身为本，学不为己，非士也，必也行己有耻乎？士以适用为先，才不通方，非士也，必也使于四方不辱君命乎？"此二比只反起得二句，直指题目，尚未实讲。次接二比云："非仁非义之事，虽小不为，而裕内者有实体；讲信修睦之猷，无往不效，而善外者有实用。"此比方实讲有耻不辱，是四比合成一比，由虚而实者也。又如《先进于礼乐》程文后半篇云："礼乐所以养德也，而养德者宜处其实，不宜处其华；教化所以维风也，而维风者宜居其厚，不宜居其薄。"此二比是发出"先进"所以当从之意在此，即承云："以求诸实，先进有焉，有其实，则用以治心而心平，用以治身而身正，周公之懿范犹存，固吾之所梦想者也，虽戾于俗而奚恤乎？以求诸厚，先进有焉，有其厚，则用之朝廷而化行，用之邦国而俗美，文武之遗风未泯，固吾之所宪章者也，虽以为野何伤乎？”此二比根前二比来，前是原，后是委，前是案，后是断，如蛛丝马迹，牵连不断，亦合四比如一比，所谓由实而虚者也。

至于过文处不可直致，须当总结几句，如魏解元《操则存》文，毕了上四句，却总一总云：“无定时而以一念之操舍为其时，无定向而以一念之存亡为其向”，就把上意收一收，自觉有关键，有吞吐。又如陆见石《凡事豫则立》，上节已讲尽了，又总云：“盖当幾而措者，其功常劳，而处之常若不给；先事而豫者，其心常逸，而应之常若有余。”有此数句，何等可人！

长　题

凡长题，依文讲则题役我，凌文讲则我御题，故有先述后讲之法，又有抑扬伸缩之法。如钱樌《质诸鬼神　二节》文讲到下半篇云：“是故时出而为动，则世世道之；时出而为行，则世世法之；时出而为言，则世世则之。以言乎远，远者有望矣；以言乎近，近者不厌矣。岂吾一人之力，能要天下后世哉？盖民物之易理，非若幽明之难格也，未有知足以穷天地鬼神之奥，而不能得匹夫匹妇之心；生民之易周，非若古今之难究也，未有知足以察三王百世之幾，而不能通斯世斯民之志。”总述在前，总发在后，便好驰骋笔意。

有先讲后述之法，如顾解元《举舜而敷治》讲到末节云：“由此观之，尧一日而无舜，则孰与命禹益，舜一日无禹益，则孰与拯昏垫之患，而登天下于平成；尧一日无舜，则孰与命稷契，舜一日无稷契，则孰与粒阻饥之民，而跻天下于揖逊。然则忧舜之不得者尧也，君道也；忧禹皋陶之不得者舜也，相道也。

彼以百亩之不易为忧者，盖忘情于天下者之所为耳。即禹益稷契之徒，犹有不屑，况君如尧，相如舜，独奈何而躬匹夫之事哉?”此是先发所以当忧意，后只消述过，不必再讲，最得凌驾之法，长题之妙诀也。

又有暗拖暗接之法，如《我亦欲正人心》程文云：“揭仁义之本原，而于无父无君之教则遏之，期于经正民兴，以缵平宁之绩，盖尝深切著明其说矣，而非好也。究离遁之末流，而于害政害事之弊则防之，期于拨乱反正，以继春秋之志，盖尝叮咛反覆其言矣，而非好也。”两句“而非好也”，是暗拖法，后即承云：“人心之蔽锢已深，则提撕之不容于不力，虽尽吾词，犹惧道之不白，无以臻廓如之效也，欲相忘于无言得乎？邪说之横流方炽，则诋斥之不容于不严，虽竭吾辨，犹惧势之莫返，无能破执一之非也，欲置之于不论得乎?”二比无过文而自接，是暗接法，所谓“黑夜彻过关”是也。

至于题之数句一样者，则不可不知递法。

有双头递者，如陆解元《凡事豫则立》下半篇文云：“夫人而在下位，民所莅也，君所尊也。而苟无道以得君，民谁与我?无道以信友，君谁与我？盖合君事而其事一于豫也。亲所事也，友所与也。而苟无道以事亲，友者推矣，无道以诚身，亲者离矣。盖合亲友而其事一于豫也。”此是双头递法。

有连珠递法，如陆解元《恻隐之心》文云：“以恻隐观仁，仁心发而爱也，是仁之端也，而羞恶之心，以知耻者激之，亦义之所以呈其绪而已矣；以辞让观礼，礼心发而为敬也，是礼之端也，而是非之心，以有知者鉴之，亦智之所以示其徼而已矣。”此是连珠递法。

有错文递法，孙会元《夫易彰往而察来》讲第二节云：“是以将意其涉于玄妙欤，则名之小也，旨之远也，言之曲也，事之肆也，其称名之杂者固如此也；将意其囿于卑近欤，则类之大也，词之文也，言之中也，事之隐也，其理之不越者又如此也。”此是错文递法。又如叶向高《何谓知言》云：“言有诐者矣，渐而邪，渐而淫，又渐而遁。病在言也，而吾知其根于心。心有蔽者矣，蔽生陷，陷生离，离生穷。病在心也，而吾知其发于言。”又如《人不足与适》文云：“端绅笏于朝廊，而君仁也，君义也，君正也，若牖其衷矣。语化原于穆清，而莫不仁也，莫不义也，莫不正也，若翼其行矣。”皆是此法。

收

有总括收，如顾解元《敬事而信》文是也。

有咏叹收，如魏解元《夫子循循然善诱》文云：“吁！诱之未承也，而于道无所得，以无所得而见其道之难也。诱之既承也，而于道仅有所得，以仅有所得而益见其道之难也。”只把作文意咏叹一番，即《诗》所谓“撮其大要以为卒章”者是也。

有请客伴主法，如萧会元《如有王者》收云：“信乎未至于世，虽欲观赫赫之迹而不可得也，功深则弗可骤也；既至于世，虽欲无熙熙之绩而不可得也，化积则弗可掩也。”

有交互收，如刘庭兰《君子易事》文云：“要之易事而悦之难，则虽不苟徇一人，而不足以隘其天地之量。悦难而事之易，则虽不轻弃一人，而不足以病其正大之情。”

有推原收，如龙文明《是故动而世为天下道》云：“是何也，学必从天命而后可以言经纶，未有外知天而可以通民心之天者；学必立人极而后可以称制作，未有外知人而可以鼓斯人之心者。”是推原所以不如此则不终誉之故。

有究竟收，如褚栋《学如不及》云：“夫惟学如不及也，则功有以副乎其心矣，此其所以终无不及也。夫惟犹恐失之也，则志有以帅乎其气矣，此其所以终无失也。”是落一步收法。

有反收，如刘应秋《动而世为》文云：“借曰不如是而永终誉也，是不必达天地鬼神之奥，而可以垂世法世则之化；不必通三王百圣之撰，而可以洽有望不厌之心；必不然矣。”是反收之法，最有力。

有缴足收，如吴解元《君子谋道》云：“夫惟心乎忧道，此谋道之功，所以先也。夫惟心不忧贫，此谋食之计，所以后也。”是缴转上文。

有断制收，如《大哉孔子》程文云：“要之意必固我之尽忘，夫子无成心也，何所执也。仕止久速之惟时，夫子无应迹也，何所执也。无所执，故无成名。无成名，故成其为大。吾不迹识党人者果能知夫子之意否也。”此以己见断制。又如陈所蕴《棘子成》文云：“如子成之论，将文以掩质，而无复上下之防，如子贡之论，将文与质并，而无复本末之辨，得二说以折衷之，惟夫子所谓文质彬彬而已。”亦是断制法。

有拓开收，如文莫《吾犹人》程文云：“甚矣行之难也，文之不足尚也。大人情岂相远，吾之所难，恐世未必独易，而有志于君子者，夫亦知所缓急焉可也。”又如杨逢《我非生而知之者》文云：“要之美质不容以易得，则生知者，岂惟吾之所未及哉？固天下之所不多见也。因文亦可以见道，则学知者，岂惟吾之所有事哉？固天下之所不可废也。”皆是拓开一步，以足本文未尽之意。

要之，元魁之文或有俗词，决无俗意俗格。看历科会元之文，其家数各异，然总之造意皆正大冠冕，论事处皆庙廊老成之议，论理处皆宋儒根据之言，不规规绘事琢句以为奇者。其造格皆详赡坦夷，新而不诡，正而不庸，组织中有疏淡，缜密中有旷荡，令读者视之有余光，咀之有余味。故会元之文，有逐篇看之，不觉其佳，合七篇看之，而始见其妙者。有逐比看之，不见其佳，合八股看之，而始见其妙者。盖为彼不矜细节，而致意大体故也。

古人云："文随识长"，作文之士，全要扩充识见。识见既扩，落笔自迥出尘凡。你看三家村里人，出言皆龌龊，可厌人听。至若通都大市中人，议论便稍稍阔绰，即无超越之谈，自有一种丰趣，爽人耳根。及观豪侠之士，名山大川，皇都胜邑，无所不游；百家子史，古绘法物，无所不览；名卿巨公，高贤达士，无所不交；则其出言吐气，百种奇特，可惊可愕，虽戏谈恢谐，片字只语，皆能耸豁听闻。凡夫闻之，笑而却走；中人闻之，疑信交集；上士闻之，莫逆于心，握手促膝，依依不忍别，遂成石交。故唐人有《侠士诗》曰："燕赵悲歌士，相逢剧孟家。寸心言不尽，前路日将斜。"深得侠骨之髓。故知识有广狭，则言有大小，此事理之信然，无足怪者。

夫言既然，何独至于文而疑之？余观历元魁之作，其起讲提头处，皆有一生英特卓荦之议论，落落成宇宙名言。如许石城《君子之志于道也　二句》文，他讲"志道"处二比，真有气凌百家，吞壶倒瀛之景象。王守溪《周公兼夷狄　一句》提云："武王既作之于上，周公则佐之于下"，补出武王，何等识见。王荆石《事君能致其身》起讲云："人之一身，君臣父子之伦属焉"，以后承说："未仕则为父母之身也，已仕则为君之身"，此等议论，乃宇宙间所不可少者，况题只言君臣，他偏檠父母说来，何等胆气，何等识见。尤瑛《使禹治之》起讲云："天人之相为胜也久矣，使君子惟听天所命，而不为之所焉，则世道将何赖哉！"此岂是三家村里说话？袁洪愈《周监于二代》起讲云："王者之制礼以御天下也，所以须风气之宜，而立治民之极者也。”只此二句，便知为台阁之士矣。又如邓定宇《生财有大道》起讲、孙会元《学如不及》起讲、冯开之《子贡问士》与《我亦欲正人心》起讲、李九吾《吾之于人也》起讲，皆是驾虚凿空，劈起议论，真足惊世骇俗，如何不是会元？此由平日心胸阔大，识见高朗，有海阔天高，鸢飞鱼跃的气宇，才能吐出这般话头，所谓洪钟无细响，海水无流萍。频迦在嗀，声逾众鸟，种骨既异，开口便别耳。虽然，如此有识须有养，养得和平，则有奇特之见，而又能发之以大雅，无怒号蹶张之态。不然，如灌夫骂坐，与王衍挥白玉麈谈玄理气象何如！

文章有神解，有妙解，有理解。神解者，于段落处，不用一字过接，而筋脉紧紧相连，如出一块生成，令人读之顺眼，寻之无端，真如人身元气，周流于荣卫百骸，人但觉肢体和调，举动适意，而其妙有莫可寻觅者。如冯开之《执予之迹　四句》，真是神解也。凡好文中多有之，不知文者不识耳。妙解者，题中丛杂难处分处，却有妙诀，处之帖然，不露唇齿，不动斧凿，自臻妙境，所谓匠心处是也。如《谁毁谁誉》程文云：“无论毁非君子之道，在所不为，即使誉以成人之美，亦必有试。”先把无毁意放在前，似乎振无誉意不醒矣，乃其妙处，全在“无论”“即使”四字上。得此四字，便倒无毁意，愈觉醒眼，通场无人及此。又如《孔子尝为委吏　二节》程文，他主意原重在“立朝行道”上，便把“位卑”句串讲，而抑扬其词以轻重之，则不失题目，又不碍主意，此皆苦心独得处，所谓妙解者也。理解者，把道理发入骨髓，毫无剩意，如唐荆川《克伐》《怨欲》等文是也。理解、妙解，人所易知，惟神解则非深造之士不能作，亦非巨眼之士不能识。

呜呼！文何容易哉！凡用词有以疏胜密，以杂胜清者，此又文人显意于言表，妙之妙者也。如王任《固天纵之将圣》提云：

"今夫生人之类，若是其不齐，而智愚贤否之各异者，亦天有以限之也。"论人之常调，则欲发限字意，只当说愚不肖，不应并智贤溷说，今溷说而意愈了，只说一边，索然无味矣。是以疏胜密，杂胜清也。唐诗中尝有此法，此可与智者道耳，若与俗人言，是痴人前说梦矣。

论股法圆融

大凡布置股法，最要圆融变化，不要蹈袭寻常格眼。一蹈袭寻常格眼，便落陈腐窠穴，一时摆脱俗套不开，便做时样新词，早则和泥拖水，终是凡胎，不是仙骨，学者最须识此机关。另立法以避之，一得离了旧路，便任游戏纵横，纵无惊人之意，骇人之词，自然与俗套不同，如鹤立鸡群，望而知非篱壁间物也。然欲另立法，大非易事，必须精熟发意之法，乃可庶几。

大抵其法有什一。人顺讲者，吾倒题以足之，如萧会元《如有王者》中比是也。人正讲者，吾反借以形之，如诸理斋《贤哉回也》后半篇是也。人实讲者，吾抑扬以松之，如王命爵《惟天下至诚为能化》中二比是也。有前呼后应之法，如孙会元《学如不及》中二比是也。有回光返照之法，如《待文王而后兴》程文："其兴也既必待文王而后兴，则其止也亦必以无文王而自止"是也。又如刘廷兰《易事难悦》文云："是故世有善悦君子者必以其道而后可也，其悦之也不亦难乎?"亦是此法。有相生以透意者，如孟子因为我"兼爱"生出"无父无君"，因"无父无君"生出"禽兽"，因"禽兽"生出"相食"，节节生发，以究竟到极处，然后意方痛快也。有收上以接下者，即顶针句法，如顾解元《论语》文云："君子惧夫事之由我而隳也，勿之敢慢焉尔已。"此是反形法，亦是顶针法。又有双呼而双应者，即双关法是也。又有一股之中先演而后发者，又有先讲而后述者，又有先反而后正者。凡此数法，皆须精通熟用，然后斟酌择取，要之期避寻常轨辙乃止，斯为文之上乘。

呜呼！此法未易知也。你看会场中所纪集天下豪杰，各斗神通，生平长技，无有不展，然出八股题目，而能改弦易辙，独孙、萧二会元而已，其余魁卷，虽新词奇意，人人不同，然中二股法，千篇一律矣。

后二比股法裁剪写意

后二比，前之所论，略已备矣，尚有写意裁剪之法，未及细悉，故复识之于此。

写意者，题中字句不必一一体贴切发，只浑浑融融，写个意象，如镜中花，水中月，不落色相，而光景宛然在目，乃为上品。所以然者，盖题中字眼，中二比已发尽了，至此复为陈述，不饶舌可厌乎？故须轻轻淡淡，描写个意思，而人已豁然矣。如魏解元《如有王者》中二比，将“必世”字、“仁”字，与所以然意，通发尽点尽了，到末比只云：“本其神明之懿，非不能为斯世求速化，而机不能强，惟舒徐以俟之。自昔圣人在位，而仁覆天下，其不以岁月计功，类如此矣。”看此比，何尝说出题中骨董来？只写个“王道不求近功”的大意而已。然观者何尝嫌他疏略模糊，但觉耳目清爽，与俗子堆积重复者，天壤径庭矣。

裁剪者，度其题意只如此，已觉明了，虽有新词佳意，却用拚撇，不然便为漫长无节，方家所厌。即如萧会元《如有王者》后二比云：“至于一世，则所隆施久矣”，此下若欲演出“仁”字，尚有许多华采词藻可逞，渠却不用，只将“天下所以咸若其化”一句收住，便是刽子杀人，一刀两段手诀，若再下两三句，就不直钱矣。又看王文恪公《周公兼夷狄》末二比："天冠地履，华夷之分截然，人皆曰百姓宁也"，此下若在他人，必要演出兼驱等功业，以归美周公，渠却只云"不知谁之功"，词简而意多，词含而意显，词空而意实，真是方家手笔，夸多斗靡，何敢望其万一也。所以然者，彼之识见，能于文外作主张，而人之识见，反为文字所眩蔽，故彼能审势，而此不能审势，彼能裁剪，而此不能裁剪也。陈止斋所谓"抱瓮而知轻重者，必在瓮外；望室而知高下者，必在室外"，旨哉言乎！呜呼微矣。

裁剪诗

自古人情憎赘瘤，形骸还我复何求。片言已了个中意，钝子叨叨说未休。

深文诗

杨墨如何便食人，齐园陷阱未全真。只缘老吏深文手，万古含冤那得伸。

妙妙诗

月魄溶溶白如练，粉素□□污霜绢。翻将墨汁洒周遭，一轮桂影当空见。

转折发意凡四诀

抑扬转折且况　相生转折杨墨　总收转折　又照转折如以利

平淡精神圆融

方壶子既作《行文须知》，剖析关窍，若阴阳黑白，虽未知大方谓何，然用心亦勤拙矣。但奇正长短，浓淡庄冶之变，杂举并言，体备众妙，人罕兼长，观者未睹指归，不免有河伯望洋之叹。苏子称“孙武之法，不难于用而难于择”，正谓是欤？遂复集近科程墨的然中制举之式者三十篇，每篇皆具三妙。三妙者，平淡、精神、圆融而已。平淡非庸腐之谓也，词不必动众，要之明理，即恒人之所能道，贤智之所不屑，或亦弗弃也，斯吾所谓平淡者也。精神非诡怪之谓也，冥会题神，翕张自我，或振题以起仆，或收题以促节，或反题以出奇，能令识者爽心，而庸夫悦服，斯吾所谓精神者也。圆融非模糊之谓也，意到笔随，神行官止，合缝则断者可续，势溜而过若不知，不属沉思之功，非关锻炼之力，庄周所谓“动吾天机而不知所以然”，斯吾所谓圆融者也。三者合则成式，阙一则疵，阙二则病，一亡焉则不成文。

今日都人士操觚翰而从事者，林林满天下，其庸恶陋劣者，姑置弗论，论其最喜新奇者，字雕句琢，语语欲惊人，段段皆锦绮，此能为精神矣，而或不足于平淡。守途辙者，顺理敷词，言不敢造殊异，意不欲立玄微，此能为平淡矣，而或不足于精神。间有深浅入时，浓淡合色矣，而处处起波，未藏头面，棱棱圭角，尚露斧痕，此能为精神、平淡矣，而不足于圆融。夫不足于平淡，则词艳者必多浮，意高者必多僻，骤观之则喜，谛观之则厌，少年豪举之人观之则喜，老成崇雅之人观之则厌。况刻镂之思，创获之句，多锐于首行而衰于末篇，一卷之中，首尾互异，令人窥我短矣，故售者什三，失者什七。不足于精神，则有安澜之度，无波涛之文，有平坡之形，无层峦之势，固不忤览者之心，亦不耸览者之目。况平实雅淡，多与凡庸浅近相似，主者不察，往往同类而弃之，故售者什二，失者什八。不足于圆融，则运气多滞而不流，措词或涩而不溜，平淡处无滑腻之姿，精神处有肥胖之病，排击劀割之力则有余，批隙导窍之技则不足，能令览者首肯，未能令览者意消，故售者什五，失者亦什五。惟夫体备众长，文兼三妙，方能允协规式，鼓舞人心。精神之极而忽入于平淡，则如饮醇饫鲜之后，而进以苦茗清泉，蔑不悦畅矣。平淡之极而忽入于精神，则如游衢路康途，而瞥见奇峰峭石，蔑不神惊矣。精神、平淡之中，而和之以圆融，则如美人淡妆浓抹，妖媚已多，而加之以柔情之窈窕，姿态之蹁跹，使人心如其妙而口不能言，蔑不羡恋矣。此所谓辄试而辄售，百发而百不失者也。然要之，平淡宜施之于叙题，精神宜施之于起束，圆融宜施之于转折、过度，则又其用之截然而不可易者也。虽然，欲求平淡，则务浅显其词，欲求精神，则务精研其思，皆可以按迹而求，循法而获也。至于圆融之妙，则机由天授，兴自神来。方其未来也，则虽运思入微，呕心枯须，而笔胶词涩，意欲续而愈断，情欲合而愈离，五内焦躁，莫可奈何。及其既来也，则冀乎如鸿毛遇顺风，沛乎如巨鱼纵大壑，前思未尽，后思踵至，意不刻而自高，词不炼而自卓，笔底云生，心神欲狂，当此之时，不知何物足以喻其得意也。此非学力可几，在勿助勿忘间得之耳。为文者试参之《行文须知》，以穷其变态，约之三妙，以一其趣操，使其心与手应，笔与意随，而犹有敝裘于秦关，泣足于楚阙者，天下无之也。愚虽不敏，请尝试之。

举业素语

〔明〕陈龙正　撰

导读

这是晚明陈龙正所撰述的一本指导初学者学习八股文的启蒙读本，“举业”即八股文之别称。

陈龙正（1585—1645），字惕龙，号几亭，嘉善（今属浙江）人。少曾师事以气节著称的高攀龙。崇祯甲戌（1634）科进士，授中书舍人。受其师影响，陈龙正也以节义自尚。当时政尚综核，东厂气焰甚炽，缉事冤滥，他虽官居冷曹，却屡上疏崇祯帝，请听言省刑。崇祯十七年（1644）被劾，左迁国子监丞。福王立于南京，用为祠祭员外郎，不就。南京不守，忧愤交加而病卒，被世人视为忠义之士。

陈龙正学问广博，治经不分汉、宋，兼收博采，尤重经世致用之学。有治才，曾创立“担粥法”赈灾，即令人担粥救饥民，随处给食，每一担粥可给百人以上，避免了有人抢食、有人饿死之事发生。林则徐江苏赈灾，即仿效此法，率属捐廉，挑担施粥，活人无数。陈龙正于垦荒亦有善策。

陈龙正能文，有《程子详本》《几亭全书》等。

在明、清两代，大凡重经世致用者，几乎都重视八股文。因为要想经世致用，必须有职有权；要想有职有权，必须考科举取功名；而要想取得功名，在当时，非写好八股文不可。故陈龙正对八股文写作颇为留心，用功甚勤，有较深造诣，写有《举业素语》一卷。虽是为指导其子弟写作八股文而作，实为其学习、研究、写作八股文的心得总结，用他自己的话说，是“余于举业，既专且久，觉竿尺无穷，真与道通”。

该书分为四目：用功、为文、遇合、观文。每目下有心得若干条。

由于这是作者在课子学习写作八股文即举业时随手记下的所言所思，虽分为四目，却无严密系统，只大致归类，略显杂乱，但时有精辟独到之见，对认识明代八股文的作法、理念、优长、弊端，以及当时的学风、士人心态等均有补益。

其“用功”一目，不专谈习举业为什么要用功，而是将重点用于指点子弟们习举业应如何用功上。如谈攻八股文心志须精专，精神要聚集；用功要始终如一，而不问是早成晚成；攻举业不能好名，要立志去懒，“日日有功”；临场要有平常心，在家息关攻读宜忍性用功等。

直接谈八股文的，多真知灼见，如说作文时“粗者漫然下笔，谬误诚多，故时贤有认题之说。题到方思，思未必透，透亦已晚，故昔贤有看书之说。书虽看透，未尝亲体，终属仿佛，口手无味，予所以复有心得之说。心得则道艺不分，我也、古人也，题至也、未至也，笔下也、未下也，一也。大通一贯，何敢轻言？但偶遇一题，觉生平实有体验，则此文必大快。故举业可以修身，可以见道。”这段文字将八股文与题目、经典的关系一语道破，并揭明八股文即读《四书》《五经》的心得，因此得出“举业可以修身，可以见道”的结论，确属精准之见。

“认题是举业第一义”，这是作者对八股文本质的揭示，所以他反复举例并加简析以展示认题的方法，让人知道如何正确地认题。

陈龙正指出经义必传，其因有三：“一曰符圣贤之旨，二曰自得，三曰有裨于世道人心。故可以觇心术与识见焉，才气与功名受享焉。旨之不符，纵有创获，只自立论，何取命题？然衍本文，傍注疏，又非符也。心悟其微，如面古圣而见其心，曰符。符未有非自得者也。既已自得，则裨世道人心，在其中矣。……文生于题，故符旨先之；文贵有用，故裨世道终之；总以自得为本，一自得而两者具在其中矣。”陈龙正认为八股文可使写作者“自得”，即写作时会受到儒家正统伦理价值观的灌输而确立起人生观。他把“自得”视为八股文必传三因素之核心，这是很有见地的。因为既已“自得”，即通过八股文写作传输的孔孟之道已确立了儒家正统的人生观，自然其思想即会“符圣贤之旨”，“有裨于世道人心”。

“为文”一目专讲八股文的作法，如发意、因题为文、一滚格法、篇法、脉法等，有的还举例进行解说。此目还将作八股文须掌握的一些概念加以剖析比较，如文之新与腐，含与露，干与润，气胜与意胜，矫强与自然等。作者还针对八股文坛的三种习气，即“假造子书，如颠如醉”，“才短者妆娇作隽，自贵虚摹”，“气浮者粗谈壳语，自负雄骏”，提出“‘新、切’二字为救时之的”。对随题敷衍，大揭其弊。这些见解多能言人之所不能言，发他人之不能发，甚为精辟，有创见性。他主张八股文多作，更要多改，这是其经验之谈，值得重视。

作者对五十年来八股文坛做法与风气的比较，为八股文史研究留下了宝贵的资料，也表现出犀利的眼光与独到的见解。他说：“古取粹，今取异；古取满，今取绽；古取七篇相称，今取首篇得力：此五十年来之大较也。粹者，无畔旨，无险句，无粗字，引经语为典雅，插史调为风韵，其创格造语，皆弗尚也。异即吾所谓异思、异局、异句也。满者，边幅宏敞，气势蓬勃，颇较长短之形。绽则少散句而多整句，轻韵折而重铿锵，浅言以蔽之，曰炼词而已矣。……惟不宜用软句，使通股少力。七篇相称，自是邃养所致，盖首篇原有十分力量，至后不减。若首篇便寻常，无大过人处，后虽匀称，亦安足多？不如首篇警策，满纸精光射人，而余义条畅该洽，犹为得也。循古人之法，重在受用，其敝恐七作寻常；据今人之意，重在锋锐，其敝恐强弩之末。总之，夙昔学问有一副彻底精神，则七篇中何篇肯苟且？一篇中何处肯粗疏？”

“遇合”目谈的是一个在明、清科举考场中人人关注的现象：遇合。所谓遇合，是指在考场中写出了受到考官们欣赏而取中之八股文，特别是那些在场中超常发挥而写出的妙文，更被人们视为神来之笔，遇合是应有之义。

但陈龙正不作如此观。他认为哪怕是“心忽然而动，文忽然而成”的“文之最妙者”，也是“平日义精仁熟”，“去套”所致，而非天成。所谓“套”，就是那些陈腐的，已被人用滥了的老套路、老见解、老言词，用陈龙正的话说，是“士子所自喜警策处、快心处、传神处”的“习气”“滥套”“厌态”。“不决然割弃，别翻境界，何以轶群致胜耶？”陈龙正分析了种种不可能遇合之作，指出“意因于题，不离本旨，而能发前贤所未发，世有几人，人有几篇”，故提出“化腐为新”的办法，即以“异思、异局、异句，合乃成异彩”，只有这样，才能“去套”，才能成为“必售之文”，得到“遇合”。

他对借口“遇合”乃是命定的种种说法与做法进行了驳斥，指出“知行并进，才养俱到而不售，则万万无有”，“力勤艺进，其命必通，意沮心分，其命必塞”。

陈龙正的这些见解，不仅在当时，即便在今天，都是站得住的，是智者之见，深刻而独到。

“观文”目谈的也是科举考试中牵动人心的一个问题：考官如何衡文，因为衡文的考官决定着考生们的前程命运。悠悠万事，唯此为大。而考生们只有学会正确的读书方法，才能日有进步，不入歧途。

陈龙正认为“作文易，衡文难。作文如治事，衡文如知人。……知人，则变态分量至无穷也，至难学也，非大通之识、静极之心，畴能不眩焉?”而“经义之设，非取文藻，正欲观人。盖谓是穷理修身之实学，为士子时有真得，为主司时必有真鉴”。

在指出衡文之难难在八股文是为观人而设后，陈龙正分别从应试者和衡文者、为学作文而阅文者来谈各自在“观文”中应承担的责任。

他认为，应试者要“设诚力学”，只有“学力到时，真才自见”。为文则不由剽窃模仿，要“自得于心”，且要修心养性，做到场中与窗下为文都一样，才能写出“遇合”之妙文。对主司而言，衡文不能有“成心”，要“实心实眼鉴别文章”，不以浓淡看文之清浊，不以烦简论文之厚薄，不能“浮气耳食”，“心迷眼昧，惟游是借，惟名是徇，所昵即妍，所疏即丑”。而学习写作者阅文时，“勿先据其何人，只就文虚心审察”。要去时下阅文“惊”“羡”“欺”三种病痛。也不要“傍己所长”，看轻自己不喜之文，这样会“得一而遗二”。更不要“饰己所短”，去钻研与自己文风不同之文，这样会“得似而失真”。而要“虚心审视，随其与我相近相反，如何谈理，如何运笔，各无拂郁，各成一家，皆足取资，皆堪入选，如此观文，则诸品毕汇，眼界日宽”。对于有圈点评价之文，也要“裁成有法”，不要“多非人”“以己格人”，而要“多取人”“以己收人”，只有这样，阅文时才能学后有得。

陈龙正还提出了观文的四个要求：“一品，二才，三福，四素。”指出只有按这四个要求去阅文，才能“上得其用，人遂其能”。

对于明代王鏊、钱福、唐顺之、瞿景淳这四大家之文，以及汤宾尹、许獬两位文誉天下却人品有疵的八股文高手之文，陈龙正都做了中肯、公允的评价，给正确观文提供了具体的路径。

作者最后指出："文章理到必传，精神团聚必传。""王、钱、唐、瞿、汤、许六人已占最胜：起阖辟之法者王也，穷阖辟之变者唐也，钱以摹神，瞿以雅度，汤以体贴，许以自在游行。然总属文人之致，其于羽翼经传，发挥心得，犹未极深。近世杨贞复识悟绝伦，随题标理，似出六人之上。"他始终把能否"羽翼经传，发挥心得"作为评价八股文价值的标准，未达此要求，即便是被视为八股文作法已达明代顶峰的"王、钱、唐、瞿、汤、许"也得不到他的最高点赞。在他眼中，只有杨起元才能称为大师。由此可知陈龙正也即明代主流派的八股文观。

收入本书的《举业素语》，系据清光绪《槜李遗书》所收之《几亭外书》本校点录入。

（龚　昊）

举业素语

余于举业，既专且久，觉竿尺无穷，真与道通，溯流穷源，中人之分。时因课子，拈数语于壁上，亦以自提其耳焉。目凡四，曰用功，曰为文，曰遇合，曰观文。

用　功

目前延缓，曰暂且无害，岂知日复一日，倏成岁年。若能发愤之人，其功夫须即日振作。浮游涉猎，曰不为无益，岂知本领未通，毫无用处。若能发愤之人，其心志须即日精专。延缓、浮游，二十前尚是习，二十后便成性，成性则难挽矣，一生废弃，可胜悔哉！

精神散，无微弗败；精神聚，无巨弗成。散不特晏安饱食，如一日之内，既读经，又欲翻史，又欲观《世说》、小品，又欲作时艺，头头涉猎，便色色粗疏，此亦精神散也。后生习某经，且熟玩某经，习举业，且专心举业，不必以学不博、才不高自愧。但去浮去杂，其成立当在高才博学者之前。异日读一书，必得一书之力，为一事，必奏一事之功。恃才泛滥，将贻后悔，况才短而效为泛滥，是少壮空努力也，与无所用心者同归。

粗者漫然下笔，谬误诚多，故时贤有认题之说。题到方思，思未必透，透亦已晚，故昔贤有看书之说。书虽看透，未尝亲体，终属仿佛，口手无味，予所以复有心得之说。心得则道艺不分，我也、古人也，题至也、未至也，笔下也、未下也，一也。大通一贯，何敢轻言？但偶遇一题，觉生平实有体验，则此文必大快。故举业可以修身，可以见道。曰："如是，临文不须复致思耶？"曰："晓畅在平时，精微在临事，所谓虑而后能得，繇其大端，尽其曲折。凡事明胜暗，闲胜急，体验胜揣摩。"

认题是举业第一义。然题如何认？有上文者观上，如"仲尼日月也"，言高不言明，上文"丘陵"，卑也，非暗也，反照也。有下文者观下，如"犹天之不可阶而升"，言化不言高，下文"立""行""来""和"，化也，非高也，正照也。有上下文者兼照通章，如"乐以天下"，是人主以之，非笼统在天下，上文"贤者"起，下文"好君"终也。"行尧之行"，是自尽事亲敬长之道，上提"孝弟"，下结"归求"也。无上下文者净看本文，切勿妄添蛇足，勿强生扭捏，勿别生见解。如"是知也"，只说知之本体，岂可于夫子口气中添出无所不知？"节用爱人"，明明两项，岂可因一"而"字纽节入爱？"能行五者于天下"，注解极精，乃认天下作外境，反云静存非仁，流通于世境方是仁，空门未来，圣人安有此意？况因病发药，与子张尤不对针。"非道弘人"，"非"字全不着力，注虽有"不能"字，岂可认煞？道是何物，须待谆谆辨其无能？亦安有如此痴人，望道来弘我？世人于朱注极精确者，多背而不遵，偏不肯融其所滞，无他，繇心不慧，故不平。岂知心若不平，愈不慧。苟非虚衷静悟，兼求明人指点，虽欲体认，何时得明？聊拈浅显、世所易知者数条，指出认题机括，其深微者不可拈，亦不胜拈也。若辈当引而伸之，无疑起疑，既疑必悟。只味到书中恰好处，便是超世话头。若只依傍时文，真个十差八九。每见塾师，帖括是务，升坐讲书，有如说梦，误人子弟，可胜叹惋！

聚谈极害功程。凡年少喜谈之人，都是浮浪不根，全无一点为己意思，或逞其记诵，或恣其臆见，纵或时时发问，长者尽心譬晓，彼唯诺如流，更端不歇，似乎颖悟过人，锋辩可爱，其实胸中都不领会，再加诘问，茫如未问未答之初。此大病痛，百难一成者也。今汝辈读书，除饮食之暇，散步少顷，将疑义各相质证，余时则各安几席，以静观为贵，以默想为功。作文之日，俟文尽成，方可互观。若先成者急急携往示人，则未成者气散而意乱。平日披玩今古，遇有疑义、疑字，特置一小册，挨编月日，逐时记写，饭毕相对，一一参考，既明了者随即勾去，余俟多闻广记之士，乘便请教。如此则实实扩充进益，比相聚闲谈者霄壤矣。

文最妙惟二种，非出于深心，则天机所至。深心者，恒也；天机者，偶也。才高而心专功熟，时或得之，一气呵成，无容点窜，妙想、奇局、名言、逸调具在其内，百炼不能及，此日既过，至明日未必然，此题既毕，易一题未必然，故曰天也。若穿凿，则与深心违；苟且，则与天机戾。其原皆起于自恃。有自恃之见，其文未有能至者也。道心、文心，为二为一。

文机熟，出之自易。但常才熟后止得常境，异才熟后转生异绪，一以熟成套，一以熟愈新，此中光景全别。所以熟后落笔，仍须用力凝神，勿以天然自喜。每拈一题，每就一文，跃跃新趣，匪夷所思，出人意外，亦出吾意外。若笔端无复变幻鬼神、日异月不同处，情想结构只与近来相似，即套也，非熟也。又“日新”之义正为此，大抵一应识诣，上达无穷，皆因熟后未尝一毫放懈。

文章知己，不专在蕴藉得意处，偶有未慊，或吾所不觉，或觉而未能改，或吾所疑而未决，其人能洞晓之，点破之，喜悦尤深。识病既透，便得改法，真犹弃敝屣而获珠玉。是故真知文者不专赞，真能文者不以人之善赞为知。通人心必虚，不能不虚也；暗人心必傲，不能不傲也。

作文者以习气掩本性，得失乱其中故也。主司虽深浅不同，然无得失之念，率性而观，则厌习气之雷同，而取其超脱者，超脱近于性也。故士子趋时常腐，拟得常失。一时新气已过，我方从而摹拟之，所以反腐。既以摹拟为事，不得不逐时屡迁，自己笔性终无得快时，有何足醒人目，豁人意？所以多失。

文嫩能使之老，文浅能使之深，文佻能使之庄丽，学之功也。老顾能使之嫩，深顾能使之浅，庄顾能使之飞动，学之妙也。后生致其功，宿儒思其妙。

举业好名，最妨进步。或小试乞荐，或侪流标榜，或远地交游，但得艺林熟知名姓，欣然自负，不知意味安在，却使本领全疏。吾见此辈多终身不售，甚或一见文宗，辄不利而返，是品实俱丧也。子弟但真实用功，文业日进，秋春自至，果堪服人，名满海内。视小试前茅，艺林腾檄，所得孰多？且名之为物，岂容注意？果期不朽，即举业造极，犹立言之一端也，况不求真得，求虚誉耶！

临场不须作文，有二种：一是邓文洁者流，胸中旷然无物，养之愈静，出之愈神，了凡先生亲见其辛未临场，默坐两月，入场试笔，压倒万人；次则多做勤改，平昔工夫已到，临场十许日，只须养气保精，随所喜好，或披玩己文，或讽咏旧选，但令气不浮越，即是吉征。若后生工夫未熟，精力正强，难拘此例，临场只应与平日一样用功。所不同者，惟不当拣苦难题，极力造作，既伤心力，反塞文机，非徒无益，而又害之。此是最忌。盖数日之内，难求进步，何必研精苦思？只须活其笔机，澄其心气尔。而年少工浅，静坐休息之说，使心无着落，反生妄想，不如随意拈题、温讽佳篇二事，觉有安顿倚靠处。若素不用功，此时急亦不得，缓亦不得，少年亦不得，宿名亦不得，本繇自弃，何法可治？鄙谚曰：“实病无良医。”

有因子弟试劣，诟怒不休。予闻，弗善也。客问其故，曰：试不利者，文媸也。文媸者，平昔不愤不专不恒不虚之故，于试日何尤？睹试牍而不乐，见之晚矣，况迨其钝而谴诃之乎？向来何为，此时方觉。为父兄者，但少佚游，专教训，子弟习见习闻，自然向上。倘有未喻，从容浸渍，使其志趣常端，艺文常进。至于试牍，则工力之验于一日者也。譬如勤农耘耔，本在春夏，特田畯于秋到观成耳。其常则勤农禾肥，惰农禾瘠，其变则勤或获寡，惰或获饶，可执此分褒诮耶？子弟果能好学，其试牍工固可喜，拙特偶然。拙而幸得，赖在生平；工而或失，何妨再举。幸得宜加以勉励，或失宜慰以和言。感愤谴诃，甚不情也，又无益也。何如慰藉兴起，后效可期。识是道，为贤父兄；体是意，为贤子弟。

早成者，大都一顿发愤；晚成者，大都分析用功。人自十六七，颇发英慧时，笔锋正锐，墨气正鲜，勤观勤作，常如临试，大约半纪，可登作者之堂。每见士人，常年优游，临场数月，方自鞭策，迫不能及，铩羽而还，优哉游哉，又仍故辙。如是者数科，计每科用功半年，亦总有二三载勤劬矣。只因不并在一时，终于不熟不进。较一顿并用，愚智天渊。此说出钱龙门，切中晚成之病。吾恨闻此迟二十年，汝辈幸早闻之，讵甘明犯？况少年心不涉俗，专功最易。长而鲜涉俗者几人，日涉俗而日超然者益无几人，劳倍功半，必然之势。望后堪惧，抚今堪惜。

经义之必传有三：一曰符圣贤之旨，二曰自得，三曰有裨于世道人心。故可以觇心术与识见焉，才气与功名受享焉。旨之不符，纵有创获，只自立论，何取命题？然衍本文，傍注疏，又非符也。心悟其微，如面古圣而见其心，曰符。符未有非自得者也。既已自得，则裨世道人心，在其中矣。凡文非言性学，则言政治，非言人情，则言物理，中有精微，达于手口，读者何处不受实益？其自得而无关世道人心者，小题中间有之，然可以发童子之慧，解达人之颐，亦游艺之助也。若脉、法二言，惟可神会。文安有脉？题至则脉随之。文安有法？意至则法随之。谓文之至者法、脉自具可耳，谓以法、脉成大家，何其隔欤！于三者间得焉，于法、脉合焉离焉，亦足以不朽。无自得而斤斤法、脉，法、脉何物哉！文生于题，故符旨先之；文贵有用，故裨世道终之；总以自得为本，一自得而两者具在其中矣。梁溪先生曾语余云："华凤超不事铅椠，日夕讲道研思，及其临文，取素所体验直书之尔。"今观所作，果皆不谬于题，有警于世。故自得者学人之说也，脉、法者虽极其变化，不过文人之说也，孰轻孰重，何后何先？

絜胜于人，皆为人所囿者也；翻昔人之案者，莫非拾昔人之唾而步其尘。阴阳变化，前圣之心能尽含其精蕴，前圣之口且不能尽阐之也，何况文人。天云之采日鲜，地草之色岁变，奚唾可拾？则奚案足翻？理吸群儒之粹，词奋才人之锋，自得无涯，用之不尽，随命一题，皆有无涯之精蕴采色焉。自穷则文穷，岂题能穷我哉？意思在文前，渊源在题前，真得之士，劈空结构，同异皆可。模拟之劳，翻案之见，总无着处。必不得已，宁模拟，勿翻案。模拟犹役于题，翻案直役于人，总无真见，则近肆不如近慎。

数百年繇时艺登辅弼者，莫少于杨成都，莫艾于张永嘉。成都居不幸之一，而定策翦奸，功深近代。永嘉四十七筮仕，而遭逢特达，罢镇定祀，强直不挠，没齿素丝。他如于忠肃、王文成，无不从时艺出。今世苦乏才，每叹制科能消天下之心，不知制科之意，将使人凝神理义，不分于支流技术之间，所以专之，非消之也。人自鲜能为诸公，而岂制科使然哉！读书时，求明圣贤之意，为文时，研精覃思，不敢戾圣贤之意，此时体认，以为人心乎，道心乎？及登仕版，忘穷经之心。既已茫然忘之，遂且悍然背之。是其误也，以背穷经之本心而误，非以经术误也。果能穷经，遇学问题，必有真意义；遇政事题，必有真筹画；遇人情物态题，必有真议论。谓制科不足育才者，不穷理之人也。谓制科不足辨才者，不明理之人也。

若真心发愤，勒限作文，在家恐有事分心，不如出外。若挂名读书，晏安度日，出外越无人拘管，宁可在家。此因各人性情不同，病痛不同。我亦近来悟出，不如出外者常病也，宁可在家者奇情也，全在识而治之，勿听子弟自误。

在家息关，有宜有不宜，有益有不益。凡人性情，静而勤者为上智，躁而惰者为下愚，一切中人，则皆躁乘于勤，懒乘于静。若性不耐闲，坐之一室，其精力自有所用，则禁足为宜。若性原悠忽，全赖警策鼓舞，悄然斋房，径会度日，则息关未必有益。总之，须得良士夹持。良士无他，只是懒于驰骛，勤于读书作文耳。得二三人，相与闭门唱酬，日新不腐，丽泽之悦，不可言喻，虽有慵懒之性，亦当油然并兴。只是趋向、才华，兼长难得，误延为戒，孤陋是甘。有十郎方有五桂，业之难进，岂独汝曹罪耶？

伊川先生言："古人未闻以学道之故，致损心成疾者。"举业亦然。若常年涵泳义理，手眼不荒，渐造渐熟，安有过劳致疾之事？惟是三十六个月中，且游戏过三十月，场闱渐逼，慌慌张张，仅将数月工夫，欲一齐了办，所以技难工而疾先作也。只说病成于勤，岂知原起于懒？既已致病，又不得不歇手。懒之为害，循环无穷，以懒始，仍以懒终。

懒人多病，止因不立志。既为举业，便是日用事体，须打起精神，日日有功，方得心中快适。心者，气血之主也。快适，则饮食梦寐皆有趣味，气血自然和爽。若耽懒无功，虽觉便逸，素闻父师提撕，本心岂能尽蔽？宵眠昼坐，忽忽如失，介介不安。此一点不安念头，为郁滞，为焦烦。郁能损气，焦能耗血，安得健旺？故举业虽小事，其以立志为主，与学道同。次则意兴鼓舞，亦能稍自振拔，所患未必可长，然胜于索然无兴者，从无一日之振拔也。

为文

文易起目，无如发意。意妙，惟恐为词所掩，孰肯饰之？且饰所以求新，若从不经人道过，新已极矣。其须词帮衬，皆是寻常想头。想既常而不饰，出手已旧。其善于饰也，一时亦新。

新腐奇庸，何从剖决？句字末也，局阵次也，无议论是庸是腐，有议论是奇是新，此其大要也。悟其大要，则结构宜超，得其结构，则句字兼修。但不可倒认重轻，倒用工夫耳。庸腐者不足论，若喜夸新奇者，或摭世说，或填策料，或用诗曲句字，或直杜撰恶言，盖繇才气实凡，意思实短，姑借此种供其咆哮，自欺自误。子弟有此，最为下流。且作文诞谩无耻，必非端士。吾师伏波之戒，深所不愿见。

彼题有彼题语意，此题有此题机窍，纵偶相通，亦复迥别，此是常新不腐，迭变不穷手段。若自成一副蹊径，题题扯入，连读数首，便觉羞厌，非但品陋，投世亦未万全。

题有纲目，为文时，有宜以目为纲者。如“穆穆文王节”，“止”其纲也；“九思　章”，“思”其纲也。倘从中出一二句为文，便应从本题实字发意，而“止”“思”字带见，方切当起眼。若仍守常法，以“止”“思”为主，带出本题，则略换文中字面，上下诸句题尽可移用，有同嚼蜡矣。万历乙卯，浙江出“为人君　二句”，其中式者俱拈君臣仁敬生论，而重“止”者不收。非谓“止”不应重，一宽一切，入眼之际，喜厌自分，主司何心，势使然也。因题观势，因势作文，此谓文心，此谓明理。

昔人称时义惟一滚格最难。盖两扇、数段与长题，题中先有转折、起伏、错综、轻重，眼明手疾，易可见长。题只一句，本无步骤、首尾，却须于文中自立步骤，自成首尾，所以前半最难。且如起讲，虚则恐不切，切不欲太黏，虚矣切矣，何由警策？此一难也。单领句无下处。凡文有领则头面开，无领则眉目晕，作者观者繇而不觉。此诀知者既少，知亦不得妄下，此二难也。提股极要议论竦特，方刮目快心。而议论须虚虚笼住题神，未可正讲，未可发尽，未可掀□，未可深入底里。若径用反法，又浅小无趣，此三难也。小比上以承提股，下以起中股，是自家言语中一过脉，而一滚格实无脉可过。吾见从来名程墨，往往将题面填实，如瞿文懿《敬事后食》篇，申文定《如有王者》篇，皆历世传诵，不免此弊。若尔，宜名实比，何名虚比？此四难也。其颇得法者，如汤宣城《虽违众吾从下》篇，小比云：“纲常名谊，朝廷最重，而登降上下，臣子大闲。”词句近实，地步却虚，其节近促，其脉则缓，在善观之耳。又许同安《畏圣人之言》会墨，小比云：“君子曰：圣人往矣，而其绪言未绝，则千古旷而如新。即圣言亦无奇耳，而其精义无穷，则终身繇而不尽。”句句层卸圆转，有议论，而“畏”字意隐含未露，此虚比最佳者。至于中股，本无幻巧，所患随题敷衍，全无咀嚼，求新无策，斜侧割裂，徒伤体裁。能就其中波澜警策，斯美矣，而亦有幻巧，匪夷者不了是也。此法著自瞿文懿《敬事后食》篇，其中比但讲“敬事”，不及“后食”，然本以“后食”为轻，且多讲则近俗耳。近世慧人祖其意而通之，每将全题之旨匀作十比。然此法最不易作，因中比既欲未了，则提比、小比愈要虚松，而后比顶接处又不可翻弄突兀。章法极易平衍，议论极难耸拔，非神机大力，安得恬净中自起峰峦？虽通篇到处俱有手眼，然挽上生下，诀窍反在中比，是为五难。后比则深心高才之士竞蹊见奇。束则近时风尚以不穷为贵，非英雄束手处虽真，文章自有回合归抱、咏叹淫泆之妙，于今利钝未遑深论也。大抵一滚格难在前半，又难在每股起句，顺题则近衍，用翻则易套。不顺不翻，浑浑发一精思，如表之有冒，而通股曲畅之。不然，或吐气宏大，或发调松鲜。诗家所谓“谢朓工于发端”，此每股之难也。通乎此，一格之中，实备众格。居恒玩想，临文体贴，久自当解。不能触类，多说何为？

脉者，相生不断之妙，千言一脉，通篇一脉也。然析千言观之，处处联贯，则各处之脉具在其中。所以文章唯篇法最赅括，最奥妙，讲之不尽。昔有人谓毗陵云：“公文变化无方，一阖一辟耳。”毗陵惊服。盖开阖与分合不同。分合是题有对偶，文中或分之，或合之耳。开阖乃文中远近、宾主活变处，通篇前后有大开大阖，二股有开阖，一股内有上半开下半阖，或上半阖下半开，二句内有一句开一句阖，就此二字，已自无尽。然篇法之妙，实又有不尽于二字者，大约更有四字，曰正倒，曰缓急。毗陵复起，应可商订。

脉理清楚，故能变化。纵横颠倒，比比不同意，不同法，而合之如一言。从前观后，如有源活水，泻为支流；从后观前，如干龙分枝，转作城郭。若前后词意重复相类，正是头脑不明，把持不定，多方照顾，惟恐失之，所以随处杂糅耳。知粘皮带骨、咬定一意者为杂，则知千变万化、随意纵横者为清，只在胸中亮不亮。

王子猷云："何可一日无此君。"杜子美云："新松恨不高千尺，恶竹应须斩万竿。"同一竹也，何爱恨如是？岂非疏秀为美，纠乱牵缠则恶耶？文章发挥，欲其森秀不穷，蜿蜒多致，正如新松生意，惟恐不高。若题中本多曲折，切须扼要分明；本无葛藤，切勿强生串插。如"君子先慎乎德　一节"，若概言人、土、财、用，层层递下，则与通章"絜矩"、上文"得众"血脉不贯，头脑纷然。"登东山　一章"，若随本文节节自为一意，且茫然不知所谓。此须握定肯綮，径捷分明，切勿加添曲折者也。"物有本末　二句"，只宜依题，楚楚自足钩深。时刻多因技穷，将"本末""终始"增为八层，混作一片。如云本本、末末、终终、始始，此八之也；本中有终，末中有始云云，此一之也。虽苦心翻弄，只是学堂训诂，何关题窍，何谓文心？凡此等题，皆须条直剖破，就里钻研，切勿自造葛藤，捆缚笔舌。其或犯之，即恶竹耳。大抵意曲必宣之以直，曲而曲之，鲜不为拗；绪繁必束之以简，繁而繁之，鲜不为杂。

文奇崛须勿至难读，森发须勿至凌杂。其才薄而清者，又如轻波洽湍，非不皭然沁人心眼，然以容千钧之舟则难。奇而易读者，气盛足以贯之；森而不杂者，前后浅深确有条理。

圣心全无渣滓，然确有真宰，所以遇事变化若神。文家亦然。古人所贵镜花水月，必有实解得处，但用之虚融圆远，使无迹可求，盖滓去而神存也。若胸存滑突，故为影似之言，令其自解，终不可得，是直无神，何名无滓？且既已无神，所留纸上者何物？顾独存滓耳。所以天下假镜花便是枯木朽株，假水月便是污流腐草，不如牡丹捧露，爝火腾光，犹实有华艳照耀处。诗歌且然，况于谈经之文乎？

文章高奇玄妙，心浮者或得之。高奇之或得也，繇于才高。若玄妙亦可浮心得者，何故？盖玄妙与空虚近，资悟过人，虽终日驰逐，而随触或开。唯真切精微之文，非心静必不能到。心包才，才不包心，静必高，高未必静，总以好学为贵。

圣言常含，作文忌露；圣言常活，作文忌煞。古大名家有此论，亦从来会元衣钵也。然非至痛快不能含，非至明决不能活。后生且求痛快、明决，若作意含蓄，必致闷人，有心活络，必多骑墙，所失反在旨趣，不如一味痛快、明决，所失仅在声口也。就如为人，质直为主，渐造浑融，周旋为主，终成乡愿。

文干者大都不利。凡文着词则肥，不着词则瘦，肥而不利者干也，瘦而利者润也。干与润不关词藻，是文家承转筋脉处。如排偶太方，有参差数转句，而光彩顿流动者；琢削太严，有增减数虚字，而风华顿掩映者。转句、虚字岂助肥浓？只能使之润泽耳。润泽乃精神所发，若中实枯槁，岂句字间所能转移？所以文章可肥可瘦，决不可干。干者，瘦犹饿莩之色，肥即近于行尸，那堪世用？吾少厌人说干，每诘曰："必须肥皮厚肉耶？"人亦莫能难。若知干是不润，非关不肥，则信乎文家大忌也。受用必短，讵止不利？

前半篇决要冠冕，有兴旺吉祥气，最忌煞风景、酸措大话头。如近作《端人也　二句》文，开讲便从邪人蒙祸翻起，气象殊衰飒。小题大做，俗题雅做，况题本大雅，而反虚扯上文，远邀恶客耶！"大雅"二字，自是立言作文正法，所谓庙廊气象、君子风度，非谓文章贵佞也。正论微规，岂在粗露？譬如一琐事，尊者偶问，数人同对，出厮役之口，必将直陈本色，入耳难堪，出文士之口，自然修饰而近文，经有道之口，更当深婉而合道。时义亦云，所谓大雅，乃就题所宜有者，扩充之，修润之，非强题所本无，而为宽冒，为脂粉也。宽冒为大，不大而客；脂粉为雅，不雅而游。

举业真实得力，固须多做，尤在改时。自非至精至到，安能日日神来，篇篇称意？若随手丢过，空费此日心力矣。明眼批抹，随即改作，工而后已。或遇题情未彻，技力已穷，则不可强索，致损心气。姑且放过，他日触发长进，自有豁然解悟时。或拾短采长，或通新造作，荆山玉为质，琨珸刀刻画，造化在手，又是一番乐处，与向来技穷苦索之日，意兴迥然。此是就一题中，可验前后之消长，非多作勤改，不知其味。

文有整对而生动，有散行而滞呆，矫强与自然之别也。有深而明，有浅而晦，了了与不了了之反也。有步步拟虚而机塞，有言言切实而致灵，假步骤与实力量之差也。只就行文用功，功夫无处用；只从下笔寻病，病源无处寻。相自然之势，因而导之，则整散俱动矣；果能了了于心，则深浅俱明矣；熟后手圆，则虚实俱灵矣。

今日习气有三种：一是假造子书，如颠如醉；二是才短者妆娇作隽，自贵虚摹；三是气浮者粗谈壳语，自负雄骏。若守其陈腐，反无几人，人亦不齿。吾今特定“新、切”二字为救时之的。新则陈言近套并从捐除，直须浚发巧心，不经人道；切则一切假古色、假摹神、假阔论，但不着脉者，皆扫去无用矣。直须洞达题髓，目击道存，虽有至古、至邃、至灵、至奇、至高、至华，宁能出此？但此二字最难兼到。医家称切脉，为其亲近脏腑，深彻性情。文若依傍皮肤，只是爬搔，岂得云切？所谓真新，为是从来所未有，若与理驰背，人谁屑道？忽尔创见，不顾其安，所以今人误认不通为新；或绝非此题话头，无端扯入，或近似而非题本意，翩翩发挥，亦非习睹，所以今人误认不切为新。究竟不通之根，亦因不切，但令必切必通，即束手技穷，无一过人语矣。假如后生学力未足，依此二字，各随所至，皆可畅才情、乘便利，何苦泥涂其目，魇迷其心，掇狂子之余唾，适为过时之弃物耶？

古取粹，今取异；古取满，今取绽；古取七篇相称，今取首篇得力：此五十年来之大较也。粹者，无畔旨，无险句，无粗字，引经语为典雅，插史调为风韵，其创格造语，皆弗尚也。异即吾所谓异思、异局、异句也。满者，边幅宏敞，气势蓬勃，颇较长短之形。绽则少散句而多整句，轻韵折而重铿锵，浅言以蔽之，曰炼词而已矣。然利钝之数，实不尽然。切响、浮声，散句、整句，必须参差相间，运用得宜，愈成顿挫排宕之妙，何忧其弱？若概省助辞，勉求硬绽，为呆为板，致病良多。且有意绽，有气绽，有词绽，置意、气而专词句，此一偏之见，岂大通之论哉！惟不宜用软句，使通股少力。七篇相称，自是邃养所致，盖首篇原有十分力量，至后不减。若首篇便寻常，无大过人处，后虽匀称，亦安足多？不如首篇警策，满纸精光射人，而余义条畅该洽，犹为得也。循古人之法，重在受用，其敝恐七作寻常；据今人之意，重在锋锐，其敝恐强弩之末。总之，夙昔学问有一副彻底精神，则七篇中何篇肯苟且？一篇中何处肯粗疏？习惯成自然，虽使得意疾书，自然首尾通彻，未尝费力。古今之目并施，当兼利而无钝。凡人作文，至结尾处草率下一二语者，每发福不全，受用不长，如许同安，盖未能免。更有高才之士犯此病者，往往不发，且多夭算，亦四体之动也。一篇将终，已不耐烦，况能全卷贯彻乎？况望其生平读书细心体认乎？况望其种种作事从容周密乎？流落不发，发亦不长，自无足怪。甚有一种人，作《庸》《孟》题便云："此充得第二篇，第三篇，过则已。"噫！闱中鼠尾，不得已也，平居学习，法上得中，篇篇求善，犹恐失之，先存此心，讵有佳境？狮子捉象捉兔，俱用全力，况拈题作文，本无兔、象乎？且总此识见精神，总此词华笔墨，不知胸中何处另着一副次色工夫，配在《庸》《孟》题上施用？正恐此念熟存，虽遇《学》《论》题，极力搜求，只得剩语。此则近来专重首篇之弊，使无识鄙夫、无福下士，妄生揣摩，蹈贱相，入夭门，而不自知也。戒之，戒之。

凡炼词着色，洁然后华，天际彩云是也；鲜然后丽，露中晨花是也；运转轻然后有力，壮士舞槊是也。若秽而得华，蔫而得丽，重且迟滞而称力者，势无是物，则知无是文。

取脉贵真，行文贵熟。真可以概万情，熟可以括万变。舍是而有所独擅，未有不交相胜者也。夫文何可执也而曰真？不执之极，则真而已矣。夫文何蹊径也而曰熟？化蹊径之尽，则熟而已矣。立意圆融，莫非执也；力求超脱，胸中每自成结构，莫非蹊径也。随题之参差，文之变动，而心行乎其间。

文或以气胜，或以意胜。气主活，意主久。沉深刻琢，而元气不洽，譬若碎锦、摘花。故闪烁动人者气也，意在其中矣。万斛流泉，若非意焉以宰之，非变化不穷之意以筋束之，则滔滔者何谓？故世与世续，令人咀探吟讽，而不忍释者，意也，气在其中矣。胜者所主不同也，非相离也。若青莲纯不用意，安能使读者飘扬欲仙？少陵纯不用气，安能使读者悲壮激烈？

文章最怕是随题敷衍。篇中有一股敷衍，便一股厌人；股中有一二句敷衍，便一二句扫兴。然时文丢开题面，悬空扯闲，可厌尤甚。须知敷衍之病何从来，只为有心照顾。去敷衍之法，何处用力？只是一眼看定题意，认得真真切切，的的当当，恁地放胆落笔，决不浮游，掉臂游行，决不驰背，何须斤斤照顾题面！则敷衍之病不期去而自去矣。此方是纵横自在，此方是端本澄原。譬如对人论事，主意欲如何，远近开阖，无非合到此意上，岂必频频直说本意，方得不差。倘主意先糊涂，则开口便有脱腔之语，使听者不知所谓，自顾亦觉离根，不得已，屡将本旨直直敷陈，敷陈处只成肤浅，略变换别话时，又不着题，真无可奈何也。疗疾者，本而兼标易效，标而忘本少功。

作史者，动则可传。《史记》之传最盛，动极也。文情动，始能动读者之情。班掾次之，以其严而动也。《三国志》又次之，以其简而动也。魏晋以下无闻焉。欧阳《五代史》亦动，是以动人。作史宁不密，无不文，宁文采不艳，无情不动。孔子曰："言之无文，行之不远。"文非艳之谓也，"风行水上涣"，至文存焉，文止在动处耳。时艺亦然，专以机情生动为贵。动则不复论边幅，多亦动人，少亦动人；动则不复论着色，浓亦动人，澹亦动人；动则不复论想路，深亦动人，浅亦动人。分量不同，同归可喜。每见修儿扃户苦吟，尽日结构，不胜戛戛其难。略悟此意，则难变为易，迟变为速，苦变为乐矣。因勤得乐，因乐益勤。

遇　合

文章遇合，真有神机。此日兴酣才满，外人訾议，不害遭逢；此日机涩兴沮，外人称赏，不免掩落。盖外人以意为目，常以成心失之；场中以目为意，适与作者自动之神，暗通呼吸间耳。至于此日意兴何以分盛衰，文机何以分灵滞，则天行乎其间，不可为也。然平日功夫绵密，临场心气翕聚，风檐下笔，绰乎有神。若场前浮昏懒散，或喜交游，或寻花柳，或群饮号呶，其自负高明者或应酬杂著，总之气奔心放，入闱试笔，妄希神到，岂知心灵先闭，物莫助灵。故不可为者，此日也；不可为而可为，以平日养此日也。

文之最妙者，心忽然而动，文忽然而成，非吾所能主也。顾素造不深不熟，此忽然者奚繇来？是不能主者，吾实主之。从心不逾，安知事变若何，但随应随妙，繇平日义精仁熟，当其时则不自觉也。妙文之忽然而就，当其时亦不知所以然而然。此必遇之机也。若苦心结撰，才竭文工，将有天然者踞其上。

异思、异局、异句，合乃成异彩。彩之异，非可易得也。场中最忌在套。顾见奇处意最重，觉套处意反轻。何以言之？意因于题，不离本旨，而能发前贤所未发，世有几人，人有几篇？以此言遇，譬如饮必中泠，珠必骊颔，玉必和氏，取人则太刻，自强则苦难。但能出以异局，佐以异句，即化腐为新矣。所恶于套，恒在局法、句法之间。昧此机者，谓文以稳贴为贵，此特岁考录科之说，盖二三取一，其背谬者既多，稳实敷畅即得优等。场中约五十人拔一，而所试士皆督学较过，荒背已少，人人相近，卷卷大同，若意不殊特，门径不超，调法不新爽，挺秀头角，于何见异？而欲令观者舍四十九人而独吾拔也，其可得耶？小试喜稳畅，大场忌庸套，使一人易地而观，反若苍素而不自知，其势然也。故“去套”二字为铁门关，为玉钥匙。但所云套，亦自多变。如题易平衍，则平衍为套；题中易着气概，或易布淋漓，或易涉凌驾，或易妆虚摹，则举士子所自喜警策处、快心处、传神处，皆习气，皆滥套，皆厌态也。不决然割弃，别翻境界，何以轶群致胜耶？未涉世纷，未饱帖括，直吐灵气，此境自存。或着力洗刷剥换，此境亦致。若欲异彩，非真有心得，未可易言。谁则能此？亦不必能此。所以后生笔尖色鲜，肯綮半离半合，或漏题所应有，或发题所可无，时幸而得，套浅也；老学自谓题所应有，无不恰有，然笔颓色晕，则此正是极套处，往而屡蹶，套深也。套有深浅，得失或异，况不套耶！况异彩耶！世称必售之文为稳，然不异则不稳，愈异则愈稳。以异为稳者，今世之风气也；从理得异者，今世之真才也。欲稳其登进，不知异其文章则愚；好异其文章，不能异其本领则陋。

蚤发之人，必聪明内藏，语言少发，他人中年受磨炼后，方得此收敛气象，彼生而得之。或曰：“士不郁不发，彼蚤发者何郁焉？”夫彼非不郁也，正以能蚤郁耳。盖郁之象为滮塞，郁之意为沉含。凡观子弟英气逼人，必中岁成名者也；内明外暗，必夙成致远者也。此遭逢享受，又有不在文艺，而在器识者。成之有道，务本则识深，识深则器大，器大则才藏。为后生者，不可以不知，不知则撄疾；为先生者，不可以不知，不知则无药。

窗下作文，欲缓中急。妄想不生，天机忽凑，一气呵成，职此之故。场中作文，欲忙中闲。心气不迫，力量自足，以其翕聚而加从容，群英俱俯，职此之故。若窗下放懈，则游思妄想，从而间之；场中意思忙迫，则力量必大减，减三之一，犹足竞逐，减三之二，自知无幸矣。下笔天机，明明可信。

学问思辨，皆为笃行设。举业亦有学问思辨焉，凡为作文设，作文乃其笃行处。有学问思辨而懒于作文，则皆虚也。若剽窃是务，并未尝有学问思辨之劳，往往幸得者，何故？盖其用力至卑而近实，主司但观其文，苟非慧眼，谁能追辨其所从来？文仅入彀，或亦收之。眼高手生，百不售一；昏愦而妄作，百不售一；苟且而轻作，百不售一。手生者，即懒作之人也；妄作者，不知甘苦，不解模仿之人也；轻作者，自谓出其粃糠，足以挥斥风云者也。场中所睹，只凭笔底，手腕无灵，吾夙昔眼界高处，从何出现？至若题情文境，秋毫未知，贸贸冥行，翩翩自喜，斯为下流，固无足论。惟轻作之士，或实负捷才，但以夺于旁嗜，苦于研思，欲以绪余，姑了举业之债。岂知举业何物，英才深造，未穷其底，安得以绪余了之？粗心而得至精之理，涉猎而成信手之拈，则是不操而存，舍而不亡，理不繇心，文不关理，虽自蒙以虎皮，孰不窥其羊质？怨天尤人，何嗟及矣！故有幸售之浅子，有屡诎之高生。譬诸不著不察之行习，犹堪对人，大彻大悟之空谈，临事必败。知行并进，才养俱到而不售，则万万无有。曰：“如命何？”曰：候至而文妙，此命之附人事而见者。

乘时决之，十得八九，纵失一二，但不放懈，终亦得之。则是力勤艺进，其命必通，意沮心分，其命必塞。每见妄作之人，率云：“场中阅文，随一时意兴，有何凭准?”甚则云：“文章有何工拙?不过笼统写就，无不可取，无不可弃，弃即为拙，取即为工。”呜呼！犹聋者不识天下之有耳，瞽者不信天下之有目也。所谓身既寡知，恶人有学，此正其一生迷梦，白首沦落之繇。推厥病根，是因习气污下，耽爱俗嚣，抹煞学趣。习市井气，开口常近市井；习吏胥气，开口常带吏胥；习帮闲气，开口常似帮闲。因而作文，莫非此种。文章病痛，至此已犯第一条款，无可救药。所恨此类自误其身，又误其子弟。又是非既昏，渐丧羞恶，往往披猖哗噪，好广其秽于交友。子曰：“躁人之辞多。”《诗》曰：“有靦面目。”后生远此，当如鲍鱼。若初闻不知其臭，便自身有污下根气，当无缘入芝兰之室也，切切省之。特著此条，以终遇合之说。

观　文

作文易，衡文难。作文如治事，衡文如知人。治事，则性所近，习所闲，各成一长；知人，则变态分量至无穷也，至难学也，非大通之识、静极之心，畴能不眩焉?

经义之设，非取文藻，正欲观人。盖谓是穷理修身之实学，为士子时有真得，为主司时必有真鉴。凡文不繇剽仿，自得于心者，吾以心迎之；若非心得，我亦读其文而知其心之不存。则文之有心无心，莫非心也。经生日日搦管，其出手者已成习心。然习心之外，实无本心。试观悻悻好胜之人，强言道气，而客气终存，其余鄙陋者强言高明，浮游者强言收敛，佞谀者强言直方，意味不亲，首尾不贯，自命文人之雄，不知已披肺肠而授人矣。

此文章可以辨品识，灼灼无疑。又有能辨人干理者，能辨人爵禄者，能辨人寿算者，先正往往符券若神。然两言握其要，曰：观德以意，观福以气。

识见可借，力量不可借。如某题某解，悟者独得，而闻者共窃之，观者不知为窃也。窃其解矣，而临文下笔，精神变化，倍蓰百千，是力量不可借也。故但以解定文章，受欺必多；若中解而文工，是其识力俱至，非窃可知也；题题有独得，篇篇有会心，非窃又可知也。所以解高而文劣，明眼弗收；解常而文优，明眼弗弃。向者薛方山先生督学浙中，每命一题，必主一见，士子相聚揣摩，是科榜出，其优等得隽者绝少。以名公而负失士之望，盖有成心，则掩其目力，重假识见，则失真才情也。先大夫尝述一事云："万历丙戌，一举子素擅时名，适'事亲为大'题未就，见邻屋各经一友文佳，径录之，二卷并上。王文肃取彼弃此，其评云：'以子之才，自足一瞬千里，而《孟》义竟同《书·汤》七号，何也？'其人愧恨而卒。"苟且盗袭，自非令器，然他人必两卷并废，而文肃辨其孰为自撰，孰为袭人，非慧眼能之乎？文同且然，况于仅同其解。以较薛公，何啻云泥。

文之清浊，不以浓淡论。脉理如茧丝，气度如春风，则着色虽浓，犹然清也；反是，则淡而不离浊。文之厚薄，不以烦简论。貌似臞而言外有无穷之味，绪若俭而气脉沉深，布置宏远，则造局虽简，犹然厚也；反是，则烦而不离薄。此谓内外之辨。

凡作文，窗下和细，入场雄猛，窗下简净，入场酣逸，此是真才。若平居苦挣大谈，场中墨干笔缩，便须反躬静念：向来假才假气全靠不着，必须设诚力学以充广之。学力到时，真才自见。然苟非至人，入场之日，分量必减。如云雄猛酣纵，旁观谓胜于平生，不知匆遽之时不暇和细，故雄猛之本色现，不及简净，故酣逸之本气现，毕竟是减非增也。然到得此处，已是八九分地位。若场中七篇，与窗下一二篇分毫无异，方是极诣。欲至此地，非积久不能。文章世资，何须论此？但识此意，可以自考，可以辨人。吾若自能，是工夫慊处；人或能之，是精神与我遇处。坡公到眼终迷五色之恨，其可免夫。

老杜云："文章千古事，得失寸心知。"叹知文者希，惟能自信云尔。然以实心实眼鉴别文章，虽或知之不深，知之不尽，不可谓不知。有等浮气耳食之夫，心迷眼昧，惟游是借，惟名是徇，所昵即妍，所疏即丑，甚至高文老笔，误认后学所造，则肆意讥弹，新学小子，冒入名公项下，则奉为袭珍，一手一文，而或瑕或瑜，乍轩乍轾，虞讷之所以见笑于张率也。岂但文章无真鉴，直是习气盘结，灵明封锢，谄傲陵援，诡随俯仰，居心制行，必多可疑。今汝辈观文，勿先据其何人，只就文虚心审察，得其真好丑处，方于自己去取有益。大抵贸贸记诵，塞心者多，了了简阅，启心不少，我无真识，莫辨众文，不遴众文，识亦不长，此内外交养之法也。但不为浮气所汩，不为时习所陷，刻文中何尝无性灵语？要在能拣择采取之。一概抹煞，曰"时刻不足观"，则笔下日枯，眼底日隘。视茫无心得者，其受病似高，其难遇弥甚。吾十六七时蹈此病，虽觉已迟，今犹偃蹇，后生可鉴，吾即前车。

今日阅文，病痛亦有三种：曰惊，曰羡，曰欺。惊者，惊其假才思也；羡者，羡其一时之诡遇；欺，则受病之根。彼醉梦耳，实醒实觉，何处着惊？彼偶创而幸获，仿其故步，安见必遇，而烦致羡？只缘心得既浅，通非大通，切非真切，所以遭逢赝鼎，炫耀徘徊，久而习之，众复从而咻之，遂不觉易其目以徇之，驱其子弟之手以从之，则惑之甚也。心中了了，实不受欺，所以毫无虚惊，亦无妄羡。后生但精思勤作，自家识力进一分，便看破时流一分。故知人不以人，以天；观文不以目，以心与手。

奇者轻平，平者骇奇，尖者厌重，重者忌尖，意在傍己所长，如此观文，往往得一而遗二；奇者取平，平者尚奇，尖者尊重，重者喜尖，意在饰己所短，如此观文，往往得似而失真。吾于所长，本未兼到，于所短，本非真能也。然必能而后辨，兼而后解，不亦难哉？只虚心审视，随其与我相近相反，如何谈理，如何运笔，各无拂郁，各成一家，皆足取资，皆堪入选，如此观文，则诸品毕汇，眼界日宽。此实时艺中知言之学问也，可以自益，可以不失人。盖观文之法通乎学道，知其所能，如古人之至道，未能而知，如古人之体道。

有决圈之文，有决直之文，有或圈或直之文，有不圈不直之文。子弟为文，每篇决直，则教难成矣。每篇不圈不直者，一生无进步，则教莫施矣。或圈或直者，侥幸听一日之鬼神。然其中分为二种：词气可观，理路浮驳，仅足欺众人，则进而精之；理深味孤，须待法眼，则光而大之，未有不成者也。非好学不能变化，非裁成有法，虽好学，变化略迟。

大家雄才，见清尖淡宕之文，欣然嘉赏，随其成致，无不曲收。小才小识，见大方则曰少尖侧也，见雄才厚力则曰少疏散轻逸之致也。譬如党人、晏子不满仲尼，仲尼则不非党人，深取晏子。嗟乎！文章才德，孰非一机？多非人者，以己格人者也；多取人者，以己收人者也。格人者似高，收人者真明。

一品，二才，三福，四素。品，谓察其心术趋向之正也；才，按其擘画条理也，学识在其中矣；福，权其受享之所至也；素，就一日之文而度其素，浅、深、奇、平，随套自得，何所归也？如是则上得其用，人遂其能。

王文恪无大建明，然守正不阿，无忝举业开山矣，其文端以重。鹤滩不羁已甚，今读其文，固小题才致，非关理也。荆川先足时辅，殊为可惜，然一生编摩研究，故其时艺精妙，大抵皆宦稿，所得于读书亦深矣。瞿文懿文以舂容得名，非有精心劲骨，传闻其人颇亦类是。惟近代汤、许二人，似与文反。汤文静细，而性行淫险；许文超逸，而人近佻。此息夫躬《绝命》、王安石《遣女词》，一则高古特甚，一则淡远不凡，而晦翁谓其“与生平心术行事略无毫发相似”者欤？或曰：“汤文原有淫气，许文原有佻气。”似属耳食，未见至当。平心看之，二人各有一得力处。汤凡有奇妙，必蕴藉出之，使如平常语，令读者徐醉而不骤惊；许凡有奇妙，必信手出之，使如口头语，令观者易解而更无厌。汤之炼，在不露针铓；许之炼，偏不假衬贴。以蕴藉为炼，炼之至高者也；以信手为炼，炼之至异者也：皆荆川所谓“炼格”者。至其与人不相肖，亦有故焉：汤是变塞，许是精神不彻。

文章理到必传，精神团聚必传。唐设律赋，无理可厌，又此外科目尚多，众人精神不萃，故虽存而不显。制义阐发孔孟修身治世大道，又独重独行，与一代知慧聪明之人聚精于斯，后世必存，其尤另作一种文字看，不至湮废，明矣。王、钱、唐、瞿、汤、许六人已占最胜：起阖辟之法者王也，穷阖辟之变者唐也，钱以摹神，瞿以雅度，汤以体贴，许以自在游行。然总属文人之致，其于羽翼经传，发挥心得，犹未极深。近世杨贞复识悟绝伦，随题标理，似出六人之上，微嫌有诠解训诂气，而步骤变化之间未足厌文章家意也。举业虽小技，论至此，则大成之集亦难其人。

举业素语终跋

吾邑陈几亭先生，为梁溪高忠宪公高第弟子，与同里袁了凡先生并负时名，其勋业文章亦相伯仲。所著《几亭全集》若干卷，除奏议、诗文外，尚有《随处学问》《方技偶及》《乡邦利弊考》等书。盖先生博通群籍，旁及象纬、堪舆，九流百家之说罔不毕究，故下笔不能自休。生平以濂洛为宗，而于象山、阳明亦不相菲薄，知其师承固有自也。

当明季时，东林诸君子往往以讲学为名，入主出奴，互相标榜。先生以仪曹冷宦，抗心希古，闭户著书，可谓敻超流俗者矣。昔人谓救荒无善策，先生尝创担粥法，以济穷乡僻壤之民，至今讲荒政者莫不奉为圭臬。邑中同善会，创自前明，法良意美，二百年来奉行勿替，亦自先生倡之。仁人之言，其利溥，其泽长已。

《全集》卷帙较繁，流传颇少，近从南海袁敦斋明府处借得旧本，如获异宝，爰录其《举业素语》《家矩》二种，校而刻之，以见一斑。先生讳龙正，号几亭，崇祯甲戌科进士，历官礼部郎，卒祀乡贤。

光绪庚辰暮春，孙福清谨识。

谈文随笔

〔明〕项煜　撰

导读

在明、清两代都有一批以八股文鸣世，又有很高理论水准的人，晚明的项煜即是其中之一。

但在明代八股文史上，项煜是少有的一位文品高却人品低的八股文名家。

项煜（1598—1644），字仲昭，号水心，苏州府吴县人。天启四年甲子（1624）科中举人，次年即天启五年乙丑（1625）科连捷中进士，由庶吉士累官少詹事兼翰林侍读。

甲申（1644）巨变，李自成攻陷北京，不久称帝。项煜投顺新朝，授官太常寺丞。李自成失败后，项煜逃至南京，以失节降贼下狱。后因捐出大笔银子助饷得以出狱。

清兵南下，项煜亡命至浙江慈溪，被乡民所杀（见《小腆纪传》卷一九），在八股文史上留下一个臭名。

项煜早岁丧父，家中贫穷不能自给，但能发愤攻读儒家经典及八股时文。每天独坐一小楼读书，彻夜不眠。其祖父心疼他，禁止他如此苦读。他便将灯用布遮住，默诵达旦。

夏天蚊虫满屋，哼声如雷，他便找来两只瓦瓮，将双足置于其中，仍咿唔自若。

家里穷，无钱买书，他便带少许银钱到书坊去作押金，选好一种书后，与书铺主人约定，先拿回去读一读，若合适才买。他记忆力过人，回来后将书一晚读完，“尽记其书不忘，翌日持去，托言不佳，更易一书，归阅如初。其笃学苦志如此”（项亦銮：

《项太史全稿·附记》)。

万历末年，吴中“朱孝介先生文望甚炽，以乡进士家居教授，户外之屦恒满”(汪琬:《项太史全稿·序》)。项煜即投于其门下，为其高足之一。

朱孝介极善识文，“每科试之岁，诸生以私课奉教于朱先生。先生辄决之曰：某当售，某当速售，某某决不售。及秋榜既发，无不验者”(汪琬:《项太史全稿·序》)。他特别喜爱项煜所作，以为绝伦。每一篇出来，他必会传示诸生，供他们学习揣摩。他自己则吟赏不已。不久，项煜的岁试和科试均考了第一，便联捷取科名以去。从此，项煜“文名大噪，残膏剩馥，沾溉遍于海内，而朱先生知文之名益大著”。

项煜的文名虽高，其品行却不好，这并非仅指他于甲申巨变时投降了李自成，依照今天的观点，归顺农民军，不叫起义也要弄个投诚的名目，是光荣之举，并无什么羞耻可言。说其人品不好，是指他一贯品行不端。崇祯甲戌(1634)科会试，他参与阅卷，艾南英的卷子分到他房中。放榜后，艾南英领取落卷一看，其首篇制义仅读了四行就没有再看，致使文名传遍天下的艾南英落榜。艾南英气愤难平，便将其七篇制义刊刻出来到处散发，并说：“士子三年之困，不远数千里走京师，而房官止点四行，弃置不顾，此岂有人心者乎?”(引自梁章钜:《制义丛话》卷之六)项煜这种不负责任的态度引起了公愤，其名声大损。但他不仅不自省，反而极度记恨艾南英。

崇祯癸未(1643)科会试，项煜资阶已深，不应该当房官分房阅卷。为了雪甲戌之耻，他千方百计去活动，终于违例入帘。他为了整艾南英，便“阴授名士关节，荐之榜首”，谁知这年艾南英没有入试，整人未达目的。这种不顾国家抡才大典公正性的卑劣行径，充分暴露了项煜品德之坏。

项煜是晚明八股文坛的高手，佳作如林，流布很广。但他谈论八股文作法的文字极为罕见，至今只发现《谈文随笔》一篇。可以说，此作是一篇科场八股文写作指南，更是研究晚明科场考试心理的难得资料。

八股文是用来取士的，考得上考不上，全看八股文写得怎么样。所以，八股文写作优劣的试金石便是科场。只有顺利地通过县试、府试、道试考上秀才，乡试考中举人，会试取中贡士，才证明你的八股文写好了。项煜在晚明是有名的科场八股文高手，对科场八股文写作的方法及心理应对都有独家秘诀，故专讲科场作文的《谈文随笔》不仅风靡当时，还流传久远，直至清代光绪年间仍被奉为圭臬。

《谈文随笔》文字不多，篇幅很短，不过区区九段，但讲清了科场考试的几个关键问题：

首先是科场考试要突出重点。

项煜在第一段第一句即强调，“场中作文七篇，原只一篇”。因为科场阅卷任务极繁重，故考官对七篇八股文“所重惟在前三义”，即三篇四书文。而三篇四书文又“尤重在首篇”，所以在科场“须苦心烹炼为得”。

按照设计，第一场七篇八股文为本经题四篇，四书题文三篇。统治者欲以此来检验应试者对《四书》《五经》的掌握程度，故不能偏废。可是项煜却针对科场阅卷的弊端，教人只重首篇，这不仅损害了八股文取士的基本原则，也助长了士子们的功利心，于世道人心危害巨大。

项煜还指出场中作文的要诀是尽力使文章夺取考官眼球。

项煜深谙考官对试卷具有去取的绝对权力。故科场之文必须迎合考官的心理，一是要“气局紧”，有“水到渠成之趣”。二是要有“可惊可喜之句”，这要靠“平时博选，毋论先辈时流，虽遇一二语惊奇，亦自摘出揣摩”。三是要像优秀墨卷那样，“必有几段精警处动得主司”。四是“场中阅卷，不论高位，只论生熟”，为迎合考官，“虽粗豪亦不妨，只须络绎奔会，淋漓尽意而止，则售矣”。

考生的临场心理，决定着他们临场发挥的好坏，项煜在文中对此有着精确的认识。他指出：“场前用功，只须贯穿以静养为佳，临场尤不可耗散精神。”“若平时，须纵观房稿，发其聪明。至临场，只是读墨卷，以中于律度。”他特别指出，考生们“不可将此道看作制举业，直须视为身心性命之学，方得出头”。因为有了这样的心理准备，才会在科场中从容应对，神闲意暇，发挥自如，自然就容易取中了。

项煜的这些经验，都是他的心得总结，故被视为度人金针，被刊于《项太史全稿》之首。收入本书的《谈文随笔》，即依清康熙年间刊印的《项太史全稿》本校点而成。

（乌　媛）

谈文随笔

场中作文七篇，原只一篇。平日用功如炼丹，然到此直须化去。所重惟在前三义，尤重在首篇，须苦心烹炼为得。虽有熟文字，切不可径写，至经则不妨耳。

场中阅卷，及具眼人决利钝，先看气局紧与不紧，凡气候到将中时，自然紧拍，有了上句，便有下句，恰有水到渠成之趣。

少时作文，最爱可惊可喜之句，若读三四行不使人踊跃称快者，辄再删改。凡平时博选，毋论先辈时流，虽遇一二语惊奇，亦自摘出揣摩。

作文不必拘定三、六、九，当检阅之暇，忽然有触，辄命笔作一篇文字，必有大得意处。

场前用功，只须贯穿以静养为佳，临场尤不可耗散精神。

场前作文，神要聚，机要活。聚则活矣。精团气聚者，法必售；神闲意暇者，法必售。

场中阅卷，不论高位，只论生熟。故临场作文，虽粗豪亦不妨，只须络绎奔会，淋漓尽意而止，则售矣。

场前看文，只看临场艺火候已足。看墨卷，只看前茅之佳者，必有几段精警处动得主司。若平时，须纵观房稿，发其聪明。至临场，只是读墨卷，以中于律度。且墨卷自然骨肉停匀，堪为法式。

不可将此道看作制举业，直须视为身心性命之学，方得出头。

明文海(选)

〔清〕黄宗羲　选编

导读

《明文海》是黄宗羲选编的明代散文总集，共四百八十二卷。其中从卷三百七至卷三百十三的七卷为时文序，还有与八股文有关的著述序四篇。

序是一种古代文体，因它既可叙事，又可议论，故用途很广，如可作著述序、寿序、送别序等，时文序即为著述序中的一种。将时文序汇聚在一起并收入散文总集，这是前所未有的。因在明、清时期，许多人认为时文是干禄工具，不能算文章，所以一些人的文集中不肯收入其所作的时文序。而黄宗羲公然将明代时文序搜集起来，编入到明代文章总集之中，且有七卷之多，这表明他对时文的重视。他编《明文海》时，清初文化界正掀起一股检讨八股文对明代衰亡所起作用的思潮，偏激者认为是“八股文亡明”。黄宗羲编文集，显然是想给研究者提供第一手的资料，以利于他们能正确地对八股文作出评判，但更多的恐怕还是出于他主张理性评价八股文的潜意识。

黄宗羲（1610—1695），字太冲，号南雷，学者称梨洲先生，浙江余姚人。

黄宗羲生于一个崇尚正统儒学的书香门第。其父黄尊素是明末反对阉党的斗士，虽惨遭拷打，暴死狱中也无怨无悔。黄宗羲少负异禀，其师刘宗周是明末大儒，最尚气节。黄宗羲受他们的影响，以节义自尚，早年曾不避斧钺，坚决投入反对阉党的斗争。明亡后，又参加救亡复国活动，历尽苦难。鲁王在浙东监国，授他为左都御史。救亡失败后，他义不帝清，终生以讲学著述为业，学术成果极丰，又博通经史百家，精天文历算，于《易》学别有建树，声名大播，与顾炎武、王夫之一起并称为清初三大思想家。

对于八股文，黄宗羲虽也持批判态度，但并未全盘否定，而是采取理性的分析方法。他否定的只是那种不“通贯经文，条陈众说，断以己意”的“今日”之体的八股文，以及科举考试只以“分段、破题、对偶、敷衍之体”的八股文，甚至只以首篇定终身的取录方式。这是因为他学贯古今，对八股文具有向写作者传输儒家正统思想的功能有着深刻的认识，加上他又是一个儒家之徒，故不会全盘否定有助于儒家思想普及的八股文。这一思想，只要对他搜集并编入《明文海》的时文序进行一番分析即可看出。

在本书所选《明文海》时文序及与八股文有关的著述序中，有着许多重要的八股文理念、事实，可帮助人们认识八股文的本质、作法、发展变化史，以及一些八股文作家的写作特点与风格。

一、入选的时文序作者或所序时文著述的对象，大多是享有盛誉的明代八股文大师与名家，有的还是对八股文研究有素的人，如陶望龄、汤显祖、方应祥、黄道周、倪元璐、陈仁锡、曾异撰、冯元飏、李流芳、艾南英、章世纯、罗万藻、徐世溥、王思任、陈际泰、金声等。有的人还为乡、会试墨卷选和社稿、房书、行书选作序，如曾异撰作《叙庚午程墨质》《序癸酉闱牍抄》，娄坚作《易经程墨文选序》，顾大韶作《书十八房后》，艾南英作《戊辰房书删定序》，罗万藻作《庚辰房书衡序》《甲戌房稿辨体序》，徐世溥作《同人合编序》《蔚社亭序》，傅占衡作《清溪会业序》等。

上述这些人，都是明代八股文坛的精英，他们学识广博，写作经验丰富，人聪颖又有很强的领悟力，作文衡文都是顶尖高手。故他们写出的时文序，议论、叙事视野开阔，纵横生动；评人、衡文独到犀利，鞭辟入里。无论是对八股文本质的揭示、作法的阐发、发展变化的把握、弊端的认识，还是对人文关系的探求，都深刻准确，高出同时代人不少，能给人思想的启迪，也给今人留下了宝贵的研究资料。

二、对八股文特征与本质的揭示独到且深刻。

对于八股文是什么，具有什么特征，其本质属性何在等问题，从古至今，都很少有人能说得清楚。但在这批写作时文序的八股文坛精英的笔下，却有着精准的阐释。

八股文的阐发必须依傍传注，这是八股文的特征之一。这点在时文序中有明确揭示。娄坚在其《张伯隅稿序》中说：“予尝论制举之文，意不必创而依于传注，法不必古而束于俳偶。”在《吴江沈祖均选刻钩元录序》中又说：“今之文，直义疏之余耳。”寥寥数语，即将八股文阐发经文及其注疏的本质揭出。

八股文的体式，也是八股文的特征之一。但文分八股的体式并不是固定不变的，晚明八股文权威评论家艾南英在《王承周四书义序》中便指出：“制举业之体，自八股而外，为两平三平四平，为前后截，为散体。”这就告诉我们，到明代中、晚期，“法不必古而束于俳偶”的规定已被突破，八股文已是多种体式并存。也让我们懂得，在摆脱八股体式拘牵，获得可视内容与表达的需要自选体式的自由后，八股文既可用八股，也可用两股、四股、六股，甚至可用前后不对偶的两截和散体来写作。八股文的表现力便因此大大提升，这也是八股文至明代中期后质量大为提高的重要原因。

代圣贤立言，这是八股文的又一本质特征。倪元璐在《杨伯祥太史稿序》中说：“夫高皇帝之教吏，使之学于一代圣人之言；其教士，则使之代为二千年前圣人之说。高皇帝以为仁义道德非一代之事，而二千年圣人之情，非一代之衣冠声笈可影息摸呼出之也。”作为著名学者，倪元璐的言论深刻地揭示出明代统治者在八股文中代圣人立言之用意，在于使士人树立起儒家的仁义道德观，而今日之士在通过科举成了明日的官吏后，高皇帝使之学于一代圣人之言的目的便实现了。由此可知明代统治者规定八股文要代圣人立言这一筹谋之深远。

章世纯在《半舫斋稿序》中说：“制举业在今日，其尧、舜、禹、汤、周公、孔子之书，代之而为言，则必皆尧、舜、禹、汤、周公、孔子之言。”此言揭示出八股文因代言而呈现的真实面目。

三、这些时文序准确地记述了八股文的发展变化，为我们研究明代八股史提供了可靠的第一手资料。

娄坚在《易经程墨文选序》中揭示了八股文文辞的变化及原因：“自成化、弘治而迄于今，文辞之在录者，可以观世焉。昔之朴直者未必是，而今之藻缋者未必非也。有司者第甲乙而登进之，四方之学者争操觚而拟之，又务为新特以胜之，亦其宜矣。然自朴而之藻，势之所必趋也。藻极而反于朴，犹挽江河而之西也。今又当变矣，将变而何之乎？此实世道之忧也。”

艾南英在《序王子巩观生草》中，对从万历末年起八股文的变化做了记载：“制艺自震泽、毗陵高步成、嘉之际，如规矩之于方圆，盖文之能事毕矣。万历之季，此风浸远。一二轻薄少年，中无所得，而以浮华为尚，相习成风。其文非经非史，非韩、柳、欧、曾诸大家之言。其人皆登馆阁台省，则自南宫之试，至两畿各道所为典试校分闱者，又皆其人主之，居高而呼，其应愈众，而近日十八房稿之文为甚。于是制艺中，大都以里巷之语，代圣贤之言，遂至于庸靡臭腐而不可读者。原其初，皆起于中无所得，乃以浮华为异，而至于不能为异也。”艾南英不仅勾勒出万历末年后八股文坛的衰败之状，还分析了其衰败之因。在《四家合作摘谬序》中，他还指出，“夫制举之业，数变而愈工”，综合起来看，这些对八股文变化的认识，既真实又深刻。

对于天启、崇祯年间所兴起的八股文起衰去弊运动，艾南英在《四家合作摘谬序》等篇中予以了记叙，使我们能知道这一运动的基本情况，对八股文史研究有莫大好处。

所收八十一篇时文序对明代八股文的各个方面都有所论及，如时文与古文的关系，考官对时文的影响，时文与时代的关系等。特别值得注意的是，各序对时文所存在的弊端做了多方面多角度的审视，显示出不同身份、不同经历与遭遇的人对八股文看法大相径庭。如出身贫困，极想用八股文取功名以改变命运却屡试不中的曾异撰对八股文大加抨击。而艾南英等欲借振兴八股文而挽救明末政治危机的人士对八股文的评价却很高，他在《王康侯合并稿序》中点赞说：“今之制艺，必与汉赋、唐诗、宋之杂文、元之曲，共称能事于后世。”这种相互对立的评判，使我们懂得对八股文的研究必须实事求是，具体事物具体分析，一切都要从不同的时间、地点、人物出发，这样才能把握其实质。

总之，《明文海》中的七卷时文序积贮着八股文研究的宝贵资料，值得重视。

收入本书的《明文海》各文，系据中华书局 1987 年影印本校点录入。

（龚　昊）

《明文海》（选）目录

明文海卷二百二十七序十八著述

四书疑问序

曹于汴

或有问于余曰：吾读莲勺史先生之《疑问》而窃疑焉。夫先生积学功邃，神游于孔、曾、思、孟之间，默契道真，何疑之有？吁！此未知疑之不可无也。孔夫子自述云：四十而不惑。是其四十之前，何尝自谓无惑？儒者四十之后，尚未可当夫子四十之前，动云“吾既知之矣”，居之不疑，是何其谬也！

善哉乎先生以疑自居，而长安诸君子，复有未能信，未能疑，真疑真信之惓惓也。疑则问，问则成其学，学则信。然则既信矣，当无复疑乎？是匪可易言也。虞帝之圣，奚啻于信而问察之好不置？夫岂自处了了，而故为是咨询也。夫子年至四十而已不惑矣，而假年以学，蕲免过之大者，又岂自信无过而求免也？世人谓惟圣无过此，殊不然，到得圣过转多耳。譬百里之侯，不任咎于封外，天下之宰，讵委责于遐荒。故彼能是是，亦足为一长之士也。圣人而有足时乎？不足，则不敢驾言信，乌得不问且学也？是故读《四书》者疑焉而已，读《疑问》者转疑焉而已。

伯玉未五十时，几不觉四十九年之非，傥亦尝自疑也，而不惮于问也，乃克自觉乎？夫学难于有睹，而有睹非可尽学也。疑以生问，问以成信，转信转问，没齿焉而已矣，则兹编之所开者宏也。余不敏，丛疑如织，当图航大海之津，陟华岳之巅，抠衣请问矣。

明文海卷二百三十序二十一著述

五经蠡言序

蒋德璟

明以专经取士，士鲜兼经者。然自圣门子夏、商瞿、左丘、公、穀之伦，皆仅名一经。汉景、武后，经师辈出，然一人犹不能独尽，其经多以相合而成，且每诏五经诸儒讲异同，于石渠、虎观称制临决，其难如此。而后世如郑玄、王通、颜师古、孔颖达，及宋大儒程、朱诸公，顾皆兼五经，论撰甚富，何圣门之难，而后世诸儒之易也？

入明而杨公慎、郑公元锡，特号博雅。杨间拈同异，郑则戛戛乎深矣。家君子授诸子各一经，余幼得《易》，不解，更授《诗》，旁通《书》《礼》《春秋》，习其训故，亦复不甚解。最可商者，如《易》必拈占，辱以卜师，《书》订武成，《诗》扫小序，《礼》多以汉参古，《春秋》乃舍左而徇胡，皆古今疑府。它如金矢非赎锾，巳日不必非干支，嫔虞非渎姓，戡黎非文王，逊荒非奔周，驺虞非兽，郑、卫非淫，周公居东非东征，履帝武非高辛，玄鸟非卵，孔子非不知父墓，鲁郊禘非成王赐，周正为子为寅，许止赵盾之狱蔽罪与否，滕子不书侯、季札不书大夫非贬。更仆未易数思，向名儒洞了三代以上事者，一为发覆，而得许君大赓《蠡言》，读之起舞曰：异哉！夫海非蠡所测也，然一蠡而海之性已尽。五经，学海也。千古挹酌，无虑万家，而竟不尽者，何也？汉、唐为经用，而宋自用也。为经用，患拘；自用，患戾，皆经功臣。而宋人于汉，今人于宋，则皆自以为忠臣，然后知经之大于海也。

余友黄君幼玄，精十三经，言向寄《易黄图》京中，余出与同馆，读之相叹伏，以为扬子云不能作甲子之役。漳有颜君茂猷以《五经》二十三篇得隽，而大赓复以是书行于世，何闽之多才哉？大赓学博而行方，以名魁里，居键户，修不朽之业，异日出经术，经世必有卓然自表者，即为饮海之长虹，运海之大鹏，其可无言蠡矣。

明文海卷二百三十一序二十二著述

诗经偶笺自引

万时华

余僻处而无心家世，业《诗》闲居，偶有所见，随手识之，义类不能深也。跧伏既久，忽复成书，题之曰《偶笺》。子夏读书，有人亦乐之，无人亦乐之。子尚以为见其表，未见其里。子曰：吾尝悉心其中，前有高岍，后有深谷，《诗》之精微如是。夫偶于《诗》，亦何有哉？

然今之君子，诵《诗》而蔽，皆未必以偶失之。《诗》虽埒之五经，而旨与他经异，或近之而远，或浅之而深，或显之而隐，或笑之而叹，或反之而正。今之君子，知《诗》为经，不知《诗》之为诗，一蔽也。谢太傅尝问：语从《毛诗》，何句最佳？曷以“杨柳依依”对？公所赏，乃在“吁谟定命，远犹辰告”之语。谭友夏亦言：读《诗》，不能使《国风》与《雅》《颂》同趣，且觉《雅》《颂》更于《国风》有味，易入便入，终是读书者之病。今之君子，少此玄致，二蔽也。

至于因经有传而逐传者迷经，因传而生训诂而袭训诂者迷传，塾师讲堂，辗转讹谬。夫古人之唱叹淫佚，神境超忽，而必欲硬提其字句以为纲，强疏其支派以为断，千年风雅，几为迂拙腐陋之书。嗟乎！蔽又甚矣。孟子之论，说《诗》以意逆志。夫千载之上，千载之下，何从逆之？大都目光所止古人。妙理相遭，无故之中，作《诗》者之志，或偶而灵；读《诗》者之意，或偶而动。天下之不可力取，而偶或遇之者，惟物之精微者为然也。

癸酉中和节时华自识。

明文海卷二百三十二序二十三著述

周太仆四书解序

章世纯

夫聪明所起，始于天地，明出于日月，聪出于空虚。天地得全而人分之，不肯让天地，各以其见相通取合，以有其能，所以可通则以言矣。言可远行，则以书矣。书者言之迹，言者智之舆。以此取通圣人之始为之，盖其难也。五方之人，各以其声命。事物杂然而来，如鸟鸣兽语，纷互舛拗。启行之音，则有爰、维、夸、诞。指事之辞，则有彼、其、之、斯。转注之响，则有若、乃、于、厥。止息之韵，则有忌、只、矣、兮。是非之应，则有然、否、喻、咈。如是之类，五方诡趋，王者考文，因并用以取通，因相通而取喻。

然而冀州之圣人出，则朔北之语常为主。安邑亳都之圣人出，则中土之说时为君。岐雍之圣人出，则西方之言又为帝。而时代推移，语音互扭，因讹成变，假借用烦，加以木策竹简，约文便书，于是何之为假，益之为溢，弑别上下，战分征讨。或圣贤之所定，或民用之所安，而向之求通，又以多成隔，则非一圣人之制所可已。于是又有圣人者出为之《尔雅》，以总其类。

《春秋》左氏发凡，言例以括其义。释诂之学，后为贾、郑、马、颜。发义之文，后为周、程、张、朱。是则诗书为之舟楫而之数君子者，则其长年三老，撑拽运驾，而使之吴之越者也。由此观之，古今训解之学，归于通之而已矣，归于明之而已矣。作者不能尽明其意，固不为作者矣。读者不能明作者之意，则固不为读者矣。而因于爵禄而为士者，多因于士多而解说者众，因于解说者众而隙中观斗，水面测河，纷纭益甚，以解晦书，以传覆经。周、程、张、朱之徒，复为周、程、张、朱之贼矣。

今太仆氏一起而正之。一篇之中，先举大义，则周、程、张、朱之志也。一句之中，字为表白，则贾、马、郑、颜之业也。合为之译，以尽其起承转结之趣，则又今制艺代言之体也。以其昭昭，使人昭昭，以其孑孑，使人孑孑，手指之中，挈日月而行，而使天下后世，目有视而耳有闻，此真可以通今古之隔，而争天地之能者与！是解出而他解可废，则又芟芜荡浊，古人所称比于武事，有催陷廓清之功者也。

明文海卷三百七序九十八时文

醒泉窗稿序

刘　绘

学士大夫有谓，今举业无裨于吏道，蔽矣！夫吏倚法则难近以俗，尚通则巧宦以能，二者世指为贤。吏道其居是邪？考秦汉之后史传循良，自叔敖氏、公孙、子产不下数十人，大抵赟赟多经学儒雅也。今举业，首经书义，固艺文之精奥焉。括综经旨，浸渍圣术，搜体遗绪，抰衍微响，非若辞赋歌诗，犹可以骋浮艳、侈枝叶也。其业淳正沉澹，不诡圣贤之训，则经世理物，其机何所不达哉？

醒泉黄君，令息政本，敦愿以与良民亲。编户极贫卑，皆不令畏惮而扰，恭俭任恤导民，疏清浍，稼穑蓄，蹄革筋角，薪稿榻布，欲百姓殷给，而公衙待收，贵谷重糈，泊如也。逾年，氓力本业，供上兴作，吏治不劳，条贯灿然。日引诸生论讨经籍，燕笑在泮息。诸生以君起姚江，振迹明经，争抠衣，愿从游，不去君。以吏事辞，乃出《窗稿》经义数百篇。是时谢生谨、段生中选、孟生养浩，皆君夙所拔隽，与诸生诵习，咸喜得大家铏冶，而乐其陶铸。丞程庄史、田大礼，感君德化，捐俸偕邑文学广德杨万仞、平山梁尽忠、松滋谢燧，锓以广其传焉。

黄君且好文，指授童冠不倦，怡神翰藻，骚雅书画，追逼前哲，酝藉旷逸，非所谓博物君子邪？故举业有真赝，得其真者良矣。彼法吏俗，能吏巧，世得文吏而裁以经术，非绾组佩印之英也哉？

汤君制义引

陶望龄

文有意到，有语到。古之人盖亦有意至而语未至者矣。夫了然于心胸之间，而词不能宣，故繁而不约，偏而不圆。繁似博，偏似奇。凡博与奇者亦古人之病也，而其善不在焉。今之效为古词者，乌能词哉？

词者意之极，而淡者词之极也。其入深者，其出必浅。其造端也难甚，其成章也似易。不知者率然而读之，未能知其功也。苏子瞻云：扬雄好为艰深之词，以文浅易之说，若正言之，则人人知之矣。夫文固有似艰深而真浅易者，扬子云是也。则岂无似浅易而真艰深者乎？苏子瞻是也。今之为古词者，已未能病而易古人病，病焉转相易，以为举业，而陋亦甚，累之连牍而已，未尝实一语焉。吾何由而窥其意哉？而又以为奇博，为艰深。噫！其亦过矣。

宛陵汤君之于举业，其致微，其入苦，洗濯刬磨，无粉泽脂膏之态，约而能圆，其意与语可谓近之矣。观者将以为浅易与？以为艰深与？士有苏子，当自能辨。

王季重小题文字序

汤显祖

时文字能于笔墨之外言所欲言者，三人而已。归太仆之长句，诸君夔之绪音，胡天一之奇想，各有其病，天下莫敢望焉。以今观王季重文字，殆其四之。而季重以能为古文词诗歌，故多风人之致，光色犹若可异焉。

大致天之生才，虽有能众，亦不独绝，至为文词，有成有不成者三。儿时多慧，裁识书名，父师述之，以传注帖括，不得见古人纵横浩渺之书，一食其尘，不复可解，一也。乃幸为诸生，困未敏达，蹭蹬出没于校试之场，久之气色渐落，何暇议尺幅之外哉？二也。人虽有才，亦视其所生。生于隐屏，山川人物，居室游御，鸿显高壮、幽奇怪侠之事，未有睹焉。神明无所练濯，胸腹无所厌饫，耳目既吝，手足必蹇，三也。凡此三者，皆能使人才力不已也。才力顿尽，而可为悲伤者，往往如是也。

若季重者，五岁遍受五经，十岁恣为文章，二十而成进士，盖一代之才也。而天亦若有以异之者，大越之墟，古今冠带之国也。固已受灵气于斯，而世籍都下，往来燕越间，起禹穴吴山，江海淮沂。东上岱宗，西迤太行，归乎神都，所游目天下之股、脊、喉、腮处也。英雄之所躔，美好之所铺，咸在矣。于以豁心神纡眺听者，必将郁结乎文章，而又少无专门承学之间，灵心洞脱，孤游浩杳，蚤为贵公巨人所赏，闻所未闻，出见少年裘马弓剑、旗亭陌道之间，顾而乐之。此亦文心之所贻伫也。身复蚤达，曾无诸生一日之忧，名字所至，赞叹盈瞩，故其为文字也，高广其心神，亮浏其音节，精华甚充，颜色甚悦。眇焉者如岭云之媚天霄，绚焉者如红霞之荡林樾，乍翕乍辟，如崩如兴，不可迫视，莫或殚形，大有传疏之所曾遗、著录之所未经者矣。嗟夫！以一代之才，而绝三者之累，若此不亦宜乎？其为古文词诗歌，又何如也？

虽然，才士而宦业流通，亦无以周世物之容，而既以当涂令高第为郎矣，复抑而命青浦。青浦，故屠长卿所治县也。长卿既以此出，大越名天下，而季重书来，乃更以归休读书为怀。夫季重固已读书矣，凡为若谈者，当亦有未尽其才之叹耶？然则天之于季重，诚若有以异之无已也夫。

顾九畴选义引

方应祥

制义之文，像题命胜，比之貌相，百千万亿之人，亦百千万亿其貌。其中盖有依稀肖似，疑不可辨者矣。天下之良工，政于此用其心。夫貌人之像，而有一笔非其所貌者，无论神不可使附，非其质子，不可使事。非其亲，即欲从百千万亿之中觅一人，以当吾貌，吾知其虽百世而无所得。何者？人固不可佹而肖也。

《六经》四子之言，莫不就依稀疑似之间，微悬其是与非是之辨。世儒作者自命挟其偏至之才情与颟顸之名理，一意驾行以为快，汜涉其文，似少所不似。核之实，无一笔是者。胥天下为溺丧之子，坐令千古圣贤，骈而受若敖氏之馁，亦可哀已。

九畴之共余功苦此道也，具已行之帙。举世所为，鼓歌而舞之者，几乎子墨之不胜，孰是于是与非是之间，挟良工所用其心之微者，两人未尝不相视而忾？予怀之渺也。夫天下事各有常而不可易，划然东西南北之间，各为位而不相滥，此夫人而知之也。试指一毫之端，以为其中间四边之差池，可使东西南北异面，不可遽能了然于心，而又了然于口与手者，此其人必非常之人也。由是以观，乃知才情必禀仰其权舆，名理必有司其橐籥。彼一切逆驾以为快者，穷于魑魅魍魉之无所施，其技不得不反而精，其辨于似是非是之依稀，则九畴之于斯帙也，所为德于天下孝子慈孙，春秋霜雨盼蠁之感诚不鲜。其居予所，共余所慷慨指画天下之事端，夫亦颖见于此矣。

庄尚之北游草引

方应祥

文章之道，节度浅深之所至，莫不各凭其广与泽以为候。泽者精之所茹也，光者神之所迸也。人之生也，四肢百骸，总之灌输于一气之津润，以能和柔其骨节，而通理于动息。其焄蒿凄怆，发扬昭著于空与形之互相为摩荡，执途之子而问之，至于圣人无以异也。乃其中节度浅深之悬别，极于霄壤而不可算数，所摄受于天地万物之精神，有至有不至焉耳。故曰：文有可为而不可为，此即世之工于文者未必辨也。

尚之挟所为经生言，介吾友饶德成，适过我，读其文，欣叹希有，相与微言。再日夜曛然，沁映心目，间已出一册，视余曰：志将箧此为燕之游，先生其何以命之？夫世之称工于文者，曰理扶质以立干，文垂条而结繁，谓是执艺之金科，已进之性命。□□名法之旨，鸿蒙以来，大府所庋，名山所藏，□□□廓。沉蔚雅澹之致，一驱其上驷，总萃以俟吾寸颖之擅挽。尚之之于此道也，可谓惟其有之矣。岂尤斯之未能信，借吾言以蕲乎世乎？

夫尚之之志，固不在游。其所挟为游者，又匪直经生言之也。吾乃直与尚之言文而已矣。《淮南子》曰："阳燧取火于日，方诸取水于月，不出掌握之中，而引类太极之上，阴阳同气相动也。"又曰："中山之玉，炊以炉炭，三日三夜而色泽不变。至德，天地之精也。"文章之道，司契于吾精神之至与不至，亦若是耳矣。厚聚天地万物之精神，以韫培其德之至，寸颖之擅挽焉。阳燧、方诸引类阴阳之气于吾之掌握，日月照而江河流，天下古今之能事，固以毕于经生尺幅之业矣。蕲水而木之缴，出火而石之击，骛之于光与泽，而火之于精神，求工于其文也日甚，不知其去吾之道日以远。嗟乎，吾能无望于尚之乎哉！

汪明府制义跋

黄道周

天下城廓居庐，通率在于平阜，制栅巷涂轨，使车马鸡犬无异也。至其王气所导，奔会络绎，万人所都，必有千出之峰，登舸溯澜，疲车顿走，而市廛稚子，画其步隅，以为函盖。居处如是者，此高人长者之所大笑也。往为孝廉，得从计车，循漕道走京师，见江北平陆，如行衽席，群头巾相告，谓江北率无巃嵸者，既稍走诸旁辅，凡诸山川，盘郁舒吐，甚于江南，乃大悔以为蚤瞶。今士子见先辈作文章，方圆平直，谓是无奇者，蚤瞶，然以为万家之郡无一出之峰，遥望巃嵸，诋为山野，则是万里沙陀与砥矢争道也。

甲乙之间，仆在词林，项水心先生文，誉噪海内，仆得共往反，数日间，谈诸文章奇正利病，如冈阜都邑之有结作起伏，跬目所限，不得相非。先生略不道，但云：通都大郡，无巨儒名公，介夫贞妇，此犹之三家之市耳。仆唯唯，心然其言。今又十年，水心始自得士，仆困于丛棘，无所见知，但从田野读邑父母制义，劝诫子弟，因得复诵水心之言。水心以为至性之人，热血欲洒，托大当重，必有可观。由是而思，言无至性，虽嵚寄历落，冥摎穷缒，犹从鬼穴捉鸟道见光，仅喜而已。况遵鸭畔，立鸡栖，以为动静晦明，不爽咫尺者乎？汪父母世家新都，新都山川奇奥压宇内，人多巨儒名公，介夫贞妇之所簇举。

余尝一至白岳，食顷辄去，作数日思，再登黄山，穷数日不得首尾。乃慨然兴叹以为是徽国所以挺出，钟陵所以逶递也。而市廛稚子顾画其步隅，以为是神明之所卜度、高人长者之所大聚，则虽日聆水心之言，诵彦辅之书，寻行数墨，仲规屈矩，以求当于函盖重大之务，则亦罕矣。

予废久，不谈文事，又素以愚著无所解于世之论服，强复谈之，知其无当也。

黄石斋史公宧稿序

倪元璐

钻串六经，役其魄体，以为之举业，使膏粉之容，化为鼎气，自祖宗二百余年未有能之者，而石斋始为之。自石斋以其文达，而天下于是跂然褰裳，以为其道之亦可以富贵也。顾其始，天下以其学不能为六经，苟求六经，即求之石斋。既复数年，乃又以其才不能为石斋，苟求石斋，即求之六经。当此之时，天下之胆决，犹秋蓬也。俄不敢六经，而敢石斋。俄又不敢石斋，而敢六经。以才则不能有其学，以学则不能有其才。小者肘见，大者躅绝。此固石斋所当闵痛尔。韩子曰："既为我置之，而不为我祀之，乌可?"故即使石斋自称老妇厌离柘枝，吾犹将力劝，使必终善于此。

今石斋忽自意，至为文二十五篇，未尝示人，而先示吾。吾苟攫去，袭之帐中，世固不得知，然吾不敢也。夫即以石斋之文，为樽设之。五父之衢，度天下之能奭而享之者，可用指数。即使天下群奭之五父，而吾又自以为未发其枕帐。夫苟石斋之文，五父之衢之众尽享之，而倪子即无以为其枕帐者，即石斋有文，又岂肯以示倪子乎?

自吾与石斋交，每语移日，欣惬契会，少所击难。虽然，吾今聊复难之。石斋必以是文章之道可治天下，故矫争而上，自宋而唐，至于汉秦犹未已。而吾虑天下之闲闲者，其心又以是文章之道可治石斋。倘天下欲以文章治石斋，则其情必流逐而下也。夫汉人特不贵子云，唐则大笑昌黎，宋之于子瞻，遂欲杀之矣。必以石斋之才，为其汉以上，而今人之情，无有其宋以下者，则六经之治文章，文章之治天下，不出一年，其功尽见。顾吾今者见形而心怖甚，则何也？

杨伯祥太史稿序

倪元璐

当十年前，仆俯首为文，即意至才起，回视拥架，复疑不可。自以半生精气，为帖括所拘持，每向人云：熊狼之墨柔绳，何时出力乎？当时天下之禁，以为作古一字，如系石鸟羽，坐取不升。既数年而格理骤变，体经切子，溯洄取难。自仆视之，斯亦熙景之明征，文人之巨力矣。然而今之论文者，焦然引为大忧。

夫立于典坟以观今之举业，其为道里，非竖亥大章可得穷步也。以其东走日下，积渐为后之不可知，则不可忧。以其凌宋蹙唐，意且噩然不屑汉魏者，何为独忧之？且今之用忧如此者，仆闻其语，殆有二端。其一谓古言变今制，则灾害随之。为此语者其人梦靥。夫高皇帝之教吏，使之学于一代圣人之言；其教士，则使之代为二千年前圣人之说。高皇帝以为仁义道德非一代之事，而二千年圣人之情，非一代之衣冠声笈可影息摸呼出之也。国家本以律令绳吏，以文章恣士，未有王铁，鞭禁宁越。今无端发龄，岂非梦靥乎？其一谓文心旁骤，是为兵端，召夷狄之祸。为此语者其人心覆。夫谓韩、柳之轶欧、曾，以邹、枚而尽燕、许。此明宋不如唐，唐之让汉也。然夷狄当汉而慑，唐则已张，宋乃大横。即以汉一代言之，马迁在庭，挥邪入侍；班固奋笔，白檠献诗。及其后衰，寝尊荀、蔡，斯征文心兆兵繇于单茧，今倒云然，岂非心覆乎？故曰灾害、兵端者，今之人皆乐以是二说起文章之狱，皆敢以是二狱坑学问之儒，靥覆不救，至于颠丧。故使今之论文者，梦不绝軥，心不朝肺，则文章之一事未可得为也。

且今文之可讥者有四，而今之人则皆不能察之。戴髅为头，帽通八寸，伧升食店，雏争上风。此四者，蛙紫所归。疑弓玉之大窃也。其与今之真能经、子者，分胎别体有如马、螟。而论者必云：沆瀣之通，本诸一气，又可嗤已？天下之病，皆在于不审真伪。不审真伪，则作者妄作，议者妄议。苟不辨子，则必中鬼。苟不辨鬼，则必刃子。子鬼相战，政刑无章。使世眷然不得平治，非是等之咎，谁咎哉？

自仆之见，以为天下真可以文章之道治之也。九府之才三年，虽盛时跨及者，不过数人。当璧压纽，一士而已。尊此一士，以召天下，使共学之。悟其所至正变、近远，以求至理，博串群言。正以仁义金石鼎尊，涤其粉气，胸贯腕强，头脊俱起，决锐致功，形为能事，天下之乱，庶其豸乎？于是刻《杨伯祥稿》。

吴澹人庶常别言序

倪元璐

今之为文者，不禀法古人，而自不见性。三年一奉新贵，资粮扉屦皆于是乎取之。割席帽，进贤冠，为之疆界，有如鸿沟。如是者，文尝为客，担装俟时，风利帆举，翔然而别，是其常也。若澹人之于此，则有不能。澹人之为文章，法必禀诸古人，而自见其性。夫古人之法，则既千年。文人之性，则亦千年。而极澹人之身，不过百年耳。如是者，文尝为主，故使澹人焚笔砚则已。不焚笔砚，则自始学为文数十年以来之文心，栖其胸指，与俱寝兴。虽以管宁割其卧席，温峤绝其忍裾，李陵、苏武连袂而哦五言，王维、孟郊比喉而唱三叠，犹不能以享之韨左，激其远游也。是故澹人曰：别者虚言也，然而吾能实之。今问澹人，当处鸡窗，探策揣摩，期于必得富贵。及其弃置，情怀作恶，如刀割伤，此二念者，澹人有之乎？如其有之，则在今日可以别矣。

且是二念者，席帽犹可，苟进贤着头，而系之维之，逍遥永夕，则使其人气不守身，骨不扶肉，皮离其面，心弃其胸，浸假入于非人。是岂不可以与长诀乎？澹人曰：生来堕地，于此二者，自不曾逢，亦不必别。虽然，以种明逸之函贞，及既贵，乃争田宅，吾宁为？澹人防不速客，若夫澹人之为人清至孤，引吾之畏友也。鹄游燕宇，诚心愧之，复何言哉？

澹人初名天胤，临入试，乃更名桢。当闱中牍具覆发，主者心异，知名如卜，听人怀镜入市。幸闻好语者，时有声举，则相叫欢。及澹人名揭，众寂然。余色颇愧食已。忽年友方书田，从西座隅离席，谂众曰：吴桢者，华亭吴天胤也。众乃赞噪，向主者举手，贺得人。此大似高适等旗亭贳酒时，固亦当传耶。

吴来之进士近艺序

倪元璐

今之文，高者根柢仁义，综络经制，体用沛然，搀裁古昔。循此不已，日变而上。精则已尊，粗亦不陋也。然而求者之心不厌，论者不以为正。天下之意以为，是以仁义经制就文章，文章以就科举。科举所谋，是为富贵，则岂有其诚然者乎？若使吾平虚而论，才士穷能造思，挥常运特，兀枯豁涸，走瓮击壶。当此之时，杀割俱听，岂必有富贵之心哉？凡天下之务为高文者，其心不甚丑贫贱。既自孤引以为调高和希，又矜负必得富贵，虽悖愚不然。要其求毕文章之分，使名立可传则已耳。而天下以为，如此，即亦以仁义经制为黄叶，不可恃也。虽然，今士所从受仁义之谈、经制之论，不于坟象，则在典谟。奇文奥章，古之圣人先为之矣。必此可疑，则彼亦难信。

中世以来，率有二归。规理广川，归才敬仲。二子之文辞，其灿然者矣。今不知二子所操笔覃，精者为耑治其仁义经制，不治文章，适得佳乎？抑故治之乃佳乎？使二子入而为其正谊明道，出而为其竹林玉杯，出而为其尊主攘彝，出而为其山高乘马，则是二子亦非专狡狯秘戏营不急也。或是三者，道如蛈蛇子母，首尾往来，击应不可离擘耶？

神仙之业，或在炉鼎。炉鼎所求，一以为精气，一以为黄白，一以为服食。及其日至，皆熟也。夫以为黄白服食者，神仙所不争，则何不减灶毁器，闭目而存其黄芽，息吾姹女？以为黄白服食者是其至祖，亦何以如相要期，循候齐出于令？使世人而为神仙之事，为其黄白，则必贫。为其服食，则必以死。无其精气，则亦不能有其黄白。服食则是三者不可离，擘亦若蛈蛇然也。

吾友吴来之之为，为人体立骨，随义起气，出自其楗关。足不窥园，别天下邪正，如察烛黝皓。时每静居，爪画穴被，吻声呜咄，皆天下大计，君相所忧。其文孤岸，包举奥栖，董帷美敷，管锦体用之言，斯已至矣。然其文即至，亦岂能有加其为人乎？来之为吾言，吾或念作，退思自立，进思致功，以此临文，即得精微。当吾临文，意得回视，性光湛然，亦益洞世务。由此观之，辟召之变为科举，科举之定以文章，非后世之圣者，则亦不能为之也。今多设防，欲使德行制里，治行制表。不知是二者，文章之力，皆能取之。有不能取，抑其所为文章不必如来之者也。苟文章不必如来之者，吾疑其文章之不暇，而暇疑其仁义经制乎哉？

刘讵溟解元近艺序

倪元璐

应举临文，欲不作第二人，此无他法。为今人则求见我，为古人则求见今。敌今人则务制气，敌古人则务使智而已。为今人不见我，无为贵万人之特矣；为古人不见今，无为贵一王之制矣。敌今人不制气，无以争其上流矣；敌古人不使智，无以用吾中驷矣。何以明其然也？汉人命骚，互通绳贯；枚叔神奋，以发观涛。夫当家结艰危，人攒膏艳，忽开良界，救竭排同。今目综九七，则明原乘，手扪云波，即章枚、马。此为为今人之见我也。子瞻欢古而凛宋，法《檀弓》《戴记》，鲭合欧、曾。表忠观碑，壁藏月表，譬中秉仙骨，外披世衣，故虽群憾，归狱其文，而惟呰讥时，不灾反古。此为为古人见今也。桓君山云：新进群丽，极才竭情。顾见刘、杨一时变色，原夫刘、杨之制，亦犹汉耳。非尝窜身汲家，借面殷盘，而默禁时才，使自韬笔，犹马齐骤，气失飞黄。此为敌今人制气也。昌黎起衰，几废八代。观夫魏晋而下，陈梁以上，钤情炼义，道亦千年。顾尊偶骈，为愧秦汉。昌黎心畏钤炼，则脱偶骈，讵非狡机，遮畏攻愧。此为敌古人使智也。文章之情，综是四者。则非偏师而握全算，故必得第一也。

安城刘子，于丁、己二卯两举，俱衰文区雷，叹然以今遇马公神识，宜必第一。往余蒙者遇之，则亦第一。虽其才力，得不有其计数者乎？当先十稔，世尚董荀。刘子亦董荀，而御以遐心，则生兴会。近此数年，人矜江庾。刘子亦江庾，而主以威骨，则出神锋。兴会非匍匐之所能治，神锋非衣冠之所得摄也。是故以今相之，不失刘子；以古相之，不失时文。不必变今人，今人不能为，不必古人，古人不能为。能变古人，使天下神识，不得不明眼，亦使天下蒙者，不得冬烘，是则刘子所为计数者已。夫文辨元魁，犹人分圣杰。魁之愧元，杰故不如圣。文之圣者，则亦有圣人之道焉。亦不可阶升，亦不为已甚，亦疾无称，亦怀刑焉尔。

简臣周侯未焚草序

倪元璐

谥文以尊，名曰澹，庸人尤好为此言，其言是也。顾宜独天下，之奇人学广力多，穷致才际，于是恍然悟而称之耳。庸人何由得知乎？颜光禄援笔成诗，谢永嘉淹思累日，鲍明远品之曰："光禄铺锦列绣，雕缋满眼；永嘉初日芙蓉，自然可爱。"夫雕缋致费，自然不劳，而费乃更神，不劳反钝。以此而观，才士游思，即得雕缋；思士竭才，终及自然。颜力迨半，谢驰过之。譬诸造途，五十百里，近远速迟，此易晓也。且古之圣人，皆教人雕缋，不教人自然。苟使圣人择味取澹，自然为功，茹毛饮血则已矣，何更雕缋，为之羹酒？

后世之庸才，不敢议圣人之制羹酒为雕缋，而曲誉其澹曰太玄，即不知圣人之好奇，锲心钛志，于是乃使肉火相谋，水谷互炼，力致浓美，以媚群饕，而其时食饮骤新，舌腹知变，必且惊喜，喧甘骇珍，乃及后世归澹于此是，则圣人之所不料也。其浚世归澹，于此以为可尊其先代，即必归浓于此，以为宜贱矣。是故溯此而前之茹饮，一斫而有太羹玄酒，即复冲简，已非自然之功。究此而后之羹酒，一出而有三醻五齐，即复旨多，亦无雕缋之咎。雕缋之与自然，皆非庸人之所得而明也。聚天下之庸人，与之读六经之书，度必皆蹙頞而苦，殷盘侧首而疑义象，其心甚咎其艰深，而特不敢不加之最尊之称，曰：其为味也，太羹玄酒也。今不知圣人之制为六经者，是不经心探手得之乎？抑亦有其钻摩钤键者乎？即以皮相，僻辞怪章，声佶轧茁皆有也。庸人何见而以为是澹？比诸太羹玄酒，今世之无太羹玄酒也，非不能也，不为也。今世之无六经也，非不为也，不能也。二者之形，则亦不可以相譬矣。即使六经之味之澹，竟同太玄。自庸人言之，吾则不信。

夫澹者天下之奇人所明，学广力多，穷致才际者之所求也。武侯天才而贵宁澹，神女瑰艳则曰澹愔，才绝色殊，自与澹会，侗愚虽无物，勃屑虽静居，顾其顽体俱颜，岂载澹之器而澹来会之乎？盛明之文，萃奇七子，新安韶令，近《世说》有澹之态，则不如琅琊宏恣；近《左》《国》有澹之才，则又不如历下典凝；近西汉有澹之骨，则又不如北地高灏；近先秦有澹之体。顾此数豪，犹不如今之漳江黄子也。

黄子之文特奥清，近六经有澹之神性。然黄子言必称金沙，以为近世文章当归周氏。自简臣、介生、仲驭为今古之言，埏埴天下，垂二十年。天下皆倚其呵嘘，以为气候。今简臣受命治吾始宁，号曰周父。其先所论著，酬酢几十万言。吾门人范子曰谦，见而悦之，奔告倪子曰：文不在兹乎？倪子读之四十余日，初见其态，既征其才已，又得其骨体。神性所在，自晋而上，以至六经，无不有者。此则其所为包诸子者矣。无可谥之，遂取庸人所谥六经者，曰太羹玄酒，可不可乎？且夫倪子不信庸人，天下岂信倪子？然以吾范子之才，几及光禄。立乎光禄，以观永嘉，不止万里。其颂周父曰：妙近自然。于是则知周父之文之奇矣。嗟乎！文章所最尊，岂不在澹哉？

叙范裒生近业

倪元璐

以今人之嗜古，使其器化鼎彝，文化秦汉，则必为之。然吾度以今人之才，无不辨此者，以今人之情为之则必败，何也？夫古之制为鼎彝者，下取千年。今之制为鼎彝者，上取千年。下取千年者，必欲自见其时，正告后千年以其姓名、岁月。上取千年者，必欲自没其时，托为前千年之姓名、岁月，以瞀其世。古之力为奇文者，以需后世子云。今之学为子云者，即期当世桓谭、后世子云。或更百年千年，历千人万人，而得一当世桓谭。以三年之近，适遭一人而即求得之，此两情者，黝皓圆棱，岂得相似乎？

且夫今之为文，皆以求富贵也。其安为卑凡者，以为苟取富贵足矣。其高者心疑今文之不足以富贵也，故思矫上之。其文愈上而取富贵之策愈下。其或得之，又且召祸，天下之志士，无不三年生悔者。是则天下之情摇摇然，如雏试风。临其文惴惴其栗。复安得以驱召其才，使之小谋董戴，大量典坟哉？是故今日之治文章为无策也。无已，不如遂行今人之议，罢科举而兴辟召。辟召既兴，科举既罢，天下必以文章为枝事，士必以文章救饥，士不以文章救饥，天下亦不得以文章杀士。系籍无所立其圣，王钺无所立其威。临文者之心荡荡然。取其上千年一人为之教师，取其下千年一人为之举主，视其当世之人如野马醯鸡。虽使斜墨执官钳执狱，山飞海立，无能乱吾三寸不律之谋。如是而其情尽注于其才，其才又悉听其情，文章之事或犹可为。然而深识之士，以为是将移其患于德行，则又不可也。

始吾未交范子，从宗氏饮所见其文，大惊。时已醉眊眼恍惚，出杯上叫曰：吾国安得此人？其后十年，又见之变又益上，则又叫曰：吾世安得此人？盖其法聚西京以前，至于六经，三十车书，烹熬取液，命以饔俎，致其羹玄，所以穷幽致深，要归高灏。然自范子为之十余年，仅枪榆。今又三年，不得消息。为其文之不可谋富贵如此。吾见范子孤神澹然，非求富贵者，是则为其人之可以谋其文。为其人之可以谋其文，则是为其情之可以谋其才也。以范子之人虽微，其文固将发明王之梦。以范子之文虽出于求富贵，亦必千年请挟后世子云，以待桓谭可乎？

叙萧尔重盆园草

倪元璐

文章之味，蜇口惨腹，吾见亦苦矣。而或占其气，以为其道可乐。以为其道可乐者，是有见于其歒蒸翔泳之时，力尽而灵出。然若此者，非其刿心鉥肾，几竭性命，则不可得遇也。凡物之灵，宅深而趋苦。苟嘻怡笑欹而求之，则遁而走于渊。李赞皇之论文也曰：恍惚而来，不思而至。赞皇之意以为：是道则蜃与婴儿也。婴儿不造啼得啼，不造笑得笑。蜃蠕蠕蠡蠡，沉于深泥，与螺同息，不知其上则诡为宫阙，怪为人马。故为天下选，不思之则陈恍惚之观，莫若是二者矣。然是二者，其宰不存，其脉不见。其宰不存，其脉不见，其体不足以持。其体不足以持，则其器不贵也。圣人之未有情，不如杰者之致其性，故平林之呱，不如苏门之啸。苏门之啸，不如华山之鼾。呱者人寐，啸者天瘖。鼾之调，中于函钟，极人于瘖，而致天于寐。为蜃之宫阙人马者，不如注汞而出其眉笏，宫阙人马无意而眉笏有思也。故赞皇之学不及长沙。长沙之悟发于平原。刘长沙之言曰：勤意之时，噫咳并失，祇祇畏畏，如临上帝。陆平原之言曰：收视反听，耽思旁讯，几若枯木，豁若涸流。如二子之论，视其中，岂有可乐者乎？

豫章萧尔重之文，浑脱浏漓，鶣鶗腾举，人之读之者，叫呼起舞，以为灵至。即不知其覃精厚思，斸绝肝见，射石取入，穴革取出。所求乎文，苦难如此！故相尔重之文，以为可乐者，则犹舞儿絜上，击缶饮酒而从之也。夫使尔重取乐，则不可致灵。即使尔重取乐，可以致灵，尔重则不为也。武陵之渔人，溪行无意，忽然入桃林。邓艾驰阴平，七百里凿山通道，裹毯缘崖，以趋剑阁。渔人之归，不改其渔。邓艾则由之以取天下。即使由渔人之道，可以坐有桃源，然尔重不以易其剑阁者。尔重以为，不犯其难，又何乐乎？自海内之士，豆铅俎蘖，以事如诚先生。既十余年，今将去之，投诚尔重。先生之文既已昌为凤哕，澍为云施，而尔重方且玄求性命，旁及礼乐，竦身而跂天人之诏。故萧氏之为文章，其所致用于世者，虽十世可知已。虽然，吾故妒之。杜少陵子宗武质诗供奉，供奉遗之石斧曰：非取斧斤也。欲斫子手，不尔诗名又归杜家。今其名已归，则是莫可为也。

祁止祥稿序

倪元璐

文章之不治，则由其才堕而体升。才堕而体升者，诡羹酒于太玄，逃灯剑曰帷匣。此二托者，其名大尊，而其情如春冰，弹指可破也。

且夫太羹为不味之烹，玄酒即非醨之酿。不味比之生物，非醨几于澮水。以此二者，享诸众口，苟其哜嚅唱旨，悦怿腾酣，则亦遂可。尊屠手于易牙，贵汲人于仪狄，然固不能，则其用之文章，必有不可者矣。而谓过宣必敝，则有取于帷灯，侈割将伤，是所期乎匣剑。然不知畜光需鉴，养锷待劘，此亦喻字未落纸之时，意尚包胸之会，未闻至幽相察，而忧照深，两敌相威，而嫌器利。今欲辨层墙之中非漆，袭石之裹无铅，虽复长号，不可得信，则其用之文章，又必有不可者矣。知其不可而顾为之者，其力薄而取途于易循，中惭而驾高名以自壮。既已为之，必以笑天下之不为此者。衰狐升座，而咒龙象之智为羊鹿。此天下之大痛，志士所务白也。故吾之意，欲使羹人穷羹，酒人穷酒，灯者犹灯，剑者犹剑，则天下之才出。天下之才出，则文章之道大治矣。

自吾持其说，二十年不敢以告人，以为言之天下，必有劚吾舌者。而今吾友祁止祥，由其道则大效。则是文章之事，犹可为，而言之亦未必祸也。止祥氏之文，栖于奥深，跃为灵露。观其入刺，然可寸计心，观其出泻，然可斛量血。则其才无不致于其文者矣。夫使止祥澹然而唱晓风残月，或可以欢十七八女郎，信口而长吟，亦可以通晓白香山之老妪。然止祥氏不为。止祥氏以为，使天下妇人知之，则不如穷以死耳。观于止祥氏之为文，亦足知羹、酒、灯、剑四者之才可得而极，而太玄帷匣之义，自圣人言之，亦为多事。庸人托之，则大奸而已矣。以止祥氏之才，亦数举乃售，使吾言晚合。然使止祥氏不大效者，吾舌岂可得保乎？

明文海卷三百八序九十九时文

昭华馆叙

陈仁锡

文字，山水也。评文，游人也。夫文字佳者，犹山水之得风而鸣，得雨而润，得云而鲜，得游人闲懒之意而活者也。游人有一种闲懒之意，则评文之一诀也。天公业案，惟胡乱评文字为最。何也？山水，遇得意之人，固妙；遇失意之人，亦妙。缘其人闲懒之意而山水活者，亦必不因其人憔悴之意而山水即死。总于山水无损也，借他人唾余，装自己咳笑，而妄以咴笑呼山水，山水不大厌苦之乎？

嘉禾仲展项君，灵心异骨，拈花微笑，而评文之劫一开，一日极已。未选而问序，适携至洞庭，从千万顷巨浪中，读一篇，浮一大白，读一快评，浮十大白。酒尽浩歌，歌曰：有山方得地，见月始知天。须臾，仲展之评化为湖，湖化为酒。独不使籍中诸君子和吾歌也。其中有山水之句也，又独不使仲展氏痛饮吾酒也，其人乃山水之人也。夫曹所可而项否，曹所否而项可，项所生平可而今否。项君非敢罪于人，不敢得罪于天也。凡以文章浪得名者，罪在窃国之上。项君不惟忏闵文之悔，而亦为海内忏作文之悔也。

诗艺存玄选序

胡胤嘉

余观仲鲁之名诗，而叹其深于诗也。夫诗异于文也，味之跃然于胸，歌之欲溢于口，而解之卒不易解。水中之月，镜中之花，严仪氏仿佛言之矣。今夫怀人者，瞩于其目，致于其心，感而落涕，劳而咳呻，彷徨焉，踯蠋焉，何无已也。及见而感者忽散，劳者忽畅，而意已尽矣，不见之妙于见如是也。

诗之忌尽，亦犹是也。故理穷于《易》，情穷于《诗》，法穷于《春秋》，非以能尽为穷，而以不必尽为穷。羲画有象而无文，故苞理极；风雅颂有言而无说，故怀情深。麟史，有案而无断，故用法曲，三者，圣人精微之书也。诗莫盛于唐，即一代而具初、盛、中晚之变。三变而益下，岂后之才减于初，而造意之不工？惟其才愈拓，意愈工，而附才与意以俱尽。初之浑浑，盛之莽莽，至此无余矣。皮、陆之幽险，李、温之怪艳，几欲破天荒、翻地轴，轶正始而上之，而诗以是晚。故余尝语朱原信曰：中晚之无诗，不以其靡，而以其尽也。

今以诗为文，且为今制艺之文，其能无尽乎？然余所为不尽，非韵短音微之谓也。含情于无穷，虽极之百千万言，而其不尽者自不可尽，老氏以玄为众妙之门，玄非不妙，而不尽于妙。故曰：玄者，暗也，默也，所为藏之于不见者也。仲鲁删《诗》而名之以玄，是得夫不尽之旨而寄焉者。予故曰，仲鲁深于《诗》也。

自　序

郑之玄

陆放翁于自己诗文，动云娱忧纾悲。放翁一生，自家受用已极古人，实历所到往往不能自已。观放翁诗文，不但豪气纵横，使人拍案而起，有真情，有至性，一种快心之谈在笔外墨外。当拂郁烦闷时读之，真有消释解散之功。故开放翁之帙，亦遂流连一览而不容不尽此文字之快境也。

制义之业，戋戋无当，但有此物，即有此物之声价，有此物之派嫡。逢时之儒，髯枯肠呕，至于皓首，一生恶趣，几为苦海，快亦自难。余于此道，初不甚理，理不求深，思不求奥，不宗大家，不谈元脉，苟出口取适而已。是故肤浅合离之病，一一自知，然或于无人处自讽之，则亦时輾然而开口。盖惟不求深，不求奥，所以不至于攒眉自苦。而惟不宗大家，不谈元脉，所以一意不为深奥。少年才情颇活，得文之候多于微醺，于独步，于偶阅他书，于将寝，或梦觉索笔急书，微有可观。而入社拈题，对垒面壁，则决不得一快语。

往在京师与诸同舍谈文，各为一评，而余自评，谓：如人家寻失猫子，平日觅不得，有时还自来，其来亦可喜。诸同舍莫不笑之。公车数载，笔墨愈狂，至亲相念者勉之以入时之文，勿令浅癖，徒从己意，毋论予必不能，即能之。巫师禹步，自憎面目，真性情都无，复有卑竟我自作我矣。凡予前后所刻，有科头乱发求己一快者，而亦有俯首受八比之令，苟且拂己而事人者。文章之道，不以自快，而从遇合立想，岂不悲哉？因遣人重录一过，尽芟其己意之不堪者，非谓娱忧纾悲，足尽于此。举十年来不能快人之业，付之一焚，或遂如刘蜕尽封之梓州，未忍也。

涂瞻生制义小序

郑之玄

予与瞻生，同时得隽，一十八年于兹矣。其时壬子之才，蒸蒸甚盛。瞻生白皙茂美，其人特妙，制举言，清洒绝尘；其文尤妙，中原旌鼓，未知与瞻生孰先后也。俯仰之间，遂成往事。曩岁见瞻生于长安，衣染京尘，白皙如故。今日复见瞻生寄至之文，则致坚理密，入之不肤，出之不棘，造诣浑成，将大有所偿，为吾党之后劲无疑矣。

武夷之茶，妙于天下；浑阳之酒，妙于七郡。幔亭往来乏绝，茶既不可常得，而海氛为梗，酒舶俱断，岂非懊事？今瞻生之文，乃能自远而致，是何当摘茶洞之旗枪，出春瓶之玉带，相与口尝而舌别之，不能无望于瞻生矣。

陈大士稿序

张　采

大士尊于天下，盖二十余年。然其为天下师，知与不知，皆称先生，列弟子，则吾社诸子之表章，不可谓无功。即大士语余，未尝泯没诸子以相高，尝指其胸云：此处有心。殆不耐欺夫大士云尔，而名乃日尊。则大力有言名者，自外为奉，辞之愈来，争之愈去。若夫贬人以自胜，败人以自成，文名不必得，早有失厚伤义之毁。斯言甚旨。有诋诃大士者，大士有言：吾辈如山中之鹤，无意争人间腐鼠，独表其声为清高，犹欲杀而烹之乎？骤接此语，可为恻恻。

夫大士固非一代之才，其为文，辨明起日后需火止，中间可得三十五六义。余访其寓室，见横据一几，卷篇分积册黄之次，复不废酬应。殆似五官并举，乃闻于人，不尽为信者。斯诚罕事！人见多，不见罕，则为姑妄固宜。

大士生平无师。五六岁时，尊人流寓闽地，教授童子。一日，呼大士授书，已历成诵。惊问，则云：闻童子声，耳治尔。七八岁至外家，见乱帙中《毛诗》一本，亟携归。时尊人督令守田山下，防飞鸟食谷种。大士即携《毛诗》至山下，三日通全义，随能驳难注家。其天质如此。年近三十，始为诸生。未为诸生前窭甚，其嫂氏刺苎以佐，每立文限：刺苎一缕，成文几首；饭熟，文几首；汤熟，文几首；相斗为戏，辄不失度。一日，予宿士业斋，大士同禹符佐之伴，连床对语，数其平生为笑乐。又大士精史学，为日不多，已尽二十一史。人诘之，则云：尔简有漏义否？予所谓横侧看者也。复气力过人，方释卷，即举重，作一切不避名人。在天下从未尝有矜色。

于大力文止为最深，尝自评其文曰：此义惟大力知我。予每云：大士、大力足称两大麟士。云大士，非字，实其化身，临川盖补陀矣。予游临，以诸生服见。予曰：某以吏来，于滋愧大士，毋庸奴我。大士笑而诺之。后常服对，则质疑义，谈古今。凡所稽核，必征人征地，名实不遗。恐人议之，辄曰：以私于令君者不男子。盖瞰日在见予二子。士凤年十六，士骥年十四。试之凤，一日完十四义。骥完十义。予函其文示天如曰：见两郎知大士，非假，此亦罕事，足以破疑。迨予小草归大士，以文赠予，累累几千万言。

予归不数日，而大士登贤书。夫大士之才，毋论今日无偶，前此后此当绝。伦辈则需时而发，理有固然。归后，大士亟忧予贫，贻书云：古称两袖清风，今袖安在？廉吏又安可为？予复曰：贪之得贪，廉之得廉，各有沾沾自喜之意。今之所得，已为奢足，大士当不河汉。兹选其未刻稿行世，书诸简端，闻所闻，见所见，质言之同人而已。

过云将匡山小草序

文德翼

匡氏之山，文子之外，馆马馆客凡三：一神僧，一高士，一文人。凡猥者，不得予焉。所以成享者，石为牲牢，松为饩廪，泉为酒醴，云为币帛，岩灯为庭燎，峰锷为侑舞，七贤五老为介人。肃客而进，南则五乳为域，北则二林为门。主人庶几勤恪欤！然神僧尚矣，高士来享者百不得一，文人来享者什不得一。主人惑焉，呼介人而让之曰："女肃客，以凡猥者充，荟秽我石，剪拜我松，不蠲我泉，播弃我云，黯汶我岩灯，缺兀我峰锷。女有罚，炎立曦中，栗蹲雪内，未得休居。"介人乃惧，群携而立于太乙之颠，私相谓曰："神僧如昆仑之遇，非穆满所召。高士若延陵之来，岂侨肸攸与？惟彼文人可诱而盟也。"于是致词麻山之姑，曰："外臣十有二老，主人之石交也。主人以客故罚及外臣. 求臣于姑，惟姑之怜。有一士焉，曰海岸先生者，主人是师，此文人而神僧者欤？惟始之邻。又一士焉，曰莲谷先生者，主人是友，此文人而高士者欤？惟姑有材，匡则享之。是师者，主人得侍之金轮之下，石航之上。是友者，狭世路之隘僻，仰天衢而高蹈，莫我肯来矣。"

外臣闻其犹子云将，骨飞松石之英，气澹云泉之秀，神闲峰岩之灵，如不弃兹荒岭，锡之嘉祉。享虽不腆，然皆文人之所珍也。岂惟生天抑将得道，姑信其游说，谋之连谷。一日夜，云将乃来。来客一年所不见主人而辞去，去则封识一函，曰：《匡山小草》，比于致谢启事云。主人以蔷薇水浣手，读之曰：吁！此殆匡之远志也，"小草"云儿哉！

李石守文稿序

文德翼

博士家治一先生之言，终身守之不变。有矫其说而命之者，眦裂辅张，胸沉气塞，若敌仇然。嗟乎！道术之分，虽欲一之，而终不可得也。有识之君子，起于其中，盖亦旦夕而勤思之矣。鼓歌以舞，一人然，十人复然，以至百人千人莫不复然。虽有采齐肆夏，孰为之视且听哉？

庖羲氏文章之所自始也，其为卦也一画而已，一偶而为二，二连而为三，三各为错，以极于八，至矣，尽矣。重之而遂可以六十四。六十四之于八，视八之于三，三之于二，二之于一，势如此其县也。后之治其学者，如京、焦之徒，且可以一卦而六十四焉。一卦而六十四，则其变将不可胜穷也。故《易》之为教以数传者，神明奇变，洞天瞩地，无所不能。而以诂训者，即终身守株而不可弃去，然则非古先圣之教有二也。井田始于八卦，兵法始于井田，文章始于兵法，其道与天地永固，而博士家小之以取世资为己荣，徒守其故事而已。故事者，天下之所至病也。而移其患于文章，世道之心肾，始不可命于斯人而托业矣。

文章之数为八也，生门死门在焉。己虽荡佚简易之人，不敢不以为诡道。敌虽鸷忍，刻忌之士不敢不以为奇才。博士家少而闻其说，以为天下无难事。师之命吾者，不必如此矣。不增而为九，不减而为七，可以横行而直取之矣。此其人即终身处于败道，而亦无白虹赤蛇之衅。偶一幸胜，而且以其法制人，如治马之阴血周作也。虽然，罕譬而喻者，非博士家则可。余且以其质责之士之劝进是业者，蹴鞠樗蒲之戏，与夫韦注介胄之容，既非所习，而不得禁。宽至于白鹿青桐谈玄论道，则亦以为嬉于时病，于业而远之，惟恐不速其于功也，可称劳矣。终身之所卒业者，天之星宿乎？地之舆图乎？先代之世系乎？夷种之族性乎？历代之礼乐典章乎？当今之刑名钱谷乎？草木鸟兽之辨乎？山林川谷之考乎？幽人之论著乎？异教之传演乎？皆能如观掌中之肉、视俎上之脯乎？我以知其不能也，故其为文也，影事则古今之所未有，铨理斯幽明之所不然，辟则诵《阿房赋》之虱耳，且不可比鉴识之老倅，况其他欤？

余好持此论者十数年。而十年之前，实得贤书而读之，乃知吾乡有李君石守。再十年而始同成进士于京师。嗟乎！石守之于文也至矣。须眉屐履，皆生英雄之气。与之上下古今，终日卧听而不可厌。无论载籍以降，博极无斁。即小说家非族不经，谐之辄报。其于古今之变，国家之故，粲然具矣。闻其文成数千，弃笔充栋。其他杂著称是，独出古雪堂之百篇告人。以牙知象，以尾知虎，然以之投入博士家之耳目中，皆其逆视而踦听者也。此又何足致疑哉？语曰：少所见者多所怪，于以同乎？是者正之。石守之文章亦不增而九，亦不减而七，入其生门而不出其死门，何也？石守善于变，而不变者入其变中，而不知出其变外也。孔子赞《易》而不拟《易》，孔子之所以深于《易》。扬子赞《易》而拟《易》，扬子之所以不深于孔。孔善变，而扬不善变也。善变者以《易》为死生，不善变者死生于一《易》中，则《易》之为博士家，厉也久矣。而况其流三变而为文章者乎？余于石守，不能不为之感云。

金稚鹤文序

文德翼

文章之为道也，若不其之幻生。然幻生之口、辅、颊、唇、齿，何异不其贩夫耳！吐之不必有，吞之不必无，自贩夫视之，魂魄靡底，以为古今之变极矣。岂惟贩夫，虽使邹鲁之缙绅先生遇之，亦焉能不振带却视乎？语曰：少所见者多所怪，虽中年附耳而告其故，不敢信也。今之为文章者，如铭背之丈夫，不能作猩猩之啼，况异其吞吐若轧者乎？或曰："此诚而彼幻，相去若象胥之与中夏而遥也。好恶缪者，何哉?"余语不然。理贤著训，畏之太过，宁啻秦国门之书，乃后之鲰儒，辄以数画增之，可至千言，此岂圣贤降与莘而自说者乎？皆以一竹管而幻出之者也。不知此说者，正如贩夫堕其云雾中，而魂魄靡底云耳。

余年友稚鹤古曲，逆之名胜，读书学古数十年，素襟劲骨，只立遒然。其为文章变化之术，殆不可方。欲正喻之以古人之位，适穷乎智，惟醉其善幻，谓窃有似于不其生也。吾恐天下学其术者将满门矣。

皇明功令翼序

文德翼

天子以科诏士，一日得当，徒步可致公卿。苟非怀箕颍之志者，未尝不争先处强以事之。非但博富贵，抑才伎搔抑之会也。乃功令高县，有常仪的，士特私高，曾其所从来。宁剖腹以藏，才伎不出也，视弃富贵真如脱屣耳。天下之士，何箕颍之径满欤？

余以为王之制也一，士之趋也二，非士之过隳者使然。今夫隳者，犹共父之子也。共父之子，跛眇在焉。跛迎跛，眇迎眇。虽妇孺匿笑，而隳者窃幸以为似我也。天下才伎之士厌薄不为，盖或不得已矣。余以为功令亦欲跛能履眇能视耳，非欲相率而跛眇也。天下不察狃，谓字法取其共晓，句法取其相沿，章法取其易竟。如是者止，遂若通经学古，皆当今之厉禁也，不亦失诬之甚也欤？从功令者意在尊王，悬功令者意在尊圣。一王之制，千圣之心，一也。何进让之势反欤？语曰：视已成事。国朝才伎之士，尽出二科中，所见所闻所传，文章班班可考也。岂非今博士家所家至而日见者邪？余以为未能家至而日见之也？士治一经，白首而不能成诵者有之矣。果尽发一代之文章，皆于一代之功令而参伍之，其得失异同，必有能自信于心者，而惜也非所及也。

赵是愚先生为祠部尚书郎，于陪京代天下图之，上及洪、永，下暨嘉、隆，列为一集。有以少为贵者，先进诸君子也。近四朝列为一集，有以多为贵者，后进诸君子也，命之曰《功令冀》。夫功令者教也，教者之言设于空际，非有题之可程衡也。博士家画空而趋难已。先生生其羽毛，曰："如是者功令所甲，不如是者功令所乙。"天下晓然所以立法之意，虽欲不争先处强，势流所激，不但已也，岂惟有赖于天下士？抑亦功令之裨也。夫先生令柴桑时，余视天下士先一曙匡稚圭耳，今且与天下士共师之。

观文大社序

文德翼

文能垂一代之制，不能成一代之书，何哉？学无纯师故也。学无纯师，则其法不可传，其心不可为也。心者所以成文之具，而法则受之者也。为文而法不可传，心不可为矣。终身学为浮巧，取誉当世，贵然登名卿巨公之列，而所为文如春之縋华秋之陨叶，虽欲以术留之而终不可得也。盖尝勤思其故矣。心者人之所自有，而法者心之所自不无也。舍心而他，是图学之未终日而辄弃去，相弃无已时，相学无已时，其孰能以典尝作之师乎？

以余所见，十年来始为周末诸子之学，既而弃之曰俊诡，乃变而为拟经补亡之学。既而弃之曰割裂，又变而为唐宋诸人之学。既而弃之曰散佚，又变而为西京建武之学。既而弃之曰莽芜，今且闻变而为魏晋宋齐梁陈之学矣。安知不既而弃之曰排丽也，未十年而凡变者五焉，则后乎此者，其变将安极与世言其变？余犹执其尝其变者，法外之浮巧也，其不变者法与心也。而不见乎织者乎？方蚕之登簇也，轧轧于山，而素丝缫焉。织者引而置之机焉，一缩之，一衡之。缩者错衡，衡者综缩。错者经综，综者纬错，然后其文成焉。织之能浮巧者，市不胜哄无尝所也。然卒不能不一缩之，一衡之，以有加于素丝也，岂非以法之所不在乎？而况无素丝而能书空以为纨者乎？夫素丝者，文心也。一缩之、一衡之者，文法也。哄市之浮巧者，文之五变者也。余故曰：能垂一代之制，不能成一代之书，学无纯师故也。然师之道式微已久，匡衡、王通、韩愈之徒，能言之而终不能行，况处十年五变之世，而敢妄言师哉？

余李于越之禾，素有人文，书院诸君子之所材也，进入胶庠之为君子者而观焉，取其无忤于法与心者而载观焉，可谓文之成也已矣。虽然，人文之为义也，于何取之？取之贲也。贲，饰也，无色也，刚柔交错也。饰而无色素丝之谓矣。刚柔交错，一缩之、一衡之之谓矣。心与法备焉，乃其爻繇曰：君子以明庶政，羌敢折狱，然则折狱之更难于观文矣乎？诸君子之文也，有能教余以折狱者，余将以为师。

黄熙伯稿序

魏呈润

泰武鳌山间，有黄熙伯氏，且得天气有往来，日月吸川涤汉之概。乃其伏羽众神，握笔为文，乘虚体景，都非津梁所及。异哉！黄子之示我以方瀛壶梁也。余惟国家以孔孟渊海，汗汗涸涸，驱天下澹泞赴之。三百年来名臣辈出，无不与气运争衡。盖其发愤下帷时，大都澹然寡嗜，确乎不惑于中视，彼肤靡媛姝之习，虽珪璋可挺，芳蕤自吐，起而经世，务纤毫靡补，即忽有人焉，欲弁髦去之，何不可邪？

余悲夫竖儒，寸管自豪，阆风悬圃，一息可到而涔流自足，若沃焦釜，无复涵星浴日，荡云浸岳。处是，讵天地大文，不任纾写，独计世界，已须全力度索，寻瓢潦草应之为可惜耳。且夫九州之外有九州，四海分四又复有海。繇吾霞屿，溯洄从之，如蒲昌伊连之属，又安可谓亡者？黄子生大海之滨，随所泳沫，无不取之缥缈。

癸酉闱中见遇于喈林梁公，几得而失之。今秋又三丁，公奇其文，以为桃花流水，非犹武陵道上，而束于公令，仅列选首，为之扼腕，岂非有神物焉？秘之护之，必使之大发光怪于人间，令天下之俎豆干戈皆可以一气含摄之，而后称黄子稽古之事哉。今夫凤鸟聚众羽而王之，非其文之谓也，河与海纳百川而王之，非其水之谓也。黄子善自持，湛心定虑，观日夕之所荡漾，涤汔以洒濯其牢骚，精卫力现，万类齐通，将举朝宗之彀势，灌四裔之耳目。咄咄黄子，自此远矣，有不向若望洋而叹者哉！

明文海卷三百九序一百时文

李笃侯窗稿序

黎遂球

予辈既为天下人所好，必将为天下人所憎。好者好其复古行古，其憎者非愧即畏，益之以古学之律，断断不能委曲。从今人所为而其好者，苟非耳目素习，终亦疑之，甚而私意本欲有所附，律之以古道，不可，于是其憎之也，更毒于不好者，望之深而怨之笃，皆人情，无足怪也。然则予辈所恃致人之恒好者，亦惟文而已。魏操之好陈，武曌之好骆，是皆以文胜之。然而以文之憎好言之，近孟奇变百出，殆出于恒情之外。此予辈之所以搔首问天而不知其故者也。夫为行而人憎之，知其所以然而不欲改；为文而人憎之，不知其所以然而不知改。老少异好，馨臭同紫，逐逐而走笔墨，几如邓林，识者悲。然则予辈之为文，亦第以古律之，一如其居身而已。焉能问憎好哉？

李子笃侯，居家既贫，乃脱然不顾，海海而来虎丘，掩关读书，不妄与物接。为文，月可以百计。会予且三刖还山，始得邂逅定交，出其诸义商之，大都岸然自命，知笃侯信古之深，予亦因之深慰藉也。于是与笃侯汲试山中新茗，掀髯相劳，则以为世能憎吾，率不能憎吾文。吾文幸而糊名易书，亦幸而阅之者脑烘目迷。夫既不能辨予辈之所好者，则安能尽拣若辈之所憎者？譬盲人手摸鱼目，或反得珠。是以一科之中，亦偶有数人。笃侯笃侯，亦善俟之而已。然而于其为文，亦正可以观其为人也。喔咿滑稽！全躯事妇人之行既不肯为，则市妆倚门五经扫地之文又乌肯为？予独惜乎！

今之衡文者，当国家亟需正人君子经邦弘化之时，而好学之士多伏于野，天下事究竟付何人哉？若予，固不足道也。生长遐壤无能舟居陆处，则有海上仙山可住家，无担石之储，则学辟谷餐花。每笑当世号称高爵大名，尚且不能识“审”“禺”二字，宁复辨此中有人？予反籍是，以免于憎，未可知也。予为笃侯言之尔尔。

陈耆仲近艺序

姜　周

今乔木之望，辄推避南海之陈耆仲，吾师宗伯公仲子。诗礼趋庭，昆季相友，玉树竹林，风气日上，斯岂流辈之所足拟。顾耆仲小即有至性，当师以执奏宗藩事，圣怒几不可测，时耆仲长安相依，终可十龄日奔走，夜涕泣，忧虞以至于感为心疾。幸而师奉恩归里，耆仲相随而还，太夫人含饴相笑，疾乃获释。亡何而谗蜮载鬼，张弧欲射，几及雁行。耆仲衔芦相警，则益俯首下帷。予尝过师侍谈棋瑟间，视耆仲子舍，兄弟一灯，笔研之声，丙夜相答，所为举业文，乃能超博疏越，高步先民，往复之余，回味弭善。于是人皆知耆仲之文能肖吾师，而不知耆仲之心。当其甚疾，则不能为文，其可敬可畏，更甚于其为文也。

吾辈文章之旨，不过以忠、孝二者为端耳。师为忠臣，耆仲为孝子，故耆仲之心疾，良胜于他人无疾之心，他人以无疾之心为文，而如彼耆仲以有疾之心为文，而如此耆仲岂可浅近窥测乎？予则愿耆仲毋忘所以致此疾时，操如是之文，出而以家学经天下。

今中原涂炭，谋夫孔多。君子如祉，乱庶遄已。圣明天子，当必思师言之为正直，赐环卜瓯，拭目咸俟，充成之业，更望耆仲。吾正恐四方同声，徒知奇耆仲之文，谓为韶龄逼人，而不知其为文之心，实出于忧危，营画慨慷，惊恐之余，发愤郁勃，悲喜相宣。宜其不犹夫乌衣子弟，纨绮习气。予故为序而著之，以见耆仲之至孝，而又因乎吾师之纯忠尔。予言安足以重耆仲？耆仲勉哉！

代耕编序

姜　周

予与梁渐子里居，南北依倚，梁子大母，以节受旌，今遐寿未艾，则予母之姑母也。两家岁时，扶杖相过，不为客礼。每食请所与，则互命童女，使米盐有无，则不怯相乞假。渐子少，即以尊人有良，先生命同予弟延师为学数年。予往来吴越，归则梁子以为古文词甚赡且工，所著史眉，考究甚坚悉。予弟学为举子业不成，则退而归耕板桥。梁子遂与予互相师友。梁子业举子，皆以其所为史与古文者为之，于时体甚合。顾梁子雅不乐时趋，庚辰南宫试竣，即趣命驾出，途次乃闻落第之报，夷然安之，归而嗜古益工。此梁子所以成其梁子也。

予性戆肠热，当其揖见长官，或礼貌不如体，或论事是非枉曲，轻忽恣肆，或意不相属，则予必恂恂而退，落落日远。其于上交，人皆谄乞，予独期于不失节致罪而已。予家乃日落，无敢过望于人。其卖文为养母计，亦势所不得不然也。梁子则宁概不交，故亦复不得不卖文。《代耕编》其所存者，读其《自序》而可以见梁子之志矣。

虽然，予殆有以为梁子宽，且自宽也。梁子谓以一缣贽，予辈为文乃以数缣贽。所代之官之名，若以予辈之为，之为劳且贱。予则以予辈之文而五彩绣之，金书而施张之，拜跪局曲以将之。其为清白吏，则传之为世宝，以示子孙，使知桐乡之爱。即反是者，益复以为解嘲饰说，荣耀乡里之符。若是，则向者所为，于予礼貌不如体者，论事轻忽恣肆、意不相属者，其于予文也，而如此有体矣，不轻忽恣肆矣，意殊属矣。予虽劳且贱，亦何惮而不为？若予辈举业之文，使闱中劣史易书迷目者，不数句辄加红勒，而犹津津为之不已，则诚可叹耳。故予弟之弃而不为视，梁子之即以所为史与古文者为之，尤为自得。姑戏为梁子题此，以示予弟曰：而毋谓梁子非耕也，则亦无疑于予之不耕也。

叙王有巢文

曾异撰

王有巢氏，异人也。向人朴讷无一言，中无不能。能诗能文能画，顾不能自食。其友韩晋之，为有巢谋：子曷卖诗文以食？有巢诗文不售。曾弗人为有巢谋，子曷卖画以食？有巢画不售。有巢诗似李贺，古文词似扬雄，画似小李将军。古之人有一焉，皆足以传，在有巢乃足以穷其身。弗人子谓晋之曰：有巢氏必有深犯乎世者。世嗔其所犯，而移其嗔于其诗、其古文词、其画也。

有巢氏出其制义示弗人子，弗人子怃然曰：得之矣。有巢氏坐是故穷也。有巢氏制科义兼有长吉之幽险，扬子云之蕴奥，而更以其小李将军之笔意，而刻画乎古先圣贤之须发眉面，与夫毛孔衣褶之微，靡不精至。三者，有巢氏有一焉，皆足以不售。而有巢氏之制科义兼之，宜乎其犯世之深。世之人盖嗔有巢氏之制科义，而徙其怒于其诗、与古文词、与画也。

有巢氏曰：然然，吾必行世。且夫世之嗔吾文而行之也，犹之乎誉吾文而行之也。但使世人之心中目中，各置一有巢氏之文于其前而嗔之詈之，则世固已行有巢氏之文矣。

韩晋之首肯其言，命予执笔而叙之。有巢［氏］故有《夕庵草》。吾友董叔会，有巢氏之桓谭也，与晋之序而行之。世儒目摄于有巢氏，且移其嗔于叔会、晋之之眼。信如有巢氏之言，以其嗔于世者行世也，则夫叔会、晋之之眼，与乎曾弗人之叙文，其亦附有巢氏之制科义以行也夫。

周亮如制义序

曾异撰

今世之以其文行世者有三焉。有自信其文而传之者，如得气之行卷、房书，诸文副其福者无论，即其猥窳逐队者，亦复诛梨刑枣，傲然信货。此如跛鳖入肆，着艾而验，则亦仙蔡圣龟，山节藻棁，居之不疑矣。有不自信其文而传之者，河干伐辐，出户辄龉，未能罢仆，敝马问道，于大海之东西，长江之南北，则亦布然疑于天下，以广其素心，与析天涯比邻之意，若予辈之偶而不自获其丑是也。若夫价善货信，时尚有待，而有必可以自信之文，愤愤然恶夫偶而弋获者。徒以一日之合，自信而吾自出之，自传之，使天下之信吾者知乎？一日之合不足重，即其后而合于一日，吾亦不恃此而始信于天下者，其周子之文之谓与？

夫自里妇村媪，牵臂入宫，苎萝屋角，梅摽莺嗟，摇曳三实，鹂姥御出村矣。于时雨闭三家，劳媒裹足，絮眠一路，佞妁无声。彼姝者子，悄然而纱掷溪头，屧响林外，蝶随香步，草引微行，翩翩然行越国而叩吴宫。使夫将余百两，宠冠三千者，顾吾而陨，邢夫人之涕也。虽然，吾为美人子计之，曷反而自闭村中，花晨捧呻，溪午沉影，草满莺阑之候，梅子可倾，纱筐不闲。于斯时也，有士焉独往而遇之，斯诚美人之知己也。今也捧其心而入市。昔人云：夷光虽美，鸟见之而高飞，鱼见之而深逝。吾恐夫侧肩掉臂之市眼，无以甚异于鸟之与鱼也。

周子曰：否，吾非以吾文适市也。今有待年者于此，孜孜然而俯水语溪，抱台许镜。夫士庶不可谓矣，于是而图之绘之，影留纸上，针停杼罢，指绘相连，枕剩衾余，揽画同梦。邻女问颦，则共我而三；夕缸添影，则侣人兼二。亦聊以寄吾孤情云尔。兹刻也，其亦吾之自图自绘也，吾藏之以俟其人。夫天下之大，岁月之长，岂遂无独往之一士，如吾子之所云者乎？吾留影而秘之，非留影而传之也。此周子极孤之踪，且不受同悲，又何心同赏哉？曾子辴然而笑曰：嘻！周子抱其文，而独且亟亟然出而示曾子。夫周子未结缡也，然久已自成于我矣！

序刘子卮草

曾异撰

夫古人之文章，期于能为简者也。今之时义，不能为简者也。古人之文有二端，曰叙事、明道而已。

古叙事之文，莫如子长，孟坚已不能无繁简之异。是以《平准书》简于志《食货》，《河渠书》简于志《沟洫》，《货殖传》简于志《地理》，《天官书》简于志《天文》，《封禅书》简于志《郊祀》，《律》《历》二书亦然。然而，《平准》《河渠》《货殖》《地理》《沟洫》《食货》诸书，则《禹贡》一篇尽之。夫《地理》《食货》《河渠》，前人一之，而后人三之。前人合《天官》于《历》，尽于“命羲和”数语，而后人分为二书，宜其伸缩之不相逮也。他如本纪、列传，班氏往往欲以详赡胜子长，亦自知其简洁不能如迁，姑用周详自胜，实以见长者护短耳。然腐史诸纪载，自周秦而下，汉兴，高、惠、文、景、武五朝耳。惠又不永，乃至十数万言。《尚书》典、谟五篇，而唐、虞、夏后之君、相、官、牧备其中。乃其时二帝一王之典礼、乐律、刑法、五行、灾异之故，亦具志于是，其繁简又相悬若此。

若夫谈理简要，则世称《道德》五千言。愚谓牛背口授，后人自分为某章某章。实则犹龙氏一篇之文，亦如伏羲氏之六十四卦，后人演一卦为一篇，在庖羲氏不过以六十四字成书耳。夫《老子》之文一篇，而其言至五千，尚安得谓简？然自青牛出关，而著述仅仅于是，故夫老氏者，谓简于著书可也，谓其文为之为能简，则未。惟以六十四字成经，则庖氏简于文周、孔子，孔子简于曾子，曾子简于子思，子思又简于孟子。夫明道至孟子而详，叙事至孟坚而详，犹之乎不能为简。然较于后之递降而递繁者，又为简洁之至者耳。且夫以一言而包举天地万物之理道，以一典、一谟、一纪、一志、一传而隐括乎一代数百年之事，与其人终身之行业文章，此夫能为简者也？

今世之时文，其命题仅四五字，多不过二十余字，而展之为破、承，又展之为首、尾，又展之为中央、前、后之八股。此夫不能为简者也。愚尝谓：古人之文如缩地，今之时文如廓革。夫廓革者以廓之而极其大为能者也，使廓革者而仅如其革之本然，则无为贵廓革者矣。为时文者以极其所长为能者也，使为时文者而仅如题而已，则但还其四五字与二十余字而止，而时文可以无作。故夫今日之经义，无论其不能为简也，简之则遂无经义。虽然，廓革者而极其廓之所至，大则大矣，然则愈无廓而革则愈薄。故夫时文而以极其所长而为之者，吾恶其为近于薄之道也。夫以不能为简之经义，而能为简以古人缩地之意，而行于今世廓革之文，此予有取于刘子，而欲与之读古人之书。若区区于时文窟室中，较量繁简，此予所废书而叹，自稍有知识以来，所为太息，痛恨于王半山，而久欲付之不言者也。

徐文匠制义序

曾异撰

士何事不可为，而必为文章？士即俯首为文章，自经史、骚赋、诗词，以至巫书、小说、衲呗、优唱，亦何事不可为，而必为今日之帖括经义？夫德、功无可见，而但以文章立言，此三立中之最卑者也。文章而至为帖括之经义，此又立言中之最卑，并无足齿数于文章之列者也。

今以无足齿数之文章，而气隘者拒户而守，意广者建鼓而徇。某曰某派吾地开宗，某曰某派吾徒祭酒，而不自知其为蜣螂之转、战蚁之哄。甚而当事之公卿大夫，不曰今日之繁赋何繇轻，贪残吏何繇去；兵多而悍懦，食用穷蹙而冗漏何繇足。疆场数千里地，何繇恢复，卤频来，何繇大创。天下士大夫酒食、声伎、裘马、仆妾、阿堵、田宅诸风尚，何繇正。贤书铨选苞苴，何繇衰息。兵荒流民，何繇宽恤。招聚立朝，何繇守正不党。忘身忘家，使朝廷敬信，臣子除猜，察省刑狱，不此之问，而今日议正体，明日苛限字，此又事之至迂极倒，而可笑之甚者也。虽然，今即有孔、孟之道德，伊、旦之勋业，而舍此至迂而无足齿数之文章，则虽周、孔无以自见其德与功于天下。夫士干禄今世，譬则巨鹄峻鹤不生于海阔天空之际，而俯巢于阛阓之丛篁，饮啄于农桑之田圃，其性气不除者，时而抗首嘹唳，视翅翔举，稍露其高寄不屑之态。而其不然者，则亦安然而卑栖俯啄，无以自别于稻粱之鸡鹜，亦相与接翼于桑颠篱下已久矣。

曾子老樊笼间，徒以父读书蚤丧，生世胎而孤，母七十老，寡妇寒贱，不可无禄养，不得不株守一经，以附于古人为亲而报关击柝之义。而又自分其才无以与于古来左丘明、屈原、司马迁、李白、杜甫、韩愈、苏轼、关汉卿、王实甫之间，是以陆沉溲溺中，行年五十，须发白尽，而未忍去。徐子父、祖为大官，无俟升斗为养。以徐子之才，而为古人之经史、骚赋、诗词、歌曲，投之所向而无不可，顾俯而为科举之文。吾读徐子所为经义，虽其引颈而鸣，振翮而上，气决而目逿，可以无所不之顾。时俯而视，决起而盘旋，趯然回翔审瞩，若有志在千里无可如何之意。嗟乎！徐子何自苦若是哉？或曰：徐子方将自致于三立间，不得已而寄于此者也。

自叙四书论世

曾异撰

异撰胎而孤，母二十一抱孤子在褓褓中，则喃喃教异撰读父书。忆六七岁时，母篝灯于床，展书于枕。吾母手纺口授，异撰偃卧而读之。去今三十年所，母老矣。异撰多病早衰，年未四十，须发鬖鬖然，已似老翁，而学未有成也。盖异撰十岁而学为文。诸父急，小子逢年课，异撰为不远于时之文。十六七岁而异撰私喜为纵横排荡之文。十九岁始知读古书。

始吾四岁，焚庐火及寝，母亟去徇父柩，仅以榇免。诸父书已火，不可读。偶于外祖旧箧中，得抄纂胡《易传》《礼记》三书字墨，而句丹之，而时发为文章，而又学为经术之文已。庚戌房稿出，读丘毛伯、王带如先生稿。其纵横者业已先得我心，而尤喜其清率灵快之文，以为无应制肥酒大肉气，而尤喜为清真之文。二十余岁而授书佣食。私念不可以吾法为教法，时时拈济之。应德及归、胡、汤、许诸先辈稿，读之初以课童子，熟视而又所入，以为不如是，则不足以语于文，而又学为定气矜格、认脉摹神之文。已乃哜啜等分之，其论事论人之文，则为排荡经术之文。而其谈理讲学之文，则为清真快逸与夫定气矜格、认脉摹神之文。是以世之知异撰之文者，见其论事论人之文，与其谈理讲学之文，则判然以为非一人之文。已又和合之。其谈理讲学之文，犹之乎论事论人之文，而总之为论世之文。私心以为，言理而不适于世事，则为腐妄不可用之理；言学而不于其人之世参之，则其学亦为头巾帖括糊目而互相呼拜之学。且夫所谓论事者，又非必以《四书》之言论《四书》之世也。吾意有所感，则以四书之言，论今日之世。吾读《学》《庸》《语》《孟》，而证以汉秦以后《通鉴》、十七代诸史，则又以汉、秦、唐、宋之世，而论夫唐、虞、三代，与夫孔子、孟子之世。私谓不深观乎汉、唐、宋、明之世，则其论唐、虞、三代、孔子、孟子之世，不畅不确。盖异撰之为文艰难而屡迁如此。

昔人云：孤者易伤，贫者易感。异撰贫，然不能言贫。吾流寓七年，无屋以借居一椽，如掌秋嚣市肆间。母常谆谆谓异撰：小子宁佣经负米，无如古文章之士，嘐嘐然以其贫贱而号于当世知己之贵人也。嗟乎！异撰不贫，独吾年时迈矣，而所学如此！盖贫莫贫于是，是以自伤其孤而失学。试出行世焉，以求益于海内之细论吾文者，当世其教之诲之，异撰不敢不勉，以庶几于学之有成也。

王有巢哀帖序

曾异撰

今世盖汩汩相隳为谀哉，而文章为甚！选文者，谀人者也；叙文者，谀选人者也。师之谀其弟子也，门士之谀其先生也，朋友之交错而相谀也。失此三谀者，朋友以为不可交，先生以为不可教，而门士亦始慕终弃，望门却走，谓不可宗。王子貌木而舌讱，其不能为谀，盖可望而知之，而喜为选事，王子其谀人也哉？南山之枣何罪，王子则髡以为佞也。王子不为佞也者，则请自王子之知交与所畏爱者始。王子先行意于知交与所畏爱，夫然后可以号召。侧目之余子，虽然信斯言也，害王子之选者，必自王子知交与所畏爱者始。王子之选事难矣哉！且夫选人而以谀人，王子不为也，王子则不可不谀世。

夫时文者，谀世之文也。今世自黄口鄙儒，则莫不附耳抵掌而称前辈。王子而选以谀世，亦必附耳抵掌而称前辈。夫先辈之文足以奔走号召乎？今之鄙儒者，以先辈之名辅之也。今使掩鹤滩诸公之主名，而号以今人之文，则乳子腐生又吐弃之恐后矣。且今之自命司世，而挟其可以贱人、可以贵人之权，借以过抑文士豪纵之气者，莫如南宫之牍能已见于前事矣。夫日者南宫之后，司命者未尝不欲得钱、王而收之也。然使今之世而有真钱、王者出，未必不在摈落之中，而适以瘘人读书之气骨。今其逐队者无论，试取十八人中，选天下之精锐而先登者，其卓然可垂者谁乎？即一二知名士误入彀中，试扪心自问，谓非□舌缩手，舍所学以取世资，不可也。

夫上以正体起衰为名，而下以曲学阿世为实，然则是救世云者，亦上下相驱为谀也。王子又不为。无以，则姑舍之而自谀，王子而自谀，则可夫？王子身不为谀，而欲使天下之人，舍其自有之心目而谀，吾王子又不能，则曷正告乎？观是文者，第掩其为文者之主名，与王子之评阅，先入之，诋谀漠漠，然无所适于中。盖以文为覆而已，则虚游而射之。不谀人，不谀世，不自谀，不谀王子，夫然后知选者之不能为谀也，盖曾子则已望而知之矣。

序龙虎吟
曾异撰

庚辰之春，吾友陈子含，偕道掌氏选程墨弧文事也，盖有奋武之思焉。曾子异撰时方北方游，示诸同人。有朝苦书生满文兼武事，行之句已，贻书诸同社。吾一船中，左拥时艺，右载弓矢，宫中梦卜方勤，生攘臂逐队，自附鹰扬龙卧间。夫以时文为文，非文也。以弓马为武，又非武也。文不成文，武不成武，持此出草庐谒帝，名为应莘谓之求，须吉甫之选，何异抟尘饭儿？戏噫，可笑已！仲夏北归，子含又有《龙虎吟》之役。盖取诸颛顼氏之神剑，谓其腾上而指，则所向克敌；藏之匣中，时时作龙虎吟也。陈子言之详矣。

夫古之以说剑雄者，莫过庄生。其言有天子之剑，有诸侯之剑。天子之剑，某为锋，某为锷，某为脊，某为镡，某为夹。诸侯之剑，某锋，某锷，某脊，某镡，某夹。某不能尽同，而皆可以直无上，而举无前。以此异于世人之剑。今天下内讧，流寇北哄，强胡所需者卿相士大夫之剑耳。夫今当事者之剑，以三岁乡会试之闱牍房书行卷为锋，以分门别汇，摘句割股，碎金杂锦之大小题试牍为锷，以学堂训诂之传注讲说为脊，以坊刻纂辑饾饤之经、子、史、秦、汉、六朝、唐、宋诸杂文绮语为镡，以历科沿习传诵隐括二三场之论、表、策为夹，而以误国丧邦学究鼻祖之王半山为铸剑之欧冶，以荒耄固陋、夏虫正体、螳臂起衰之主考眯目簿书，糊心帖括，以贤书为市之房师为选剑之雷焕、张华，兼以吹毛洗垢、因缘报复、舍大奸利、索小瑕疵之磨勘者为之抵剑之土、淬剑之水，以此内荡寇而北抵胡。噫！吾哂其不如庶人之剑，尚可以刲羊而刺豕也。

庄生曰：庶人之剑如斗鸡。繇今之道，无变今之俗。愚谓：今卿相士大夫之剑，如战蚁。虽然，一代之王制在是矣。三百年间，具文武经纬，系社稷安危者有之，未尝借才异代也。皆繇此道也以进选而用之，其亦天子之剑材也哉！兹选也，夫亦其铁中之铮铮者，淬而用之，则恃有今天子之神武，命曰《龙虎吟》。《易》曰："云从龙，风从虎。"合中之吟，夫亦思有求吾者而从之，为是选者其亦有所思也夫！

叙旅誓

曾异撰

古之著书立言者，皆选其才性之所近而选言，以出自选，非选人也。司马迁为《史记》，则选其人，而编之人选其事。初未尝选其文，间有之文，亦因其事以存《垓下》《大风》之歌，岂选诗之谓乎？《汉书》踵之，遂有事、文兼收之意。故其帝纪之诏令多，则列传之奏议详。他如邹枚、王褒、终童之属，人以文存，亦渐镂衍损风气。东方朔《客难》，扬雄《解嘲》，古今人旨口，予谓可无载也。使孟坚传屈原，必兼载《离骚》，不但《怀沙》一赋。其传管、韩，必取材大小《匡》《孤愤》《五蠹》诸篇，不但采仲之逸事非之《说难》。夫贾谊之《鹏鸟赋》，未必过于《治安策》也。然而太史公之去取如此，宁使后之读

《贾生传》者，谓迁之详赡不如班，而必欲孤行其《屈贾合传》之意。此其踽凉独往，绝不作选腴割炙俗想。即此一念，便可藏之名山之中。明知后世之必有班椽不屑为之耳。愚谓：嬴秦而上之《史记》，《尚书》《左氏》《国策》之约略也；武皇而前之《汉书》，《史记》之补遗也。史者，选事之书。而约略主弃，补遗主收。乃二书位置之高卑，亦具见于此。岂非以选事与兼选文者异乎？范晔《后汉书》，始以"文苑"树目因文而传其人矣。其他所记载之文章，亦倍屣前《汉》。梁昭明别为《文选》，则文径离人以存。识者谓滥觞于范晔，而愚则谓芽蘖于孟坚。《唐文粹》《宋文鉴》，皆其苗裔也。承流为西山氏之《正宗》，乃至谢枋得《文章轨范》。其事至琐尾，犹得为里社学堂所不废，而所选者与选者，其文与人皆相丽而行。

凡诸所搜辑，少科举之文也，间有之矣。然应制之体，当时仅以为时文。有意立言者，无取焉。董江都应制三策，班史至详载列传，太史公尚以为无足存，先已略去，仅以经术附儒林间。嘻！使后之传王、唐诸公者，而以吾代应举诸大篇附赘其内，无论为有识所姗笑，即黄口小生，有不谓引用失伦者乎？

故夫为文而至于帖括之经义，此文章之至猥琐者也。选文者而至于帖括之经义，此又选事之至猥琐者也。《旅誓》之有初选也，希之兄弟俱未脱然于樊笼也。二集之选，希之或不得已而为之。为赓之者是以不可以已乎？嗟乎，赓之！四年，宣城令扶父榇归，至三山不能自前入城，属予贷十金以行。归而无田自食，兄弟作若为琐事。希之、赓之坐而选，仲氏羽之贾而行，以自比于梓匠、轮舆。坎坎河干之苦行。仕宦而至此，在吾辈为固然，亦异于末流之志在田宅事、图温饱者矣。若其选事之佳，固无俟予赏誉，即称赏之，亦不过以为子长复生而为今世之《文选》。今世为文之人，要亦等于古之磨镜赁舂，无可奈何而自食其力之鄙事。其独行则可佳，其事虽绝二，亦仅与赁舂而不秕，磨镜而不瞀者无异。斯以无足誉也矣？

叙庚午程墨质

曾异撰

吾平生不喜读墨义。每闱牍出，勉阅三四省辄罢。间强自卒业，大都累牍中不能得二十余首。每阅讫，辄有弃日之恨。尝谓人：昔日之程墨掩时义，今日之时义敢于侮程墨。忆少时阅行卷房稿凡三年，较士诸目一出，坊刻遂废。间有之，亦不入选。即入选，亦终无以逾锁院之文。而今之行稿社义，与程墨争道而驰，无引避意。甚则人士故为拟墨，公然建鼓而揭于天下，至于主司程式。昔之偶然拟作者，惟冯开之、邓文洁一二先生。而日来试录一出，无论能与不能，凡纱帽加首，辄复泚笔拟程，若以为不可已之事。夫拟墨而无以十百千万于墨，而仅与新贵之翘楚者无以异，墨可无拟也。拟程文而无以颉颃于先正诸君子，而仅与剿腐庸弱之程差有以异，程可无拟也。且夫拟程墨于程墨败坏之时，虽胜不武，然亦有所狎而动，而未信彼之遽有以胜之。故夫使今之拟程拟墨纷然而行于世者，无论其胜与不胜，则今之为程墨者之过也。

若夫程墨之选，其失有二。其一则浅学腐生，以为是已信之货，虽粪秽瓦砾，咀嚼而跪拜之。此如小儿盲子，闻辟人之声，见舆皂之来。无论尧、桀、舜、跖，则相与弭耳屏息，而俯首降下之也。其一为摈落诸生，喜负不偶，眈眈幸夫闱牍之一有瑕衅，则相与摘伏发瘢，正告天下，以洗泄其不售之愤耻。而要其闱中自为之文，未必有以胜人。使幸而售人，亦将摘发乎彼，如彼之所云矣。

且夫闱牍之作者、阅者，则两难之矣。今之猥庸者无论，即真有雄才博学之士，一入闱中，而上之睨限体之功令，下之虑盲目之主司、内顾而又有贱贫失路之感。稍欲抵掌而谈，则瞿然嗫嚅，次且蹩躠靡骋。夫虽有奔尘追电之雄骏，而伏枥顾后，失驰虞前，俯然若喑若蹶，逡巡于四达之衢，而佹得九方之一视。夫相马于骊黄牝牡之外，此国工之所能也。若夫钳蹄络口之中，而欲以摸索神骏，虽伯乐顾岌岌乎难之。

吾观于近代名隽，虽其后悬书国门、卓然可垂者，而其逢年之牍，虽经改头易面，仅出行世。当世寻声之士，亦怵于其名，诺诺不敢出一语。虽有识者平心而视，谓终无以逮其平日之所为。而碌碌庸福之流，天亦与之一日之长，以偷取终身之贵富。此则造物之公而仁，不欲使科举一途尽为文人才士之所据，而主司亦无如之何者也。而论者苛责，辄以为衡文者之罪，亦以过矣。且夫世不尽可以服人之主司，而其为都人士之标质者，则恃夫选者之目。夫主司之目，可以考试人士，而贱之贵之；选者之目，又得以考试夫主司，而是非之可否之。则吾社德发之续有是选也，夫亦不得已也夫！

序癸酉闱牍抄

曾异撰

岁在癸酉，天子近七年为政之期，廷臣少当意者，一切以综核为治，属当举人士于乡。先年尝厘正文体，有所黜落，连及有司。主司意不在得士，而先救过。摇首闭目，受卷如立层冰，恐文士之艰奥，而失则诡也，则依仿百年前知行教养立柱之体，而拔乎耳目聪明、心思睿知，开股者以为正。恐文士之疏散，而失则优也，则拘牵对偶骈俪之体，而拔乎一起语而排比六者以为正。诸如此类，其所为反正之技止此，而亦可谓不遗余力矣。虽然，吾更有说于此。

夫文体奇邪，固功令所禁也；以贤书为市，非功令所许也。则闱中之登贤书者一人，作文者又一人，亦非功令所许也。甚而登贤书者场中之人，作文者场外之文，又非功令所许也。以耳目所闻见，岂遂无其人乎？不此之问，而徒使人士薰眼束胸，若絷缚其手足，无乃放饭而问齿决乎？且即以文体言之，如今日之所谓正，则必谓排荡高深者不正，而整齐浅俪者正也。然则是六朝正而西京不正也，其在唐则王、杨、卢、骆诸人正，而起衰八代之退之不正也。且夫科场而正文体，此其说始于欧阳子。其所取以鹄人士者，子固、子瞻也。今不能得曾、苏而徒取腐生菜佣以充数，何以谢轧茁之刘几乎？且欧阳子之砥文风，则其力自足以正之，非有所顾畏于功令而然也。

今主司缩缩而睆功令，犹人士之缩缩而睆主司，盖上下相殴，勉强从事，不得已而为苟免护官之计，譬则孱子操舟，无破浪回澜之力，而但收帆牵缆一篙沿岸。是以子不正而正之以经，经不正而正之以《史》、《汉》、唐宋诸大家，《史》《汉》诸大家又不正，而正之以浅弱之程文、猥庸之墨义，与夫首鼠多畏群主司之眼，嘻！亦可谓本之则无矣。故夫有忧文体者，而又忧乎当世之正文体者，举文士之售于主司者而更次第之。夫上之取舍当，则草莽可相安于不议闱牍之编次，亦不失为上下相维无所讳忌之盛世，然必其人之力足以议之。夫兹选也，固亦议之有其本者矣。

明文海卷三百十序一百一时文

选诗经鼎来叙

冯元飏

不能诗者不可说诗，无诗肠也。不能古文辞者不可说诗，无诗骨也。不能画者不可说诗，无诗意也。不能笑者不可说诗，无诗舌也。不能饮者不可说诗，无诗兴也。不能游者不可说诗，无诗景也。不能琴者不可说诗，无诗韵也。不能度曲者不可说诗，无诗趣也。不能相思者不可说诗，无诗情也。不能兼之数者仍不可说诗，无诗胆也。予家世业《三百篇》，盖先畴焉。独染指唐人格律，未免逗漏。其于古文辞，间一肄及之，不即工。每展古名画，懵不辨谁氏笔。又口吃，复不能饮，二三四盏则酣然熟睡。且无济胜具，未暇为汗漫游。家有琴，悬之壁间，尘满弦轸。闻人歌，亦能别美好。试一啭喉，便令周郎掩口。更以世无尤物，中其膏肓，从未尝作情痴事。数者无一焉，何以说诗?

然每当其诗肠忽开，骨节姗姗欲动，意蕊舌锋，卒不自抑，兴与景遭韵逐趣，还不觉情之深而胆之壮，则若与青莲、少陵往复酬和，盲臣腐史上下扬榷。僧繇点眼，长庚益毛，支许送难，山阮更酌。时则如十洲三岛起于足下，而护索凉州来自耳边也。又如车子引声，琐女激曲，而临邛博陵感白头，怜旧意，妮妮欲绝也。于是奇文共欣，玄风大畅，上乱灵祇，下变庶物。予即欲不说诗，可乎哉？予一说诗，将使天下言诗者尽大历以上，文尽西京以上，画尽神品，谈尽炙毂輠，饮尽千钟百斛，游尽好山水，弹琴度曲尽妍妙，相思者尽解颜。斯真通天彻地、极顾快心、不朽之盛事也。

嗟夫！宇宙之大，耳目之前，倏忽起没裔宇嵬琐之变态，升者沉者、夷者实者、战者婧者、叫者号者、笑者啼者、怒而骂者、戏而谑者、似发者、似蜎者、似尘似影者，何以非诗之肠之骨之意之舌之兴之景之韵之趣之情之胆，又奚必寻行数墨、栉字比句而后为说诗也哉？夫寻行数墨、栉字比句，世之说诗者也，非予之说诗者也。虽然，使世复持若说以求伸于予之说，则奈何往语之曰：无说诗，匡鼎来。

刻因是编序

冯元飏

天下之纷纷也，以是非之多。予欲一之，则固不能一之。不能一之，而必欲予一之，则请无言非而专言是。盖以予盱衡天下，少有不是者也。竖者是人，不必其戴义头，垂禹耳，搔麻姑爪也；横者是兽，不必其马渠黄，牛周留，狗皆重工、彻止也；上者是鸟，不必其随孟亏，传帝女，若君山武游郎、戴蝉儿、自在先生也；下者是鱼，不必其啄光十翼，陵处一角，洞渊千丈，紫胡之三尾六足四首也。又请专言人，竖者是鼻，横者是眼，上者是项，下者是趾，倒生者是发，顺生者是髯。吐于口，即是言语。写于手，即是文章。文章韵之，即是诗。比于弦板，即是曲。传于经，译于书，具一承破起缴，即是今之时义。中式，即是墨卷、进呈即是程文。付之贾人，伐梨枣而镌之，即是二十房，即是《诗》六房。无分于施嫱嫫母，丽姬敦洽，毛曾夏玄，安仁孟阳也。无分于殷盘周诰，秦碑汉疏，八代衰而宗元腐冗也。无分于汉魏六朝，初、盛、中、晚，阳五、张尤、李赤也。无分于秦青韩娥，汉卿实甫，絜傀儡歌踏踏也。无分于瞿唐向顾，三家村，把笔写、仿学究也。彼亦一是也，此亦一是也，因其是而是之，少有不是者也。

然则今之《诗》六房，真是矣。其一百三十六人自是之，其主司交是之，其天下人目论耳食，群然是之。而予乌得不是之？则命之曰：因是不可乎？或有非之者曰：是则是矣，曷为文有中不中，中又有选不选，选又有行不行耶？予默良久，曰：如君言，亦是也。

陈昌基时文叙

冯元飏

苏子瞻论酒，自云不能饮而好饮，天下皆无在其上者。仆之于文亦有云，然天下之好论文者，而不得论文，皆无如予者也。每见时人，或治诗古文，与一行作吏，率厌弃呕唾，时文不复道。仆每不然之。诗古文，正与同原一致，即吏事，何所相妨？彼厌弃呕唾之者，亦所谓明公未得酒中趣耳。

予浮湛诸生孝廉中二十年，颇极研笔劳苦。然恒恨人事，嬲人未尽此道沉湎之趣，既释褐，为工部，日夜散筹，计土木工，不暇。每念周文襄自请读中秘书，真年少遭逢，一代绝事。于时庚午，粤西当有分较之役，当事将以命予，予以僚友有李愚公先达在，不敢先之而辞，寻乞假归。久之还朝，补春官，累功次当迁，当事者不欲予改授内职以大例当出。初拟使视学他郡国，不果，使备兵东吴。逾年，改视八闽学政，于是解胄，束图书就道矣。以两台谬许，请久任，遂奉俞旨中留。已闻闽中士多有喜予往而恨其不果者。又明年，因复社事答诏失意，谪迁而去闽，中益以不蚤得己为恨。盖予平生好论文，而所遇往往不得论文。其踪迹略如此。忆前在礼曹时，予所司故郡国学政，较阅天下诸学臣试卷，独见山右袁临侯宪副，衡鹭精昭，即位置次第，一一有意殆如眉眼鼻口高下，无爽心。窃嗟服，以白府主，请遂考为天下最。因退自思：得为试官，当如此矣。已奉闽学之命，不觉十年。见猎心喜，磨厉以须食指俱动，谓此行也，闽虽士之渊薮乎，要当竭泽取之，所不杜绝一切孤立行己意者非夫也。忽被停夺，真有凤凰池之叹。至以复社故谪迁，乃差自慰曰："不得以人文、人士为功，又幸以人文、人士获罪，足不负平生怀来尔。"

闽中陈子昌基，予二十年论文之素交也，寄书与诗讥予。予报之："诗非关有意贪鲈鲙，只是无缘吃荔支。"昌基又报书曰："公不来闽，是为浮丘公不使相鹤，九方皋不使相骏也。"此见誉良过矣。彼二贤者，予则安敢？然以予之好论文而不得论文，直是杨妃不是吃荔支耳。昌基有时文一轴，走三千里，函寄使予论之。八闽人文、人士之美，故不独荔支。既得吾昌基尽在斯矣。荔支以君著作紫为第一品，如昌基鲜新、隽腴、奇怪之文，大小紫不足为其味也。卷轴却还，真乃三日手香，一生快饱。予行虽不至闽，每见昌基信，至得其书与诗与文，辄当红尘百十骑来也。

时文易题辞

陆　符

历律谶纬，壬遁方技，皆《易》也。不可谓《易》之至，然精数妙术，类足尽《易》之神，而明其道于不废。传注义疏，则所谓传道而授业者，紫阳《本义》，其一家耳。后世有集大成之言，而吾国家遂定以试士。

然两祖明诏，敕举子得杂用程《传》注疏，载在令典，于《四书》《五经》，又各纂修《大全》，列之学宫。圣明度越，诚不欲专私家学，以成经术之陋也。后之攻《易》者，狎其捷径，便于取世资，而工于投拙，目章句栉比附会而缘饰之，护其所短，文致其所未备。父课子受，师传弟习，旦夕简练，以需其一日，《本义》之学滥于时文。《易》之神明，至此而遂穷。则常为之昌言曰：历律谶纬，壬遁方技，有《易》耳，时文直足以亡《易》。

夫《易》，安可亡哉？黄楚望以经学著称胜国，尝欲取近代理明义精之学，用汉儒博物考古之功，加之精思，补其尽失，且言《周易》《春秋》孔子精神手笔，妙旨不传，非尽悟传注之失，虽欲投契，其道无由。至举二经，则曰《易》欲明象，《春秋》欲明书法。吴临川喟叹，以为前无古，后无今。今之索解为时文者不然，蹄筌之说，痼于辅嗣互体之学，黜之马、郑易象，神明若以诗之兴体，概之追乎？《孔翼》则简陋，因仍割裂猥琐。吾师五十所学，神明一生，而果如今言年可无假、编可无绝，亦安所谓妙旨不传，戛戛乎欲其精思而投契也哉？《易》不可亡而从此索解，吾必以为嗙呓而不可信矣。

余家世受《易》，少好殚思，率有孤明，人惊匪制，尝取诸家《义疏》，离合折衷。及考之朱子晚年，绝不满其《易》义，而著述于语录《大全》者，每多自高其常说。至余所谓孤明匪制者，参之前儒，其所引触，十常八九。两载以来，俯读仰思，常得百十数条，因欲取制义崖略，勒著家言，题之曰《时文易》，藏之家塾。闲时开看，不以示人。极知无当世法而特为之者，将以伸时文亡《易》之言，庶几一日悬之通都大邑，使有识者廓然于一代弘文，万心的射，明经用世之业，断无不得与！偏门技术旁魄而上下之事理，则又退而思之，传注义疏，人人自谓尽《易》，而《易》之神明，卒不得尽。朱蓝朴斫，鼓吹羽翼，与天俱生，与人俱出，百十数条，何得便以尽《易》？苟足尽《易》，何必百十数条？因简所录得五十六首，曰：可以为《时文易》。或谓之曰：所号为时文者，将以与时浮沉，众叹以为必识也。彼父课子授，师传弟习，旦夕简练，以需一日者，岂知所谓经学传旨，精思不传也哉？余曰：历律谶纬，壬遁方技，世岂必数数知之，其精数妙术，可传而不可废夫？固有在此，不在彼者矣。

时文易书后

陆　符

苏子瞻尝言："三代之衰，学校废阙，其所犹贤乎后世者，士未知有科举之利。其言语文章，虽不必皆通圣人，而卓然可用，无不出于意之所谓诚然者。"故于廷试策士，见举人阿谀顺者，率得上第，愤懑，因拟进士对策上之表云：科场之文，风俗所系。且曰：上将推广圣言，庶补万一；下将开示四方，少救风俗。夫子瞻岂不知拟对之策，必无补登录哉？苟于圣言风俗毫发裨益，尚不惮冒讳以为之。

科举之滥，至于时文，利之所在，靡然成化。《时文易》之于经学世风，何如也？可以其无利于科举灭没而不作乎？王俭曰："《易》体精微，实贯群籍。岂可专据小王，便为该备？"虞集亦言："圣经深远，非一人之见可尽。试艺之文，不得先立成意，推其高者取之。"通人之言，诚非好异矣。

文者，载道之器也。修辞立诚，则《易》固言之。晁、董、公孙之流，汉之所谓儒术也，其文辞皆不能无科举之累。扬子云著玄拟经，可谓亡其累，而称载道矣，然好以艰深之辞，文其浅陋。诚然者，果若是耶？顾以此语今日诗文，则举不足望涯际，而一以逢时，一以矫俗，非其器而往往有其弊焉。子瞻之《易传》，未必皆《易》之至也。注疏百家，卒无以前之者，其文妙耳。其文妙者，言语文章不必皆通圣人，而卓然有用于当世。夫《易》固开天之书，而佑圣之学也。其体精微，实贯群籍，则固非文不阐，非妙不传，而非诚然者，则无以卓绝乎前后。

余之为《时文易》也，尝从其诚然者求之矣。苟有能读者，即惊其理，诧其意，以为决无当于试艺，而不得不回翔于文情、章法、顿挫、唱叹之间。苏子窜海外，因先志成《易传》，尝并所撰书《论语》，挟以渡海，隘于合浦，夜起彷徨，抚之喟然而曰：天未欲使从是也，今日必济。子瞻亦安能信其终必济哉？诚然者，其必不可没耳。诚然者必不可没，《时文易》之于经学世风，何如也？可以其无利科举，灭没而不作乎哉？

董笔公文稿序

陆　符

余从去秋，辄自诅行当此身，眼不识一古文奇字，手不更操一杂作，惟日取逢世帖括，强记便读，使心口手从此脱换，以酬举肥之目。乃吾友笔公，方刻其一二藏稿，贽之当世，以序见属，遂不能终守其戒。盖笔公之文与人于当世识者，吾固愿其出与共鉴之也，则亦言其为笔公者而已。

笔公为人豪举通侠，夷脱世数，心厌尘杂。常独居僧寮，购茀地葺为精庐，竹窗蕉几，蒨深窈窕，偃息其中，删诵不辍。举业之余，间以诗酒自娱，散发箕踞，白眼长啸，凡伏谒迎尘，邀作声誉，即深自引匿，惟恐若浼。其人本末，大都率行己意。故其为文，亦皆萧散跌宕，超出缠缚，洗涤名理，吐漱灵心。所为文，如其人，天机最深。笔公之为笔公，余所能道之者此矣。

今国门行稿，大帙悬布，读其题叙，人人皆当命世，固非失时。从事者所宜言，至一时辈流，狂惑失性；鞅掌名士，负贩声价。社刻窗稿，刊布阛阓，窜取海内名胜。人物姓氏，张大交游，未尝识面，把手撰造评跋，若最亲昵。每一文出，比拟题唱，《左氏》《公》《穀》《韩非》《吕览》《管子》《淮南》《庄》《骚》《荀》《列》，司马、班、扬，以至唐宋大家，非曰逼真，辄谓过之。且不问左氏而下作者之业，凡得著见今世，其经营成就，代不数人，人不数作，莫不涵负天地，研极性灵以得，断无繇今之世，尽概代操觚之家，人起而兼擅之。且起而兼擅者，又不必如著书论纂，所谓古文辞其业，而直欲备见之于制举义之理，即此矜躁诞妄，横据胸中，已不足复语文心变化矣。尚何暇与之议论长短失得哉？

董公仁当西汉之季，曹魏之初，窃叹年少不以学问为本，国士不以清修为业，合党连群，褒讥赏戮。附己则叹不容口，不附则伪作瑕衅。欧阳子之称尹师鲁文章曰：简而有法，以为六经惟《春秋》足以当之。又举其学问曰：通知古今，此语必求其可，亦曰当惟孔孟。今之党所附，而仇所不附者，其满口赞叹，使许终身所作曰简而法，而不许其学问通知古今。必以为轻薄之甚，而不知阴以孔、孟、六经纂，亦非当世有识所肯许也。

余诵法欧公，而笔公亦缅怀先民，心诽流辈之所为，故余之叙笔公也，亦言其为笔公者，正欲当世有识知狂惑失性之时，尚有孤心高寄如其人，而余之毁戒操作称道同心，亦不至盈口党附，以为观听者欺饰，庶几无愧欧公，而且勿贻公仁所叹。然则人与文必如笔公，然后刊布稿草，贽投当世，乃无不可也。甲戌立春后三日，书于环堵之斋阁。

且就编序

陆 符

西安余式如，癸酉之秋，余相见于南屏，出手业见示，颙然未易才也，落落别去。今年至武林，又以近作投余，名其编曰《且就》。余曰何居？尝闻诸曾子曰：且就业，夕而自省，役身以守业，君子之志事也。余避席而叹曰：此士职乎？昔者，先王使有司令于官府曰，各修乃职，其修此耳。式如以为今天下尚有知日夕焉者哉！不知有日夕，宁复知此日夕所有，又安肯役役于问学德行，若官守者之各效一职，以是为守业也？

吾见连帷接席，然膏继晷者有矣。饱豢时物，以弋获世资，目方眩于训诂之驾说，心重摇于纸册之铃言，一旦通仕籍，号王臣，胸臆闲时，物酋老朽，顿于无可复理之地，其所据为业者，非天下之故，性命之理也。纤趋党誉，罔上陈功；营求尊便，封殖田舍。鞠躬负墙，以交贵势；轩眉吐气，以傲同人。旦昼昏于醉饱，漏夜困于娈娈，望榻而寝，不知夕何省；见晓而起，不知旦何就。学士大夫之失职，至今时岌乎，亦曰殆也矣。顾欲与之谈古君子尽职守业之志事，是掖群蒙而号日月之升恒也，亦何益哉？

古之君子，朝而受业，昼而讲贯，夕而习复，夜而计过，其役役于省其身，而不敢即安者，凡以守业尽职，无玩愒此，日夕耳从，是为卿大夫。其考职谋政，序绩庇家，供其所职，取诸家修而已。裕便闲习，利虽极鞅掌，不以赜动厌乱相揉挫，天下始皆尊仰士职，而天子亦得收其赞佐宣导，以暨及乎农商百工，辑敉乎州闾族党。师师惟时，理道淳备，而福祚隆阜，岂非大业之所就欤？而要皆无当于今之时物也。守不时物之业，吾几几为式如虑之矣。

式如质性淬敏，经史百家，记问淹洽，凡舆地氏族、兵刑医卜之书，人所庋置不复观道者，式如不特浏览，率能条理始末，考究研讨，盖博而约，守古人修举职业之方，大略兼备。且好修自立，高视人物之表，是克就者业，内省者身。斯其人，岂日夕贸迁化居而去，吾知其视阴惜晷，计过即安，怀古人之用心，与晦明风雨相将于不自已者，非今人所能企而就也。即其摇笔落纸，虽一时命世之业，备古人立诚之修，以是名编，可谓能尊幸所闻以克举厥职。式如之成就又岂饱豢时物者可测量而项背焉者哉？

今上旁求经明行修之士，相与解蹇极涣，而学士家率以虚声浮气矜许相应，意主于居业，而不知其失职已甚，至有意气激昂，名节砥砺，而大闲一亏，文德鲜懿，率为侧目者盱睢之，得为当世有志行者切齿，而怨仇因之以恣讥笑。此亦未尝闻曾子日夕就省之训，而以身殉物者耳。昔孔学之传，颜以默识，曾以唯闻，盛德大业未坠一支，此不特斯文之任，抑亦吾道之责也。舍式如，何修而得一拭目也哉？

二江山中草叙

陆　符

横山在武林极西，溪山隈隩，气象邃古，吾友江道暗，筑室移家，读书其中。从弟道禹，随而比业焉。余绝慨慕之。因怪今时人士，疾走声价，喘汗交属，魂魄寤寐几不自有，而二江幽居坦步，畔散人表，浩然以养，同心而言，抱持深心，吞吐毫素，所谓尘垢粃糠，犹足陶铸者也，况以之参发圣贤而抒写其性情也哉！

凡今人人稿草，家家剞劂，结社列门户，谈文如讦讼，学士抚揣应制之资，至挟为招摇排击之局。触目睚眦，迕之辄裂；横胸机阱，蹈之立陷。讳张科读，傅会功令，大言阔论，以撼当路。矜躁为名，因而渔利，直欲挠执天纲，鼓煽流俗。昔东汉之季，气节文章，相奖成风，志高维世，昌俊顾及之林。始以标目清刚，继且逋逃险匿。清议篡乎官方，士论轩于王宪。已启群奸分裂，目无朝廷之渐。信乎士风匪细，世运所出。苟怀同舟遇风之心，稍知覆巢压卵之势，当必不忍以天下大事供一己恣睢者。

夫讼者，师之始也。故曰：作事谋始。又曰：讼不可长。今天下盗贼横流，内外交讧，国家宵旰多事，盱眙安攘，方且申敕制科，鼓舞人士，思得一道同心，出相倚庇，乃兵心时见于文事，斗气日长于同人。已事之鉴，徒资虚语，顾安得人人如二江，保有此空山，以收招魂魄，休息瘖瘵，逍遥六艺，吐漱百家而和平其音，以要神听乎？如是，而天下友朋不胶漆，狱讼不衰息，干戈不偃戢者，其理道皆虚诞，而载记为妄作也。其然也耶？

夫庠序为风教之首，人士乃民庶之望，心术则文章之本。举世之士狂惑倡披，忠孝节义，经术事功，口不绝谈，手不绝书，徒知起而效其术，不思退而考其心，亦可谓浮伪之淫滥矣。反浮以沉，黜伪以真，则山中之人，始足重于当世也。夫士登廊庙者，犹不可无蓑笠山林之志。吾岂定山中必佳士，特当今人士所少者，正此志耳。士而徒以养交宿名，乘风张羽，不极涂面汩心，不得底止心所，变相必至，狡而駔侩，靦而优伥，阴鸷忍询，而婢妾圉隶，甚而距踊冠帻，齽龂劫人，以潜肆其为莽为篡。其为师始兵征，有不可知者于世，复何倚庇？识者窃鉴前事，惟恐其殆或甚焉。此岂盛明所得而宜有哉？且夫国家而果盱眙安攘，思以风厉庠序则效民，庶正心术而一文章也。舍山中之人，亦何赖乎？因是以为《二江山中草》叙。

明文海卷三百十一序一百二时文

张伯隅稿序

娄　坚

予尝论制举之文，意不必创而依于传注，法不必古而束于俳偶。然而，能者亦往往微见其胸中之奇，读之知为杰然者也。非好学深思，需之以岁月，而中有所自得，则莫克以为。若夫胜人而取于人，斯有不得而必者矣。自学术日衰，世多以贪常嗜琐得之，遂谓文固宜然，乌用好古而不过于时为哉？而炫奇之士，则有托元虚以为高，争钩棘以为工，群聚而姗笑曰：文何必雅驯而坐令自困若此？夫浚发巧心，受嗤拙目，从古以然，而乃以区区之得失，定其工拙，亦过甚矣乎？

友人张伯隅闻而是之，相与砺镞括羽之日久。其文之丰蔚，如其先司马公，而潜思诣极，盖进而未已也。既连摈于有司，而气益锐，功益专。今伯隅既得之矣，吾请以伯隅之所以得者，质之伯隅。往时有司之考文章也，唯程度之拘，故文之窜窃而萎茶者，得幸进焉。伯隅虽学为温润绵密而竟不能得也。于是益务去其芒角，以求合于时，几不能自持者。比就试而掉鞅无前，若鸷鸟之击，不极其力不止。而会典试者，冀得伟异之才，弃瑕求瑜，苟骇子目无不收者。以伯隅之宕而能法，赡而能洁，宜不后人。而一时同举于乡，先之者且若干人，岂其文尽出伯隅右哉？则是既能得之，而犹有不可必也。其不当较量于得失之间，审矣。伯隅将尽出其橐中之文，以观于人人。而予为之序，盖喜伯隅之遭，而并以解于世俗之相笑者也。

吴江沈祖均选刻钩元录序

娄　坚

《钩元录》者，沈子下帷修业之所辑也。或曰"元"之为言，幽深微妙之名也。而以称斯编，何欤？夫性与天道，孔氏之及门者犹不得闻。今之文，直义疏之余耳，而乌在其元乎？若果元也，则无乃离其本欤？昔人作元以拟《易》，举世仅一二人知之。今之业文者，欲求知于人，而乃托于人所不能知之元，又得无与希世之术谬欤？予应之曰：沈子之所为辑也，时之人以为元则从而元之已耳。夫臭腐神奇之迭变，至于斯义而极，今时则又甚焉。凡与于编者，其人皆已售于当世。既有司以为工，而天下之人亦翕然趋之，不必深于撰述之旨也。而其言皆有枝叶，靡靡然以为悦于目而快于心也，则宜谓之元矣。盖昔有编诗而以极元，又元名其或与之类欤！是又不然。

昔之元，合一代之作者而钩之也；今之元，就一时之能者而钩之也。假令后先错列，则震泽、毗陵二先生，几同扬子之覆瓿矣。虽然，前人之作，历百年未有能继之者。今虽五尺童子，试一掺觚而众且诧为奇焉。则今昔之异，当孰处元乎？夫元不元，非吾所能知也。饮食不可无盐梅，而味当在咸酸之外。若此者，元耶否耶？与是编者有合焉否耶？易牙之调，世或不嗜焉，时之所谓也。沈子以为，世之君子，非其才，不足以与于斯文，而谫谫拘拘以是古非今为者，要为无意于当世，故其所诠择云尔，必欲就斯编而诘其所以为元者。微独吾与沈子不能言，虽其人亦不能自知之也。夫如是，则吾将以其不可知，而名之曰“元”矣。

易经程墨文选序

娄　坚

六经皆圣人之书，《易》为最幽深矣。扬子云作《太玄》以拟之，儒者讥焉。然要为能知《易》者，自汉儒之《易》不传，而王、韩之说独行于世。逮宋程、朱二氏出，而学者又废王、韩不复讲。今之为文以应有司之求者，名为推本朱氏，而往往谬袭时师之曲说，苟以邀一旦之遇而已。然则荟稡而录之，又属为序之，其亦可以已乎？曰：是一代之制而士所由以进也，其言不必为传翼也，言不必翼传而上，以此取士。故读仲鸣之所诠次，而其人可知也。

自成化、弘治而迄于今，文辞之在录者，可以观世焉。昔之朴直者未必是，而今之藻缋者未必非也。有司者第甲乙而登进之，四方之学者争操觚而拟之，又务为新特以胜之，亦其宜矣。然自朴而之藻，势之所必趋也。藻极而反于朴，犹挽江河而之西也。今又当变矣，将变而何之乎？此实世道之忧也。唐诗之温、许、皮、陆，宋文之吕、杨、陈、廖，其言语非不工也，当时以为仪的焉。自今而读之，今昔之变，将孰置是非于其间乎？曰：是存乎辞而不在乎传之合与否也。夫昔人之才，岂反不逮今？而今人之才，岂皆能出乎古？然而必务胜乎其前，是果能有胜乎昔者？唯斤斤焉有所守而不敢肆，故宁不尽其才？今且过求于力之所不及矣。其词弥诞，其陋弥彰耳。彼以为非是不足以争时也。士以是日趋于诪张谲诡，而敦朴近于迟钝，平淡近于枯寂，反摈而莫之收。此孔子所渭“不知言，无以知人”也，岂不亦可惜哉？往时，归熙甫先生锐意经学，工力甚苦。至为应世之文，伸纸疾书，初未尝经意也。然今之言经义者，必推归，卒未有能逮也。岂非积也厚者，不求异而人自异之耶？

若夫《易》，吾不能知也。向尝读欧阳永叔《童子问》而是之。既又得苏子瞻《易解》，盖其说始于明允。彼所自谓：有《易》以来，未之有也。志乎《易》者，其无废王、韩，而以欧、苏之说参考之可焉。吾与仲鸣游最习，相与论文颇数数，姑以是塞其请，不知仲鸣以为然乎否也？

徐廷葵燕中草序

李流芳

余与廷葵，称同籍者十年。虞山瞘水，相去二百里，会晤颇疏。丙辰之役，同寓显灵道院，比邻往还，无问朝夕，始习廷葵之人与其文。廷葵外浑而中朗，其文之清坚沉厚，亦如其为人。冬寒夜长，时与廷葵拥垆篝火，相对论文，旁及身世之事，刺刺不休，或至申旦。所居宫中有两杰阁，每雪后朝曦，辄携酒登眺，揽西山之秀色，及大内宫阙之壮丽。偶有名酒，必相呼对饮，不醉无归。盖余得廷葵，不觉身之在远，而廷葵亦谓比来幽忧之疾，得余始为豁然，遂能日进一斗，斯言不虚也。

无何，两人俱被放。廷葵先出都，余栖迟邸中，旧欢都尽。每出，见新贵人杂沓长安道中，辄自念生平好尚，迂阔于公车之业，不肯细意，入梦青山，便当终以自保。廷葵廿年苦心，其人与文，清坚沉厚，皆合福德相，而作此寂寂，人事无定，岂复可论乎？

方今世人眼孔如豆，附膻逐臭，贤者不免。友人方孟旋，尝与余相顾感愤。今年孟旋既得隽，且尽收气类中下第者，得数十人之文，刻之都门。而句曲张宾王，每下第后，辄定为元魁名家，索新贵人文，竿牍遍长安，纸为增价。两人意致，相反如此。嗟乎！余与廷葵之文，欲以何向耶？余不能定廷葵之文，回环再过，但觉往时寒风密雪，拥垆高饮光景，飒沓纸上，是不可以无序。遂序而归之，丙辰六月立秋日。

题华林社草

顾大韶

今兹孟夏，余遂有白下之行，寓于所谓西十八衙者，相传其北则梁武华林园故址也。斗室衡门，萧然独适，远看山色，近息树阴，牛马为群，儿童为友，窃自谓可称避人矣。居无何，而为友朋所物色，此乐遂不可久。夙习难忘，问亲笔墨，而四方之臭味者，亦时以奇文要余欣赏，丹铅而讽咏之，似无日不与诸兄弟谈笑也。非敢谓东南之美尽在于是，然一时相与之意，亦何可忘耶？嗟乎！北望蒋阜，郁葱如故；南涉秦淮，滔流不改。而独所谓华林园者，故础朽株，杳然不可复问。又安知千载之后，郁葱者之不化为童，而滔流者之不化为涸耶？又况乎七尺之躯，真成浮泡泡与？泡值刹那非，故今日之相与不有可深长思者耶？

犹记十五年，曾于燕都联一大社，与盟者近廿人。今同学少年固多不贱，而化为异物者亦复不堪指数。重来此间聚首者仅一两耳。更数年而后，此会中之升沉异灭，又不知当作何状与？言及此，则朋来之为乐也少而为悲也多，反不若避人者之漠然无介于中也。故著其姓氏，列其文章，庶后日者，展卷之余，可当命驾云耳。若曰标榜为名，则吾党久不做是梦矣。

书十八房后

顾大韶

甲、乙两生，共习举子业。甲甚傲，每进士榜出，甲必求所谓“十八房”者，丹铅而讽诵之。

乙过而咤曰：“子之敬十八房也，何居？谓其为考官之所录乎？”甲曰：“然。”

乙曰：“子知考官为何如人哉？方其登第时不必尽能文章也，多记诵帖括而希幸焉，一第而弁髦之矣。高者趋权势，下者殉货色，最下者饮酒食肉而已。彼且不知纸之为白而墨之为黑，笔之为竹，砚之为石，又乌文章之能辨？其为考官也，徒利其名美而实厚，多方营丐而得之，非以才望举也。求其以似为真，以偏为正，确然自信其愚者，且十不一二矣。自此以还，率皆冥然罔觉者也，子又何敬焉？”甲曰：“唯唯。子知人事而不知天道也。夫人之不能夺天也久矣。使医而能够辨六脉，则天之所以生死人者，人得而夺之矣。使风水而能辨龙穴，则天之所以祸福人者，人得而夺之矣。使考官而能辨文章，则天之所以贵贱人者，人得而夺之矣。故夫庸医也，低风水也，盲考官也。三人者皆天吏也，敢弗敬欤？凡物之确然自信者人为政，而冥然罔觉者天为政。古者圣人举事，必问蓍龟。夫枯草朽甲，亦何灵之有？惟其无灵，而天下之至灵出焉。考官者亦文章之蓍龟也。十八房其爻象也。从之则吉，逆之则凶。敢弗敬欤？若子之言，所谓小人不知天命而不畏者也。”

乙闻之，舌吐汗浃，而不能对。良久乃叹曰：“吾过矣。吾过矣。请从子之后而敬十八房！”

许子逊先生全稿序

沈守正

辛丑会墨出，余不甚满其首义、次义，深服三义。服其才而犹疑之，旋亦大赏。洎先生窗稿行，且读且快，且快且读，盖如吴道子过张僧繇画，三往三返，至寝食其下，不忍舍去也。始焉，见其姿骨天成，神机横出，服其天；少焉见其毁律而律，非才而才，愈疏实密，疑往亦来，服其神。进焉觉其神理，俱在有意无意之外，服其人。尽而之天，久之，与之相醉，不知其所自起。余亦无所用其知，知天之不可阶而升也。

余既爱先生文，喜闻其轶事。或传先生性下急，尝以小怒断一仆人手，几起大讼，奔入都。次年，领南宫第一人。妻妾朋友，无竟日之欢。小不合意，辄推案掌面以去。余亲闻王回溪言：令同安时，扑其修候隶人事也，彼目中乌知有县令哉？又闻先生有书舍在海岛中，一往月余不出。日拈经生义，始抱膝兀坐。已，升之。几已，盘上栋楹间。已，登屋上，或至忘食。比义成，不得下，更怒骂掷瓦石击其下人。先生没后，遗集行。有《上龙江相公》，书中皆切直之言。功名富贵之士，梦魂中昨指不敢道一字者，何况摇笔其书，固称拟。然久播人间，非畏而不敢上也。

余习先生文久，知所传闻者皆真。尝私评之：先生盖直行其信，不见世有豪杰，前有圣贤，何论卿相？荣赫与浊世，营营商淹，速较毁誉，为何事？所谓进取不忘其初，斐然成章，孔子之所谓狂也。近制冠南宫，必列鼎甲。先生以不经意，字画潦草。抑居其下，座师冯琢庵规之选馆，且以平生书籍授之。先生问曰：人何官不可居，必翰林为？座师闭目不答。冯，东省贤者也。闻先生言不愧，反以为不情，不及远矣。先生，天人也。制义亦其糠秕之一。然无先生之胸怀，必不能极其至。后人慕其至，而伪作旷达以求之，失之愈远。嗟乎！安得起先生而北面事之？因吴采子氏刻其制义，遂书胸中所欲言若此。

胡休复手评诗义序

沈守正

《诗》，难言也。以经义言《诗》，尤难也。《三百篇》降而骚，而乐府，而古选，而近体，蝇袭蛙沸，宁复途号巷讴，劳呻康吟哉？《诗》去远矣，故曰难言也。况有韵易之无韵，一言广之数百言，以书生代田畯红女之舌，以括帖摹笙镛金石之音，伸纸和墨，强其胸怀之所无，手与口之所不了了，尚有《诗》乎哉？故曰尤难也。

虽然，抑有说焉。《三百篇》非生于情者乎？夫人哀至涕洟，欢剧忭舞，怒为叱咤，忧则歔吁，情之则也。然易水变征，壮士征剑，雍门舟弹，齐后雨泣，秦娥改声，哀乐骤变，安在情能生文、文不能生情也哉？无论经义，家固鸿儒巨匠之所自出也。即卑卑占哔，方其执笔为文也，穷索不已，怦郁纷纭。朦胧焉，昭晰焉，少焉，漫焉，络焉，荡焉，鐍焉。瞳忽以溢，辨忽以驶，笙镛金石间作于耳，田畯红女交触于躬，借他人之手口，抒千古之胸怀。此时而犹能辨其孰生情孰情生，必非真入情者也。果尔，则有韵无韵、一言数百言，亦影论耳，岂实相耶？

抑又有说焉。思以穷情者也，识以定情者也，境以张情者也，才以物情者也。之四者工，则足以辅情，使之不朽，而拙亦足以掩情。文通偏长于遍拟，值其工也。灵运献短于邺中，值其拙也。然后世不闻轩江而轻谢者，以其皆返于情源，而非工拙之所得至也。斯又人情之所必登也。

余友胡林复，简远恬穆，读古人书，与今人语，皆先意而解，真情种也。年少作《诗义》，寄托微妙，一本乎情。迩来益达于情之旨，思囿逾奇，识途逾老，境辙愈元，才铓愈宕。虽无情者见之，亦复鼻栩栩，近复手较十年，作者定为《初》《二》。二义即不能必其人奇、人老、人元、人宕。人要不诡于情，其工者不啻陵江，即拙者犹不至失谢。噫！上下得失之林，惝恍有亡之际，又休复生情之日也。作者鉴者无得于文之先，而拾人牙后曰：删后无《诗》者哉！《诗》，难言也。

巢端明文稿序

文德翼

文章之为道也，君子所以自异于人之才也。丧失其所以自异之才而使古人抱单行之叹，发独有之疑，夫亦可以不作矣。郭景纯曰：胡人见布而疑黂，越人见罽而骇毳，玩所习见，奇所希闻也。

今夫六家七略，不亦文士之一大布罽乎？家发一覆，而人谢不知；略发一覆，而人谢不知。不陋己昏而怪人诞，必群嗃而异之。盖异亦何能辞？异于今，未始不同于古也。夫古人之见嗃于古，未始不同于今也。不以同自劝，不以异自阻。余必命之曰逸群之子矣。

有巢氏，仆始遇之诸士牍中，海赋山经，奇怪俶傥，望而怖之者终日私谓：此人若在建安以后，大业以前，必能把臂诸子，矜奋廓清，以则为丽，以法为奇。夫何遽不共追汉秦也？惜乎产于制义蹶张之世，狡狯此后生无益耳。仆尤所惊，有如此者抱负异资，洛然英绝，鱼鱼雅雅，风骨欲飞，方之古人，可谓孤立而特峙者非欤？何有巢氏居今人中，进旅证多，惟恐其有以自异也。呜呼！惟恐其有以自异者，天下之异人也夫！

戊辰房书删定序

艾南英

呜呼！制举之业至今日败坏极矣。群天下聪明才俊之士，所奉甚尊，所据甚远，而究归于臭腐而不可读，则岂非空疏不学之过欤？

夫今之所据以为名者，日经也，史也，子也。是三者，两汉而后，立言之士不能外也。何独于今人而疑之？然而有不然者。史自丘明、迁、固至矣，为其君臣将相、职官氏族、战攻治乱之迹，与举业之文，既不相为用；至其风度韵格、驰骤跌宕、变化离合之微，非得其神者，又无由而至。故为盗于举业者遍天下，而卒未有入左丘明、司马迁之室而剽其藏者，力不能也。独诸子之言，浩渺宽博，以无所附丽为长，故文之诲盗者无如是书。

然在当时，已有黄、老、农、墨、刑、名、纵横九家之异，其大旨既悖谬于圣贤，学者未能考正古文，则虽晋、魏、隋、唐，依托周、秦诸子之目以自见，而亦为其所欺，甚则以剧秦美新之扬雄而群然尸祝之，习其书，效其词，比于周孔，魑魅魍魉之言盈天下，甚矣，其不学也。若夫目不读诸子，而剽袭人言者，即以是人为诸子。及其不足则雕琢伪词以代之。其冒滥如是，固不足怪。于是有黠者出而悔之，于史不能，于子不可，又逃而曰尊经。尊经之名立，而天下之奉之者，庶乎有辞矣。

虽然，亦可以古之为经者告之乎？古之为经者曰：本之《书》以求其质，本之《诗》以求其恒，本之《礼》以求其宜，本之《春秋》以求其断，本之《易》以求其动。未闻必袭“粤若稽古”之词而后能为《书》，苟举“乾坤九六”而遂可以为《易》也。且夫圣人之言，各有所为而发，盖有前后不相袭者矣。今必赘经语以就题，复强吾意以就经语，又况夫专经而不能通其解、业一经而误用其四，若是而号于人曰尊经，吾恐先圣有知，必以为秽而吐之矣。呜呼！制举之弊已至于此。一人倡之，人人和之，遂至臭腐而不可读。而吾以为，此皆空疏不学之过也。

富人镪万镒，臧获万指，无所不有。而若一无所有，三家之村，稍稍温饱，得一金而张皇动色。又有窭人、丐夫焉，饥寒迫之，不得已而为盗。为大盗，则剽富人之藏。不能为大盗，则取大盗之所剽而负贩之。遇水旱凶荒，则三家之温饱者且将为窭人、丐夫。而窭人、丐夫之为大小盗者，执而归司败，又将入于刑焉。

今之为文，何以异此？使其读古人书，得其本末源流，无所不有，而又若一无所有，何至得一金而色喜，与夫剽富人之藏，而又从大盗而为之负贩哉？救斯病也，莫若以今日之文，救今日之为文。此吾所以不得已，而再有房选之役也，而于其中，犹有不欲存者焉。呜呼！与吾选者，其是非天既得而见矣。不与吾选者，其是非天下尚未得而见也。今日制举业之病，可胜道哉？

王康侯合并稿序

艾南英

康侯既成进士官翰林之明年，以使事归里门，乃复取其先后制艺，裒集成书。盖将以国门之牍为名山之藏也。予于康侯《观生草》既有辞矣，今复当效言于简端。

窃谓一代文章之盛衰，常以一代之制为轻重消长。自古言文章，必归翰林。至有谓朝廷之官，虽宰相之重，皆可杂以他材，惟翰林学士非文人不可，而于当代，尤为荣选。既尽屏书画技艺之流，使尽出制举之科，而又以为储养论思之地，宜其文章尔雅、训词深厚，炳然与三代同风然。予窃数其人，则当代以文章首推者，独宋潜溪、杨东里两公耳。两公虽出入馆阁，而或以胜国逸材，或初官教授，藩僚非尽如今进士庶常选也。次则归熙父、王道思、罗景鸣、唐应德四先生。其始终官翰林者，独一罗景鸣。而就数君子以律之，先代名家尚未见有如韩如欧者，又足怪矣。至于碑传序记，在古文体中，所号为法最严而局最变化不测者，不免杂取太仓、历下之陈言，以苟且应酬，而制诰之文，等于谀墓，亵王言而轻国体。由是观之，所重若彼，所轻若此。果可谓之有文章欤？

及读当代之制举业，则三百年来每科必数人，人必数首，下至山陬僻壤，童年白屋，崛起之秀，亦能有知圣人之深，而又以乡、会两试典专闱分较房牍，为文以程御览式多士者，翰林为多，故以制举艺传者，视他甲乙榜为尤盛。盖士之出于是途也久矣。三百年名人卿相、理学文章之选，相与翊赞太平者，率由是科以出，故其文亦如是。由此观之，文章之盛衰以一代之制为轻重消长，岂不然欤？此康侯所以成进士，官翰林，犹不能已于制艺，而为是书也。

然予追忆，与康侯以童子试于邑，至今三十年。予登贤书后康侯十年，而康侯复先予举进士。予不独钦其为制举业也。予仅有兄一人，已析箸十年。而康侯至今养其寡嫂孤兄四五人如昔时。予席先祖宦余，虽为诸生，未尝以俯仰事育烦予区画，然予兄弟析箸已久，而康侯去其先曾王父进士公已百四十年，俯仰之须皆出其为诸生时所馆谷。及康侯举进士，其两尊人皆亡，而康侯之恭爱诸兄，与甘苦如昔时。其两尊人皆幸健饭。而予与吾兄析箸，不如康侯，故常以此愧康侯，曰：康侯孝友，真吾师也。故读其制举业，温仁谆复，衷礼度义，亦如昔人所称，读南丰曾氏之文，如见三代宿儒，衣冠言动，无非礼乐者。盖考其文，益以知其人，知其人而后盖知其文之不可及也。

康侯于制艺，亿数变而益工，而要以扶翼经术为主，其衬附经语如八股习者，亦时有之，而其钩深致远，自得于度数声句之外者为多。吾所谓每科必数人、每人必数首者，其文或未必能尽如康侯，则斯刻又乌可已也。嗟乎！古文一道至今代如晨星矣。充康侯之志不懈以益进于古，以发为文章，庶几如韩如欧，追潜溪、东里而上之，使翰林以康侯重。吾将日俟之，而况其制艺已端严根据如是。如是而又将衡较多士，作为程言以风海内，则康侯之制艺，又未有已也。

今之制艺，必与汉赋、唐诗、宋之杂文、元之曲，共称能事于后世。向之为汉、唐、宋、元者，又萃数十家，而共成一代之能事。然则今之能以制举艺成今代之能事者，是皆不可及也，而况于吾康侯乎？故为序而详之，使后世知文章之盛衰以一代之制为轻重消长者如此，而因以知康侯之制举艺为不可及也。

明文海卷三百十二序一百三时文

吴逢因近艺序

艾南英

丙寅之冬，逢因维舟过我。读其文，如铁骑戈甲之骤吾前。友其人，穆如清风。予方欲为之序言而病未能也。因谓逢因：孟子言才不罪才，而罪夫不能尽其才者。夫才有小大而人未尝无才，吾不求尽夫文之量，而求尽吾才之量而止，则何不可为者？世之才庸而售者多矣。吾观其文，磨砻工致，适如其分而无溢思，即舍吾所长，而降心就之，有不能者。况于智薄而谋尊，力小而图大，均弃吾才而不尽者也。

今岁之夏，逢因贻我长牍，首尾千文，复申前请。虽然，吾何以益逢因哉？从古文章之变，必有人焉从中救之。救之而非所救，与救之而失其平者，皆斯文之罪人，而失其平者为尤甚。无他，彼智薄而谋尊，力小而图大也。先汉之文，枝叶扶疏，寓法于无法之中。东汉之人，见其苍莽朴拙，而以为未尽也。其势必至于整齐排俪，浸淫数百年，以至李唐而终不能尽洗六朝浮芜之习，此救之而非所救者也。欧阳、苏氏数大家，力追古道。其仰师秦、汉，虽百世无以加而议者。徒见南渡以后，至于元之萎茶不振也。取《左》《国》《史》《汉》而抄袭之，几无完肤，使读之者呕哕而不能已，此救之而失其平者也。夫救之而非所救，与救之而失其平，其弊皆归于陈腐，而失其平者为甚。盖所谓智薄而谋尊，力小而图大者，元美、于鳞诸公所不能免。使其尽去陈言而就吾才竞之，岂无可观者而又安有不尽其才之叹乎？今日制举一道，何以异此？

向者，吾乡一二同人，以通经学古挽回斯道，而吾大士为功之首。大士所谓天授，非人力也。然其借径征材，群籍毕见。窃其句字者千文一律，势必至陈腐而后已。此逢因所谓因李斯而罪兰陵也。逢因发愤著书，势必不以所非为是。今其文具在，其视救之之功，与救之而失其平者何若？世必有辨之者。天降时雨，山川出云，气之所蒸，非作而致之也。

若逢因可谓能尽其才者矣。建于他郡，其土沃衍，麻源极风山游观之胜，四时歌舞，声妓之乐，士鲜不以此为累者。逢因幽居，深念坚忍沉挚，不与外事，与深山学道之夫无异。计其所造，必尽其才而止，无足怪者。故吾序逢因，益之以前言而已。而又以正告天下，使人人知夫有才而不尽者如斯，无事乎智薄而谋尊、力小而图大也。

王承周四书艺序

艾南英

王生亲贤，持其文谒予于金陵。予读竟，呼左右告之曰：吾目中不见此文久矣。此归太仆、桂北海之遗派也。询其家世，幼失怙，受训于母。山中无师友，得吾先后房评，及四家合摘而详读之，乃知孔、孟、程、朱之理，而推究性命之学，以发为文。文之合时与否，傲然不计也。然则生之习予也久矣，予取《烈文》之诵字之曰“承周”，而又为序其文。

曰：制举业之有先辈名稿，犹昔人文集之有古文也。制举业之体，自八股而外，为两平三平四平，为前后截，为散体。其局虽一，然常以出于近科，纤俊软腐者为时文；而出于先辈，能根据经史理学，高伟朴拙，杰然自名一家者为古文。犹昔人文集，其名为碑记、序记、传状之体则一，然自昔以排偶摘裂较量句字，如唐之王、杨、卢、骆，宋之杨、刘体者，号为时文，而中间杰然深厚雄博，绝去羁靮，如唐之昌黎先生，宋之欧阳子者，乃名为古文。故古学常易晦而时文常显于天下。推之今日，则以时文躐科第者，十常八九；而以先辈古体进者，十不一二。至于少年后辈，模袭坊刻，方言俚谚，无所不入，问之以先辈姓氏，已不能举，而况于诵集其文乎？推而上之，碑志、序记、传状之体亦然。欧阳公得旧本韩文于汉东李氏，徒见其浩然可爱，而因叹天下无能言韩者。又自叹，亦以方从进士以礼部诗赋为事不获尽力于韩文。及其举进士及第，官于洛阳，尹师鲁之徒皆在，乃相与作为古文，而韩文遂行于世。然则古学之易湮，在昔已然，不独今日也。然学者苟能自信，则其易湮者固当大行于世。虽今之为先辈者，亦当如韩氏之文，久而愈光，理固有当然者。

承周年十九，无家庭、诗友之素。一旦闻吾言而服膺先辈，如服父师，非徒似其貌而已。其被服饮食如见程、朱诸大儒于几案之前，其言质而理正，考之于题，无不合者。其文词刊除枝叶，如灰霜之肃草木，独危柯老干，傲然风雪之表。盖近时所称引，杂博非圣之书，与浮华不根据之语，反覆承周数十艺，无一犯者。吾是以爱之，而畏其志之坚且决也。

呜呼！先辈之举业不见尊于世，奚啻如韩文之在宋初？以欧阳公之好古，必待进士及第不为科举时文而后得肆力焉。今承周始入庠序，其去禄仕也甚远，而其傲然不屑为时文，已能卓然如是。此不独见守溪、荆川、归、胡数先生之举业，如韩文之久而愈光，而一时倡导之力，使天下知先辈之必传于后世，因以推原其故，则又知先辈之所以传者，为其尊经翼传，本于丘明、迁、固之气格，而划除一切浮艳剽窃之为可贵，而后天下乃有如承周，为子固、子瞻之徒相继而起者，则表章先辈等于韩文，其必自今之欧阳子始也。

序王子巩观生草

艾南英

予年十有七，即与子巩以童子试，受知于当湖李养白先生。是时子巩少予二岁。其后，予七驾而不遇，而子巩以乙卯先予登贤书。然十余年来，予文颇行于世，而子巩终秘不以示人。予为之再三耸导，乃始发其藏稿，与前后应试之艺，而予始得论著其文。

曰：昔欧阳公有言，君子之学，求其是而已。非为异也，使天下皆为异，则安见好异者之能独为异也？予以其言而摘其尤者论之。今之言文，必尊两汉。然两汉之士，独董子明《天人》，贾生《识时务》而已。《上林》《子虚》《两京》《三都》，读其文，不过如今之学究，据《通考》《类要》之书，分门搜索，相袭为富，求其一言一字。出于其心之所自得，无有也。《客难》《解嘲》《宾戏》《七发》《七启》《七辨》《七征》之类，前创后师，命辞遗意，如出一辙。此与今之稚子执笔为八股文字，摹仿抄袭，有何差异？读其文，不终卷而使人厌恶。邹阳《狱中》一书，已开六朝骈偶庸秽之习，虽太史公以千古一人，亦为其艳冶所感而录之。故吾尝谓两汉之文不必尽古，而极衰之文亦未尝不自两汉始也。原其所以，是数子者非有见于道德性命之旨，能言其中之所自得。中无所得，故遂以浮华为异，而效之者又以为异而趋之，故其文至于庸靡臭腐而不可读。由是观之，文之好为异者，未有不至于同；而文之不为异者，虽欲同之，而不能也。文至于同，则虽以两汉词人之雄，而不免为稚子之执笔，况其次乎？

制艺自震泽、毗陵高步成、嘉之际，如规矩之于方圆，盖文之能事毕矣。万历之季，此风浸远。一二轻薄少年，中无所得，而以浮华为尚，相习成风。其文非经非史，非韩、柳、欧、曾诸大家之言。其人皆登馆阁台省，则自南宫之试，至两畿各道所为典试校分闱者，又皆其人主之。居高而呼，其应愈众，而近日十八房稿之文为甚。于是制艺中，大都以里巷之语，代圣贤之言，遂至于庸靡臭腐而不可读者。原其初，皆起于中无所得，乃以浮华为异，而至于不能为异也。

予与陈大士、罗文止三人者，起而振之。以《易》《诗》《书》《春秋》《礼》《乐》之言，代《语》《孟》之文；以古雅深醇之词，洗里巷之习，一时后辈从风丕变。夫为文而根六经、本道德，亦圣人之门所当然耳，非有异也。而一二少年又从而效之，举予三人之文，摹仿抄袭。盖予三人者，虽不能为异，而亦浸惧不能为异矣。

独子巩生于时文浮靡恶习之时，能自拔于流俗，率其中之所自得，不以世俗之浮华为异而期与世人同。及予三人者出子巩文，又能参古今文质之会，率其中之所自得，不以予三人为异而期与予三人者同。夫好为异而卒至于同，此汉之词人所以侪于稚子也，不为异而又卒不能同，今于子巩见之。然则子巩之为文可知矣。若子巩者，可谓学求其是而不为异者也。子巩，今字康侯。予仍呼其旧，志二十年总角之交，不忍忘其说也。

前历试卷自序

艾南英

予年十有七，以童子试，受知于平湖李养白先生。其明年春为万历庚子，始籍东乡县学，迄万历己未，为诸生者二十年，试于乡闱者七年，饩于二十人中者十有四年。所受知邑令长凡二人，所受知郡太守凡三人，所受知督学使者凡六人。于是，先后应试之文，积若干卷。既删其不足存者，而其可存者，不独虑其亡佚散乱，无以自考，又重其皆出于勤苦忧患、惊怖束缚之中，而且以存知己之感也。乃取而授之梓，而序其所以梓之之意。

曰：嗟乎！备尝诸生之苦，未有如予者也。旧制，诸生于郡县，有司按季课程，名季考。及所部御史入境，取其士十之一而校之，名观风。二者既非诸生黜陟进取之所系，而予又以懒慢成癖，辄不及与试。独督学使者于诸生为职掌其岁考，则诸生之黜陟系焉。非患病及内外艰，无不与试者。其科考则三岁大比。县升其秀以达于郡，郡升其秀以达于督学，督学又升其秀以试于乡闱。不及是者，又有遗才大收，以尽其长。非是途也，虽孔孟无由而进。故予先后试卷，尽出是二者。

试之日，衙鼓三号。虽冰霜冻结，诸生露立门外。督学衣绯坐堂上，灯烛辉煌，围炉轻暖自如。诸生解衣露足，左手持笔砚，右手持布袜，听郡县有司唱名，以次立甬道，至督学前。每诸生一名，搜检军二名，上穷发际，下至膝踵，倮腹赤踝，为漏数箭而后毕。虽壮者，无不齿震冻栗。腰以下，大都寒冱僵裂，不知为体肤所在。遇天暑酷烈，督学轻绮荫凉，饮茗挥箑自如。诸生什佰为群，拥立尘坌中。法既不敢执扇，又衣大布厚衣。比至就席，数百人夹坐，蒸薰腥杂，汗淫浃背，勺浆不入口。虽设有供茶吏，然卒不敢饮。饮必朱钤其牍，疑以为弊。文虽工，降一等，盖受困于寒暑者如此。既就席，命题。题以一教官宣读，便短视者，一书牌上，吏执而下巡。便重听者，近废宣读，独以牌书某学某题。一日数学，则数吏执牌而下。而予以短视，不能见咫尺，必屏气嗫嚅询傍舍生，问所目，而督学又望视台上。东西立瞭高军四名。诸生无敢仰视四顾、丽立伸欠、倚语侧席者。有则又朱钤其牍，以越规论。文虽工，降一等。用是腰脊拘困，虽溲溺不得自由，盖所以絷其手足便利者，如此。所置坐席，取给工吏，吏大半侵渔所费，仓卒取办临时，规制狭迫，不能舒左右肱。又薄脆疏缝，据坐稍重，即恐折仆。而同号诸生常十余人，虑有更号，率十余坐以竹联之。手足稍动，则诸坐皆动，竟日无宁时，字为跛踦。而自闽中一二督学，重怀挟之禁，诸生并不得执砚。砚又取给工吏，率皆青刓顽石，滑不受墨。虽一事，足以困其手力。不幸坐漏痕承檐所在，霖雨倾注，以衣覆卷，疾书而毕事。盖受困于胥吏之不谨者，又如此。

比阅卷，大率督学以一人阅数千人之文。文有平奇虚实、烦简浓淡之异，而主司之好尚亦如之。取必于一流之材，则虽宿学不能无恐，而予常有天幸然。高下既定，督学复衣绯坐堂上。郡县有司候视门外。教官立阶下。诸生俯行，以次至几案前，跽而受教，噤不敢发声。视所试优劣，分从甬道西角门以出。当是时，其面目不可以语妻孥。盖所谓拘牵文法，以困折其气者，又如此。嗟乎！备尝诸生之苦，未有如予者也。

至入乡闱，所为搜检防禁，囚首垢面，夜露昼曝，暑暍风沙之苦，无异于小试。独起居饮食稍稍自便。而房师非一手，又皆簿书狱讼之余。而予七试七挫，改弦易辙，智尽能索。始则为秦汉子、史之文，而闱中目之为野。改而从震泽、毗陵成弘先正之体，而闱中又目之为老。近则虽以《公》《穀》《孝经》，韩、欧、苏、曾大家之句，而房司亦不知其为何语。每一试已，则登贤书者，虽空疏庸腐、稚拙鄙陋，犹得与郡县有司分庭抗礼。而予以积学二十余年，制艺自鹤滩、守溪下，至弘、正、嘉、隆大家，无所不究。书自六籍子史，濂洛关闽，百家众说，阴阳兵律，山经地志，浮屠老子之文章，无所不习。而顾不得与空疏庸腐、稚拙鄙陋者为伍。每一念至，欲弃举业不事，杜门著书，考古今治乱兴废之故，以自见于世，而又念不能为逸民以终老。嗟乎！备尝诸生之苦，未有如予者也。

古之君子有所成就，则必追原其扬历勤苦之状以自警，上至古昔圣人，昌言交拜，必述其艰难创造之由。故曰：逸能思初，安能惟始。故试卷虽鄙劣琐陋不足以存，然皆出于勤苦忧患、惊怖束缚之中，而况数先生者，又皆今世名人巨公，而予以一日之艺，附弟子之列。语有之：知己重于感恩。今有人于此，衣我以文绣，食我以稻粱，乐我以台池鼓钟，然使其读予文而不知其原本圣贤，备见古今与道德性命之所在，予终不以彼易此。且予淹困诸生，既无以报知己，而一二君子，溘先逝者，又无以对先师于地下。以其出于勤苦忧患、惊怖束缚之中，而又以存知己之感，此试卷之所为刻也。若数科闱中所试，则世皆以成败论人，不欲尘世人之耳目，又类好自表见，形主司短长，故藏而匿之。然终不能忘其姓名，驹儿五岁能读书，将封识而使掌之。曰：此某司理、某令尹为房考时所摈也。既以阴志其姓名，而且使驹儿读而鉴，鉴而为诡遇以逢时，无如父之拙也。

金正希稿序

艾南英

制举业之道，与古文常相表里。故学者之患，患不能以古文为时文。不能以古文为时文，非庸腐者害之也。好夸大而剽猎浮华以为古，其弊亦归于庸腐。古文自周秦而后莫如太史公迁。迁之文，近代之推拟者百千言而未已，而吾以为皆未得其要也。独柳子常序述其所用心者，而曰："本之太史，以著其洁。"予常因是言以考其书，窃谓：迁之文，去其所载《尚书》、《左》、《国》、荀卿、屈、贾、长卿诸篇，而独观其所序次论略者，可谓洁矣。文必洁，而后浮气敛，昏气除，情理以之生焉。其驰骤跌宕、呜咽悲慨、倏忽变化皆洁而后至者也。或疑吾信柳子之过而以一"洁"尽史迁，及观苏明允之论，以为迁之词淳健简直，盖亦如柳子之所谓"洁"者，而独病其裂六经传记，杂于其间，以破碎汩乱其体。明允盖曰：《尚书》《左传》《国语》《论语》之文，非不善也，杂之则不善也。由明允之论推之，则"洁"之为言，史迁尚未之尽也。剽他人之言以足吾之书，虽史迁犹见讥于后世，而况其他乎？又况其所剽非《尚书》《左》《国》者乎？

予尝以是绳今之为古文者，而因并以是绳今之为时文者。阅房书得一人焉，为金正希。正希之文不悖于古人者多矣。而吾独以"洁"蔽之，非略正希也。天下方习尚浮腐，饾饤经语子语以日趋于臭败，而正希傲然不屑也，故吾以洁为难。且又谓：洁之足以尽正希也。正希之文，浮气敛而昏气除，惟其洁而已矣。其柳之而奥，扬之而明，非不种种具善也。然非洁焉，无以至正希。自楚而吴越，自越而燕，自燕而白下，所著举子业，亦如之。

予考其学问浅深，虽与年俱进，然大约以朴为高、以淡为老者，则未尝有今昔之异也。故从郑超宗索其藏本二百首，既录其尤者，而又是非其次者，以为不洁不足以全正希。惟其戾于洁焉，而因以正告天下，亦正希之志也。虽然，是道也，岂独史迁哉？韩、柳、苏、曾数君子，其卓然能立言于后世，未有不由于洁者也。

嘉、隆以来，一二崛强剽猎浮华以为古，此明允所谓绨绣之美，寸割而纫之，曾绨缯之不若，是同归于庸腐者耳，而何能为古文乎？嗟乎！正希之洁，斤斤见于制艺，而予不能忘情如是，况有人焉能按欧、曾以来之旨，推其源流，与史迁合，而见之古文辞？其人于今日轻重当何如哉？或谓正希善浮屠法，能空生死去来，则予不能知矣。

陈大士近稿序

艾南英

大士著书，其言满车，予尝已序而藏之矣。海内之知大士者，无不心畏口噤，而犹若有不满者，曰：是不合于有司之尺度也。有司失大士，不以自罪。旁观者咨嗟叹息，亦不以罪有司，曰：是有尺度在焉。呜呼！有司之尺度，我知之矣。是其人果尝亲见尧、舜、禹、汤、文、武、周公、孔、孟而面命之，以为当如是与？如是，则虽千百世不可易也。若犹是，今日有司之所为也。

有司亦人耳，吾不深绳以圣贤之旨，而姑取秦、汉、唐、宋大家之文，与今日有司之尺度，章摘而句比之，格格乎不相中也。意者今之世所称先辈君子，若王、唐诸老，庶几早之，无甚高论与。然而取有司之尺度合之，则见其臃肿支离、气棘理蒙而益不相肖也。然则有司之尺度何为者邪？大士之文，置王、唐诸老弗论，其上之合圣贤之旨，次之与秦、汉、唐、宋大家相上下，而排空出险以御其自得者，则虽其怨家仇人不能以相毁，而犹不满于有司之尺度，何邪？然则为有司者可不自罪，观者可不以是罪有司邪？

夫天下事，不难于因袭，而难于创始。《左》《国》之后无《左》《国》。《骚》之后无《骚》。史迁之后无史迁。韩、欧之后无韩、欧。故大士之先无大士，大士之后无大士。海内效大士者至众，而终不能肖。无他，创与因之分也。虽然，大士身为诸生，而天下翕然宗之。天下之为大士者得其皮毛鳞角，则已皆躐巍科、跻膴仕矣。此独非有司之尺度所收乎？而至于大士，则戛戛然疑之，吾是以叹夫命之不犹也。有司之尺度既无当于圣贤之旨，而天下之为大士者，亦未尝不得志于有司。吾序大士不序其深远之所存，而姑记其浅者，以见有司之尺度不足凭，而世之疑大士者，无徒以是为也。

朱咸一近艺序

艾南英

事之至难者，莫难于御众。一亩之宫，上妻子而下僮仆，不待知者而后能御之也。淮阴论兵，过十万不以许；高祖夫将百万之众如使一人，故多多而益善。不然，智愚勇怯，杂糅不齐，金鼓之声作而败端见矣。此符秦之师所以歼于淝水也。读书为文者亦然。苟其学一先生之言而止，则亦何难之有？至于上下数千载，什什伍伍，井然于吾心而又融洽其神情，使远于吾之手与口，此何异于将百万之众，呼吸运用，如使一人者哉？

盖尝思之，国朝著述之富，无逾于杨用修。用修生平所编辑，百有余种。老师宿儒不能悉其书目，可谓有众百万者矣。及观用修所自为文，何以萎茶不振也？岂用修徒有其学而不能达之手与口欤？若是，则虽有百万之众，而不能呼吸运用如使臂指，无羡乎其为博也。假有人焉，其博无愧于用修，其役使载籍不独见之于古文辞，而并见之举子业，使其性灵与其学术，相辅而行于圣贤之旨，则君子于其人宜何如？

然自吾求友于天下，始于豫章得王孙郁仪。郁仪著书颇宗用修，然及其所为文，则吾不能不以恨用修者恨郁仪。而又以王孙故，不得见其长于制艺，则吾尤以为歉。最后至齐安，又得朱咸一。咸一著书不亚郁仪，而诗通、文通、词通，于予意尤合齐名。一录校班氏人物，踵事而增详，求知古今人相去若何。其于其乐书，穷律尺，声气之变，则又为儒先之功臣。意咸一所编辑，必穷年矻矻，惫精神，忘寝食，疑无暇于词章之学，而咸一游刃恢恢，读《竦园草》，比物连类，有足悲者。计咸一所得于载籍，如将百万之师呼吸运用，若使臂指见其全矣。而间出一二制举业以示予，则郁仪之所无而用修之所仅有也。

嗟夫！学博者每至举子业而穷，何也？彼其所传者古人之神也。其蕴藉古今尝具数千年载籍之理，而性灵之妙，至蹈袭古人一句一字而不可，则所谓数百万之众如使臂指者，又在言语文字之先。此吾终身习之而犹见其不及，而咸一为之有余地。故予至黄州独深交咸一，而黄冈人竟无有知咸一者。彼将学一先生之言而足，岂能窥咸一之涯涘哉？咸一廉谦孝友，与其兄析箸而居，多所推予而独留心著述。然咸一于车战舟师皆有师授。与予言天下事，尝有杞忧嫠恤之慨。区区制举艺，与其所论辑，又其小者。天下无事则已，天下有事不能不用咸一，则吾所谓事之至难莫难于御众者，又岂独于咸一之文见之哉？

黄章丘近艺序

艾南英

常宁之为县，在衡山之南。山益高，水益驶，其县治不当水陆之冲，士大夫东西行者，未尝遇而即焉。而予以谒樊贞符先生至其地。先生见予于黄子章丘，章丘取数年之文杂出以试予。而予所取者皆其近艺，盖近艺铸古而奥衍，章丘于此道可知已。其门人崔弼、易百用、段舜锡辈，取其师之文付之剞劂，而予为之序。

曰：昔孟子曰："天下有道，小德役大德，小贤役大贤；天下无道，小役大，弱役强。斯二者，皆天也。"审如孟子之言，则是荆楚之猾夏，嬴秦之吞并，皆天之所为。而《史记》所载秦人捕斩首卤，诈诱降抗之卒几至百万，韩、魏、燕、赵之民，自高曾至于耳孙，其首世世悬于秦庭，而必尽归之于天，则是天者不仁之尤者也。至夫子修《春秋》，笔削予夺之权于荆楚尤严，不得与诸夏齿。尝恨其书止于获麟，不及观夫子所以待秦之昭、襄、始皇者为何如。然而圣人之旨，其欲挽强大之天，为贤德之天者，未尝一日忘也。至于殷周之王千有余岁，而秦以力战争诸侯，二世而亡。若是，则虽天之意，亦固不乐其为强大之天，而数穷理极终归于贤德之主，然则谓天为不仁者谬也。

自有制科以来，得人之盛莫逾于成、弘、正、嘉之际。当是时，主司之所录者，皆舆论之所推；舆论之所推者，必为主司之所录。于是王、钱两公之业出，天下翕然宗之。此所谓贤德之天也。至于今日，主司之所录者，未必皆舆论之所推；舆论之所推者，未必尽为主司之所录。以俚语、谚说、浮薄不根之文，簧鼓后进，其权又足以进退天下之士，而士亦从而宗之，彼非以其贤其德服人也，以其强大服人耳。呜呼！取空疏庸稚之人，被以冠服，隆以爵宠，又使其子孙身都富厚，而问其所由进者，则俚语、谚说、浮薄不根之文也。天邪！人邪！然制科三百人中，其所谓贤德之天，与强大之天，常相御而行。故自有制科以来，其人至于三万，而其以文垂者不过数十名家。自数十名家而外，当其时，其文非不裒然行于世；而其后，至于问其姓氏而不可得。由是观之，虽制科中强大之天终不能胜贤德之天，而谓天之无意于文人者亦谬也。

章丘曩昔为文以圆美浓丽为主，彼其心盖有艳于今之强大之天号令一时者。然既已为之而不遇，则铲削浮华，独存古质，亦霜降冰涸、木落归根之意也。而予所取章丘独在近艺，非故以好异动章丘，亦以制举艺之为道，其蕴皆唐虞三代圣君贤相之事业，其精微则穷理尽性以至于命之学。于是乎，御之以才则必司马迁、刘向、韩愈、柳宗元、欧阳修、苏洵、曾巩之文章。如是而遇于世，则为贤德之天。不幸而不遇，则金石可灭，而吾文不可朽，其为贤德固在也。予愿与章丘共勉之。人以华，吾以朴；人以浮，吾以奥；人以俚语，吾以经术；人以补缀蹭蹬为篇法，吾以浅深开合、首尾呼应为篇法，以共俟乎贤德之天，而以文之公评付之后人可也。

四家合作摘谬序

艾南英

取大士、大力、文止与予四人先后制举之文，录其合于法与道者，而又摘其谬者，然后四家之功罪明。四家之罪明，而后四家之功益著于天下。呜呼！立言之道可不慎欤？

原其初，莫不曰吾以为功于天下也。盖道之不明久矣。自春秋之后，圣人之道，师传中绝。汉唐诸儒，仅以章句、训诂、笺解、疏说，以为足以发明圣人之意，其说已浅矣。宋程、朱两夫子出，而后圣人之道全。然圣道如天，司天者星官台史，按法而测之，有时而舛，以天之不可尽也。考其当时，如程门之吕、谢，于圣人之书皆有发明，而或离或合，新安之集具在，往复辩难，一章之旨，三致意焉。所尤可怪者，《春秋内传》《檀弓》《戴记》《家语》，皆七十子之门人，转相注受，而防风、萍实、商羊、肃慎所以侈大圣人者，不过如张华、管辂而止负杖，早作两楹之梦，则又等于释氏去来之说，甚则犹龙一叹。庄生之寓言，假圣人以褒崇其师，而儒者乃更以为孔、老同时，好学问礼之证。然而士不幸而不亲见圣人，又不幸而不亲见七十子之徒，又不幸而不亲见程、朱两夫子。即亲见之，如吕，如谢，如游、杨，犹有讥焉。

而欲使制举之文，尽足以代圣贤之旨，求其纯而后驳，固已难矣。而又以制举业者文章之属也，非独兼夫道与法而已，又将兼有其辞焉。辞之著者，自周衰以接战国，老、庄、荀、列、管、商之书，虽前代皆存而不废，而怪奇伟丽之文，尝使爱搏者浸淫出入而不自知。然以其不合于圣人，则因其辞以累夫法与道者，亦自有之。而自西汉至于韩、欧，词章之道，又复中绝。于是东汉、六朝软靡柔媚之习盛行于世。而四家之中，亦有乐其纤诡灵俊偶一为之者，则于所谓辞又有不尽纯焉。虽力追古文者时时非之，然自前世文人未尝尽废其籍也，然则四家之罪，其果可深罪欤？夫读孔、孟之书，而持论不尽于正，既离其法与道，而气格词章又不尽出于先秦、西汉，而降为六朝之卑，谓之无罪焉不可也，然而有可原者。老于场屋，始师秦、汉，以为坚古，中变其志，转而为纤俊，点窜晋、魏，穷极幽渺，且示吾才之无所不可。生徒满座，作为文章，因人造就，使之服习。弟子学一先生之言，过而存之。于是大士、大力之功，不胜其罪。至于坊贾，梓人、选手庞杂，不能定是非之衡。过存其少作，则予与文止，皆不能免。如是则略其全，而追论其一节，果可谓之罪与？

嗟乎！举业至万历之季早陋极矣。自四家之文出，而天下知以通经学古为高。原其意，以为圣贤之理，推而上之，至于精微广大，而要当使之见于形名数度、礼乐刑政，以为先王治天下之大经大法存焉。而于圣贤所以修己待人、处世应变，必言其确然者，为可见可行之理。及其放而之于文辞，则又欲于八股中，抑扬其局，错综其句，出入于周、秦、西京、韩、欧、苏、曾之间，以为不如是，则制举一道不能见载籍之全。而不如是，恐于立言之意，终有所未备，则势不得不搜猎经子百氏，网罗迁、固，兼捻唐宋大家，而始变而及于董江都，再变而入于郭象、王弼。好奇爱博之势相激使然，无足怪者。而天下亦遂骎骎向风矣。然则可不谓之功欤。至于效之而不得其源，掇拾饾饤，浮诞成风，非魑魅魍魉之谈，则臭腐而不可读。由是观之，立言之道，果不可不慎也。

夫制举之业，数变而愈工。昔之传者无几，然亦巍然存矣。昔人非尽胜今人也，当其时非不充栋盈箧，既而凋零磨灭，不可胜记，而后其存者，卓然于后世。故取四家之文，删其支辞，存其正论，上本孔、孟，中法程、朱，而一禀于帝制。然后四家之功著于天下，既使承学治古文者有所折衷，而又以哀痛恻怛之意，与天下共见之，使之好学而深思也。得文共八百篇，批驳数万语。学者由吾言四家之功，而得圣人之道什伍。由吾言四家之罪而思之，其不合于圣人之道者鲜矣。

半舫斋稿序

章世纯

吾友刘士云，既刻其近艺若干首行于世，而陈大士为序而传之，大约谓文有至分，而世之以绳墨相稽者，彼固□然若终身之事而不知吾深微之所在也。虽然，彼且以绳墨规我矣，而吾所以应之者，未尝衷于道，而徒以文相讥，则世之相笑，岂有既哉？

故予再为之序。

曰：治古之世，道德一，风俗同。其人自朝廷邦国，守土食采，师臣素王，与夫山林岩穴，农夫妇孺，其人无不学。而其学无不本于道，于是乎文行于其间。自陈谟矢训，作命敷告，铭器命物，与夫聘好问答，讨论讲说，闺咏巷谣之所撰，其学既本于道，而其才又足以见乎其词，虽无意于为文，而其高深典丽，终非后世能言之士之所能及。士生其间者，虽或其才未必能见乎其词，而以其有得于道，则亦有以知本末内外之分，而不惑于偏曲驳杂之说，则先王之教，有以使之然也。周衰学废，老聃、庄周、杨、朱、墨翟之言行天下，一时聪明才力之士，中无所得而外劫于敌，莫不丧其所守以去。然吾尝读其书，其人率沉勇精悍，能成一家之言。士卒然遇之，而丧其所守，无足怪也。

制举业在今日，其尧、舜、禹、汤、周公、孔子之书，代之而为言，则必皆尧、舜、禹、汤、周公、孔子之言，其学必本于道，而其才之著乎其词者，必使人恍然见三代之遗，而后为无愧。隆、万以来，一变而为老庄之虚诞，再变而为秦汉之驳杂，则吾犹无讥也。有小丈夫焉，欲去老庄之虚诞而并无其精微，欲去秦、汉之驳杂而并无其雄深，其所以代圣贤之言者，率皆委巷之中讲师腐儒之谈论，卑而气弱，不能窥圣贤之万一，而以其说之近，与夫为之易也，则亦能鼓舞一时之士，而使之从。虽然，彼不过觍然而为人师以营其衣食，则无与吾事焉已矣。

所可怪者，有大人君子，反其所为，其幽取诸《易》，其浑厚取诸《书》，其风雅取诸《诗》，其总核取诸《三礼》，其比事属辞取诸《春秋》，而又能本濂、洛、关、闽之旨，御诸百家之才，以畅其所欲言，其高深典丽，虽不能与三代比隆，而要非秦汉之士能言者之所及，则虽先贤复起，不能易也。而是小丈夫者，又从而咻之。夫取通经学古之言，与委巷之腐儒较，其取舍亦易明矣。而士茫然丧其所守者，又非若晚周先秦之士，遇老、庄、杨、墨之雄而劫夺之也。计其人，无深远以自存，无文彩以动众，而聪明才力之士，亦群而趋之，何也？意者，其偷懦庸秽之说，便于浅衷薄植者，而不觉其附和之众与？不然，则其人气力足以动上官，能毁人，能誉人，而聪明才智，与夫急于功名之士，违其心之所明，俯首而事之，虽知其非，而无可奈何也。

呜呼！以委巷腐儒之说，而欲尽废通经学古之言，此尧、舜、禹、汤、周公、孔子之罪人欤！刘士云本世家子，生绮襦纨绔之间，能尽屏声色狗马之好，而从事圣人之道。其于圣人之精微，既已得其本末源流之自，而其才足以发之。其为举子业，原本诗书礼乐，以御诸子百家之变者，可考而知也。其高深典丽，既非后世能言之士之所及，而其卓然有以自守，则虽晚周先秦偏曲驳杂之书所不能动，而况于委巷讲师腐儒之谈，欲以绳墨相稽，亦已过矣。

夫士云所守者，尧、舜、禹、汤、周公、孔子之绳墨，而非委巷讲师之绳墨也。彼既已为尧、舜、禹、汤、周公、孔子之罪人矣，而吾友大士，徒以文章离合进退之小技，与之相争于绳墨，则是舍其大而诤其小也。盖昔者宋之先有五季，而唐之先有六朝，其文于声色句字离合进退，其绳墨可谓严，而文之卑陋亦已极矣。韩子、欧阳子始尽削六朝、五季之习，而以六经之文为诸儒倡。天下后世，翕然宗之。夫韩子、欧阳子之文，岂以无法教天下后世哉？盖韩子、欧阳子之法，非六朝、五季之所谓法也。今而后，有借古文辞之说，为举业之说者，不言六朝、五季之绳墨，而言韩子、欧阳子之绳墨，其必自吾士云始也。

太行程生文序

章世纯

天下有无与于兵，而情相召者五。文章太盛，兆于兵端。富侈已极，兆于兵端。今科甲莫多于三吴，而刻核与文章，则几为举世之事。向见房选盛行边方，虑非佳事，不幸亿而中。遂愈信所见。

今读程生文，犹是虑也。程生所处，边诸侯之地，用武之地，所矜一饭十粟，强枪劲箭。一冲一撞之人，而此以文，著矫厉壮浪，倩动飘滑。其色也天，而其质也地。一注视之，惊为吾党之尤秀。余固为程生一人喜矣，然不能不为天下忧也。喜则必其取功名如寄，而忧则有如前所云者。如太行以北，别有武干雄俊之人，而此为别调。与夫程生胸中别有兵才，而此为外篇，可以无论。不然，文秀之尤力，且举俗一人之文，将为一国。至以国举，而可惧者至矣。举问程君，自君而外，尚多有如是者乎？抑有一无二者，吾以论世也。

明文海卷三百十三序一百四时文

王子云制艺序

罗万藻

予与子云，臭味三十年矣。于是乎仅再见。见复但作气概语，绝少寒温，或彼此不能具一饭竟别。两人交道，于古人何等也？

庚辰之役，予罢试，道金陵，子云乃以乏绝，不能赴公车，困于此，不能归。子云之才，何减郑庄？千里不赍粮，乃为绝事。何古今人不相及也！十年前，子云吐气成火，为予言：与友人争文字，不合，欲持俱赴水死。予雄之。近同饮大司马范公坐中，述神宗时与陈大士、茅祉生、费无学诸君聚金陵，每日高会，赋诗谈文，睚眦相摩拂，服者解颐，竞者折角。多予所未闻。今子云虽豪迈不改，而予悲其情变矣。资世家之分，擅名士之气，生平忠孝自诉，好艰难其情以自见难。亦逢之水西之变，其先太仆以瘁死军中。子云求其棺不得，伏阙上书，哀恸濒绝。此生人不常有之故也。久之，举孝廉，赠太仆之诏，亦下差用自宽。而迩者黄蕲之间，蹂以流寇，女晖元复，以叱贼死。至今崎岖转徙，无家人之乐。一青袍，岁岁如草，至无以归。此固忠义之风，名人之致也。然豪如子云，此岂所乐得者哉？故予悲子云之情之苦也。

尝见章溢先生《苦斋记》云：其室在匡山之颠，下惟白云，上多北风。风自北来者，大率不能甘而善苦，故植物中之味皆苦，而物性之苦者，亦乐生焉。夫甘苦以性相从，是固然矣。然山之高者不一风，风之自北者不必苦。不然，何物之生其山者，不以苦闻也？则苦岂匡山之性哉？豪杰之负忠义者不少，而遇不皆如子云，则苦亦子云之性也。赠子云归当助为豪宕之谈，以益其意。然昔人称姜桂之性，老而愈辣。辣与苦，皆清儆之味，使人气苏。子云著书数千种，其益于人者，必非豪迈自喜之年，而穷愁自见之日也。

匡山之蜜，令人口螫，久之已热除烦，其小鱼可以清酒苦之效也。书此以附，于由回赠答之义。

孙硕肤制艺小序

罗万藻

下第归，遇句余硕肤于广陵。兼旬之聚，落魄相偶，无言不同。然硕肤年方壮，修干雄姿，不减其傲迈。未知予喑寂之别有存也。予且离广陵，念硕肤初相见，即以文序相属，久无以报。数十年业在是，一旦不能自强其笔墨，此其情，宁堪尽语硕肤乎？

今天下文字，亦无可更措一语耳。硕肤负博古之业，体兼人之气，而笔高情特，字字有气象，其必为用世之人何疑。顾以此相硕肤，此法宜蚤。效于今日，而其事已大谬不然矣。则硕肤他日必为用世之人，亦未必断断以硕肤之文。古人文字之灵，遇人以必可知。今人文字，而倘有灵也，将遇人于昏昏默默，不得自知之境，为可幸耳。

嗟乎！今天下文字，宁可更措一语乎？《易》曰：“同声相应，同气相求。”予与硕肤，所谓无言不同也。斯可知不可知之外者也。

李小有制艺序

罗万藻

小有，三十年名士。既不第，以贤良高等补为令。夫小有之才，用之皆贤良卿、守、令之具。汉所谓五府俱辟、四司并命之流哉。鲜其人，而当时不知此文字之所掩也。迩以中外多故，天子锐意求才，小有一旦得伸于所知。且荐辟，汉也，国初行之，非汉也。既得举，则并接武班联，或意为卿相，未尝一日臣而役于举者，如古书记曹掾之伦。故小有遭逢，不可谓不盛。二三知己，颇心荣其行，而小有顾以生平制艺属为之言勤勤焉。

嗟乎！此意复令人悲尔。当其束发为文，取两榜入富贵功名之路，不知其他。久之，不得意，则渐出精神，悟诣附之，求异乎他人富贵功名之文，以自寄所得，抑亦苦矣。然当其时，皆昔人所谓情炎斗进之衷，非遽同穷愁著书自见于后世者之所为也。既卒不得志，而以荐辟起知小有者谓已无憾，而小有所欲知于人者，则从此已将置之不必知，能无悲乎？

人生莫亲于心，莫恋于心所经苦之处。生平裂筋绝脉，独出性命之物，萃于八股，虽已知已效于人，犹不能遽释以去。况时将置之不复知，而卒应功名以起念，当觅名山大川之灵，酹此耿耿耳。以少年情炎斗进之气为之，而晚以穷愁自见之意传之，此一时也，本不自意，谓亡恨者强颜矣。予以荐，亦应得一州。不果就，但平从举人监满例，谒选日盛名难副。独小有一出可尔，然下第。

时广陵郑超宗，悲予志，欲合刻予与张元祐稿，别寄其文字之论。予感之，亦小有意也，附此自见，亦志所以为小有言者。其志最亲，读者当并为之念也。

庚辰房书衡序

罗万藻

六经、《语》、《孟》之书，通于论文者，往往而有，而莫著于孟子。其自任曰："我知言。"他日又曰："我亦欲正人心，息邪说。"其意盖欲以知言正人心也。

今日制艺之家，可谓大盛。予自束发寝处，此中头颅至是不为不久，而今乃始欲见其是非去取于当世，或疑焉。嗟乎！战国谈士之盛，无逾雕龙炙毂，稷下诸人之时也。《孟子》七篇，崎岖齐、梁、滕、宋之郊，至于不得已而有作。托于圣人之徒，岂好辨哉？今日海内一家操觚掞文之士，倍官吏而半农夫，尚未敢偃然树帜异端，争名道术，独偷取逢世之语，靦颜自恣，展转相师，漫滤无已耳。予之为是选也，上之性情学术，交融互析，沐浴古义，附以伦脊，为可垂之文，一也。次之才格岸然，俯诸一切，或姿致清韶，佳言如屑，不失为可用，一也。又次之理明致白，狷于自存，浣诸嚣溷，宁瑕无伪，以为可寡过，一也。兹三格者，持以尽吾正告天下之意，可以救矣。予犹不免于惧，盖往者豫章为戒，目之曰幽渺。

迩者云间，则又以昌明博大之文，倡天下矣。今年来，复闻天下以云间为戒目之，曰肤漫。夫幽渺岂豫章之始，而肤漫岂云间之初哉？使予《房书衡》今日脱稿，不失为《房书衡》之初。更逾年，倘相传读抄袭不已，转日成陈。厌其陈也，亦复依傍别出，诡幻百端，攒蹙不属之字，杜撰生拗之章，螯口棘心，敝已见于前事矣。当此之时，虽六经圣贤之语，无一字不狼藉人间，磔裂可叹，而况于其余。则虽有苦心自力之文，亦安望其保全之世，久传无恙者哉？若此者，所谓禄利之路然也。汉武时，立五经博士，开弟子员，设科射策，劝以利禄。讫元始百有余年，传业者寖盛，枝叶繁滋。一经说至百余万言，大师众至千余人。古今人心，由盛而变，未有不由此者。变而至于无所入，则蔽陷离穷之祸，中于言语，终于政事，此孟子所灼见而深惧也。

故其正人心之端，在息邪说。息邪说之本，在知言。今知言正人心之学独当在上耳。在上者，为天子求人，以佐当时之治者也。其任既重，一日操衡尺，莅诸士第，使庸昧者斥，剿说雷同者斥，杜撰不经、离理失类者斥，则天下之人，将以上为知言。惩于不庸，而讳于自见其心，庶当有救。不然，下之所非，上之所是；下之所去，上之所取，虽百孟子生于今日，何能有救？然则予是选，何为者也？予亦能为是选而已矣。使天下见予选无欺昧，不本心性之旨，反复叠见腐烂可秽之文。此予今日是非去取之所止也。

甲戌房稿辨体序

陈弘绪

数科以来，房选如予友受先、天如、介生、千子、维斗、伯宗、公亮、尔公诸君子，各有明道匡俗之功，前此所未有也。繇是缝掖呫哔之儒，不以一日进取之牍为准，而以诸君子丹铅之业，晨哦夕诵，选者之权遂足以夺主司之势。吁！盛矣。

盛极而衰，房选一途遂为啖名射利之捷径。或寒胸俭腹，未能参究章句，便已恣意雌黄。其失不独仅仅好丑倒置已也。彼见诸君子于叹赏之中，间有指疵攻谬，以挽持末流者，从而艳之，以为非讥弹涂抹，无以诡己之高，耸人之目，于是以至陋之识，而索无瑕之篇，舍意而求之字句，虐今而并及古昔，而其訾毁吾江右也逾甚。遇有雄奇高古之作，辄曰是江右派不力，为丑诋不已。嗟乎！彼安知吾江右派为何如者哉？

夫文之有派也，如水之有源，木之有根柢，从古未有无派而能雄长于坛坫者。至其末流之弊，亦复何代蔑有？效龙门者则有褚少孙，慕扶风者则有陈宗、尹敏、孟异。然而龙门、扶风之传自若也。又其高者六籍之文，或以简易为派，或以奇奥为派，诚非拟义之所可及矣。然《太玄》者《易》之流弊，《玄经》者《春秋》之流弊。从其末而訾毁之，虽六籍不能免也。今有人焉，病夫六籍之不免于流弊也，而妄取六籍之文，加以讥弹涂抹，非其愚暗之徒，则必狂悖之夫，审矣。夫虎啸风生，龙举云属，非特帝王为然，文士亦往往坐致其盛，篇章之内，苟有非常之士出焉，一时英伟才俊，计必靡然从风，群相依仿，及其争久论定，世往习移，巍然独存者数人而已。举天下争笑其流弊，而不能夺此数人之传，是故有此数人之传，则其流弊可勿问也，而又何訾毁之足为重轻乎？

予友邓左之悲时流之好为訾毁也，所选《甲戌房稿》，一皆存其足以当吾叹赏者典。正者录，雄奇者亦录，清脱者录，高古者亦录，不必以江右派立之标格，亦不必以江右派故为删弃，要其文之足以传于久远而已。予尝谓："八股文之艺，至连十余句为比偶，体陋而幅隘，决不能垂之后世。而薄海亿万之众，毕聚精神于中，则虽以禹、汤之法，令孔、颜之学术，犹不能禁其好新趋异之想，然则时艺亦徒然而已。"兹以左之所选观之，予始悔前言之轻易，莫扪其舌矣。左之学既渊富，才益沉雄。世无左之之腹与手，则又安能如左之之目？其勿以选事为啖名射利之捷径焉，庶不至为左之之罪人也乎？

同人合编序

徐世溥

曩予闻长老言，嘉、隆时先正闱试，诸牍出，相从论议揣甲乙者不失锱铢。其时，士无交游，坊无选刻，文会不过族姓同里数人。月有定课，至期毕集，醴酒三四行而止。乡会试录出，姓名乃达于境外。如《老子》所称，民居其国，不相往来者。於戏！抑何素朴而信从若是与。

盖自予操笔墨与诸君倡和，已合三郡之贤秀，皆在更十数年，而南北声气毕通，称大同矣。夫衡文者，去取当醇疵明，学术有征，则文章之权在上，故士安其业而习尚纯。及乎取舍失当，是非纰谬，主者之尺度不足以厌服天下之心，于是文章之权始在下，而矜尚标榜之事乃出。此岂士乐为之？固亦风会使然。原其所繇，在上者实有以致之焉。先正敦庞敬一之风邈焉不见，殆二十年于兹矣。甚通将闭，同将生睽，有识者忧之。盖文章之权在下，其势固不能相壹，且俯仰国家三十年间，朝廷之议论与草野风气，无不始于同而终于异者。即社选之初盛也，天下皆师效豫章，已而亦各以方变选者，或至互相反唇。此亦合极将析之征也。析则风气闭，闭而人各安其居，士专其业，不相闻问，复归于朴，其在此时乎？两刘子、魏子闻之曰：不可以当吾世而令文事中衰。于是复鸠四方之文汇选之，以励学术、广友谊，命之曰《同人合编》。在《易》天与火同人。同人始于门，而终于郊，故概之曰“同人于野，亨”，是刘子、魏子之志也。

呜呼！昔之社者为同，今之社者为异。三君子慨然矫之，推此志也立朝而事吾君。俾诸大夫泯同异之见矣。

蔚社亭序

徐世溥

万历季年，学者方厌苦拘牵法脉陋习，吾党兄弟乃力为古学以振之，天下翕然向风焉，论者以为，有先正诸社余烈。其后浸淫，相与为名高，不务实学，而剿学妄作，自命奇古，结社者往往少作多刻，盖稍彝矣。识者惧其日卑，乃更发明所学，黜掇拾，破险诐，又或不察，至以文章议论相诋訾，于是溥语人曰：凡今社序不可为也。

往吾先公诸执友之为社也，月有课，岁有帙。疑义窒辞，于是乎质之；闻过，于是乎规之。不闻其竞于刻以为名也。今剞劂之事亦太繁且滥矣。昔齐致列国谈士于稷下，卒兆坑儒之祸。唐宪、穆间，天下寺至四千六百余区，兰若数万，及会昌末遂尽废之。物盛必衰，数之复也。夫君子会以请业，正其文辞，和乐以将之，犹惧弗既，而况袭谬以徼名，憍气以攻正乎？已而娄东复社果有违言，幸不足以陷君子，然好名之士亦足以戒矣。而是时江右方修蔚社，今兹又将刻之以示天下。

呜呼！今天下文章声气可不谓盛哉？虽然，日午月望有道者所不居。异日，必有以刻文得罪功令、数十里而不敢通尺书者。窃为梓人忧之。《易》曰："君子豹变。"其文蔚也，革之谓也。诸君之文可谓蔚矣，抑《诗》有之："荟兮蔚兮，南山朝隮。"言小人气焰之盛也。诸君他日幸相与明正道、息邪说，使小人革面，咸为忠直，以事天子，则蔚文之终事也。溥也实乐观之。曩者不为社序之说，又何庸焉？

壶山集序

傅占衡

兴霸，吾师大士先生仲子也。先生少读书，自阛阓至寝，成孔安七遍上口。兴霸八岁授王介甫《上仁宗皇帝书》，亦三遍为时文，气魄压千人。尝有齐神武高昂，藏君臣间意，日十数题，题十数义，如父风，古文称是。今曰《壶山集》以行者，其什一也。

予侍先生时，兴霸与弟少游皆幼，艺洽通矣。先生惩其才高，故严苦之。梦中呼觉，令诵《考工记》，一字踬，辄蹴下床，与杖，甚于头触屏风。然观其文则喜不寐。兴霸尝私谓予：吾他日训儿，当一以宽。予笑曰：度子性范，殆有甚焉。兴霸卒所能自立于文辞者，先生教也。兴霸熟古今事，欲有以自见其才，不肯屈首著述事，故客死南方，仅遗其书。所后兄子二人，亦不及亲见训之，而予畴昔戏笑之言犹在耳目，悲夫！

虽然，兴霸之文，后之君子足以想见其雄杰瑰玮之气而慕悦之，然则兴霸盖不没也。

魏氏兄弟制义序

傅占衡

予亡友曾子上平，好听吴音，问予吴人曲谱者，○△＝者何也。予曰：此为吴人设耳。吴音妙天下，而呼字不通于中原者多，故为三形以别之。○者，合口也。△者，鼻。而＝者，唇也。若夫方语不乖于本字，则三形无所施矣。吾乡声歌一道鄙甚，独三形者无所用。而吴中非士大夫往往不能究其理，卒便其讹而读之。他效吴曲者，无抑扬吐吞之妙。而于是三形者类于舍吾之本，是以就吴音之谬，故已舛矣。然吴人善者，虽开、合、鼻、唇稍谬，尚能以其抑扬吐吞妙天下，而吾乡既承其谬，以失字之本，是又终不能肖其声万分一也。毋乃尤舛而可嗤耶。孰若虽逊其声，而无失吾呼字之正，为可慰也。

文章之道，何以异此？近年以来，文之掺吴音者众矣。声者出于风土，与时好日迁。吴人固已厌其抑扬吐吞之法，而杂以跳荡激楚之音矣。盖往时词客最著如沈青门、梁少白辈，词虽绝胜，然其“都”“多”相乱，“沙”“遮”互叶，以至于“清”“亲”、“枕”“轸”、“虽”“西”、“春”“嗔”之类，率便吴音，不免于中原少戾。而况今之呕咽啁哳，声与字而俱谬者，何可胜道哉！然则，有能善学吴音，而精于开、合、反切，无四声不明之诮者，天下少其人也。

泸溪魏氏兄弟，走数百里，欲师曾子上平于临，而是时上平墓草已宿矣。乃即其舍旁结精庐而居，求遗文于其子而读之。予叹其行径大类古人，往观焉。及睹其文，则真予所谓能抑扬吐吞而又不失呼字之正者也。大魏闳放多奇，小魏沉雄独秀，大较抚、建之风本不同，而二子之才之学，又有以移而易之。以故激荡高唱，有足动容而改色者。既不若吾乡之（暗）［谙］于宫商，又非如吴人之讹于开合也。则二子且将以其文妙天下，何羡于临人哉？然二子最慕者上平。上平为文孤洁深若，类其人，太少吴风，所长者呼字不讹耳。每剧（啖）［谈］文事，度曲分判，傲然无人，而不幸埋志以死。嗟乎，世无钟期其人，能知上平之文与人者！而二子独如是。二子岂独文妙天下？乃其人亦可知矣。予故举上平所好者，以序二子之文，因以志昔者吾友之为人也。

晁次柳余草序

傅占衡

陈晋州弘绪，崇祯中尝为衡言：八股学问，聪明之会也。三百年人主玉帛在是，即人才川岳亦在是，故辛亥以来，八股未窥而能诗古文者鲜矣。

余初疑其过，比弃举业，间从骚人词客游，始甚喜之。然声病既难遽精，而旧学顿茀，所谓未得国能，已失其故步矣。曾不如作弟子员时，日有课，月有程，虽颇旁窥百家，终无叛经传外者。其御心役志，优优乎有节也。譬之楂梨橘柚，充腹盈吻，而饔飧缺饱能几何？且有甚者，山僧林叟不无佳句，于身心失得、古今治乱之大，往往瞀而不通。至有偶窥半解，辄引唐、宋故事以诗赋取士为喜者，有识者笑之。顾余已自废，风云月露中进退无据，又何道哉？

吾友次柳兄弟名天下，工为文二十年。次柳八股义，顾眄光芒，步骤謦欬。曩予城居，朝夕过论文，屡欲焚笔砚者，乃亦郁纡而当此时。顷入郡，相与语破瓦颓垣下，遂出所存时义若干篇示余。余往时厌此事，疲于奔命，今读之乃反似马援闻战鼓时，何也？今之侈诗古文者，得无类晋州所云乎？

风、赋、比、兴、雅、颂，此诗人六义，特时文中一体耳，古文亦然。奈何薄八股？五七言下，即不应举，故当锓此救之。次柳因题曰《余草》以行。夫余者才也，汤先生谓：古今才皆病不足，无有余者。次柳之文，动而愈出，变而不居，非有余才耶？人患才少，子患才多。张司空爱陆氏西头语，予以评晁氏东头亦可。

清溪会业序

傅占衡

文者皆其人之言而已，独今所号时文，取古人而生之，而鸣之。其言微也，彰而显之；其言短也，引而长之。直也，曲之以尽之；正也，反之以辅之。盖几全乎他人之喉舌，而丧去乎我为者。然及其翕辟散聚之方，参互因革之用，体气之柔刚，才指之甘辛，作者往往耻于丧去其我，必使善读者覆焉，曰是某之言，则今时文，其百倍古文难，宜也。而所睹学者，成古文以数十年，犹恨其疾，攻制举不期月辄高第，去何故哉？

予尝疑之。今年归，始得交吴兴周子韶。子韶劳我，即数我曰“若故宜尔”耳。制以七题，竟日限士，而文之妙，或精思遒神，或率尔造极，是两妙者，皆不当于锁院严鼓时求之，譬之鸾翮见铩，舞鹤在樊，精神少矣。予乃爽然自失无怨色。既而通子韶前后文读之，益有味乎其语，若其浸醳篇籍，网络今昔亡论，独渊旨宏辞，颓然天放，豁如咏怀之作，莫测其端崖也。予尝一至苕霅。今手其文，犹若俯仰毗弁诸胜，而艇寄于汀兰岸芷、烟霏雾霭之间焉。然后叹子韶之所得深远矣。精神开发，见于山川，其妙有在于巧迟拙速之外者，故久困制举中。如予曩所知菰城十数子，亦皆落落晚遇，何也？

予犹终疑之。岂鸾皆铩而鹤且樊耶？毋乃既取古人而生之鸣之，而又不能丧去其我，故以数十年之专，而逊彼不期月之功也。善读子韶文者，覆而知之矣。

叙任雪柯青凤轩艺

尹民兴

神皇帝之季年，嘉鱼文章旷，不达于春官矣。其时廉廉颊颊者，悉皆僎土为珠，抱砌指璧，娶质而嫁光，宜乎不缩于宝母也。雪柯任公，特表危独。表其所嗜，则摈粱肉而啖松芝，攘汤液而饮沆瀣，已得寿而人得痁也。表其所跖，则卑辎轩项领之逸，綷牵崎崛，毡裹阴平，已取天下而人坏高骨也。表其所宅，则厌重屈深宫，长廊丰厩，规概平易，户牖雷同，结晶城于天下，苏迷卢之半，以恣孤奇，而临睨瞻部也。一国之人，竭眼之才，隅隈莫究；穷耳之力，宫羽不昭。始胎然疑，终发诟笑。即余辈三四人，支领其味者，谛谛深密，仅底募源，而亦勿罔于机关之室，转输之府也。则一日谂予曰："夜梦虎蹲在庭，斯何祥与?"余曰："大人虎变。"公莞尔曰："不然。虎与牛之膏肉者，虎胆厚，牛胆薄也。今夫胆及于目，达于爪，出决断以营卫心王，名曰恒奇之府焉。予极爪目之用二十年，心王不一，愊愊遗遗，削倾奇府者，为予胆汁丰满，有以守之也。"予慑服其言。

公没十年，又一夜，梦謇予曰："君宜多读书。"问："读谁者书?"曰："能读本经、《四书》，都成极奇极妙之文章，乃善读书矣。"觉而惮荡者，鼻满五寸，息抽绎"胆说"，岂斯文之陛奥哉？且夫胆，刚直之气也。专刚不明，如醉而乘驶骁矣。专直不衷，如盲而竞跷，亢矣。毛膝淫归之外，必有物焉。湛于幽昏之域，相遭于耳目与非耳目者，故其见也，以不见见下上渊天之间，即变化视听之用。公之文，端在斯乎，端在斯乎！天度既树，孕育氏，任者产观泽者，产华挺者，产络傍者，高而不下，产于孤府，一时缉陟春官者，若乾氏诟笑者，酋其谇也。

日知录集释

（选卷十六至卷十九）

〔清〕顾炎武　撰　　〔清〕黄汝成　集释

导读

在清初遗民对八股文的批判浪潮中，顾炎武是一个态度激烈者，但他对八股文并未全盘否定，这从他有关八股文的论述可看出。

顾炎武（1613—1682），本名继绅，谱名绛，字忠清、宁人。明亡后，清兵南下，他改名炎武，以示抗清之志。因其故居为南朝顾野王之园林，俗称其为“顾亭林”，故自号亭林。侨寓南京神烈山时，曾自署名蒋山傭。变姓名渡江至淮阴，曾署名圭年。昆山（今江苏昆山）人。

顾炎武少年时受益于嗣祖，重实学，对天文、地理、兵、农、水工、典章故实，无不攻习熟究。曾与同邑归庄参加复社，因两人都有超人之处，人称“归奇顾怪”。他政治上反对明末的宦官擅权，明亡后积极投入反清复明活动。弘光朝以贡生荐授兵部司务。隆武立朝福州时又被荐为兵部职方司主事。几年间参戎行，筹国策，曾受命至海上，又北至徐淮，纠结豪杰，团练乡兵，得劲卒数万。事败后被祸，入狱，又北上鲁、冀、晋、秦二十余年，结纳志士，如傅山、王山史等，观察地形，以图复明。然天下已定，复明无望，只得如《水浒传》中宋江所述“潜伏爪牙忍受”。

昆山抗剃发的反清大业被清兵血腥镇压下去后，死尸枕藉。顾炎武的继母绝食而亡，临终嘱其毋事二姓，他痛泣受命，终生牢守。见复明无望，便甘做遗民，贫不入幕，死不应征，清廷屡次征召他参与修纂《明史》，均遭严拒，他方严自律，著述以终，其气节足以彪炳民族史册。

顾炎武是明末清初著名的思想家、大学者、文学家。他提倡实学，反对空疏不学之学风。他力主经世致用，开清代朴学之风气。他讲求“行己有耻”，认为士大夫之无耻，实乃“国耻”。他讲民族大节，认为“亡国”与“亡天下”有别，“亡国”乃“易姓改号”，“亡天下”是文化的毁灭。

他才高学博，能诗善文，词雅气雄，在其中抒发、记录了时代巨变所造成的家国之痛，也显示出他在经史音韵方面的深湛功力，其《日知录》等著作开了清代考据学和音韵学的先河。

顾炎武少习经史，十三岁援例纳粟入县学，对八股文曾深加研修。他在与友人书中说：“弟少习举业，多用力于四经。”（顾炎武著，华忱之校注：《顾亭林文选》卷下《答汪苕文书》，四川人民出版社，1998年，第397页。以下凡引用同一书者，均不再一一注明版本）可知其八股文具有很深的功力。清初著名八股文作家、选评家何焯在《行远集》选本中“跋亭林《且比化者二句》题文，谓可与文集中《齐四王冢记》并读，以时文论，亦逼真鹤滩（明八股文大家钱福之号）殿撰也。亭林先生初名绛，其少作即熟精经学，见推于孙若士、宋上木、钱吉士诸选家，然后生罕有知者。甲戌之冬，华阴王丈山史来吴中，以所定先正制义示焯，始得见五篇，敬录此作，庶来者知通天地人之谓儒，亦从举子时早定根柢耳。”（梁章钜：《制义丛话》卷之八）

在清代八股文选评界享有盛名的何焯从顾的好友王山史处见到顾氏的八股文，立即将其选入著名的八股文选本《行远集》，并给予很高评价，称其“少作即熟精经学”，见推于晚明著名的八股文选评家钱吉士等，并评价其文“逼真”明代八股文四大家之一的钱福，可见顾炎武八股文水平之高，在明末名气之大。

然而，这个十三岁即成为秀才，有很高经学与写作水平的人却与举人无缘，屡经乡试而不录。与张岱一样，他心中自然会有怨恨情结郁积。明亡后为恢复大业，他反思了明亡的原因所在，这个在科举中起着灵魂作用却又对人才和学术均起了败坏作用的八股文，自然落入了他的批判视野之中。

顾炎武对八股文的批判着眼于它对学风的败坏及人才的摧残之上，对八股文本身的弊端则很少揭示，这反映出他对八股文的批判有相当程度的保留。所以梁章钜在引用何焯对顾炎武八股文的评价之后说："观义门（何焯字）跋语，则亭林非不工时文者，工时文而痛诋时文若此，彼盖疾夫借圣贤之言为梯荣钓宠之术，转相摹仿，愈趋愈下，遂发此过激之论耳。"（梁章钜：《制义丛话》卷之八）梁章钜说顾炎武对八股文所作过激之论，是因为士人们将此物当作升官发财之手段，相互剿袭模仿，致使八股文愈趋愈下而发的，并非要毁弃八股文本身，因为他本人工时文，是懂得其妙处与价值的。应当说，梁章钜此言说到了点子上，有真知灼见，顾炎武的确是一个不全盘否定八股文的人。他只是对士人们将八股文作为牟取荣利的工具，用剿袭模仿的手法以求速售，致使学风败坏、士心败坏的现象十分痛恨，故发此过激言论而已，内心并不厌弃八股文。这从他与友人信中说及他的嗣子顾衍生学习情况即可明白："本经《毛诗》已完，令节读五经，兼诵先辈八股文百篇。"（顾炎武著，华忱之校注：《顾亭林文选》卷下《与李霖瞻》，第341页）

顾炎武对八股文的论述散见于其名著《日知录》和《生员论》等中。《日知录》又集中于卷十六之《十八房》《经义论策》《三场》《拟题》《题切时事》《试文格式》《程文》和卷十八之《四书五经大全》等条目之中。

在这些条目中，他首先从八股文试题库容量过小，猜题容易而引发的拟题之病入手，对八股文的出题方式进行批判。他说："今日科场之病，莫甚乎拟题。且以经文言之，初场试所习本经义四道，而本经之中，场屋可出之题不过数十。富家巨族延请名士馆于家塾，将此数十题各撰一篇，计篇酬价，令其子弟及僮奴之俊慧者记诵熟习。入场命题，十符八九，即以所记之文抄誊上卷，较之风檐结构，难易迥殊。《四书》亦然。发榜之后，此曹便为贵人，年少貌美者多得馆选，天下之士靡然从风，而本经亦可以不读矣。予闻昔年五经之中，惟《春秋》止记题目，然亦须兼读四传。又闻嘉靖以前，学臣命《礼记》题，有出《丧服》以试士子之能记否者。百年以来，《丧服》等篇皆删去不读，今则并《檀弓》不读矣。……昔人所须十年而成者，以一年毕之。昔人所待一年而习者，以一月毕之。成于剿袭，得于假倩。卒而问其所未读之经，有茫然不知为何书者。故愚以为，八股之害等于焚书，而败坏人材有甚于咸阳之郊所坑者，但四百六十余人也。"（顾炎武著，黄汝成集释：《日知录集释》卷十六《拟题》，岳麓书社，1994 年，第 590、591 页）

顾炎武的这段论述抨击了八股文出题所产生的弊端：因《四书》《五经》这个试题库的容量有限，经过会试及各省、府、州、县名目众多的乡试、道试、府试、县试，不要多少年，则书中可出之题无不出过，猜题便容易了。故产生了拟题、剿袭的弊端，使那些富家巨室有办法请名士猜题代作，"入场命题，十符八九"，他们只要背熟，到考场上将所记之文抄誊上卷，既不费力，质量较场中临时写作的还高，取中的往往是他们。"榜样"的力量是无穷的，利益所在，人们争相效仿，而经史典籍全可不读，"成于剿袭，得于假倩"，士人心术也因此而坏。故顾炎武怒斥"八股之害等于焚书，而败坏人材有甚于咸阳之郊所坑者，但四百六十余人也”。这些话表明了顾炎武的真知灼见，他抓住了八股文题目易猜，而八股文又是科举取士的主要衡量标准，故引发了利益之争这一要害，揭示了八股取士制诱使士人作假，空疏不学，败坏人心与学术的巨大危害，故发出了“八股之害等于焚书”的批判。

在《三场》中，从考试与录取方式的角度，再一次揭示用八股文取士所造成的危害：“明初三场之制，虽有先后，而无重轻。乃士子之精力多专于一经，略于考古。主司阅卷，复护初场所中之卷，而不深求其二三场。夫昔之所谓三场，非下帷十年，读书千卷，不能有此三场也。今则务于捷得，不过于四书、一经之中拟题一二百道，窃取他人之文记之，入场之日，抄誊一过，便可侥幸中式，而本经之全文有不读者矣。率天下而为欲速成之童子，学问由此而衰，心术由此而坏。”（顾炎武著，黄汝成集释：《日知录集释》卷十六《三场》，第589页）

明、清的科举考试，名义上设三场，但由于考生太多，阅卷任务太重，而考官又少，阅卷时间紧迫等原因，实际上只重头场的七篇八股文，特别是首篇，往往只以首篇的好坏作为取录与否的标准。这样，又引发了拟题、剿袭之弊端，导致考生不读经籍，只愿速成，使学术由此而衰，心术由此而坏。

在《十八房》与《生员论》中，顾炎武对从明代印刷技术大为进步后，十八房所选中式之作及各种书坊的八股文选刻本纷纷出版，从而引发了一场在新技术引领下的全民作假，即剿袭高潮现象进行揭示，对八股文出题易猜的弊端再一次进行批判。他说：“杨子常曰：‘十八房之刻，自万历壬辰《钩玄录》始。旁有批点，自王房仲选程墨始。至乙卯以后，而坊刻有四种：曰程墨，则三场主司及士子之文；曰房稿，则十八房进士之作；曰行卷，则举人之作；曰社稿，则诸生会课之作。至一科房稿之刻有数百部，皆出于苏杭，而中原北方之贾人市买以去。天下之人惟知此物可以取科名、享富贵，此之谓学问，此之谓士人，而他书一切不观。昔丘文庄当天顺、成化之盛，去宋、元未远，已谓士子有登名前列，不知史册名目、朝代先后、字书偏旁者。举天下而惟十八房之读，读之三年五年，而一幸登第，则无知之童子俨然与公卿相揖让，而文武之道弃如弁髦。’”（顾炎武著，黄汝成集释：《日知录集释》卷十六《十八房》，第584页）

在《生员论》中他说：“国家之所以取生员而考之以经义、论、策、表、判者，欲其明六经之旨、通当世之务也。今之书坊所刻之义，谓之时文，舍圣人之经典、先儒之注疏与前代之史不读，而读其所谓时文。时文之出，每科一变，五尺童子能诵数十篇而小变其文，即可以取功名，而钝者至白首而不得遇。老成之士，既以有用之岁月，销磨于场屋之中，而少年捷得之者，又易视天下国家之事，以为人生之所以为功名者，惟此而已。故败坏天下之人才，而至于士不成士、官不成官、兵不成兵、将不成将，夫然后寇贼奸宄得而乘之，敌国外侮得而胜之。苟以时文之功，用之于经史及当世之务，则必有聪明俊杰通达治体之士起于其间矣。”（顾炎武著，华忱之校注：《顾亭林文选》卷上《生员论中》，第11、12页）

顾炎武对书商们选刻的各种八股文选本表现出极度的愤慨，因为它给弄虚作假、以便捷取功名的人大开方便之门，使他们“舍圣人之经典、先儒之注疏与前代之史不读，而读其所谓时文”，其后果是“败坏天下之人才，而至于士不成士、官不成官、兵不成兵、将不成将，夫然后寇贼奸宄得而乘之，敌国外侮得而胜之”，明朝因此而覆灭。顾炎武的说法当然有些过甚其词，明亡之因并不全在八股文，八股文也担负不起亡国之祸名。顾炎武反复地将批判的焦点对准八股文因拟题而易引发的剿袭、模仿之上，而对八股文写作的灵魂即对题目也即《四书》《五经》及程朱传注的文化复制是赞同的，因他在这里明确地表达了对“舍圣人之经典、先儒之注疏与前代之史不读，而读其所谓时文”极大的谴责。这种态度在《试文格式》《程文》中也可看出。在文中，他述及八股文的文体：“经义之文，流俗谓之八股，盖始于成化以后。股者，对偶之名也。天顺以前，经义之文不过敷演传注，或对或散，初无定式，其单句题亦甚少。成化二十三年，会试《乐天者保天下》文，起讲先提三句，即讲乐天，四股；中间过接四句，复讲保天下，四股；复收四句，再作大结。弘治九年，会试《责难于君谓之恭》文，起讲先提三句，即讲责难于君，四股；中间过接二句，复讲谓之恭，四股；复收二句，再作大结。每四股之中，一反一正，一虚一实，一浅一深。其两扇立格，则每扇之中各有四股，其次第之法，亦复如之。故今人相传，谓之八股。若长题，则不拘此。嘉靖以后，文体日变，而问之儒生，皆不知八股之何谓矣。《孟子》曰：‘大匠诲人，必以规矩。’今之为时文者，岂必裂规偭矩矣乎？发端二句，或三四句，谓之破题。大抵对句为多，此宋人相传之格。下申其意，作四五句，谓之承题。然后提出，夫子为何而发此言，谓之原起。至万历中，破止二句，承止三句，不用原起。篇末敷演圣人言毕，自摅所见，或数十字，或百余字，谓之大结。明初之制，可及本朝时事。以后功令益密，恐有借以自炫者，但许言前代，不及本朝。至万历中，大结止三四句。于是国家之事罔始罔终，在位之臣畏首畏尾，其象已见于应举之文矣。”（顾炎武著，黄汝成集释：《日知录集释》卷十六《试文格式》，第594页）

顾炎武在此以简练的语言将八股文的名称由来，八股格式的形成时间，破题、承题、原起（后为起讲）的定义、作用、演变都阐述得清清楚楚。看来他对八股文的文体是赞同的，因为他对嘉靖以后的儒生“皆不知八股之何谓矣”表示了不满。“今之为时文者，岂必裂规偭矩矣乎?”他对八股文的不满不在于八股格式，而是在“程文”确立的定格上。他在《程文》中说：“自宋以来，以取中士子所作之文，谓之程文。《金史》：‘承安五年，诏考试词赋官各作程文一道，示为举人之式，试后赴省藏之。’至明朝，先亦用士子程文刻录。后多主司所作，遂又分士子所作之文，别谓之墨卷。文章无定格，立一格而后为文，其文不足言矣。唐之取士以赋，而赋之末流最为冗滥。宋之取士以论策，而论策之弊亦复如之。明之取士以经义，而经义之不成文，又有甚于前代者。皆以程文格式为之，故日趋而下。鼂董公孙之对，所以独出千古者，以其无程文格式也。欲振今日之文，在毋拘之以格式，而俊异之才出矣。”（顾炎武著，黄汝成集释：《日知录集释》卷十六《程文》，第595页）

顾炎武对试官选取优秀的、已取中士子之作，或主司所作范文加以刊刻，以之作为取录的标准样式公示，让考生效仿的做法是大为不满的，因为“文章无定格，立一格而后为文，其文不足言矣”。明代“经义之不成文，又有甚于前代者。皆以程文格式为之，故日趋而下”。顾炎武的见解是对的。且选刻程文、墨卷让士子效仿，加剧了剿袭、模仿的弊病，使八股文“日趋而下”，更是败坏八股文的重要原因。从这些地方可以看出顾炎武的八股文观。

顾炎武是为复明大业反思明亡的原因而对八股文进行反思批判的，故他对八股文的弊端全着眼于它对人才与学风的败坏上，并未对八股文进行全面的检讨。相反，对八股文他还有相当程度的肯定。他对八股文载圣贤之言、传程朱之道是肯定的，对束缚人的八股体式也是赞同的。这与他的八股文写作经历和他对孔孟之道的尊奉是相契合的。所以，他对八股文的批判是不彻底的，虽发出了八股文之害甚于秦始皇焚书坑儒的激愤之词，但由于缺乏理性的思考和人性的关怀，故其战斗力比起张岱要远逊几筹。

选入本书的《日知录集释》有关八股文的文字，均依清道光十四年嘉定黄氏西溪草庐重刊本校点录入。

（龚　昊　龚笃清）

日知录集释卷十六

明 经

今人但以贡生为明经，非也。唐制有六科：一曰秀才，二曰明经，三曰进士，四曰明法，五曰书，六曰算。【原注】《大唐新语》："隋炀帝置明经、进士二科，国家因隋制，增置秀才、明法、明字、明算，并前为六科。"当时以诗赋取者谓之进士。【原注】《金史·移剌履传》："进士之科，隋大业中始试以策，唐初因之，高宗时杂以箴、铭、赋、诗，至文宗始专用赋。"以经义取者谓之明经。【原注】叶石林《避暑录话》："唐制，取士用进士、明经二科。本韩初，唯用进士，其罢明经，不知自何时。仁宗患进士诗赋浮浅，不本经术，嘉祐三年，始复明经科。"今罢诗赋而用经义，则今之进士乃唐之明经也。【阎氏曰】金有经义进士、词赋进士，进士中亦分二目。

唐时入仕之数，明经最多。考试之法，令其全写注疏，谓之帖括。议者病其不能通经，权文公谓："注疏犹可以质验，不者，傥有司率情，上下其手，既失其末，又不得其本，则荡然矣。"今之学者并注疏而不观，殆于本末俱丧，然则今之进士又不如唐之明经也乎？

秀　才

《旧唐书·杜正伦传》："正伦，隋仁寿中与兄正玄、正藏俱以秀才擢第。"唐代举秀才止十余人，正伦一家有三秀才，甚为当时称美。《唐登科记》：武德至永徽，每年进士或至二十余人，而秀才止一人二人。【原注】《旧唐书·职官志》则云："秀才，有唐已来无其人。"【王氏曰】唐时秀才则为尤异之科，不常举。大约终唐之世，为常选之最盛者，不过明经、进士两科而已。

杜氏《通典》云："初秀才科第最高，试方略策五条，有上上、上中、上下、中上，凡四等。贞观中，有举而不第者，坐其州长，由是废绝。"【原注】《新唐书》："高宗永徽二年，始停秀才科。"

士人所趋向，惟明经、进士二科而已。显庆初，黄门侍郎刘祥道奏言："国家富有四海，于今已四十年，百姓官僚未有秀才之举，未必今人之不如昔，将荐贤之道未至，岂使方称多士，遂缺斯人。请六品以下爰及山谷，特降纶言，更审搜访。"唐人之于秀才，其重如此。【原注】"秀才"字出《史记·贾生传》："年十八，以能诵诗属书，闻于郡中。吴廷尉为河南守，闻其秀才。"而《儒林传》公孙宏等之议，则曰："有秀才异等，辄以名闻。"此秀才之名所起。

玄宗御撰《六典》言："凡贡举人有博识高才、强学待问、无失俊选者，为秀才；通二经已上者，为明经；明闲时务，精熟一经者，为进士。"

《张昌龄传》："本州岛欲以秀才举之，昌龄以时废科已久，固辞，乃充进士贡举及第。"是则秀才之名乃举进士者之所不敢当也。【原注】《册府元龟》："开元二十四年已后，复有秀才举。其时以进士渐难，而秀才本科无贴经及杂文之限，反易于进士。主司以其科废久，不欲拔奖，应者多落之，三十年来无登第者。至天宝初，礼部侍郎韦陟始奏请：有堪此举者，乃令长官特考。其常年举送者，并停。”《册府元龟》又言：“代宗朝，杨绾为礼部侍郎，请制五经秀才科，事寝不行。”而《旧唐书·儒学传》：“冯伉，大历初登五经秀才科。”则是尝行之而旋废耳。

又《文苑英华·判目》有云：“乡举进士，至省求试秀才，考功不听，求诉不已。赵岊判曰：‘文艺小善，进士之能；访对不休，秀才之目。’”【原注】《文选·任昉〈为萧扬州作荐士表〉》：“访对不休，质疑斯在。”是又进士求试秀才，而不可得也。今以生员而冒呼此名，何也？【原注】《容斋三笔》谓，秀才之名，自宋魏以后，实为贡举科目之最。而今世俗以为相轻之称。

明初尝举秀才。【原注】洪武十五年，征至秀才数千人。如《太祖实录》：洪武四年四月辛丑，以秀才丁士梅为苏州府知府，童权为扬州府知府，俱赐冠带。十年二月丙辰，以秀才徐尊生为翰林应奉。十五年八月丁酉，以秀才曾泰为户部尚书是也。亦尝举孝廉。【原注】洪武十八年十二月丙午。洪武二十年二月己丑，以孝廉李德为应天府尹是也。此辟举之名，非所施于科目之士。今俗谓生员为秀才，举人为孝廉，非也。

举　人

举人者，举到之人。《北齐书·鲜于世荣传》：“以本官判尚书省右仆射事，与吏部尚书袁聿修在尚书省，简试举人。”《旧唐书·高宗纪》：“显庆四年二月乙亥，上亲策试举人凡九百人。调露元年十二月甲寅，临轩试应岳牧举人。”是也。登科则除官，不复谓之举人。而不第则须再举。【原注】《太祖实录》：“许瑗，饶之乐平人。至正中，两以《易经》举于乡，皆第一。会试不第。”《赣州府志》曰：“举在宋为漕试，谓之发解。第阶之，解送南宫会试耳。试不第者，须再试。未阶以入仕也，及累举不第，然后有推恩焉，谓之特奏名。不复系诸乡举矣。元时亦然。至明朝始定为入仕之途，则一代之新制也。”

按宋时亦有不须再试而送南宫者，谓之免解进士。《渑水燕谈》："仁宗籍田时，许开封国学举人陪位，因得免解。"不若前明以举人为一定之名也。

进士乃诸科目中之一科，而传中有言举进士者，有言举进士不第者。【原注】孟浩然应进士不第，杜甫天宝初应进士不第，唐衢应进士久而不第，温庭筠大中初应进士累年不第，吴筠举进士不第，皇甫镇举进士二十三上不中第。《五代史》亦然。敬翔乾符中举进士不中，郑遨唐昭宗时举进士不中，李振常举进士咸通、乾符中连不中，郑珏举进士数不中，司空颋唐僖宗时举进士不中，冯王少举进士不中，李辚少举进士累不中，贾纬少举进士不中。但云举进士，则第不第未可知之辞，不若前明已登科而后谓之进士也。【原注】宋徽宗宣和六年，礼部试进士，至万五千人。是年，赐第八百五人。自本人言之，谓之举进士；自朝廷言之，谓之举人。【原注】唐文宗开成三年五月丁巳朔，敕礼部贡院：进士举人，岁限放三十人及第。进士举人者，谓举进士之人也。

进士即是举人，不若前明以乡试榜谓之举人，会试榜谓之进士也。【赵氏曰】今会试中式者，礼部发榜，但云会试中式举人，必俟殿试后赐进士及第、出身、同出身，始谓之进士。或有事故，不及赴殿试者，尚是中式举人，不得称进士。盖犹沿唐宋遗制。

永乐六年六月，翰林院庶吉士沈升上言："近年各布政司、按察司不体朝廷求贤之盛心，苟图虚举，有稍能行文、大义未通者，皆领乡荐，冒名贡士。及至会试下第，其中文字稍优者，得除教官；其下者，亦得升之国监。以致天下士子竞怀侥幸，不务实学。"

洪熙元年十一月，四川双流县知县孔友谅上言："乞将前此下第举人，通计其数，设法清理。"是明初才开举人之途，而其弊即已如此。然下第举人犹令入监读书三年，许以省亲，未有使之游荡于人间者。

正统十四年，存省京储始放回原籍，其放肆无耻者游说干谒，靡所不为已。见于成化十四年礼部之奏。

至于末年，则挟制官府，武断乡曲，于是崇祯中，命巡按御史考察所属举人，间有黜革，而风俗之坏已不可复返矣。【沈氏曰】《田间文集》：“崇祯间，拟上《兴学取士书》，有云：国初特重国子监，设为六堂积分之法，诏勋戚公卿大臣子弟读书其中，举人下第者入监，郡邑生员每岁选其俊彦者贡入国子监充太学生，则是岁贡者每岁一贡，盖选士也。故国初由监生起家者，多致大官，盖举人与岁贡皆称监生也。自朝廷不重太学，积分法废，举人、贡生罕入其中，而所为岁贡又皆郡邑诸生之久于学官需次待年而贡者，非俊秀之选也。于是岁贡资格益下，又皆暮齿颓龄，其足为国家用者少矣。”

进　士

进士即举人中之一科，其试于礼部者，人人皆可谓之进士。【原注】唐人未第称进士，已及第则称前进士。《雍录》引唐人诗云：“曾题名处添‘前’字。”《通鉴》：“建州进士叶京，尝预宣武军宴，识监军之面，既而及第，在长安与同年出游，遇之于涂，马上相揖，因之谤议喧然，遂沈废终身。”是未及第而称进士也。

试毕，发榜。其合格者曰“赐进士及第”，后又广之曰“赐进士出身”“赐同进士出身”，然后谓之登科。所以异于同试之人者，在乎赐及第、赐出身，而不在乎进士也。宋政和三年五月乙酉，臣僚言：“陛下罢进士，立三舍之法，今赐承议郎徐禋进士出身，于名实未正，乞改赐同上舍出身。”从之。

科　目

唐制，取士之科有秀才，有明经，有进士，有俊士，有明法，有明字，有明算，有一史，有三史，有开元礼，有道举，有童子。而明经之别有五，经有三经，有二经，有学究，一经有《三礼》，有《三传》，有史科。此岁举之常选也。其天子自诏曰制举。【原注】《唐书·选举志》。如姚崇下笔成章、张九龄道侔伊吕之类，见于史者凡五十余科，【原注】《困学纪闻》："唐制举之名，多有八十有六。"故谓之科目。【原注】宋王安石始罢诸科。

明代止进士一科，则有科而无目矣。犹沿其名，谓之科目，非也。【黄氏曰】今特设一科以待士，是有科而无目。余谓宜仿其意而行之，略取今之试士者稍变其法，而分为数科：其一曰精通经术科，法在取《十三经》之义疏，比附其异同，而质以所疑．如古条议之法。其二曰博综典故科，法在取史书所载．或专举一事．或兼数事．使之论列其得失，是即古者史学之科也。其三曰洞达实务科，此即今对策之法，必使之昌言无讳，直陈听见，素有以见其抱负。其四曰富有才华科，试以诗赋，而兼之以表可也。其五曰明习法律科，法在取古事已事与部案之疑难者，设为甲乙之语，使之剖决，毋拘声律对偶。若是各条为五事，而试以一场，务精其选，而不必广其额。其所取之士，量才授职，而无使遽列于清要。若国家必欲求特达之彦，则宜设拔萃一科，随时定制。使凡中已上诸条，无问于已试未试者，皆得就试焉。取之以至严，而待之以不次，则尤足以鼓舞其才矣。至于童子之试，则不妨仍以八股从事。盖初学之士，唯以明理为急也。

王维桢欲于科举之外仿汉唐旧制，更设数科，以收天下之奇士。不知进士偏重之弊，积二三百年，非大破成格，虽有他材，亦无由进用矣。【赵氏曰】有明一代，最重进士。凡京朝官清要之职，举人皆不得与。即同一外选也，繁要之缺，必待甲科，而乙科仅得遥远简小之缺。其升调之法，亦各不同，甲科为县令者，抚按之卓荐，部院之行取，必首及焉，不数年，即得御史、部曹等职。而乙科沉沦外僚，但就常调而已。积习相沿，牢不可破。嘉靖中，给事陆粲虽疏请变通，隆庆中，阁臣高拱亦请科贡与进士并重，然终莫能挽。甚至万历三年，特招抚按官有司，贤否一体荐劾，不得偏重甲科，而积重难返如故也。《明史》邱橓疏云："今荐则先进士，而举荐非由凭藉者不与焉。劾则先举荐，而进士纵有訾议者罕及焉。于是同一官也，不敢接席而坐，比肩而立。"贾三近疏言：

"抚按诸臣，遇州县长吏，率重甲科而轻乡举。同一宽也，在进士则为抚字，在举人则为姑息。同一严也，在进士则为精明，在举人则为苛戾。是以为举人者，非头童齿豁不就选。"此可以见当时风尚也。

制 科

唐制，天子自诏曰制举，所以待非常之才。《唐志》曰：所谓制举者，其来远矣。自汉以来，天子常称制诏，道其所欲问而亲策之。唐兴，世崇儒学。虽其时君贤愚好恶不同，而乐善求贤之意未始少怠，故自京师外至州县有司，常选之士以时而举，而天子又自诏四方德行才能文学之士，或高蹈幽隐与其不能自达者，下至军谋将略，翘关拔山，绝艺奇伎，莫不兼取。其为名目，随其人主临时所欲。而列为定科者，如贤良方正、直言极谏、博通坟典、达于教化、军谋宏远、堪任将率、详明政术、可以理人之类，其名最著。【杨氏曰】又有临难不顾、徇节宁邦科，薛少保稷所应也。长才广度、沉迷下僚科，张倚所应也。文词雅丽科，彭殷贤所应也。道侔伊、吕科，张曲江所应也。词标文苑科，张道济所应也。洞晓玄经科，独孤常州所应也。哲人奇士隐沦屠钓科，李元成所应也。而天子巡狩行幸，封禅太山、梁父，往往会见行在，其所以待之之礼甚优。而宏材伟论，非常之人，亦时出于其间，不为无得也。【王氏曰】唐有得进士第后又中制科者，如刘蕡擢进士第，又举贤良方正能直言极谏科。马怀素擢进士第，又中文学优赡科。阎潮隐连中进士、孝悌廉让科。贺知章擢进士、超群拔类科。有得明经第后又中制科者，如归崇敬擢明经，举博通坟典科。有得官后又中制科者，如张鷟登进士第，授岐王府参军，以制举皆甲科，再调长安尉。殷践猷为杭州参军，举文儒异等科之类是也。

宋初，承周显德之制，设三科，不限前资，见任职官、黄衣草泽并许应诏。景德增为六科。熙宁以后，屡罢屡复。宋人谓之大科。【原注】《叶祖洽传》："太宗岁设大科。"《邵氏闻见录》："富韩公初游场屋，穆伯长渭之曰：'进士不足以尽子之才，当以大科名世。'"

今以殿试进士，亦谬谓之制科。

宋徐度《却扫编》曰："国朝制科，初因唐制，有贤良方正、能直言极谏，经学优深、可为师法，详明吏理、达于教化，凡三科。应内外职官、前资见任、黄衣草泽人，并许诸州及本司解送，上吏部，对御试策一道，限三千字以上。咸平中，又诏文臣于内外幕职州县官及草泽中，举贤良方正各一人。景德中，又诏置贤良方正、能直言极谏，博通坟典、达于教化，才识兼茂、明于体用，武足安边、洞明韬略、运筹决胜，军谋宏远、材任边寄，详明吏理、达于从政等六科。【杨氏曰】"武足安边"四字美。天圣七年复诏，应内外京朝官，不带台省馆阁职事，不曾犯赃罪及私罪情理轻者，并许少卿监以上奏举，或自进状乞应前六科，仍先进所业策论十卷，卷五道，候到下两省看详，如词理优长，堪应制科，具名闻奏。差官考试论六首，合格即御试策一道。又置高蹈丘园、沉沦草泽、茂才异等三科。应草泽及贡举人非工商杂类者，并许本处转运司逐州长吏奏举，或于本贯投状乞应。州县体量有行止别无玷犯者，即纳所业策论十卷，卷五道，看详词理稍优，即上转运司审察乡里名誉，于部内选有文学官再看详实，有文行可称者，即以文卷送礼部，委主判官看详，选词理优长者具名闻奏，余如贤良方正等六科，熙宁中，悉罢之。而令进士廷试，罢三题而试策一道。建炎间，诏复贤良方正一科，然未有应诏者。

高宗立博学宏辞科，凡十二题：制、诰、诏、表、露布、檄、箴、铭、记、赞、颂、序，内杂出六题，分为三场，每场体制，一古一今。南渡以后，得人为盛，多至卿相翰苑者。今之第二场诏、诰、表三题，内科一道，亦是略仿此意。而苟简滥劣，至于全无典故，不知平仄者，亦皆中式，则专重初场之过也。【孙氏曰】沈作喆寓简云："予中进士科后，从石林于卞山，于时欲求试博学宏词，石林曰：'宏词不足为也，宜留心制科工夫。'"据此，则宋世所谓博学宏词非制科也。近人称博学宏词为制科者，盖制举无常科，以待天下之才杰，以天子亲策之，故谓之制科。宋高宗创举此名，三岁一试，与制举无常科者异。然亦必召试定等，而后授官，则亦可谓之制科也。

甲科

杜氏《通典》："按令文科第，秀才与明经同为四等，进士与明法同为二等，然秀才之科久废，而明经虽有甲乙丙丁四科，进士有甲乙二科。【阎氏曰】按《唐书》，诸进士试时务策五条，帖所读一大经，经策全得为甲第，策得四帖过四以上为乙第。自武德以来，明经惟有丙丁第，进士惟乙科而已。"《旧唐书·玄宗纪》："开元九年四月甲戌，上亲策试应制举人于含元殿，敕曰：'近无甲科，朕将存其上第。'"

《杨绾传》："天宝十三载，玄宗御勤政楼，试举人登甲科者三人，绾为之首，超授右拾遗，其登乙科者三十余人。"【原注】《册府元龟》。

杜甫《哀苏源明诗》曰："制可题未干，乙科已大阐。"然则今之进士而概称甲科，非也。【赵氏曰】今世谓进士为甲榜，以其曾经殿试，列名于一二三甲也。举人谓之一榜，后以进士有甲榜之称，遂以"一"为"乙"，而以举人为乙榜，非也。又曰：宋时进士三甲之外，又有四甲、五甲。朱子，乃绍兴十八年，王佐榜下，五甲九十名。【汪氏曰】朱子有《同年录》，在杭州孤山朱子祠内。《录》云："字元晦，小名沈郎，小字季延。年十九岁。外祝氏，偏侍下。第五一，兄弟无一举。娶刘氏。曾祖绚。祖森，承事郎。父松，承议郎。本贯建州建阳县群玉乡三桂里。自为户。"

《隋书·李德林传》："杨遵彦铨衡深慎，选举秀才，擢第罕有甲科。德林射策五条，考皆为上。"是则北齐之世，即已多无甲科者矣。

甲、乙、丙科，始见《汉书·儒林传》："平帝时，岁课博士弟子甲科四十人，为郎中。乙科二十人，为太子舍人。丙科四十人，补文学掌故。"《萧望之传》："以射策甲科为郎。"《匡衡传》："数射策不中，至九，乃中丙科。"【原注】褚先生补《史记》。

十八房

明制，会试用考试官二员，总裁同考试官十八员，分阅五经，谓之十八房。【原注】《宋史》："各房分经，始于理宗绍定二年。"

嘉靖末年，《诗》五房，《易》《书》各四房，《春秋》《礼记》各二房，止十七房。万历庚辰、癸未二科，以《易》卷多添一房，减《书》一房，仍止十七房。至丙戌，《书》《易》卷并多，仍复《书》为四房，始为十八房。至丙辰，又添《易》《诗》各一房，为二十房。【沈氏曰】《神宗实录》："万历四十年，会试同考凡二十员，词臣十员，科部各四人。视癸未以前十七房时各衙门俱增一人云。"

天启乙丑，《易》《诗》仍各五房，《书》三房，《春秋》《礼记》各一房，为十五房。崇祯戊辰，复为二十房。辛未《易》《诗》仍各五房，为十八房。癸未，复为二十房。时人概称为十八房云。

《戒庵漫笔》【原注】江阴李诩著。曰："余少时学举子业，并无刻本窗稿。有书贾在利考朋友家往来，抄得灯窗下课数十篇，每篇誊写二三十纸。到余家塾，拣其几篇，每篇酬钱或二文，或三文。忆荆川【原注】唐顺之。中会元，其稿亦是无锡门人蔡瀛与一姻家同刻。方山【原注】薛应旂。中会魁，其三试卷，余为从臾其常熟门人钱梦王，以东湖书院活板印行，未闻有坊间板。今满目皆坊刻矣，亦世风华实之一验也。”【原注】愚按，弘治六年会试同考官靳文僖批：“已有自板刻时文行，学者往往记诵，鲜以讲究为事”之语，则彼时已有刻文，但不多耳。杨子常【原注】彝。曰：“十八房之刻，自万历壬辰《钩玄录》始。旁有批点，自王房仲【原注】士骕。选程墨始。至乙卯以后，而坊刻有四种：曰程墨，则三场主司及士子之文；曰房稿，则十八房进士之作；曰行卷，则举人之作；曰社稿，则诸生会课之作。至一科房稿之刻有数百部，皆出于苏杭，而中原北方之贾人市买以去。天下之人惟知此物可以取科名、享富贵，此之谓学问，此之谓士人，而他书一切不观。昔丘文庄当天顺、成化之盛，去宋、元未远，已谓士子有登名前列，不知史册名目、朝代先后、字书偏旁者。举天下而惟十八房之读，读之三年五年，而一幸登第，则无知之童子俨然与公卿相揖让，而文武之道弃如弁髦。”【原注】《宋史》：“理宗朝，奸弊愈滋。有司命题苟简，或执偏见臆说，或发策用事讹舛，所取之士既不精，数年之后复俾之主文，是非颠倒逾甚。时谓之谬种流传。”嗟乎！八股盛而六经微，十八房兴而廿一史废。阎氏曰：按归太仆《送童子鸣序》：“尝见元人题其所刻之书，云自科举废而古书稍出，余盖深叹其言。夫今世进士之业滋盛，士不复知有书矣。以不读书而为学，此子路之佞，而孔子之所恶其议论与？”昔闵子马以原伯鲁之不说学，而卜周之衰。余少时见有一二好学者，欲通旁经而涉古书，则父师交相谯呵，以为必不得颛业于帖括，而将为坎轲不利之人，岂非所谓大人患失而惑者与？【原注】陆氏曰：“大人惧违众而失位，心志惑乱，故徇流俗之说，而亦曰可以无学。”若乃国之盛衰，时之治乱，则亦可知也已。

经义论策

今之经义论策，其名虽正，而最便于空疏不学之人。唐宋用诗赋，虽曰雕虫小技，而非通知古今之人不能作。今之经义始于宋熙宁中，王安石所立之法，命吕惠卿、王雱等为之。【原注】《宋史》："神宗熙宁四年二月丁巳朔，罢诗赋及明经诸科，以经义论策试进士。命中书撰大义式颁行。"

元祐八年三月庚子，中书省言："进士御试答策，多系在外准备之文，工拙不甚相远，难于考较。祖宗旧制，御试进士赋诗论三题，施行已远，前后得人不少。况今朝廷见行文字多系声律对偶，非学问该洽，不能成章。请行祖宗三题旧法，诏来年御试，将诗赋举人复试三题经义。举人且令试策，此后全试三题。"是当时即以经义为在外准备之文矣。【原注】《宋史·徐禧传》："神宗见其所上策曰：'禧言朝廷用经术变士，十已八九，然窃袭人之语，不求心通者相半。'此言是也。"

陈后山《谈丛》言："荆公经义行，举子专诵王氏章句，而不解义。荆公悔之，曰：'本欲变学究为秀才，不谓变秀才为学究也。'"岂知数百年之后，并学究而非其本质乎？此法不变，则人才日至于消耗，学术日至于荒陋，而五帝三王以来之天下，将不知其所终矣。【魏洪博曰】《四书》《五经》命题以正其本，变八股，制策论，使人得尽其才，适于实用，以救其败。请言其法：凡童子试小学，论一道，科经书白文三，《四书》一，《易》《书》《诗》《礼》所占经一，《春秋传》一，令自某处起，默书至某处止，兼唐人考字、宋人帖括之意。弟子员试《四书》一道，所占经一道，策一道。乡试策一道，《春秋》一道，判一道，《四书》一道，所占经一道。会试策二道，判六道。凡小学，《四书》经为论，无定体，无短长格，及称引秦汉以下得失，当代时务诸禁。凡命题，毋割裂章句以巧，文毋亵而不经。凡判必依律，去对偶。如谳狱之语，或设事造题，使议其罪。凡试策，试州县者策以其州县之利害，乡试策以其乡，会、议策以天下之利害。会试之策，概论国势治道，或古人当国事业者。一分吏、户、礼、兵、刑、工六职命题者，一自为弟子员，各使占其所能，专才者对一科，通才者对数问。中进士廷试，则使杂陈其所见，而考难之，以定其官。

赵鼎言：“安石设虚无之学，败坏人才。”陈公辅亦谓：“安石使学者不治《春秋》，不读《史》《汉》，而习其所为《三经新义》，皆穿凿破碎无用之空言也。”若今之所谓时文，既非经传，复非子史，展转相承，皆杜撰无根之语。【原注】前辈时文无字不有出处，今但令士子作文，自注出处，无根之语不得入文，自当攦指而退矣。《金史》：“明昌元年，令举人程文，所用故事可自注出处。”

以是科名所得，十人之中，其八九皆为白徒。而一举于乡，即以营求关说为治生之计。于是在州里则无人非势豪，适四方则无地非游客，而欲求天下之安宁，斯民之淳厚，岂非却行而求及前人者哉？

《太祖实录》：“洪武三年八月，京师及各行省开乡试。初场《四书》疑问，本经义及《四书》义各一道。【原注】元制有《四书》疑、本经疑。洪武三年开科，以《大学》“古之欲明明德于天下者”二节；《孟子》“道在迩而求诸远”一节合为一题，问二书所言平天下大指同异，此即宋时之法。第二场，论一道。第三场，策一道。中式者，后十日复以五事试之，曰骑、射、书、算、律。骑，观其驰驱便捷。射，观其中之多寡。书，通于六义。算，通于九法。律，观其决断。诏文有曰：‘朕特设科举，以起怀才抱德之士，务在经明行修，博通古今，文质得中，名实相称。其中选者，朕将亲策于廷，观其学识，第其高下，而任之以官。’”

伏读此制，真所谓求实用之士者矣。至十七年，命礼部颁行科举成式：第一场，《四书》义三道，经义四道，未能者许各减一道；第二场，论一道，诏诰表内科一道，判语五条；第三场，经史策五道。【沈氏曰】《四书》义，限二百字以上。经义、论策，俱三百字以上。亦见《太祖实录》。

文辞增而实事废，盖与初诏求贤之法稍有不同，而行之二百余年，非所以善述祖宗之意也。【原注】二十五年二月甲子，儒学生员兼习射与书、算，俟其科贡兼考之，后废不行。宣德四年九月乙卯，北京国子监助教王仙言："近年生员止记诵文字，以备科贡，其于字学、算法略不晓习，改入国监，历事诸司，字画粗拙，算数不通，何以居官莅政？乞令天下儒学生员兼习书、算。"上从之。沈氏曰：《元史·选举制·科目篇》："仁宗皇庆二年，定科场事宜。蒙古、色目人第一场经问五条，《大学》《论语》《孟子》《中庸》内设问，用朱氏章句集注，其义理精明，文辞典雅者为中选，第二场策一道，以时务出题，限五百字以上。汉人、南人第一场明经、经疑二问，《大学》《论语》《孟子》《中庸》内出题，并用朱氏章句集注，复以己意结之，限三百字以上经义一道。各治一经，《诗》以朱氏为主，《尚书》以蔡氏为主，《周易》以程氏、朱氏为主，以上三经兼用古注疏。《春秋》许用《三传》及胡氏传，《礼记》用古注疏，限五百字以上，不拘格律。第二场古赋、诏诰、章表内科各一道，古赋、诏诰用古体，章表四六，参用古体。第三场策一道，经史、时务内出题，不矜浮藻。惟务直述，限一千字以上成。乡会试同例。乡试用八月二十日、二十三日、二十六日，会试用次年二月初一日、初三日、初五日。每三岁一次，开试不用子、午、卯、酉年。御试三月初七日。汉人、南人试策一道，限一千字以上成。蒙古、色目人时务策一道，限五百字以上成。元统中，稍变程序，减蒙古、色目人明经二条，增本经义。易汉人、南人第一场《四书》疑一道为本经疑，增第二场，古赋外，诏诰、章表各一道。"【赵氏曰】宋时秋试在八月，春试在二月，元明因之。万历戊戌，御史乔壁星，以举子重裘而进，便于怀挟，请改期于三月，用单袷衣，则弊可清。李久我驳之。张幼于亦有《会试移期议》一篇。然终明之世，未尝改也。本朝始改三月，远方式子既免匆遽，而天暖无呵冻之苦，衣单无怀挟之弊，最为善政。至殿试之期，元时在三月初七日，明初在三月一日，谢恩在三月六日。成化八年，改在十五日，后遂为例。然二月会试，三月朔即殿试，则礼闱中阅文为日无几，岂不太促？本朝殿试在四月二十五日，传胪在五月朔。乾隆二十六年辛巳科试，四月二十一日殿试，二十五日传胪。

《四书》疑犹唐人之判语，设为疑事问之，以观其学识也。《四书》义犹今人之判语，不过得之记诵而已。苟学识之可取，则刘蕡之对止于一篇已足。盖一代之人才徒以记诵之多，书写之速，而取其长，则七篇不足为难，而有并作《五经》二十三篇，如崇祯七年之颜茂猷者，【原注】奉旨特赐中式及殿试第二甲第二名，赐进士出身。亦何裨于经术，何施于国用哉。

《实录》言："洪武十四年六月丙辰，诏于国子诸生中，选才学优等聪明俊伟之士，得三十七人。命之博极群书，讲明道德经济之学，以期大用，称之曰老秀才。累赐罗绮袭衣巾靴，礼遇甚厚。"【原注】后来庶吉士之制，实本于此。是则太祖所望于诸生者，固不仅以帖括之文，而惜乎大臣无通经之士，使一代吁俊之典，但止于斯，可叹也！

永乐二十二年十月丁卯，仁庙谕大学士杨士奇等曰："朝廷所重安百姓，而百姓不得蒙福者由牧守匪人，牧守匪人由学校失教，故岁贡中愚不肖十率七八。古事不通，道理不明，此岂可任安民之寄？"当日贡举之行，不过四十年，而其弊已如此，乃护局之臣，犹托之祖制，而相持不变乎？沈氏曰：万历二十二年七月己卯，礼部覆御史薛继茂《敷陈科场事宜八条》，而以正文体为第一义，谓纯正典雅之词不出倾斜侧媚之口，怪诞险诐之说，必非坦夷平易之衷。近日士习弊坏，皆由主司不务崇雅斥浮，而奇诡获售，宜其从风而靡也。今后会试主考，宜申饬分房，务取纯雅合式，不得杂收奇僻，为海内标。其两经各有试录朱墨卷，解到礼部，逐一看详。如仍踵弊风者，士子除名，试官有参处。上是其议。四十三年十二月戊辰，礼部题申饬会场事宜，其申文禁云："文必尔雅纯粹，平正通达，一一合先民典型者收。如否，则虽才情奇艳者不录，怪癖者贴出示威，甚否仍议罚科。其限字以五百为率。揭晓后，本部会同礼科细阅。"

三　场

明初三场之制，虽有先后，而无重轻。乃士子之精力多专于一经，略于考古。主司阅卷，复护初场所中之卷，而不深求其二三场。夫昔之所谓三场，非下帷十年，读书千卷，不能有此三场也。今则务于捷得，不过于四书、一经之中拟题一二百道，窃取他人之文记之，入场之日，抄誊一过，便可侥幸中式，而本经之全文有不读者矣。率天下而为欲速成之童子，学问由此而衰，心术由此而坏。

宋嘉祐中，知谏院欧阳修上言："今之举人以二千人为率，请宽其日限，而先试以策而考之。择其文辞鄙恶者，文意颠倒重杂者，不识题者，不知故实略而不对所问者，误引事迹者，虽能成文而理识乖诞者，杂犯旧格不考式者，凡此七等之人先去之，计二千人可去五六百。以其留者次试以论，又如前法而考之，又可去其二三百。其留而试诗赋者，不过千人矣。于千人而选五百，少而易考，不至劳昏，考而精当，则尽善矣。纵使考之不精，亦当不至大滥，盖其节抄剽盗之人皆以先策论去之矣。比及诗赋，皆是已经策论，粗有学问理识，不至乖诞之人，纵使诗赋不工，亦可以中选矣。【钱氏曰】乡、会试虽分三场，实止一场。士子所诵习，主司所鉴别，不过《四书》文而已。《四书》文行之四百余年，场屋可出之题，士子早已预拟。每一榜出，抄录旧作，幸而得隽者，盖不少矣。今欲革其弊，易以诗赋论策，则识者必哗然阻之，以为圣贤之言不可不尊，士子所习难以骤改，其说必不行，其弊终难革也。窃谓宜以《四书》文为第一场，《五经》文为第二场。《五经》卷帙既富，题目难以预拟，均为八股之文，不得诿为未习，如此则研经者渐多，而剿袭雷同之弊庶几稍息乎？如此，可使童年新学，全不晓事之人，无由而进。"

今之有天下者，不能复两汉举士之法，不得已而以言取人，则文忠之论亦似可取。盖救今日弊，莫急乎去节抄剽盗之人，而七等在所先去，则暗劣之徒无所侥幸，而至者渐少，科场亦自此而清也。

拟题

今日科场之病，莫甚乎拟题。

且以经文言之，初场试所习本经义四道，而本经之中，场屋可出之题不过数十。富家巨族延请名士馆于家塾，将此数十题各撰一篇，计篇酬价，令其子弟及僮奴之俊慧者记诵熟习。入场命题，十符八九，即以所记之文抄誊上卷，较之风檐结构，难易迥殊。《四书》亦然。发榜之后，此曹便为贵人，年少貌美者多得馆选，天下之士靡然从风，而本经亦可以不读矣。

予闻昔年五经之中，惟《春秋》止记题目，然亦须兼读四传。

又闻嘉靖以前，学臣命《礼记》题，有出《丧服》以试士子之能记否者。

百年以来，《丧服》等篇皆删去不读，今则并《檀弓》不读矣。《书》则删去《五子之歌》《汤誓》《盘庚》《西伯戡黎》《微子》《金縢》《顾命》《康王之诰》《文侯之命》等篇不读，《诗》则删去淫风变雅不读，《易》则删去《讼》《否》《剥》《遁》《明夷》《睽》《蹇》《困》《旅》等卦不读，止记其可以出题之篇，及此数十题之文而已。读论惟取一篇，披庄不过盈尺。【原注】《隋书·崔赜传》。因陋就寡，赴速邀时。【原注】《旧唐书·薛谦光传》。

昔人所须十年而成者，以一年毕之。昔人所待一年而习者，以一月毕之。成于剿袭，得于假倩。卒而问其所未读之经，有茫然不知为何书者。故愚以为，八股之害等于焚书，而败坏人材有甚于咸阳之郊所坑者，但四百六十余人也。

请更其法，凡《四书》《五经》之文，皆问疑义，使之以一经而通之《五经》，又一经之中，亦各有疑义，如《易》之郑、王，《诗》之毛、郑，《春秋》之三传，以及唐宋诸儒不同之说。《四书》《五经》皆依此发问，【原注】汉人所谓发策决科者，正是如此。其对者必如朱子所云："通贯经文，条举众说，而断以己意。"【原注】《宋史·刘恕传》："举进士，诏能讲经义者别奏名，应召者才数十人。恕以《春秋》《礼记》对，先列注疏，方引先儒异说，末乃断以己意。凡二十问，所对皆然。其所出之题，不限盛衰治乱，【原注】《宋文鉴》载张庭坚《自靖人自献于先王》经义一篇。使人不得意拟，而其文必出于场中之所作，则士之通经与否可得而知，其能文与否亦可得而验矣。又不然，则姑用唐宋赋韵之法，犹可以杜节抄剽盗之弊。盖题可拟而韵不可必，文之工拙犹其所自作，必不至以他人之文抄誊一过而中式者矣。其表题专出唐宋策题，兼问古今，【原注】如王梅溪集中所载。人自不得不读《通鉴》矣。

夫举业之文，昔人所鄙斥，而以为无益于经学者也。今犹不出于本人之手焉，何其愈下也哉！

读书不通《五经》者，必不能通一经，不当分经试士。且如唐宋之世，尚有以《老》《庄》诸书命题，如《卮言日出赋》，至相率扣殿槛乞示者。今不过《五经》，益以《三礼》《三传》，亦不过九经而已。此而不习，何名为士？

《宋史》："冯元，授江阴尉。时诏流内铨以明经者补学官，元自荐通《五经》，谢泌笑曰：'古人治一经而至皓首，子尚少，能尽通耶？'对曰：'达者一以贯之。'更问疑义，辨析无滞。"【朱检讨曰】试士之法，宜仿洪武四年会试之例，发题先《五经》而后

《四书》，学使府州县卫，宜经书并试，亦先经后书，盖书所同而经所独，专精其所独，而同焉者不肯后于人，则经义书义，庶几并治矣。

《石林燕语》："熙宁以前，以诗赋取士，学者无不先遍读《五经》。余见前辈虽无科名，人亦多能杂举《五经》，盖自幼学时习之，故终老不忘。自改经术，人之教子者往往便以一经授之，他经纵读亦不能精，其教之者亦未必皆通《五经》，故虽经书正文亦多遗误。若今人问答之间，称其人所习为'贵经'，自称为'敝经'，尤可笑也。"

科场之法，欲其难不欲其易，使更其法而予之以难，则觊幸之人少。少一觊幸之人，则少一营求患得之人，而士类可渐以清。抑士子之知其难也，而攻苦之日多。多一攻苦之人，则少一群居终日言不及义之人，而士习可渐以正矣。

墨子言："今若有一诸侯于此，为政其国家也，曰：'凡我国能射御之士，我将赏贵之；不能射御之士，我将罪贱之。'问于若国之士，孰喜孰惧？我以为，必能射御之士喜，不能射御之士惧。曰：'凡我国之忠信之士，我将赏贵之；不忠信之士，我将罪贱之。'问于若国之士，孰喜孰惧？我以为，必忠信之士喜，不忠信之士惧。"今若责士子以兼《九经》，记《通鉴》历代之史，而曰："若此者中，不若此者黜。"我以为，必好学能文之士喜，而不学无文之士惧也。然则为不可之说以挠吾法者，皆不学无文之人也。人主可以无听也。

今日欲革科举弊，必先示以读书学问之法，暂停考试数年而后行之，然后可以得人。晋元帝从孔坦之议，听孝廉申至七年乃试，【原注】胡三省注："缓为之期曰申。"古之人有行之者。【汝成案】科举得人，视所尊尚。进士、明经，充选则一。昔人论停年长名尚壅铨政，岂有科目可使沉滞？此非揣本言也。

题切时事

考试题目多有规切时事，亦虞帝“予违汝弼”之遗意也。《宋史·张洞传》：“试开封进士，赋题曰《孝慈则忠》。时方议濮安懿王称皇事，英宗曰：‘张洞意讽朕。’宰相韩琦进曰：‘言之者无罪，闻之者足以戒。’上意解。”古之人君，近则尽官师之规，远则通乡校之论，此义立而争谏之途广也矣。

天启四年，应天乡试题《今夫奕之为数》一节，以魏忠贤始用事也。浙江乡试题《君之视臣如手足，则臣视君如腹心》，以杖杀工部郎万燝也。七年江西乡试题《皓皓乎不可尚已》，其年监生陆万龄请以忠贤建祠国学也。【原注】万龄疏，以忠贤芟除奸党为诛少正卯，定《三朝要典》为作《春秋》，请上特制碑文，并祠其父于后室，以比于启圣。

崇祯三年，应天乡试题《举直错诸枉，能使枉者直》，以媚奄诸臣初定逆案也。此皆可以开帝聪而持国是者。时当季叶，而沔水鹤鸣之义，犹存于士大夫，可以想见先朝之遗化。若崇祯九年应天乡试《春秋》题《宋公入曹，以曹伯阳归》，以公孙强比陈启新，是以曹伯阳比皇上，非所宜言，大不敬。天启七年顺天乡试《书经》题《我二人共贞》，以周公比魏忠贤，则又无将之渐，亦见之弹文者也。【沈氏曰】赵维寰《雪庐焚余稿》云：“甲子科各乡试录，语多触忌，魏珰一切绳之，如陈子壮、方逢年、顾锡畴、章允儒辈几二十人，前后俱削夺。自是丁卯诸典试者，其出题属辞皆极意献媚，其不为触忌亦不为献媚者，独江西、福建二三录耳。”

景泰初，也先奉上皇至边，边臣不纳，虽有社稷为重之说，然当时朝论，即有以奉迎之缓为讥者。顺天乡试题《所谓平天下在治其国者》一节，盖有讽意。

试文格式

经义之文，流俗谓之八股，盖始于成化以后。股者，对偶之名也。

天顺以前，经义之文不过敷演传注，或对或散，初无定式，其单句题亦甚少。

成化二十三年，会试《乐天者保天下》文，起讲先提三句，即讲乐天，四股；中间过接四句，复讲保天下，四股；复收四句，再作大结。

弘治九年，会试《责难于君谓之恭》文，起讲先提三句，即讲责难于君，四股；中间过接二句，复讲谓之恭，四股；复收二句，再作大结。每四股之中，一反一正，一虚一实，一浅一深。【原注】亦有联属二句、四句为对，排比十数对成篇，而不止于八股者。其两扇立格，【原注】谓题本两对文，亦两大对。则每扇之中各有四股，其次第之法，亦复如之。故今人相传，谓之八股。若长题，则不拘此。

嘉靖以后，文体日变，而问之儒生，皆不知八股之何谓矣。《孟子》曰："大匠诲人，必以规矩。"今之为时文者，岂必裂规偭矩矣乎？

发端二句，或三四句，谓之破题。大抵对句为多，此宋人相传之格。【原注】本之唐人赋格。【钱氏曰】宋季有魏天应《论学绳尺》一书，皆当时应举文字，有破题、接题、小讲、大讲、入题、原题诸式，是论亦有破题。

下申其意，作四五句，谓之承题。

然后提出，夫子为何而发此言，【原注】曾子、子思、孟子皆然。谓之原起。

至万历中，破止二句，承止三句，不用原起。

篇末敷演圣人言毕，自摅所见，或数十字，或百余字，谓之大结。

明初之制，可及本朝时事。以后功令益密，恐有借以自炫者，但许言前代，不及本朝。

至万历中，大结止三四句。于是国家之事罔始罔终，在位之臣畏首畏尾，其象已见于应举之文矣。

试录文字之体，首行曰“第一场”，顶格写。次行曰“四书”，下一格。次行题目，又下一格。“五经”及二、三场皆然。至试文则不能再下，仍提起顶格。此题目所以下二格也。

若岁考之卷，则首行曰“四书”，顶格写。次行题目，止下一格。经论亦然。【原注】须知自古以来，书籍文字，首行无不顶格写者。

后来学政苟且成风，士子试卷省却“四书”“五经”字，竟从题目写起，依大场之式概下二格。圣经反下，自作反高，于理为不通。然日用而不知，亦已久矣。

又其异者，沿此之例，不论古今，诗文概以下二格为题。

万历以后，坊刻盛行，每题之文，必注其人之名于下，而刻古书者亦化而同之，如题曰《周郑交质》，下二格，其行末书“左丘明”。题曰《伯夷列传》，下二格，其行末书“司马迁”。

变历代相传之古书，以肖时文之面貌，使古人见之，当为绝倒。

程　文

自宋以来，以取中士子所作之文，谓之程文。《金史》：“承安五年，诏考试词赋官各作程文一道，示为举人之式，试后赴省藏之。”至明朝，先亦用士子程文刻录。后多主司所作，遂又分士子所作之文，别谓之墨卷。【沈氏曰】《神宗实录》：“万历十四年正月，礼部议：‘试录程文宜照乡试例删，原卷不宜尽掩初意。’从之。”“十五年八月，命礼部会同翰林院，取定开国至嘉定初年中式文字一百十余篇，刊布学官，以为准则。”时礼部尚书为沈鲤，兼官翰林学士。

文章无定格，立一格而后为文，其文不足言矣。唐之取士以赋，而赋之末流最为冗滥。宋之取士以论策，而论策之弊亦复如之。明之取士以经义，而经义之不成文，又有甚于前代者。皆以程文格式为之，故日趋而下。晁董公孙之对，所以独出千古者，以其无程文格式也。欲振今日之文，在毋拘之以格式，而俊异之才出矣。

判

举子第二场作判五条，犹用唐时铨试之遗意。至于近年，士不读律，止抄录旧本。入场时每人止记一律，或吏或户。记得五条，场中即可互换。中式之卷，大半雷同，最为可笑。

《通典·选人条例》：“其倩人暗判，人间谓之判罗，此最无耻，请榜示以惩之。”

后唐明宗天成三年，中书奏：“吏部南曹关，今年及第进士内《三礼》刘莹等五人，所试判语皆同。勘状称：‘晚逼试期，偶拾得判草写净，实不知判语不合一般者。’”敕：“贡院擢科，考详所业，南曹试判，激劝为官。刘莹等既不攻文，只合直书其事，岂得相传稿草，侮渎公场。宜令所司落下放罪。”【原注】《宋史·太祖纪》：“开宝六年八月丁酉，泗州推官侯济，坐试判假手，杖除名。”

夫以五代偏安丧乱之余，尚令科罪，明以堂堂一统作人之盛，而士子公然互换，至一二百年，目为通弊，不行觉察，传之后代，其不为笑谈乎？

试判起于唐高宗时，初吏部选才，将亲其人，覆其吏事。始取州县案牍疑议，试其断割，而观其能否。后日月寖久，选人猥多，案牍浅近，不足为难。乃采经籍古义，假设甲乙，令其判断。既而来者益众，而通经正籍又不足以为问，乃征僻书曲学隐伏之义问之，【杨氏曰】如《文苑英华》所载黄闰判之类。惟惧人之能知也。佳者登于科第，谓之入等；其甚拙者谓之蓝缕，各有升降。选人有格限未至而能试文三篇，谓之宏词。试判三条，谓之拔萃，亦曰超绝。词美者得不拘限而授职。

至明朝之制，以吏部选人之法而施之贡举，欲使一经之士皆通吏事，其意甚美，又不用假设甲乙，止据律文，尤为正大得体。但以五尺之童能强记者，旬日之力，便可尽答而无难，亦何以定人才之高下哉。盖此法止可施于选人引试俄顷之间，而不可行之通场广众竟日之久。宜乎各记一曹，互相倒换。朝廷之制，有名行而实废者，此类是矣。必不得已而用此制，其如《通典》所云，问以时事疑狱，令约律文断决，不乖经义者乎？

经文字体

生员冒滥之弊，至正嘉而极。

求其省记《四书》本经全文，百中无一。更求通晓六书，字合正体者，千中无一也。简汰之法，是亦非难，但分为二场。第一场，令暗写《四书》一千字，经一千字，脱误本文及字不遵式者贴出除名。第二场，乃考其文义，则矍相之射，仅有存者矣。或曰：此末节也，岂足为才士累？

夫周官教国子以六艺，射御之后，继以六书。而汉世试书九千字以上，乃得为史。以周官童子之课，而责之成人。

汉世掾史之长，而求之秀士，犹且不能，则退之陇亩，其何辞之有？

北齐策孝、秀于朝堂，对字有脱误者呼起立席后，书迹滥劣者饮墨汁一升，文理孟浪者夺席脱容刀。

僭霸之君尚立此制，以全盛之朝，求才之主，而不思除弊之方，课实之效，与天下因循于溷浊之中，以是为顺人情而已。权文公有言："常情为习所胜。避患安时，俾躬处休，以至老死，自为得计，岂复有揣摩古今风俗，整齐教化根本，原始要终，长辔远驭者耶？"

古今一揆，可胜慨息。

史　学

唐穆宗长庆三年二月，谏议大夫殷侑言："司马迁、班固、范晔三史为书，劝善惩恶，亚于《六经》。比来史学废绝，至有身处班列，而朝廷旧章莫能知者。"于是立三史科及三传科。《通典·举人条例》："其史书，《史记》为一史，《汉书》为一史，《后汉书》并刘昭所注《志》为一史，《三国志》为一史，《晋书》为一史，李延寿《南史》为一史，《北史》为一史。习《南史》者兼通宋、齐《志》，习《北史》者通后魏、隋书《志》。自宋以后，史书烦碎冗长，请但问政理成败所因，及其人物损益关于当代者，其余一切不问。国朝自高祖以下及睿宗《实录》并《贞观政要》共为一史。"【原注】朱子亦尝议分年试士，以《左传》《国语》《史记》《两汉》为一科，《三国》《晋书》《南北史》为一科，新旧《唐书》《五代史》为一科，时务、律历、地理为一科。

今史学废绝，又甚唐时。若能依此法举之，十年之间，可得通达政体之士，未必无益于国家也。

宋孝宗淳熙十一年十月，太常博士倪思言：“举人轻视史学。今之论史者，独取汉、唐混一之事，三国、六朝、五代，以为非盛世，而耻谈之。然其进取之得失，守御之当否，筹策之疏密，区处兵民之方，形势成败之迹，俾加讨究，有补国家。请谕春官，凡课试命题，杂出诸史，无所拘忌。考核之际，稍以论策为重，毋止以初场定去留。”从之。

史言薛昂为大司成，寡学术，士子有用《史记》西汉语，辄黜之。在哲宗时，尝请罢史学，哲宗斥为俗佞。吁，何近世俗佞之多乎！【汝成案】昂，元丰进士。始主王氏学，后又附蔡京，至举家为京讳。昂尝误及，即自批其颊。谄鄙至是，罢史学宜矣。

日知录集释卷十七

生员额数

生员犹曰官员，有定额谓之员。《唐书·儒学传》："国学始置生七十二员，取三品以上子弟若孙为之。太学百四十员，取五品以上。四门学百三十员，取七品以上。郡县三等。上郡学置生六十员，中下以十为差。上县学置生四十员，中下亦以十为差。"此生员之名所始，而明制亦略仿之。

明初，诸生无不廪食于学。《会典》言："洪武初，令在京府学六十人，在外府学四十人，州学三十人，县学二十人，日给廪膳，听于民间选补，仍免其差徭二丁。"【原注】正统六年闰十一月乙未，以直隶保安州临边民少，减儒学训导一员，生员并为两斋，岁贡依县学例。

其后以多才之地，许令增广，亦不过三人、五人而已。踵而渐多，于是宣德元年，定为之额如廪生之数，其后又有军民子弟俊秀待补增广之名。【原注】《大明会典》：正统十二年，奏准常额之外，军民子弟愿入学者，提调教官考公选俊秀，待补增广员缺，一体考送应试。按《实录》，此从凤阳府知府杨瓒之言。先是，廪增额外之生，止谓之入学寄名。此则准其待缺补充增广生矣。久之，乃号曰附学，无常额，而学校自此滥矣。异时每学生员不过数十人，故考试易精，程课易密。【沈氏曰】《元史·选举制·学校篇》："仁宗延祐二年，集贤学士赵孟頫、礼部尚书元明善等议：'国子学贡士之法，有私试规矩一条：汉人孟月试经疑一道，仲月试经义一道，季月试策，问表章诏告科一道。蒙古、色目人，孟、仲月各试明经一道，季月试策问一道。辞理俱优者为上等。理优辞平者为中等。每岁终通计，其多积者，升充高等生员，以四十人为额。'"是时盖增置生员百人，陪堂生二十人也。而洪武二十四年七月庚子，诏岁贡生员不中，其廪食五年者罚为吏，不及五年者遣还读书。次年复不中者，虽未及五年，亦罚为吏。二十七年十月庚辰，诏生员食廪十年，学无成效者，罚为吏。成化初，礼部奏准，革去附学生员。【原注】四年五月庚申旨下。已而不果行。【原注】成化元年，大藤峡用兵，始令两广考试不中生员廪膳纳米五十石，增广纳米三十石，免其充吏，放回宁家。其年，保定等府水灾，复依此例，廪膳纳米六十石，增广四十石。以后饷军赈饥率依此例。至五年二月，提调直隶学校监察御史陈炜，奏请免其充吏，竟发为民。奉旨准行，仍追其所食廪米。而教官、提调官亦各有罚。取之如彼其少，课之如此其严，岂有如后日之滥且惰者乎？当时于取进士用三场，动言遵祖制，而于此独不肯申明祖制，举一世而为姑息之政、侥幸之人，是可叹也。

宣德二年二月戊戌，行在礼部尚书胡濙奉旨，令各处巡按御史同布政司、按察司并提调官、教官，将生员同考试，食廪膳七年以上，学无成效者，发充吏。六年以下，追还所给廪米，黜为民。【原注】至宣德七年，奏天下生员三万有奇。其时即已病生员之滥，而尚未有提学官之设，是以烦特旨而会多官也。

正统元年五月壬辰，始设提调学校官，每处添按察司官一员，南北御史各一员。【原注】十年四月，广东左参议杨信民奏："自设提调学校官以来，监临上司，嫌于侵职，巡历所至，置之不问。如广东诸处，阻江隔海，提学官不过岁一至而已。虽曰职掌，徒为文具，乞罢之便。"事下礼部，尚书胡濙言："布、按二司所至处，自应提督考校。府州县提调正官，每月朔望，宜照例诣学，考其勤惰。今因设提学官，乃彼此推诿，是非设官之过，乃旷职之咎也。”得旨申饬，仍令巡按御史纠举提学官之不职者。十三年七月丙戌，山西绛县儒学署训导事举人张干，请罢提督学校、御史佥事等官。部议从之，上不允。景泰元年四月壬午，翰林院编修周洪谟请裁革各处提学官。天顺五年十一月庚申，复设提督学校官。其条例曰：“生员食廪六年以上，不谙文理者，悉发充吏。增广生入学六年以上，不谙文理者，罢黜为民当差。”又曰：“生员有阙，即于本处官员军民之家，选考端重俊秀子弟补充。”【原注】当时生员，有阙方补。后充吏之法不行，而新进附生乃有六年未满免黜之例，盖由此而推之也。

李吉甫在中唐之世，疾吏员太广，谓由汉至隋，未有多于今者。天下常以劳苦之人三，奉坐待衣食之人七，而今则遐陬下邑，亦有生员百人，即未至扰官害民，而已为游手之徒，足称五蠹之一矣。有国者苟知俊士之效赊，而游手之患切，其有不亟为之所乎？【杨氏曰】入仕之途易，则侥幸之人多，而读书又美名，此天下所以多生员也。

其中之劣恶者，一为诸生，即思把持上官，侵噬百姓，聚党成群，投牒呼噪。【原注】正统十四年六月丙辰，诏生员事犯黜退者，轻罪充吏，免追廪米；若犯受赃、奸盗、冒籍科举、挟妓饮酒、居丧娶妻妾等罪者，南北直隶发充两京国子监膳夫，各布政司发充邻近儒学斋夫、膳夫，满日，原籍为民示警，廪膳仍追廪米。至崇祯之末，开门迎贼者生员，缚官投伪者生员，几于魏博之牙军、成都之突将矣。故十六年殿试策问，有曰“秀、孝间污潢池”。【原注】时举人亦有从贼者，故云。呜呼，养士而不精，其效乃至于此。

景泰四年四月己酉，右少监武艮、礼部右侍郎兼左春坊左庶子邹干等奏：“临清县学生员伍铭等，愿纳米八百石，乞入监读书。今山东等处正缺粮储，宜允其请。”从之。并诏各布政司及直隶府州县学，生员能出米八百石于临清、东昌、徐州三处赈济，愿入监读书者听。此一时之秕政，遂循之二百年。【赵氏曰】《涌幢小品》云："近日民生纳粟一途，人颇轻之。然罗圭峰以七试不录，入资北雍，中解元、会元。盖既有此途可以就试，则人才遗迹出其中，故未可一概论也。"

五月庚申，令生员纳米入监者，比前例减三百石。

河南开封府儒学教授黄銮奏："纳粟拜官，皆衰世之政乃有之，未闻以纳粟为贡士者。臣恐书之史册，将取后世作俑之讥。"部议仓廪稍实，即为停罢。

八月癸巳，礼部奏："迩因济宁、徐州饥，权宜拯济，令生员输米五百石，入监读书，虽云权宜，实坏士习，请弛其令，庶生徒以学行相励。"从之。

正统以后，京官多为其子陈情乞恩送监读书者，此太学之始坏。

天顺五年十月，令生员纳马廿匹，补监生。

《唐书》载：尚书左丞贾至议曰："夫先王之道消，则小人之道长。小人之道长，则乱臣贼子生焉。臣弑其君，子弑其父，非一朝一夕之故，其所由来者渐矣。渐者何？谓忠信之陵颓，耻尚之失所，末学之驰骋，儒道之不举，四者皆取士之失也。近代趋仕，靡然向风，致使禄山一呼，而四海震荡；思明再乱，而十年不复。向使礼让之教弘，仁义之道著，则忠臣孝子比屋可封，逆节不得而萌，人心不得而摇矣。观三代之选士任贤，皆考实行，故能风化淳一，运祚长远。秦坑儒士，二代而亡。汉兴，杂三代之政，弘四科之举，西京始振经术之学，东都终持名节之行。至有近戚窃位，强臣擅权，弱主外立，母后专政，而社稷不陨，终彼四百，岂非兴学行道，扇化于乡里哉！厥后文章道弊，尚于浮侈，取士异术，苟济一时。自魏至隋四百余载，三光分景，九州阻域，窃号僭位，德义不修，是以子孙速颠，享国咸促。国家革魏、晋、梁、隋之弊，承夏、殷、周、汉之业，四隩既宅，九州攸同，覆焘亭育，合德天地。安有舍皇王举士之道，纵乱代取人之术，此公卿大夫之辱也。”是则科举之弊必至于躁竞，而躁竞之归驯至于乱贼。自唐迄今，同斯一辙。有天下者，诚思风俗为人才之本，而以教化为先，庶乎德行修而贤才出矣。

明初，有以儒士而入科场者，谓之儒士科举。景泰间，陈循奏：“臣原籍吉安府，自生员之外，儒士报科举者，往往一县至有二三百人。”

先生《生员论》略曰：国家之所以设生员者何哉？盖以收天下之才俊子弟，养之于庠序之中，使之成德达才，明先王之道，同当世之务，出为公卿大夫，与天子分猷共治也。

……必选夫《五经》兼通者而后充之，由课之以《二十一史》与当世之务而后生之。仍分为秀才、明经二科，而养之于学者，不得过二十人之数，无则缺之。为之师者，州县以礼聘焉，勿令部选。如此而国有实用之人，邑有通经之士，其人才必盛于今日也。

又曰：……国家之所以取生员而考之以经义、论、策、表、判者，欲其明六经之旨，通当世之务也。今以书坊所刻之义，谓之时文，舍圣人之经典、先儒之注疏与前代之史不读，而读其所谓时文。时文之出，每科一变，五尺童子能诵数十篇而小变其文，即可以取功名，而钝者至白首而不得遇。老成之士，既以有用之岁月，消磨于场屋之中，而少年捷得之者，又易视天下国家之事，以为人生之所以为功名者，惟此而已。故败坏天下之人才，而至于士不成士，官不成官，兵不成兵，将不成将，复然后寇贼奸宄得而乘之，敌国外侮得而胜之。苟以时文之功，用之于经史及当世之务，则必有聪明俊杰通达治体之士，起于其间矣。故曰：废天下之生员，而用世之才出也。

问曰：废天下之生员，则何以取士？曰：吾所谓废生员者，非废生员也，废今日之生员也。请用辟举之法，而并存生儒之制，天下之人，无问其生员与否，皆得举而荐之于朝廷，则我之所收者，既以博矣，而其廪之学者为之限额，略仿唐人郡县之等：小郡十人，等而上之，大郡四十人而止；小县三人，等而上之，大县二十人而止。约其户口之多寡，人材之高下而差次之，有缺则补，而罢岁贡举人之二法。其为诸生者，选其通隽，皆得就试于礼部，而成进士者，不过授以簿尉亲民之职。而无使之骤进，以平其贪躁之情。其设之教官，必聘其乡之贤者以为师，而无隶于士籍；罢提学之官，而领其事于郡守。此诸生之中，有荐举而入仕者；有考试而成进士者；亦或有不率而至于斥退者；有不幸而死，及衰病不能肄业，愿给衣巾以老者。缺至于二人三人，然后合其属之童生，取其通经能文者以补之。然则天下之为生员者少矣。少则人重之，而其人亦知自重。为之师者不烦于教，而向所谓拒徒合党，以横行于国中者，将不禁而自止。若夫温故知新，中年考较，以蕲至于成材，则当参酌夫古今之法，而兹不具论也。或曰：天下之才，日生而无穷也，使之皆壅于童生，则奈何？吾固曰：天下之人，无问其生员与否，皆得举而荐之于朝廷，则取士之方，不恃诸生之一途而已也。夫取士以佐人主理国家，而仅出于一途，未有不弊者也。

中式额数

今人论科举，多以广额为盛，不知前代乃以减数为美谈，著之于史。

《旧唐书·王丘传》：“开元初，迁考功员外郎。【原注】贡举，旧以考功员外郎主之。开元二十四年，始改用礼部侍郎。杜甫诗：“忤下考功第。"【赵氏曰】开元间，移贡举于礼部，以侍郎主之，后世礼部知贡举自此始。然其时知贡举者即主司，后世则知贡举者单理场务，而主试则别命大臣。按唐制，知贡举亦有不专用礼部侍郎，而别命他官者。德宗时，萧昕以礼部尚书知贡举，则不必侍郎也。又以国子祭酒包佶知贡举。宪宗时，以中书舍人李逢吉知贡举。穆宗时，以中书舍人李宗闵知贡举。武宗时，以太常卿王起知贡举。宣宗时，以中书舍人杜审权知贡举。五代时，亦或以他部尚书、侍郎为之，此又近代别命大臣主试之始也。又，唐时知贡举大臣有不必进士出身者。《旧唐书·李麟传》："麟以荫入仕，不由科第出身。后为兵部侍郎，知礼部贡举。"又李德裕与宗闵有隙，杜悰欲为释憾，曰："德裕有文才，而不由科第，若使之知贡举，必喜矣。"是唐制非科第出身者亦得主试也。先是，考功举人请托大行，取士颇滥，每年至数百人。【原注】此通计诸科之数。丘一切核其实材，登科者仅满百人。议者以为自则天已后，凡数十年，无如丘者。"

《严挺之传》："开元中，为考功员外郎，典举二年，人称平允。登科者顿减二分之一。"

《陆贽传》："知贡举，一岁选士才十四五。【原注】此进士登第之数。数年之内，居台省清近者十余人。"此皆因减而精，昔人之所称善。今人为此，不但为刻薄之名，而又坐失门生百数十人，虽至愚者不为矣。

《高锴传》："为礼部侍郎，凡掌贡部三年，每岁登第者四十人。开成三年，敕曰：'进士每岁四十人，其数过多，则乖精选，官途填委，要窒其源，宜改每岁限放三十人。如不登其数，亦听。'文宗之识，岂不优于宋太宗乎？【原注】《贾餗传》："太和中，三典礼闱所选士，共止七十五人。"

齐王融为武帝作《策秀才文》曰："今农战不修，文儒是竞。"宋自太宗太平兴国二年赐进士诸科五百人，遽令释褐，而二年进士至万二百六十人，淳化二年至万七千三百人。【原注】见《曾巩文集》。于是一代风流，无不趋于科第。

叶适作《制科论》，谓士人猥多，无甚于今世。此虽足以弘文教之盛，而士习之偷，亦自此始矣。【原注】《吕氏家塾记》言：“今士人所聚多处，风俗便不好。”

鲁哀公用庄子之言，号于国中曰：“无其道而为其服者，其罪死。”五日而鲁国无敢儒服者，独有一丈夫，儒服而立乎公门，公召而问以国事，千转万变而不穷。庄子曰：“以鲁国而儒者一人耳，可谓多乎？”

《记》曰：“垂緌五寸，惰游之士也。今将求儒者之人，而适得惰游之士。”此其说在乎楚叶公之好画龙，而不好真龙也。

永乐十年二月，会试天下举人。上谕考官杨士奇、金幼孜曰：“数科取士颇多，不免玉石杂进，今取毋过百人。”

正统五年十二月，始增会试中式额为百五十人，应天府乡试百人，他处皆量增之。

天顺七年，有监察御史朱贤上言，欲多收进士，以备任使。上恶其干誉，下锦衣卫狱，降四川忠州花林水驿驿丞。

通场下第

《册府元龟》：“唐天宝十载九月辛卯，上御勤政楼，试怀才抱器举人。丙申，敕曰：‘朕祗膺宝历，殷鉴远图。虑草泽之遗贤，降弓旌于屡辟。是以三纪于兹，群材辐凑。或一言可纪，必适轮辕；一善可经，每加奖进。庶六合之内，靡然同风，四科之门，咸能一贯。何兹意之缅邈，而增修之寂寥。今者举人深乖宿望，朕之所问，必正经史；卿等所答，咸皆少通。朕以独鉴未周，必资佥议，爰命朝贤三事，精加详择；咸以为阙于聚学，莫可登科。其怀才抱器举人，并放更习学。其有不对策罗嘉茂，既是白丁，宜于剑南效力。全不答所问崔慎感、刘湾等，勒为本郡充学生之数，勿许东西。其所举官，各量贬殿，以示惩诫。”是通场皆下第也。【钱氏曰】其时李林甫当国，非善政也。然玄宗不因是而废此科，且黜落之举人犹称为“卿等”，既无峻切之文，亦不为姑息之政，斯得之矣。

御试黜落

《宋史·仁宗纪》：“嘉祐二年三月，赐礼部奏名进士诸科及第出身八百七十七人。”亲试举人免黜落始此。【原注】此仁宗末年姑息之政。

《诒谋录》曰：“旧制，殿试皆有黜落，临时取旨，或三人取一，或二人取一，或三人取二，故有累经省试取中而摈弃于殿试者。自张元以积忿降元昊，为中国患，朝廷始囚其家属，未几复纵之。于是群臣建议，归咎于殿试。

嘉祐二年，诏进士与殿试者皆不黜落。是一畔逆之士子，为天下后世士子无穷之利也。阮汉闻言，以张元而罢殿试之黜落，则惩黄巢之乱，将天下士子无一不登第而后可。”

殿　举

宋初，约周显德之制，定贡举条法及殿罚之式。进士文理纰缪，殿五举。【原注】今谓之罚科。诸科初场十否，【原注】不通者谓之否。殿五举。第二、第三场十否，殿三举。第一场至第三场九否，并殿一举。殿举之数，朱书于试卷，送中书门下。今之科场有去取而无劝惩，故不才之人得以旅进。而言此者，世必以为刻薄矣。

《英宗实录》：“宣德十年九月，令天下岁贡生员从行在翰林院考试中式者，送南北国子监读书；不中者，发原籍住廪肄业，以待复试；再不中者，发充吏。提调教官如例责状。”今岁贡廷试亦无黜落，设科取士，大抵为恩泽之途矣。

进士得人

《唐书·选举志》：“众科之目，进士尤为贵，其得人亦最为盛焉。文宗好学嗜古，郑覃以经术位宰相，深嫉进士浮薄，屡请罢之。”【原注】《公主传》：“德宗女魏国公主下嫁王士平，得罪，贬贺州司户参军。门下客蔡南史、独孤申叔为主作《团雪散雪辞》，帝闻，怒捕南史等逐之，几废进士科。”《唐语林》：“进士举人各树名甲。开成、会昌中语曰：‘郑杨段薛，炙手可热。’”

武宗即位，宰相李德裕尤恶进士，谓朝廷选官，须公卿子弟为之。何者？少习其业，自熟朝廷事，台阁之仪，不教而自成。寒士纵有出人之才，固不能闲习也。德裕之论，偏异盖如此。然进士科当唐之晚节尤为浮薄，世所共患也。

《金史》言：“取士之法，其来不一。至于唐宋，进士盛焉，当时士君子之进不由是途，则自以为慊。【原注】苦簟反。此由时君之好尚，故人心之趋向然也。”

宋马永卿言：“本朝取士之路多矣，得人之盛无如进士，至有一榜得宰相数人者，其间名臣不可胜数，此进士得人之明效也。或曰不然，以本朝崇尚进士，故天下英才皆入此科。若云非此科不得人，则失之矣。唐开元以前，未尝尚进士科，故天下名士杂出他途。开元以后，始尊崇之，故当时名士中此科者十常八九，以此卜之，可以见矣。”

余姚黄宗羲作《明夷待访录》，其《取士篇》曰：“古之取士也宽，其用士也严；今之取士也严，其用士也宽。古者乡举里选，士之有贤能者不患于不知，降而唐宋，其科目不一，士不得与于此，尚可转而从事于彼，是其取之之宽也。《王制》：'命乡论秀士，升之司徒，曰选士；司徒论选士之秀者升之学，曰俊士。''大乐正论造士之秀者升之司马，曰进士。司马论进士之贤者，以告于王，而定其论，论定然后官之，任官然后爵之，位定然后禄之。'唐之士及第者未便解褐入仕，吏部又复试之。【原注】详下条。宋虽登第入仕，然亦止簿、尉、令，录榜首才得丞、判，是其用之之严也。宽于取则无遗才，严于用则无幸进。今也不然，其取士止有科举一途，虽使豪杰之士若屈原、董仲舒、司马相如、扬雄之徒，舍是亦无由而进，取之不谓严乎哉？一日苟得，上之列于侍从，下亦置之郡县，即其黜落而为乡贡者，终身不复取解，授之以官，用之又何其宽也。严于取，则豪杰之老死丘壑者多矣；宽于用，此在位者多不得其人也。流俗之人徒见二百年以来之功名气节一二出于其中，遂以为科法已善，不必他求。不知科第之内既聚此十百万人，不应功名气节之士独不得入，则是功名气节之士之得科第，非科第之能得功名气节之士也。假使探筹，较其长短而取之，行之数百年，则功名气节之士亦自有出于探筹之中者，宁可谓探筹为取士之善法邪？究竟功名气节人物不及汉唐远甚，徒使庸妄之辈充塞天下，岂天之不生才哉，则取之之法非也。我故宽取士之途，有科举，有荐举，有太学，有任子，有郡县佐，【原注】其法以诸生掌六曹。有辟召，有绝学，有上书，而用之之严附见焉。"

明初，荐辟之法既废，而科举之中尤重进士。神宗以来，遂有定例，州县印官以上中为进士缺，中下为举人缺，最下乃为贡生缺，举贡历官虽至方面，非广西、云贵不以处之。以此为铨曹一定之格，间有一二举贡受知于上，拔为卿贰，大僚则必尽力攻之，使至于得罪谴逐，且杀之而后已。于是不由进士出身之人，遂不得不投门户以自庇。资格与朋党，二者牢不可破，而国事大坏矣。至于翰林之官，又以清华自处而鄙夷外曹。崇祯中，天子忽用推知考授编检，而众口交哗，有“适从何来，遽集于此”之诮。【原注】唐武儒衡语。呜呼，科第不与资格期，而资格之局成；资格不与朋党期，而朋党之形立。防微虑始，有国者其为变通之计乎？【汝成案】科第莫重于明，党伐亦莫过于明。永乐初年，内阁七人，非翰林者居其半，翰林、纂修亦诸色参用。自天顺二年，李贤奏定修纂专选进士，由是非进士不入翰林，非翰林不入内阁，南北礼部尚书、侍郎及吏部右侍郎非翰林不任，而庶吉士始进之时，已群目为储相。然吾邑徐尚书学谟却以外曹累迁，似不尽由翰林。第畸重日久，怀宗虽欲更变，难矣。

大臣子弟

人主设取士之科，以待寒畯，诚不宜使大臣子弟得与其间，以示宠遇之私；而大臣亦不当使其子弟与寒士竞进。

魏孝文时，于烈为光禄勋卿，其子登引例求进，烈上表请黜落，孝文以为有识之言。虽武夫犹知此义也。唐之中叶，朝政渐非，然一有此事，尚招物议。

长庆元年，礼部侍郎钱徽知贡举，中书舍人李宗闵子婿苏巢、右补阙杨汝士弟殷士，皆及第，为段文昌所奏，指擿榜内郑朗等十四人，谓之子弟。穆宗乃内出题目重试，落朗等十人，贬徽江州刺史，宗闵剑州刺史，汝士开江令。【原注】《旧唐书》。

会昌四年，权知贡举左仆射王起，奏所放进士有江陵节度使崔元式甥郑朴、东都留守牛僧孺女婿源重，故相窦易直子缄，监察御史杨收弟严，试文合，格物议以子弟非之，敕遣户部侍郎翰林学士白敏中覆试，落下三人，唯放杨严一人。【原注】《册府元龟》。《唐书·杨严传》又有杨知至，共五人。

大中元年，礼部侍郎魏扶奏：“臣今年所放进士三十三人，其封彦卿、崔琢、郑延休等三人，实有词艺，为时所称，皆以父兄见居重任，不敢选取。”诏令翰林学士承旨户部侍郎韦琮考覆，敕放及第。【原注】《旧唐书》。大中末，令狐绹罢相，其子滈应进士举。在父未罢相前，拔文解及第，谏议大夫崔瑄论滈干挠主司，侮弄文法，请下御史台推勘，疏留中不出。【原注】《旧唐书·令狐绹子滈传》：“大中十三年，绹罢相，为河中节度使。为其子滈乞应进士举，许之。登第三十人。有郑羲者，故户部尚书浣之孙；裴宏余，故相休之子；魏筜，故相扶之子；及滈，皆大臣子弟。谏议大夫崔瑄论：滈权在一门，势倾天下，及绹罢相作镇之日，便令滈纳卷贡闱，岂可以父在枢衡，独挠文柄，请下御史台按问，奏疏不下。”《册府元龟》载起居郎张云疏，言绹方出镇，滈便策名，发榜宣麻，相去二十三日。

后梁开平三年五月，敕礼部所放进士薛钧是、左司侍郎薛廷珪男，方持省辖，固有避嫌，宜令所司落下。

宋开宝元年，权知贡举王佑，擢进士合格者十人，陶谷子邴名在第六。翼日，谷入谢，上谓侍臣曰：“闻谷不能训子，邴安得登第？”乃命中书覆试，邴复登第。因下诏，自今举人，凡关食禄之家，礼部具闻覆试。【原注】《山堂考索》。

至太宗以后，科额日广，登用亦骤，而上下斤斤，犹守此格，有人主示公而不取者。

雍熙二年，宰相李昉之子宗谔、参政吕蒙正之弟蒙亨、盐铁使王明之子扶、度支使许仲宣之子待问，举进士试，皆入等。上曰：“此并势家，与孤寒竞进，纵以艺升，人亦谓朕有私。”遂罢之是也。【原注】《山堂考索》。

有人臣守法而自罢者。唐义问用举者召试秘阁，父介引嫌罢之是也。【原注】《宋史》。

有子弟恬退而不就者。韩维尝以进士荐礼部，父亿任执政，不就廷试。

仁宗患搢绅奔竞，谕近臣曰："恬静守道者旌擢，则躁求者自当知愧。"于是宰相文彦博等言："维好古嗜学，安于静退，乞加甄录。"召试学士院，辞不赴，除国子监主簿是也。【原注】《山堂考索》。《旧唐书》言王荛苦学善属文，以季父铎作相，避嫌不就科试。

而赵屼为御史，上疏言："治平以前，大臣不敢援置亲党于要途，子弟多处管库，甚者不使应科举。自安石柄国，持内举不避亲之说，始以子雱列侍从，由是循习为常，今宜杜绝其源。"【原注】《宋史》。

以此为防，犹有若秦桧子熺、孙埙试进士，皆为第一者。【原注】《清波杂志》："绍圣丁丑，章持魁南省时，有诗云：'何处难忘酒，南宫发榜时。有才如杜牧，无势似章持。不取通经士，先收执政儿。此时无一盏，何以展愁眉？'"

至于有明，此法不讲。又入仕之途，虽不限出身，然非进士一科，不能跻于贵显。于是宦游子弟，攘臂而就功名。三百年来，惟闻一山阴王文端子【原注】名家屏，万历中辅臣。中解元，不令赴会试者。唐宋之风，荡然无存。然则宽入仕之途，而厉科名之禁，不可不加之意也。

天宝二年，是时海内晏平，选人万计，命吏部侍郎宋遥、苗晋卿考之。遥与晋卿苟媚朝廷，又无廉洁之操，取舍偷滥，甚为当时所丑。有张奭者，御史中丞倚之子，不辨菽麦，假手为判，特升甲科。会下第者尝为蓟令，以其事白于范阳节度使安禄山。禄山恩宠崇盛，谒请无时，因具奏之。帝乃大集登科人，御花萼楼，亲试升第者，十无一二焉。奭手持试纸，竟日不下一字，时谓之曳白。帝大怒，遂贬遥为武当太守，晋卿为安康太守，复贬倚为淮阳太守。诏曰："庭闱之间，不能训子；选调之际，乃以托人。士子皆以为戏笑，或托于诗赋讽刺。”考判官礼部郎中裴朏、起居舍人张烜、监察御史宋昱、左拾遗孟朝，皆贬官岭外。

《石林燕语》曰：“国初，贡举法未备，公卿子弟多艰于进取，盖恐其请托也。范杲鲁公之兄子见知陶谷、窦仪，皆待以甲科，会有言世禄之家不当与寒畯争科名者，遂不敢就试。李内翰宗谔已过省，以文正为相，因唱名辞疾不敢入，亦被黜。文正罢相，方再登科。天禧后立法，有官人试不中者皆科私罪，仍限以两举。庆历以来，条令日备，有官人仍别立额，于是进取者始自如矣。”

谢在杭《五杂俎》曰：“宋初进士科，法制稍密，执政子弟多以嫌，不令举进士，有过省而不敢就殿试者。庆历中，王伯庸为编排官，其内弟刘原父，廷试第一。以嫌，自列降为第二。今制，惟知贡举典试者，宗族不得入，其它诸亲不禁也。执政子弟擢上第者，相望不绝，顾其公私何如耳。杨用修作状头，天下不以为私，与江陵诸子异矣。万历癸未，苏工部浚入闱，取李相公廷机为首卷，二公少同笔砚，至相善也，然苏取之不以为嫌，李魁天下而人无间言，公也。庚戌之役，汤庶子宾尹，素知韩太史敬，拔之高等，而其后议论蜂起，座主门生，皆坐褫职。夫韩之才诚高，而汤之取未为失人，但心迹难明，卒至两败，亦可惜也。然科场之法，自是日益多端矣。”【原注】景泰七年，大学士王文、陈循，以其子乡试不中，至具奏讼冤，为皆准令会试。

北　卷

明制，科场分南卷、北卷、中卷。【原注】《实录》：洪熙元年八月乙卯，行在礼部奏：“定科举取士之额，南士取十之六，北士取十之四。”后又令南北各退五卷，为中卷。景泰二年，会试礼部，奏准取士不分南北，户科给事中李侃等谓："北人拙于文辞，向日定为南北之分，不可改。礼部言：乡举里选之法不可行矣。取士若不以文，考官将何所据？且北方中土，人才所生，以古言之，大圣如周公、孔子，大贤如颜、曾、思、孟，皆非南人。以今言之，如靖远伯王骥、左都御史王翱、王文，皆永乐间不分南北所取进士，今岂可预谓北无其人？侃等所言不允。"四年会试，命仍分南、北、中卷。【汪氏曰】宣德、正统间，会试分南、北、中卷，南则应天及苏、松诸府，浙江、江西、福建、湖广、广东，北则顺天、山东、山西、河南、陕西，中则四川、广西、云南、贵州及凤阳、庐州二府，滁、徐、和三州，是即一南直隶而有南与中之异。至武闱亦仿文闱南北卷例，分边方、腹里，边六腹四，此俱行之于会试耳。今会试已分省，而南、北、中卷仍行之顺天乡试，南与中皆指外省言，北则直隶之贡监，合北五省，皆增其额，于顺天本省正额之外者也。又曰：向时文武有互考之例，亦多有中试者。该在唐时，文吏或求武选，武夫或求文选，惟选官有互用耳。宋则武举人多求换文资，而太学诸生久不第者多去从武举，是互考宋已开其端矣。此调停之术，而非造就之方。

夫北人，自宋时即云：京东西、河北、河东、陕西五路举人，拙于文辞声律。【原注】王氏《挥麈录》曰："国初，每岁发榜，取士极少。安德裕怍魁日，九人而已，盖天下未混一也。至太宗朝浸多，所得率江南之秀。其后又别立分数，考较五路举人，以北人拙于辞令，故优取。熙宁二年，廷试罢三题，专以策取士，非杂犯不复黜。然五路举人尤为疏略。黄道夫榜传胪，至第四甲党镈卷子，神宗大笑曰：'此人何由过省？'知举舒信道对以五路人，用分数取，末名过省，上命降作第五甲末。"

况又更兵革之乱，文学一事，不及南人久矣。【杨氏曰】金以儒亡，其文学最盛，不得云金之乱，文学不及南人。

今南人教小学，先令属对，犹是唐宋以来相传旧法，北人全不为此，故求其习比偶、调平仄者，千室之邑，几无一二人。而八股之外，一无所通者，比比也。

愚幼时《四书》本经俱读全注，后见庸师窳生，欲速其成，多为删抹。而北方则有全不读者。【原注】王槐野《与郑少潭提学书》言："关中士不读朱注，不看《大全》《性理》《通鉴》诸书。"当嘉靖之时已如此。

欲令如前代之人，参伍诸家之注疏而通其得失，固数百年不得一人，且不知《十三经注疏》为何物也。间有一、二五经刻本，亦多脱文误字，而人亦不能辨，此古书善本，绝不至于北方，而蔡虚斋、林次崖诸经学训诂之儒，皆出于南方也。故今日北方有二患：一曰田荒，二曰人荒。非大有为之君作而新之，不免于"无田甫田，维莠骄骄"之叹也。

汉成帝元延元年七月，诏：内郡国，举方正能直言极谏者各一人；北边二十二郡，举勇猛知兵法者各一人，此古人因地取才，而不限以一科之法也。宋敏求尝建言："河北、陕西、河东士子，性朴茂而辞藻不工，故登第者少，请令转运使择荐有行艺材武者特官之，使人材参用，而士有可进之路。"其亦汉人之意也与？

糊 名

国家设科之意，本以求才。今之立法，则专以防奸为主。如弥封、誊录一切之制是也。考之唐初，吏部试选，人皆糊名，令学士考判。武后以为非委任之方，罢之。【原注】此则糊名已用之选人，而未尝用之贡举。

贞元中，陆贽知贡举，访士之有才行者于翰林学士梁肃，肃曰："崔群虽少年，他日必至公辅。"果如其言。【原注】《册府元龟》。《唐书·本传》："贽知贡举，时崔元翰、梁肃文艺冠时，贽输心于肃，肃与元翰推荐艺实之士，一岁选士才十四五，数年之内，居台省清近者十余人。"

太和初，礼部侍郎崔郾试进士东都，吴武陵出杜牧所赋《阿房宫辞》，请以第一人处之，【原注】《武陵传》。此知其贤而进之也。张昌龄举进士，与王公治齐名，皆为考功员外郎王师旦所绌。太宗问其故，对曰："昌龄等华而少实，其文浮靡，非令器也。取之则后生劝慕，乱陛下风雅。"帝然之。温庭筠苦心砚席，尤长于诗赋。初举进士，至京师，人士翕然推重。然士行尘杂，不修边幅，能逐弦吹之音，为侧艳之词。公卿家无赖子弟裴诚、令狐滈之徒，相与蒱饮，酣醉终日。由是累年不第。【原注】本传。罗隐有诗名，尤长于咏史，然多讥讽，以故不中第。【原注】《册府元龟》。此知其不可而退之也。

《宋史·陈彭年传》言："景德中，彭年与晁迥同知贡举，请令有司详定考试条式。真宗命彭年与戚纶参定，多革旧制，专务防闲。其所取者，不复选择文行，止较一日之艺，虽杜绝请托，然置甲等者或非人望。"【原注】《文献通考》略同。

《宋白传》言："初，陈彭年举进士，轻俊，喜谤主司。白知贡举，恶其为人，黜落之，彭年憾焉。后居近侍，为贡举条制，多所关防，盖为白设也。"【原注】《山堂考索》同。盖昔之取士，虽程其一日之文，亦参之以平生之行，而乡评士论一皆达于朝廷。【原注】《李谘传》："举进士，真宗闻其至孝，擢第三人。"当时尚未糊名。陆游《老学庵笔记》："本朝进士，初亦如唐制，兼采时望。真庙时，周安惠公起建糊名法，一切以程文为去留。"

故《王旦传》言："翰林学士陈彭年，呈政府科场条目，旦投之地，曰：'内翰得官几日，乃欲隔截天下进士！'彭年皇恐而退。"【原注】《画墁录》言："彭年子彦博守汀州，以赃败，杖脊流海岛。其孙逵兄弟发彭年冢，取金带分货，抵罪。"而范仲淹、苏颂之议，并欲罢弥封、誊录之法，使有司先考其素行，以渐复两汉选举之旧。【原注】本传。夫以彭年一人之私，而遵之为数百年之成法，无怪乎繁文日密，而人材日衰。欲求才者，后之人主非有重门洞开之心胸，不能起而更张之矣。【汪氏曰】唐惟诏举糊名。宋《选举志》云："淳化三年，苏易简知贡举，受诏即赴贡院，仍糊名考校，遂为例。景德四年，定亲试进士条例，试卷付编排官去其卷首、乡贯、状别，以字号第之，付封弥官誊写校勘，用御书印，付考官定第毕，复封弥送覆，考官再定等，编排官阅其同异，未同者再考之。八年，始置誊录院，官封试卷，付之集书吏录本。宋之誊写即封弥官，其后置院，乃分二事。封弥凡再者，因送覆考，而封考官所定之第也。"《志》又言："举人之弊凡五，曰传义，曰换卷，曰易号，曰卷子出外，曰誊录灭裂。宝庆二年，左谏议大夫朱端常，奏防戢之策。端平元年，侍御史李鸣复等，请严怀挟之禁，悬恳赏募人告捉，皆允行。"元《选举志》："举人各自备三场之卷，并草卷各一十二幅，于卷首书三代籍贯、年甲。前期半月，于印卷所投纳，用印钤缝，各还举人。"又云："日未出入场，黄昏纳卷。受卷，弥封所用印讫，写三不成字为号，每名累场同用一号。送誊录所，并用朱书誊录。送对读所，以元卷与朱卷对读无差，呈解贡院考校。用墨笔批点毕，取元卷对号开拆，分为二榜，揭于省门之左右。进士二榜用敕黄纸书，揭于内前红门之左右。"凡此制度，盖自宋、元已详，并非始自前明。惟"弥封"旧称"封弥"，元之"朱卷"，明改"硃卷"，或因避国姓故耳。若所云草卷，与今殿试同。所云二榜，亦称左右榜，一是蒙古及色目人，一是汉人与南人。明《选举志》："乡试、会试，供给、收掌试卷，弥封、誊录、对读、受卷及巡绰、监门、搜检怀挟，俱有定员，各执其事。"又云："试日入场，讲问代冒者有禁。晚未纳卷，给烛二枝。弥封编号，作三合字。考试者用墨，谓之墨卷。录用朱，谓之朱卷。在外提调、监事等谓之外帘官，在内主考、同考谓之内帘官。"帘内、帘外亦自元有此名，而明谓之外帘、内帘耳。其贿买钻营、怀挟倩代、割卷传递、顶名冒籍，弊端百出，而关节为甚。至于科场之例，有不合适而贴出者。考金完颜匡，章宗时试诗赋，漏写诗题，下注字"不取"。元《选举志》："凡御名、庙讳及文理纰漏，涂注乙五十字以上者，不考。"

《册府元龟》："唐宪宗元和二年十二月，敕自今以后，州府所送进士，如迹涉疏狂，兼亏礼教，或曾为官司科罚，或曾任州府小吏一事，不合入清流者，虽薄有词艺，并不得申送。如举送以后事发，长吏停见任及已停替者殿二年，本试官及司功官并贬降。”是进一不肖之人，考试之官皆有责焉。今则借口于糊名，而曰吾衡其文，无由知其人也，是教之崇败行之人而代为之逭其罪也。

《容斋四笔》曰：“唐世科举之柄，颛付之主司，仍不糊名。又有交朋之厚者为之荐达，谓之通榜。故其取人也，畏于讥议，多公而审，亦或胁于权势，或挠于亲故，或累于子弟，皆常情所不能免者。若贤者临之，则不然。未引试之前，其去取高下，固已定于胸中矣。韩文公《与祠部陆员外书》曰：‘执事之与司贡士者相知诚深矣，彼之所望于执事，执事之所以待乎彼者，可谓至而无间矣。彼之职在乎得人，执事之志在乎进贤。如得其人而授之，所谓两得。愈之知者有侯喜、侯云长、刘述古、韦群玉，【原注】《摭言》作“纾”。此四子皆可以当首荐而极论者，期于有成而后止可也。沈杞、张苰、【原注】《登科记》作“弘”。尉迟汾、李绅、张后余、李翊，皆出群之才，与之足以收人望而得才实。主司广求焉，则以告之可也。往者陆相公司贡士，愈时幸在得中，【原注】贞元八年，陆贽知举，贾棱等二十二人登第，公与焉。所与及第者皆赫然有声。原其所以，亦由梁补阙肃、王郎中础佐之，梁举八人无有失者，其余则王皆与谋焉。陆相待王与梁如此不疑也，至今以为美谈。”

此书在集中不注岁月。按《摭言》云：“贞元十八年，权德舆主文，陆傪员外通榜。韩文公荐十人于傪，权公凡三榜，共放六人，余不出五年内皆捷。”以《登科记》考之，贞元十八年，德舆以中书舍人知举，放进士二十三人，尉迟汾、侯云长、韦纾、沈杞、李翊登第。十九年，以礼部侍郎放二十人，侯喜登第。永贞元年，放二十九人，刘述古登第。通三榜，共七十二人，而韩所荐者预其七。元和元年，崔邠下放李绅。三年，又放张后余、张弘。皆与《摭言》合。

搜　索

《旧唐书·李揆传》：“干元初，兼礼部侍郎。言主司取士，多不考实，徒峻其堤防，索其书策，殊不知艺不至者，居文史之囿，亦不能摛辞，深昧求贤之意也。及试进士，请于庭中设《五经》诸史及《切韵》本于床，引贡生谓之曰：‘大国选士，但务得才，经籍在此，请恣寻检。’”

《舒元舆传》：“举进士，见有司钩校苛切，因上书言：‘自古贡士，未有轻于此者。且宰相公卿由此出，而有司以隶人待之。罗棘遮截，疑其为奸，非所以求忠直也。’【原注】《李戡传》：“年二十，明《六经》，就礼部试，吏唱名乃入。戡耻之，明日径返江东，隐阳羡里。”又言：‘国朝校试，穷微探隐，无所不至，士至露顶跣足以赴科场，此先辈所以有投檠而出者。然狡伪之风所在而有，试者愈严，而犯者愈众，桁杨之辱不足以尽辜。如主司真具别鉴，虽怀藏满箧，亦复何益？故搜索之法，只足以济主司之所短，不足以显才士之所长也。’”

今日考试之弊，在乎求才之道不足，而防奸之法有余。【原注】洪武五年正月癸丑，上谕礼部臣曰：“近代以来，举人不中程序为有司所黜者，多不省己自修，以图再进，往往摭拾主司细故谤毁，以逞私忿，礼让廉耻之风不立。今后有此者罪之。”万历末，谢肇淛言：“上之防士如防奸偷，而旁观之伺主司如伺寇盗。”

宋元祐初，御史中丞刘挚上言：“治天下者，遇人以君子长者之道，则下必有君子长者之行应于上，若以小人遇之，彼将以小人自为矣。况以此行于学校之间乎？诚能反今日之弊，而以教化为先，贤才得而治具张，不难致也。”

《金史》：“泰和元年，省臣奏：‘搜简之法虽严，至于解发袒衣，索及耳鼻，殊失待士之礼。【原注】《移剌履传》：“初举进士，恶搜简烦琐，去之。”盖世宗初年。故大定二十九年已尝依前故事，使就沐浴，官置衣为之更之，既可防滥，且不亏礼。’从之。”

朱子论学校科举之弊，谓：“上以盗贼待士，士亦以盗贼自处，鼓噪迫胁，非盗贼而何？嗟夫，三代之制不可见矣。汉唐之事，岂难仿而行之者乎？”

座主门生

贡举之士，以有司为座主，而自称门生。

自中唐以后，遂有朋党之祸。【原注】“座主”字见《令狐峘传》。张籍《寄苏州白使君》诗：“登第早年同座主。”《杨嗣复传》：“领贡举，时父于陵自雒入朝，乃率门生出迎，置酒第中。于陵坐堂上，嗣复与诸生坐两序。始于陵在考功，擢浙东观察使，李师稷及第时亦在焉，人谓杨氏上下门生。”

会昌三年十二月二十二日，中书覆奏：“奉宣旨，不欲令及第进士呼有司为座主，兼题名局席等条疏进来者。伏以国家设文学之科，求真正之士，所宜行崇风俗，义本君亲，然后升于朝廷，必为国器。岂可怀赏拔之私惠，忘教化之根源，自谓门生，遂为朋比？所以时风浸坏，臣节何施？树党背公，靡不由此。【原注】按韩文公《送牛堪序》：“吾未尝闻有登第于有司，而进谢其门者。”则元和、长庆之间，士风犹不至此。臣等议，今日以后，进士及第，任一度参见有司，向后不得聚集参谒，于有司宅置宴。其曲江大会朝官及题名局席，并望勒停。”【原注】《新唐书》：“初，举人既及第，缀行通名，诣主司第谢。其制，序立西阶下，北上，东向；主人席东阶下，西向。诸生拜，主司答拜，乃叙齿谢恩。遂升阶，与公卿观者皆坐。酒数行，乃赴期集。又有曲江会题名席。”李肇《国史补》：“既捷，列名于慈恩寺塔，谓之题名。大燕于曲江亭子，谓之曲江会。”奉敕宜依。

后唐长兴元年六月，中书门下奏：“时论以贡举官为恩门，及以登第为门生。门生者，门弟子也。颜、闵、游、夏等并受仲尼之训，即是师门。大朝所命，春官不会。教诲举子，是国家贡士，非宗伯门徒。今后及第人不得呼春官为恩门、师门，及自称门生。”

宋太祖建隆三年九月丙辰，诏及第举人不得拜知举官子弟及目为恩门、师门，并自称门生。【赵氏曰】《唐书》：“权德舆门生七十人，推沈传师为颜子。”又《权璩传》云：“宰相李宗闵，乃父门生也。”《萧遘传》：“遘为王铎所取士，及与铎同为相，常奏帝曰：‘臣乃铎门生。’”此作主、门生之见于史册者也。门生谒座师、房师，将出，师送至二门外，亦有故事。《五代史》：裴皞以文学在朝久，宰相马嗣孙、桑维翰皆皞礼部所放进士。后马知贡举，引新进士谒皞，皞喜作诗，曰：“门生门下见门生。”世传以为荣。维翰为相，尝过皞，不迎不送。皞曰：“我见桑公于中书，庶僚也。公见我于私第，门生，何迎送之有?”此门生见座主故事。本朝初年，因御史杨雍建言，故令中式十见主司，但用姓名书帖，不称门生。此近时科场故事也。

刘克庄《跋陆放翁帖》云：“余大父著作为京教，考浙漕试；明年考省试。吕成公卷子皆出本房，家藏大父与成公往还真迹，大父则云‘上覆伯恭兄’，成公则云‘拜覆著作丈’，时犹未呼座主作先生也。”寻其言，盖宋末已有先生之称。而至于有明，则遂公然谓之座师，谓之门生，乃其朋党之祸，亦不减于唐时矣。【原注】王元美《觚不觚录》谓：“嘉靖以前，门生称座主，不过曰‘先生’而已。至分宜当国，始称‘老翁’，其厚者称‘夫子’，此后门生俱曰老师。”《五杂俎》言：“国朝惟霍文敏韬不拜主司，亦不受人作门生。”【汝成案】《明史》：“霍韬举进士，出毛澄门下，素执弟子礼。及议大礼不合，遂不以澄为座主。及韬总裁己丑会试，亦不以唐顺之等为门生。”此盖由私激而然，非以崇厉风俗。

唐时风俗之敝，杨复恭至谓昭宗为门生天子。

唐崔佑甫议，以为自汉徐孺子于故举主之丧，徒步千里而行一祭，厚则厚矣，其于传继非可也，历代莫之非也。【原注】《后汉书·樊儵传》：“言郡国举孝廉，率取年少能报恩者。当时即有此说。”近日张荆州九龄又刻石而美之。于是后来之受举为参佐者，报恩之分，往往过当。或挠我王宪，舍其亲戚之罪负，举其不令子孙，以窃名位，背公死党，兹或近之。时论从而与之，通人又不救，遂往而不返。【原注】宋陈莹中言：“使王氏之门有负恩之士，则汉之宗社不至于亡。”其言可感。

夫参伍之于举主，犹顾盼之恩，被话言之奖，陶镕成就，或资其力，昔人且有党比之讥。若科场取士，只凭所试之文，未识其名，何有师生之分？至于市权挠法，取贿酬恩，枝蔓纠连，根柢盘互，官方为之浊乱，士习为之颓靡，其与汉人笃交念故之谊，抑何远哉？【阎氏曰】明之士夫积习，师弟重于父子，得罪于父母者有之，得罪于座主者未之有也。门户重于师弟，以师之门户为门户者固多，不以师之门户为门户者亦不少也。富贵又重于门户者，有始附正人，继而与之为敌者；有始主邪说，既窥其党将败，遂反攻之者，皆惑于富贵也。

《风俗通》记农太守吴匡，为司空黄琼所举。班诏劝耕，道于渑池，闻琼薨，即发丧制服，上病，载辇车还府。论之曰：“剖符守境，劝民耕桑，肆省冤疑，和解仇怨，国之大事，所当勤恤。而猥顾私恩，傲狠自遂。若宫车晏驾，何以过兹？”论者不察，而归之厚。司空袁周阳，举荀慈明有道；太尉邓伯条，举訾孟直方正。二公薨，皆制齐衰。【原注】《后汉书·荀爽传》：“司空袁逢举有道，不应。及逢卒，爽制服三年，当世往往化以为俗。邵宝议之曰：‘师丧以心，而举主服三年，可乎?’”若此类者非一。然荀皆通儒，于义足责。【原注】魏景元元年，傅玄举将仆射陈公薨，以谘时贤。光禄郑小同云：“宜准礼。而以情义断之，服吊、服加麻可也，三月除之。”宋庾蔚之以此论为允。或举者名位斥落，子孙无继，多不亲至。然则隆情由乎显阀，薄报在乎衰门。此又私恩之一变，古今同慨者矣。

《后汉书》：“周景为河内太守，好贤爱士。每至岁时，延请举吏，入止后堂，与共宴会。如此数四，乃遣之。赠送什物，无不充备。既而选其父兄子弟，事相优异。”【原注】《魏志·卫臻传》：“夏侯惇为陈留太守，举臻计吏，命妇出宴。臻以为末世之俗，非礼之正。”先是，司徒韩演在河南，志在无私，举吏当行，一辞而已，恩亦不及其家。曰：“我举若可矣，岂可令偏积一门?”是二公者，若人情虽有厚薄之殊，而意趣则有公私之别矣。

《记》言：“赵文子所举，于晋国管库之士，七十有余家，生不交利，死不属其子焉。”呜呼！吾见今之举士者，交利而已，属子而已。

举主制服

《杂记》曰——

孔子曰：“管仲遇盗，取二人焉。上以为公臣，曰：‘其所与游，辟也，可人也。’管仲死，桓公使为之服。宦于大夫者之为之服也，自管仲始也，有君命焉尔也。”

此虽前仕管氏，亦以举主而服之。然孔子以为有君命则可，盖亦有所不尽然之辞。

同　年

今人以同举为同年。

唐宪宗问李绛曰："人于同年固有情乎?"对曰："同年乃九州四海之人，偶同科第，或登科然后相识，情于何有然?"

穆宗欲诛皇甫镈，而宰相令狐楚、萧俛以同年进士护之矣。按汉人已有之。

《后汉书·李固传》云："有同岁生，得罪于冀。"

《风俗通》云："南阳五世公为广汉太守，与司徒长史段辽叔同岁。"又云："与东莱太守蔡伯起同岁。"又云："萧令吴斌，与司徒韩演同岁。"

《三国志·魏武帝纪》云："公与韩遂父同岁孝廉。"【原注】《魏武故事》载公令曰："顾视同岁中，年有五十，未名为老。"

汉《敦煌长史武班碑》云："金乡长河间，高阳史恢等追惟昔日同岁。"《郎署孝廉柳敏碑》云："县长同岁犍为属国赵台公。"

《晋书·陶侃传》："侃与陈敏同郡，又同岁举吏。"其云同岁，盖即今之同年也。【原注】惟《吴志·周瑜传》言："坚子策与瑜同年。"《步骘传》言："与广陵卫旌同年。"此当是年齿之年。

私恩结而公义衰，非一世之故矣。【赵氏曰】今世又有序先后同年者。《文昌杂录》："太子太师张升，大中祥符八年乙卯登科，至熙宁九年丙辰薨，先一年为乙卯，及见登科新进士。"此先后同年之所由昉也。

先　辈

先辈乃同试而先得第者之称。

程氏《演繁露》曰：“《通典》：文帝黄初五年，立太学于洛阳。时慕学者始诣太学，为门人，满一岁，试通一经者称弟子；不通一经罢遣。弟子满二岁，试通二经者补文学掌故；不通者听从后辈试，试通二经亦得补掌故。满三岁，试通三经者擢高第，为太子舍人；不第者随后辈复试，试通亦为太子舍人。舍人满二岁，试通四经者擢高第，为郎中；不通者随后辈复试，试通亦为郎中。郎中满二岁，能通五经者擢高第，随才叙用；不通者随后辈复试，试通亦叙用。”故唐世举人呼已第者为先辈，由此也。【原注】《韦庄集》有题云：“癸丑年下第献新先辈。”《北梦琐言》：“王疑知贡举，谓人曰：‘某叨忝文柄，今年榜帖全为司空先辈一人而已。’”

今考《吴志·阚泽传》言：“州里先辈丹阳唐固，修身积学。”《薛综传》言：“零陵赖恭先辈，仁谨不晓时事。”《晋书·罗宪传》言：“侍宴华林园，诏问蜀大臣子弟，复问先辈宜时叙用者，宪荐蜀人常忌、杜轸等。”是先辈之称，果起于三国之时。而唐李肇《国史补》谓：互相推敬，谓之先辈，此又后人之滥矣。【原注】《演繁露》又谓：“唐人已第者，其自目曰前进士。”亦仿此也，犹曰早第进士，而其辈行在先也。《渑水燕谈录》：“苏德祥，汉相禹珪之子，建隆四年，进士第一人。登第初还乡里，太守置宴作乐，伶人致语曰：‘昔年随侍，尝为宰相郎君；今日登科，又是状元先辈。’”

郑氏《诗·采薇》笺曰：“今薇生矣，先辈可以行也。”是亦汉末人语。

出身授官

史言开元以后，四海晏清，士无贤不肖，耻不以文章达。其应诏而举者多则二千人，少犹不减千人，所收百才有一。

《文献通考》：唐时所放进士，每岁不过二三十人。【原注】

《册府元龟》："贞元十八年五月，敕自今已后，每年考试所收人，明经不得过一百人，进士不得过二十人。如无其人，不必要满此数。"太和元年、二年、三年，每年恩赐及第四十人。二年五月，礼部奏请每年进士以三十人为限，从之。

士之及第者，未便解褐入仕，尚有试吏部一关。韩文公三试于吏部无成，则十年犹布衣，且有出身二十年不获禄者。【原注】东莱吕氏曰："唐时进士登第者尚未释褐，或是为人所论荐，或再应皆中，或藩方辟举，然后始得释褐。"《册府元龟》："唐文宗语宰臣曰：'凡进士及第，有方镇奏请判官者，第一任未经作州县官莫依，但第一任曾作州县官，即第二任依奏。"

自宋太宗太平兴国二年，上初即位，思振淹滞，赐进士诸科出身者五百余人。【原注】《石林燕语》："是年进士特取一百九人，自是连放五榜，通取八百一人。"皆先赐绿袍靴笏，赐宴开宝寺，第一、第二等进士及九经授将作监丞、大理评事、通判诸州，其余皆优等注拟，宠章殊异，历代未有也。

薛居正等言取人太多，用人太骤，不听。【原注】陆游《南唐书》言："冯延鲁子僎，韩熙载知贡举，放及第，复试被黜，后与其弟侃、仪、价、伉入宋，继取名第。"盖南唐及第止于三人、五人，而宋及第至百余人也。

此太宗初一天下，欲以得士之盛跨越前代，荣观史册，【原注】《宋史》："王禹偁上疏言：'太祖之世，每岁进士不过三十人，经学五十人，重以诸侯不得奏辟，士大夫罕有资荫，故有终身不获一第，没齿不获一官。太宗毓德王藩，睹其如此，临御之后，不求备于取人，舍短用长，拔十得五，在位将逾二纪，登第殆近万人，虽有俊杰之才，亦多容易而得。"而不知侥幸之心，欲速之习，中于士人者，且数百年，而不可返矣。

又考《通典·举人条例》："四经出身，授紧县尉；判入第三等；授望县尉。五经出身，授望县尉；判入第三等，授畿县尉。进士与四经同资。”是唐时明经、进士，初除不过县尉。【原注】《宋史》：“明经、进士入望州判司，次畿簿尉。”《文献通考》：“开宝八年，王嗣宗为状元，止授泰州司理参军。太平兴国以后，始授将作监丞、大理评事、通判诸州，当时以为异数。”

至今代则一入词林，更不外补，【原注】谢肇淛曰：“国朝进士，一入史馆，即与六卿抗礼。二十年间，便可跻卿相、清华之选，百职莫敢望焉。唐宋之代，出为郡守，入为两制，未尝有此格也。”二甲之除，犹为部属，崇浮长惰，职此之由。所以一第之后，尽弃其学，而以营升纳贿为事者，以其得之浅而贵之骤也。其于唐人举士之初制，失之远矣。

《儒林公议》言：“太宗临轩发榜，三五名以前皆出贰郡符，迁擢荣速。陈尧叟、王曾初中第，即登朝领太史之职，赐以朱黻。尔后状元登第者，不十余年，皆望柄用。人亦以是为当得之也。每殿廷胪传第一，则公卿以下无不耸观，虽至尊亦注视焉。自崇政殿出东华门，传呼甚宠，观者拥塞通衢。”今代状元及第之荣，一甲翰林之授，权舆于是矣。【原注】又言洛阳人尹洙，豪士也。尝曰：“状元及第，虽使将兵数十万，恢复幽蓟，逐出强敌，凯歌劳还，献捷太庙，其荣无以加焉。”宋之务虚文而忘实事，即太宗有以开之矣。

宋初用人之弊有二：进士释褐，不试吏部，一也。献文得旨，召试除官，二也。今炫文之途已革，而入官之选尚轻。二者之弊，其一尚存，似宜仍用唐制。

用八股之人才，而使之理烦治众，此夫子所谓贼夫人之子也。【杨氏曰】八股之才，无一可用，只儒学一选，是其本色，然而溺职者比比也。师生不相识，而征索贽礼，比于田粮，吾不知何取于此。

恩科

宋时有所谓特奏名者，开宝三年三月庚戌，诏礼部阅进士，及十五举尝终场者，得司马浦等一百六人，赐本科出身，特奏名。恩例自此始，谓之恩科。

咸平三年，遂至九百余人。士人恃此，因循不学。故天圣之诏曰："狃于宽恩，遂隳素业，苟简成风，甚可耻也。"而元祐初，知贡举苏轼、孔文仲言："今特奏者已及四百五十人，又许例外递减，一举则当复增数百人。此曹垂老，别无所望，布在州县，惟务黩货以为归计。前后恩科，命官几千人矣，何有一人能自奋厉有闻于时？而残民败官者，不可胜数，以此知其无益有损。议者不过谓宜广恩泽，不知吏部以有限之官待无穷之吏，户部以有限之财禄无用之人，而所至州县举罹其害，乃即位之初有此过举，谓之恩泽，非臣所识也。"

当日之论如此。【原注】《金史》：章宗大定二十九年，敕今后凡五次御帘进士，可一试而不黜落，止以文之高下定其次，谓之恩榜。【杨氏曰】大定是世宗年号，章宗以是年即位。

《语》不云乎："及其老也，戒之在得。"故有杖乡之制以尊高年，致仕之节以养廉耻。以宾王谒帝之荣，为闵老酬劳之具，恐所益于儒林者小，而所伤于风俗者多。养陋识于泥途，快膻情于升斗。岂有赵孟之礼绛人，穆公之思黄发，足以裨君德而持国是者乎？况五十不从力政，六十不与服戎，岂可使龂龂于阙里之旁，攘攘于桥门之下？宜著为令，凡中式举人，年至六十者，赐第罢归，居家授徒；不中式者，不许再上。不但减百千黩货之人，亦可以劝二三有耻之士。"【原注】孝宗淳熙七年五月庚辰，诏特奏名，年六十人，毋注县尉。《元史》至正三年三月，监察御史成遵等，请用终场下第举人，充学正、山长。【赵氏曰】宋时特奏名例，年老者或得赐同进士出身，其后又不必年老而亦赐者，《神宗纪》赐布衣陈知彦进士出身是也。又有他途出身已为达官而特赐进士出身者，《神宗纪》赐知县王辅进士出身；《理宗纪》以史宅之为太辅少监，史宇之为将作少监，并赐同进士出身；李曾伯为四川宣抚使兼京湖制置大使，赐同进士出身；德祐中，谢堂知枢密院事，赐同进士出身是也。金制，已为显官特赐进士者，又必定为某科进士。如移剌履，明昌初礼部尚书兼翰林直学士，特赐大定三年孟宗献榜下进士及第；韩锡，天德中为尚书工部员外郎，特赐胡砺榜下进士及第；胥持国，拜参知政事，特赐孙用康榜下进士及第是也。又有武职赐文进士者，《宋史·曹勋传》："勋以恩补承信郎，特命赴进士廷试，赐甲科，为武吏如故。"此又累朝所无也。

汉献帝初平四年，诏曰："今耆儒年逾六十，去离本土，营求粮资，不得专业。结童入学，皓首空归，长委农野，永绝荣望，朕甚悯焉。其依罢科者，听为太子舍人。"唐昭宗天复元年，赦文令中书门下选择新及第进士中，有久在名场、才沾科级、年齿已高者，不拘常例，各授一官。于是，礼部侍郎杜德祥奏：拣到新及第进士陈光问年六十九，曹松年五十四，王希羽年七十三，刘象年七十，柯崇年六十四，郑希颜年五十九。诏：光问、松、希羽可秘书省正字，象、崇、希颜可太子校书。此亦前代季朝之政，当丧乱之后，以此慰寒畯而收物情，非平世之典也。

《实录》：宣德二年六月己卯，行在礼部尚书胡濙奏："北京国子监生及见拨各衙门历事者，请令六部尚书、都察院都御史、通政使司、大理寺、翰林院各堂上官、六科给事中，公同监官，拣选凡年五十五以上及残疾貌陋不堪者，皆罢为民。"上从之。凡斥去一千九十五人，其南京国子监生亦准此例。【原注】次年即奉旨，澄汰天下生员。别见后《广额》条下。

三年四月丙辰，行在吏部尚书蹇义奏："拣选吏员，年五十以上及人物鄙猥，不谙文移者，皆罢为民。"

四年九月甲寅，放南北两京国子监生年五十五以上及残疾者二百五十三人，还乡为民。

九年九月戊寅，行在礼部奏："取天下生员年四十五以上者考试，其中者入国子监读书，不中者罢归为民。"

宣庙精勤吏治，一时澄清之效如此。后人不知，即知之亦不肯言矣。

年齿

《记》曰："四十曰强而仕，七十曰老而传。"是人生服官之日，不过三十年。

汉顺帝阳嘉元年，用左雄之言，令孝廉年不满四十不得察举。皆先诣公府，诸生试家法，【原注】儒有一家之学，故称家法。文吏课笺奏。

宋文帝元嘉中，限年三十而仕。

梁武帝天监四年，令九流常选，年未三十，不通一经不得解褐。

今则突而弁兮，已厕银黄之列；死期将至，尚留金紫之班。何补官常，徒隳士习？宜定为中制，二十方许应试，三十方许服官。年至六十，见任官听其自请致仕，【原注】《实录》："洪武十三年二月戊辰，命文武官年六十以上者，皆听致仕，给以诰敕。"无官之人一切勒停。是虽蚤于古《记》之十年，要亦不过三十年而已。三十年之中，复有三年大忧，及期丧不得补选之日，则其人在仕路之日少，而居林下之日多，可以消名利之心，而息营竞之俗。【刘明经曰】终身出处之事，而旦夕图之，贤者不能宽以岁月，以深其稽古之功；愚者无所劳其心思，而皆有骤获之意。又曰：古之人以其身为仁义道德之身，年弥高则识弥进，而令令闻日隆，故天下皆以齿为贵。后之人以其身为声色货利之身，年逾衰而力愈耗，而不能有为，故天下遂以此为贱。

洪熙元年四月庚戌，郑府审理正俞廷辅言："近年宾兴之士，率记诵虚文，求其实才，十无二三，或有年才二十者，未尝学问，一旦挂名科目，而使之临政治民，职事废隳，民受其弊。自今各处乡试，宜令有司先行审访，务得博古通今，行止端重，年过二十五者，许令入试。”上虽嘉纳，而未果行。

今则积习相沿二三百载，青云之路，跬步可阶，五尺之童，便思奔竞。欲以成人材而厚风俗，难矣。【原注】宋李伯玉请罢童子科，意亦同此。【汪氏曰】后汉之法，年幼才俊者拜童子郎，若黄琬、臧洪、司马朗结拜为郎，而任延、张堪俱号圣童，杜安号奇童，黄香号黄童，其尤异也。唐设童子科，刘晏最著。张童子，自九年升于礼部，又二年拜卫兵曹，十一岁耳。宋亦设童子科，杨亿、晏殊、姜盖、蔡伯俙，俱尝以神童召试。神宗元丰四年，置在京小学，有就傅初试两斋。政和之制，限年自八岁至十二岁，惟曹芬以文优，赐同上舍出身。高宗一朝，童子求试者三十六人。孝宗一朝，童子求试者七十四人。其最奇者，孝宗淳熙元年，女童林幼玉求试中书，后省挑试，所通经书四十三件并通，诏特封孺人。至度宗时，李伯玉谓非所以成人才、厚风俗，奏罢。【又曰】金大定二十九年，章宗即位，初设经童科。经童之制，凡士庶子年十三以下，所贵在幼而诵多者，若年同则以诵大经多者为最。《文艺传》：“麻九畴，七岁能草书，作大字数尺者，章宗召见。明昌以来，称神童者五人，后皆无称，独九畴能自树立，赐进士第，迁应奉翰林文字。”又《佞幸传》：“胥持国，经童出身，官尚书右丞，四方有经童入相之语，其认可知矣。”元自成宗大德三年至文宗至顺二年，所举凡十五人，惟张秦山尤精篆籀，陈元麟能通性理耳。明《选举志》：“士子未入学者，通谓之童生。当大比之年，间收一二异敏，三场并通者，俾与诸生一体入场，谓之充场。儒士中式，即为举人。不中式，仍候提学官岁试合格，乃准入学。此例后亦不行。”

教官

汉成帝阳朔二年，诏曰：“古之立太学，将以先王之业，流化于天下也。儒林之官，四海渊源，宜皆明于古今，温故知新，通达国体，故谓之博士。否则学者无述焉，为下所轻，非所以尊道德也。丞相、御史其与中二千石、二千石，杂举可充博士位者，使卓然可观。”

元仁宗时，方以科举取士。虞集上议曰：“师道立则善人多，【原注】《周子通书》。今天下学官，猥以资格授，强加之诸生之上，而名之曰师，有司弗信也，生徒弗信也。如此而望师道之立，能乎？今莫若使守令，求经明行修为成德之君子者，身师尊之，以教于其郡邑；其次则求夫操履近正，而不为诡异骇俗者，确守先儒经义师说，而不敢妄为奇论者，众所敬服而非乡愿之徒者；其次，则取乡贡至京师罢归者。当今之世，欲求成德之人，如上一言者或不可遽得；若其次之三言，则十室之邑必有忠信，亦未至乏才也；而徒用其又次之一言，则亦不过以资格授之。而耄鄙之夫，遂以学官为糊口之地，教训之员，名存而实废矣。”

明初，教职多由儒士荐举。景泰二年，始准会试不中式举人考授。

天顺三年十二月庚申，建安县老人贺炀言：“朝廷建学立师，将以陶镕士类。奈何郡邑学校师儒之官，真材实学者百无二三，虚縻廪禄，猥琐贪饕，需求百计，而受业解惑莫措一辞！师范如此，虽有英才美质，何由而成？至于生徒之中，亦往往玩愒岁年，佻达城阙，待次循资，滥升监学，侵寻老耋，授以一官。但知为身家之谋，岂复有功名之念？是则朝廷始也聚群鹗而饮啖，终也纵群狼以牧人。苟不严行考选，则人材日陋，士习日下矣。”上是其言，命巡按御史同布、按二司分巡官，照提调学校例考之。

太仓陆世仪言：“今世天子以师傅之官为虚衔，而不知执经问道；郡县以簿书期会为能事，而不知尊贤敬老；学校之师以庸鄙充数，而不知教养之法；党塾之师以时文章句为教，而不知圣贤之道。儇捷者谓之才能，方正者谓之迂朴。盖师道至于今而贱极矣。即欲束修自厉，人谁与之？如此而欲望人才之多，天下之治，不可得矣。”

又言：“凡官皆当有品级，惟教官不当有品级，亦不得谓之官。盖教官者，师也。师在天下，则尊于天下；在一国，则尊于一国；在一乡，则尊于一乡。无常职，亦无定品。惟德是视。若使之有品级，则仆仆亟拜非尊师之礼矣。至其冠服，亦不可同于职官。当别制为古冠服，如深衣、幅巾及忠靖巾之类。仍以乡、国、天下为等。庶师道日尊，儒风日振，而圣人之徒出矣。”按《宋史》黄祖舜言：“抱道怀德之士，多不应科目，老于韦布，乞访其学行修明，孝友纯笃者，县荐之州，州延之庠序，以表率多士。其卓行尤异者，州以名闻，是亦乡举里选之意。”【原注】《松江府志》言：“洪武初，杨孟载为松江府学教授，与丘克庄、全希贤同官。当时分教有司得自延聘，皆极州里之选，后并至大官。”而朱子亦云：“须是罢堂除及注授教官，请本州岛乡先生为之，年未四十，不得任教官。”昔人之论，即已及此。

《孟县志》【原注】县人张淑誉撰。曰：“高皇帝定天下，诏府、卫、州、县各立学，置师一人或二人，必择经明行修者署之。有能举其职而最书于朝者，或擢为国子祭酒，及翰林侍从之官。

英宗以后，始著为令：府五人，州四人，县三人，例录天下岁贡之士为之，间有由举人、进士除授者。而其至也，州、县长官及监司之临者，率以簿书升斗之吏视之，而不复崇以体貌，是以其望易狎，而其气易衰。即有一二能诵法孔子，以师道闻而得荐擢者，亦不过授以州、县之吏而止。其取之也太滥，其用之也太卑，而其录之也太轻，无怪乎教术之不兴，而人才之难就矣。”【汪氏曰】史称晏殊知应天府，延范仲淹以教圣徒。自五代以来，天下学校废，兴学自殊始。

士风之薄，始于纳卷就试；师道之亡，始于赴部候选。梁武帝所谓“驱迫廉为拙，奖成浇竞”者也。有天下者，能反此二事，斯可以养士而兴贤矣。【王给事曰】欲端士习，当严教官之考核。考核严，则教官之督率必勤，而士风自正。

武　学

《山堂考索》言：“武学置于庆历三年，阮逸为武学谕。未几省去，熙宁复置。选知兵书者判武学，置直讲，如国子监。靖康之变，不闻武学有御侮者。【汪氏曰】《宋史·忠义传》：“有武学生华岳，字子西，尝上书劾韩侂胄，下大理，配建宁。侂胄诛，放还，入学登第，为殿前司官属。又谋去史弥远，事觉，下临安狱，杖死东市。武学有人，亦何忝于陈东也哉。”

《实录》正统六年五月，从成国公朱勇等奏，以两京多勋卫子弟，乃立武学，设教授、训导，如京府儒学之制。【原注】景泰五年正月丙寅，南京守备宁远侯任礼，请革武学，不允。景泰间，废武学。天顺八年十一月丙辰，复设京卫武学。已而，武生渐多，常至欺公挠法。正德中，钱宁已嗾武学生朱大周，上疏劾杨一清矣。崇祯四年，南京武学生吴国麟等，殴御史郭维，经掌都察院张延登奏黜。是则不惟不收其用，而反贻之害矣。

《太祖实录》：“洪武二十年七月，礼部请如前代故事，立武学，用武举，仍祀太公，建昭烈武成王庙。上曰：‘太公，周之臣，若以王祀之，则与周天子并矣，加之非号，必不享也。至于建武学，用武举，是分文武为二途，轻天下无全才矣。古之学者，文武兼备，故措之于用，无所不宜，岂谓文武异科，各求专习者乎？太公但从祀帝王庙，去武成王号，罢其旧庙。’于是，勋戚子弟袭爵者，习礼肄业于国子监，被选尚主者，用仪制主事一人教习。”【原注】《实录》：“洪武三十一年二月庚辰，命吏部设学于虎踞关，选儒士十人，教故武臣子弟之养于锦衣卫者。成化中，太监汪直遂请武举设科，乡试、会试、殿试，悉如进士恩例。不果行。”文事、武备，统归于一。呜呼，纯矣！

宋刘敞《与吴九书》曰：“昔三代之王，建辟雍、成均，以敦教化者，危冠缝掖之人，居则有序，其术诗书礼乐，其志文行忠信，是以无鄙倍之色，斗争之声，犹惧其未也，故贱诈谋，爵人以德，褒人以义，轨度其信，壹以待人。故曰，勇则害上，不登于明堂。民知所底，而无贰心，是以其教不肃而成，其政不严而治。未闻夫武学之科也。夫缦胡之缨，短后之衣，瞋目而语难，按剑而疾视者，此所谓勇力之人也。将教之以术，而动之以利，其可得不为其容乎？为其容可得，无变其俗乎？而况建博士之职，广弟子之员。吾恐虽有智者，未能善其后矣。夫战国之时，天下竞于驰骛，于是乎有纵横之师、技击之学，以相残也。虽私议巷说，有司不及，然风俗犹以是薄，祸乱犹以是长。学者之所甚疾，仁人之所忧而辩也，若之何其效之？且足下预其议而不能救与？吾所甚惑也。”【杨氏曰】今之州县最患苦者，莫如武生。物穷则变，当思所以善其后矣。

因勋卫子弟，不得已而立武学，仍宜以孔子为先师，如前代国学祀周公，唐开元改为孔子。周公尚不祀于学，而况太公乎？

成化五年，掌武学国子监监丞阎禹锡言：“古者庙必有学，受成、献馘于中，欲其先礼义而后勇力也。今本学见有空堂数楹，乞敕所司，改为文庙。”可谓得礼之意。

杂　流

唐时，凡九流百家之士，并附诸国学，而授之以经。《六典》：“国子祭酒、司业之职，掌邦国儒学训导之政令。有六学焉：一曰国子，二曰太学，三曰四门，四曰律学，五曰书学，六曰算学。”【原注】天宝九载，置广文馆，凡七学。欧阳詹《贞元十四年记》曰：“我国家春享先师后，更日命太学博士清河张公讲《礼记》，束脩既行，筵肆乃设，公就几，北坐南面。直讲抗牍，南坐北面，大司成端委居于东，小司成率属列于西，国子师长序公侯子孙自其馆，太学长序卿大夫子孙自其馆，四门师长序八方俊造自其馆，广文师长序天下秀彦自其馆，其余法家、墨家、书家、算家术业以明亦自其馆。没阶云来，即席鳞次，攒弁如星，连襟成帷。”观此，可见当日养士之制宽，而教士之权一，是以人才盛而艺术修，经学广而师儒重。后则一切摈诸桥门之外，而其人亦自弃，不复名其业。于是道器两亡，而行能兼废。世教之日衰，有由然也。

通经为吏

汉武帝从公孙弘之议，下至郡太守卒史，皆用通一艺以上者。

唐高宗总章初，诏诸司令史，考满者限试一经。昔王粲作《儒吏论》，以为先王博陈其教，辅和民性，使刀笔之吏，皆服雅训，竹帛之儒，亦通文法。故汉文翁为蜀郡守，选郡县小吏开敏有材者张叔等十余人，亲自饬厉，遣诣京师，受业博士。后汉栾巴为桂阳太守，虽干吏卑末，皆课令习读，程试殿最，随能升授。吴顾邵为豫章太守，小吏资质佳者，辄令就学，择其先进，擢置右职。而梁任昉有厉吏人讲学诗。然则昔之为吏者，皆曾执经问业之徒，心术正而名节修，其舞文以害政者寡矣。【原注】宋文恪讷言：“天下未有舍儒而可以为吏者。”东京之盛，自期门羽林之士，悉令通《孝经》章句。贞观之时，自屯营飞骑，亦给博士，使授以经。有能通经者，听得贡举。小人学道，则易使也。岂不然乎？

《周官·太宰》："乃施典于邦国，而陈其殷，置其辅。"后郑氏曰："殷，众也。谓众士也。辅，府史。庶人在官者。"夫庶人在官而名之曰辅，先王不敢以厮役遇其人也。重其人，则人知自重矣。

欧阳公《集古录·晋南乡太守碑阴》："官属何其多邪，盖通从史而尽列之，当时犹于其间取士人，故吏亦清修，其势然尔。"

《元史·顺帝纪》："至正六年四月，命左右二司六部吏属，于午后讲习经史。"其时朝纲已弛，人心将变，虽有此令，而实无其益。是以《太祖实录》言："科举初设，上重其事，凡民间俊秀子弟，皆得预选，惟吏胥心术已坏，不许应试。"【原注】洪武四年七月丁卯。又诏："凡选举，毋录吏卒之徒。"【原注】二十三年八月壬申。《唐书·选举志》言："尝为州县小吏，虽艺文可采，勿举。"《刘晏传》："尝言士有爵禄，则名重于利；吏无荣进，则利重于名。"《英宗实录》："大理寺少卿张固尝建论，吏员鲜有不急于利者，不宜用为郡守。朝廷是其言，著为令。"然而尝与群臣言，元初有宪官疾，吏往候之。宪官起，扶杖而行。因以杖授吏，吏拱手却立不受。宪官悟其意，他日见吏谢之。吏曰："某为属吏，非公家僮，不敢避劳虑，伤理体。"原注：五年二月壬午。是则此辈中，未尝无正直之人，顾上所以陶镕成就之者，何如尔。【钱氏曰】元时由吏出身者，可至宰执、台谏，故士人皆乐为吏，而吏亦知自重。自明中叶以来，士大夫之于胥吏，以奴隶使之、盗贼待之，吏员遂无可用者矣。

陆子静尝言："古者无流品之分，而贤不肖之辨严；后世有流品之分，而贤不肖之辨略。"能于分别之中，而寓作成之意，庶乎其得之矣。【储大令曰】用人之途，莫有如吏胥与科目。吏胥明习吏事，科目学于圣贤。故汉收用吏之效，而自唐以来，一出于科目。今纵不专任科目，但当参之以吏胥。

《大明会典》："洪武二十六年定，凡举人出身，第一甲第一名从六品，第二名、第三名正七品，赐进士及第；二甲从七品，赐进士出身；第三甲正八品，赐同进士出身。"而一品衙门提控，正七品出身；二品衙门都吏，从七品出身；一品、二品衙门掾史、典吏，二品衙门令史，正八品出身，其与进士不甚相远也。后乃立格，以限其所至，而吏员之与科第，高下天渊矣。故明初之制，谓之三途并用。荐举，一途也。【原注】天顺二年十二月庚辰，诏罢举保经明行修及贤良方正，以言者谓其奔竞冗滥，无裨实用也。进士监生，一途也。吏员，一途也。或以科与贡为二途，非也。【原注】从考试而得者，总谓之一途。

永乐七年，车驾在北京，命兵部尚书署吏部事方宾，简南京御史之才者召来，宾奏御史张循理等二十八人可用。上问其出身。宾言：循理等二十四人由进士、监生，洪秉等四人由吏。上曰："用人虽不专一途，然御史，国之司直，必有学识，达治体，廉正不阿，乃可任之。若刀笔吏，知利不知义，知刻薄不知大体，用之任风纪，使人轻视朝廷。"遂黜秉等为序班，谕自今御史勿复用吏。流品自此分矣。

宣德三年三月丙戌，敕谕吏部："往时选用严慎，吏员授官者少。比年吏典考满岁以千计，不分贤否，一概录用，廉能几何？贪鄙塞路，其可不精择乎？"

苏州况钟、松江黄子威二郡守并有贤名。而徐晞、万祺，皆累官至尚书。【杨氏曰】江阴又有刘本道，以吏员至侍郎。《日知录集释》黄汝成案：明初冯坚，有典吏擢佥都御史；诸葛伯衡，由肇州吏目擢陕西参议，皆吏员也。

日知录集释卷十八

秘书国史

汉时天子所藏之书，皆令人臣得观之。故刘歆谓：外则有太常、太史、博士之藏，内则有延阁、广内、秘室之府。而司马迁为太史令，细石室金匮之书。刘向、扬雄校书天禄阁。【原注】扬雄《答刘歆书》，自言为郎之岁，诏赐笔墨钱六万，得观书于石渠。班斿进读群书，上器其能，赐以秘书之副。东京则班固、傅毅为兰台令史，并典校书。曹褒于东观撰次礼事。而安帝永初中，诏谒者刘珍，及博士议郎、四府掾吏，五十余人，诣东观校定《五经》、诸子传记。窦章之被荐，黄香之受诏，亦得至焉。【原注】《窦章传》："是时学者，称东观为老氏藏室、道家蓬莱山，太仆邓康遂荐章入东观，为校书郎。"《黄香传》："初除郎中，肃宗诏香诣东观，读所未尝见书。"

晋、宋以下，此典不废。左思、王俭、张缵之流，咸读秘书，载之史传。【原注】晋左思为《三都赋》，自以所见不博，求为秘书郎中。南齐王俭迁秘书丞，依《七略》撰《七志》四千卷。永明三年，于俭宅开学士馆，悉以四部书充俭家。梁张缵为秘书郎，秘书郎有四员，宋、齐以来，为甲族起家之选，待次入补。其居职，例数十百日便迁。缵固求不徙，欲遍观阁内图籍。而柳世隆至借给二千卷。【原注】南齐柳世隆，性爱涉猎，启太祖借秘阁书，上给二千卷。

唐则魏徵、虞世南、岑文本、褚遂良、颜师古皆为秘书监，选五品以上子孙工书者，手书缮写，藏于内库。而玄宗命弘文馆学士元行冲，通撰古今书目，名为《群书四录》。以阳城之好学，至求为集贤院吏，乃得读之。【原注】阳城好学，贫不能得书，求为吏，隶集贤院，窃院中书读之。六年，无所不通。窦威为秘书郎，秩满当迁，固守不调。十余岁，其学业益广。段成式为秘书省校书郎，秘阁书籍，披阅皆遍。

宋有史馆、昭文馆、集贤院，谓之三馆。太宗别建崇文院，中为秘阁，藏三馆真本书籍万余卷，置直阁校理。仁宗复命缮写校勘。以参知政事一人领之，书成，藏于太清楼，而范仲淹等尝为提举。且求书之诏，无代不下，故民间之书，得上之天子，而天子之书，亦往往传之士大夫。

自洪武平元，所收多南宋以来旧本，藏之秘府，垂三百年，无人得见。而昔时取士，一史、三史之科又皆停废，天下之士于是乎不知古。司马迁之《史记》、班固之《汉书》、干宝之《晋书》、柳芳之《唐历》、吴兢之《唐春秋》、李焘之《宋长编》，并以当时流布。至于会要、日历之类，南渡以来，士大夫家亦多有之，未尝禁止。

今则实录之进，焚草于太液池，藏真于皇史宬，在朝之臣非预纂修，皆不得见，而野史、家传，遂得以孤行于世，天下之士于是乎不知今。【曰】《神宗实录》载，礼部尚书、掌詹事府事陈于陛，请敕纂辑本朝正史，疏在万历二十一年九月、二十二年三月，敕谕大学士王锡爵等纂修正史，后即报罢。

是虽以夫子之圣，起于今世，学夏、殷礼而无从，学周礼而又无从也，况其下焉者乎！岂非密于禁史而疏于作人，工于藏书而拙于敷教者邪？遂使帷囊同毁，空闻《七略》之名；家壁皆残，不睹《六经》之字。呜呼悕矣！

十三经注疏

自汉以来，儒者相传，但言《五经》。

而唐时立之学官，则云《九经》者，《三礼》《三传》分而习之，故为九也。其刻石国子学，则云《九经》并《孝》《论语》《尔雅》。

宋时程、朱诸大儒出，始取《礼记》中之《大学》《中庸》，及进《孟子》以配《论语》，谓之《四书》。本朝因之，而《十三经》之名始立。其先儒释经之书，或曰传，或曰笺，或曰解，或曰学，今通谓之注。《书》则孔安国传，《诗》则毛苌传，郑玄笺，《周礼》《仪礼》《礼记》，则郑玄注，《公羊》则何休学，《孟子》则赵岐注，皆汉人。《易》则王弼注，魏人。《系辞》，韩康伯注，晋人。《论语》则何晏集解，魏人。《左氏》则杜预注，《尔雅》则郭璞注，《穀梁》则范宁集解，皆晋人。《孝经》则唐明皇御注。其后儒辨释之书，名曰“正义”，今通谓之“疏”。

《旧唐书·儒学传》：“太宗以经籍去圣久远，文字多讹谬，诏前中书侍郎颜师古考定《五经》，颁于天下。又以儒学多门，章句繁杂，诏国子祭酒孔颖达与诸儒撰定《五经义疏》，凡一百七十卷，名曰《五经正义》，令天下传习。”

《高宗纪》：“永徽四年三月壬子朔，颁孔颖达《五经正义》于天下。每年明经，令依此考试。”时但有《易》《诗》《书》《礼记》《左氏春秋》五经。永徽中，贾公彦始撰《周礼》《仪礼》义疏。

《宋史·李至传》：“判国子监，上言：‘五经书既已板行，惟《二传》《二礼》《孝经》《论语》《尔雅》七经疏未修，望令直讲崔颐正、孙奭、崔偓佺等重加讎校，以备刊刻。’从之。”【原注】今所行者，《穀梁》，唐杨士勋疏；《孝经》《论语》《尔雅》，宋邢昺疏；《孟子》，孙奭疏；惟《公羊疏》不著人名，或云唐徐彦撰。【沈氏曰】《广川藏书志》云：“徐彦不知何代，意在贞元、长庆后。”

今人但知《五经正义》为孔颖达作，不知非一人之书也。《新唐书》颖达本传云：“初，颖达与颜师古、司马才、章王恭、王琰受诏，撰五经义训百余篇，其中不能无谬冗，博士马嘉运驳正其失，诏更令裁定，未就。永徽二年，诏中书门下与国子三馆博士、弘文馆学士考正之，于是尚书左仆射于志宁、右仆射张行成、侍中高季辅，就加增损，书始布下。【钱氏曰】唐人撰《九经疏》，本与注别行，故其分卷亦不与经注同。自宋以后刊本，合注疏为一，而疏之卷第遂不可考。余尝见宋本《仪礼疏》，每页卅行，每行廿七字，凡五十卷，惟卷卅二至卅七阙，卷末有大宋景德元年校对、同校、都校诸臣姓名及宰相参政衔名。又见北宋刻《尔雅疏》，亦不载注文。盖邢叔明奉诏撰疏，犹遵旧式。谅《论语》《孝经》疏亦当如此，惜未见也。日本人山井鼎云：“足利学所藏宋板《礼记注疏》，有三山黄唐跋云：‘本司旧刊《易》《书》《周礼》旧经注疏，萃见一书，便于披绎，他经独阙。绍兴辛亥，遂取《毛诗》《礼记》疏义如前三经编汇，精加雠正。乃若《春秋》一经，顾力未暇。姑以贻同志。’”可证北宋时未尝合于经注，即南渡初尚有单行本矣。

监本二十一史

宋时止有十七史，今则并宋、辽、金、元四史为二十一史。但辽、金二史向无刻本，南北齐、梁、陈、周书，人间者亦罕，故前人引书多用南、北史及《通鉴》，而不及诸书，亦不复采辽、金者，以行世之本少也。

嘉靖初，南京国子监祭酒张邦奇等，请校刻史书。欲差官购索民间古本，部议恐滋烦扰，上命将监中十七史旧板考对修补，仍取广东《宋史》板付监，辽、金二史无板者，购求善本翻刻。十一年七月成，【钱氏曰】《南雍志》："嘉靖七年，锦衣卫闲住千户沈麟奏准校勘史书，礼部议以祭酒张邦奇、司业江汝璧博学有文，才猷亦裕，行文使逐一校对修补，以备传布。"又曰：北监板《十三经注疏》创始于万历十四年，至二十一年毕工。《二十一史》开雕于万历二十四年，至三十四年竣事。板式与《十三经》同。祭酒林文俊等表进。

至万历中，北监又刻《十三经》《二十一史》，其板视南稍工，而士大夫遂家有其书，历代之事迹，粲然于人间矣。然校勘不精，讹舛弥甚，且有不知而妄改者，偶举一二。如《魏书·崔孝芬传》："李彪谓崔挺曰：'比见贤子谒帝，旨谕殊优，今当为群拜纪。'"此《三国志·陈群传》中事，【原注】陈群，字长文，纪之子。时鲁国孔融，高才倨傲，年在纪、群之间。先与纪友，后与群交，更为纪拜。古人用此事者非一，《北史·陆邛传》："邢邵向与邛父子彰交，及见邛机悟博学，乃渭子彰曰：'以卿老蛑，遂出明珠。'意欲为群拜纪。"非为隐僻。今所刻《北史》改云："今当为绝群耳。"不知纪群之为名，而改"纪"为"绝"，又倒其文，此已可笑。【原注】南北板同。又如《晋书·华谭传》末云："始淮南袁甫字公胄，亦好学，与谭齐名。"今本误于"始"字绝句，左方跳行，添列一袁甫名题，而再以"淮"字起行。【原注】南北板同。《齐王冏传》末云："郑方者，字子回。"此姓郑名方，即上文所云南阳处士郑方。露版极谏，而别叙其人与书及冏答书于后耳，今乃跳行，添列一"郑方者"三字名题。【原注】北板无者。《唐书·李敬玄传》末附敬玄弟玄素，今以敬玄属上文，而弟元素跳行。此不适足以彰太学之无人，而贻后来之姗笑乎？【原注】惟冯梦祯为南祭酒，手校《三国志》，犹不免误，终胜他本。

《十三经》中《仪礼》脱误尤多，《士昏礼》脱"婿授绥姆辞曰未教不足与为礼也”一节十四字,【原注】赖有长安石经,以补此一节,其注疏遂亡。《乡射礼》脱“士鹿中翿旌以获”七字,《士虞礼》脱“哭止告事毕宾出”七字,《特牲馈食礼》脱“举觯者祭卒觯拜长者答拜”十一字,《少牢馈食礼》脱“以授尸坐取箪兴”七字,此则秦火之所未亡,而亡于监刻矣。

至于历官任满,必刻一书,以充馈遗,此亦甚雅,而卤莽就工,殊不堪读。陆文裕【原注】深。《金台纪闻》曰:“元时州县皆有学田,所入谓之学租,以供师生廪饩,余则刻书,工大者合数处为之,故雠校刻画颇有精者。

洪武初,悉收上国学,今南监《十七史》诸书地里、岁月、校勘、工役并存可识也。今学既无田,不复刻书,而有司间或刻之,然只以供馈赆之用,其不工反出坊本下,工者不数见也。”【原注】昔时入觐之官,其馈遗一书一帕而已,谓之书帕。自万历以后,改用白金。

闻之宋、元刻书,皆在书院。山长主之,通儒订之,【原注】主书院者谓之山长。《宋史·理宗纪》:“何基,婺州教授,兼丽泽书院山长。”“徐玑,建宁府教授,兼建安书院山长。”学者则互相易而布之。故书院之刻有三善焉:山长无事而勤于校雠,一也。不惜费而工精,二也。板不贮官而易印行,三也。有右文之主出焉,其复此非难也。而书之已为劣生刊改者,不可得而正矣。是故信而好古,则旧本不可无存;多闻阙疑,则群书亦当并订。此非后之君子之责而谁任哉?

《旧唐书》病其事之遗阙,《新唐书》病其文之晦涩,当兼二书刻之,为二十二史。如宋、魏诸国,既各有书,而复有《南史》《北史》,是其例也。

张参五经文字

唐人以《说文》《字林》试士。其时去古未远，开元以前未改经文之日，【原注】《唐书·经籍志》："天宝三载，诏集贤学士卫包，考《古文尚书》，从今文。"篆籀之学，童而习之。今西安府所存唐睿宗书景龙观钟，犹带篆、分遗法。至于宋人，其去古益远，而为说日以凿矣。大历中，张参作《五经文字》，据《说文》《字林》刊正谬失，甚有功于学者。开成中，唐玄度增补，复作《九经字样》石刻在关中。【原注】今西安府学。向无板本，间有残阙，无别本可证。

近代有好事者刻《九经补字》，并属诸生补此书之阙，以意为之。乃不知此书特《五经》之文，非经所有者不载，而妄添经外之字，并及字书中泛博之训。予至关中，洗刷元石，其有一二可识者，显与所补不同，乃知近日学者之不肯阙疑而妄作如此。

别　字

《后汉书·儒林传》："谶书非圣人所作，其中多近鄙别字。"近鄙者，犹今俗用之字；别字者，本当为此字，而误为彼字也。今人谓之"白字"，乃别音之转。【沈氏曰】崇祯十一年，用阁臣言，以"查"字系古"槎"字，悉改为"察"，而今人乃服用"查"。查字本无察义，而误为察义，盖亦近鄙别字之类也。

山东人刻《金石录》于李易安《后序》："绍兴二年玄黓岁壮月朔。"不知壮月之出于《尔雅》，【原注】八月为壮。而改为"牡丹"。凡万历以来所刻之书，多"牡丹"之类也。【黄汝成案】

此条诸本并误隶张参《五经文字》后，今从原写本。

三朝要典

《宋史·蹇序辰传》："绍圣中，为起居郎中书舍人，同修国史。疏言：'朝廷前日正司马光等奸恶，明其罪罚，以告中外。惟变乱典刑，改废法度，讪讲评谳宗庙，睥睨两宫，观事考言，实状彰著，然踪迹深秘，包藏祸心，相去八年之间，盖已不可究。质其章疏案牍，散在有司，若不汇辑而存之，岁久必致沦失。愿悉讨奸臣所言所行，选官编类，人为一帙，置之二府，以示天下后世大戒。'遂命序辰及徐铎编类，由是搢绅之祸无一得免者。"天启中，纂辑《三朝要典》，正用序辰之法。

门户之人，其立言之指各有所借，章奏之文互有是非。作史者两收而并存之，则后之君子如执镜以照物，无所逃其形矣。褊心之辈谬加笔削，于此之党则存其是者，去其非者，于彼之党则存其非者，去其是者。于是言者之情隐，而单辞得以胜之。且如《要典》一书，其言未必尽非，而其意别有所为，继此之为书者犹是也。此国论之所以未平，而百世之下难乎其信史也。

崇祯帝批讲官李明睿之疏曰："纂修《实录》之法，惟在据事直书，则是非互见。"大哉王言！其万世作史之准绳乎？【杨氏曰】《要典》者一论梃击，万历四十三年五月事也。一为红丸，泰昌元年即四十八年九月朔事。一为移官，是年是月初五事。【沈氏曰】亭林尝书小纸，粘《史阙文》简端，云："章奏大半皆门户之言，而辛酉初当贞胜之会，言人人殊，又有不明白言之，而含糊其词者，今并存之。异日芟削，存其本意，而刊其借词可也。"《史阙文》即割补两朝《从信录》也。

密　疏

唐武宗会昌元年十一月，中书门下奏："宰臣及公卿论事，行与不行，须有明据。或奏请允惬，必见褒称；或所论乖僻，因有惩责。在藩镇上表，必有批答；居要官启事，自有记注。并须昭然在人耳目，或取舍存于堂案，或与夺形于诏敕。前代史书所载奏议，罔不由此。近见《实录》，多载密疏，言不彰于朝听，事不显于当时，得自其家，未足为信。今后《实录》所载章奏，并须朝廷共知者，方得纪述，密疏并请不载。如此，则理必可法，人皆向公，爱憎之志不行，褒贬之言必信。"从之。此虽出于李德裕之私心，然其言不为无理。

自万历末年，章疏一切留中，抄但凭阁揭。

天启以来，谗慝弘多，啧言弥甚。予尝亲见，大臣之子，追改其父之疏草，而刻之以欺其人者。欲使盖棺之后，重为奋笔之文，逭遗议于后人，侈先见于前事，其为诬罔甚于唐时。故志之于书，俾作史之君子，详察而严斥之也。

贴　黄

章奏之冗滥，至万历、天启之间而极至。一疏而荐数十人，累二三千言不止，皆枝蔓之辞。崇祯帝英年御宇，厉精图治，省览之勤，批答之速，近朝未有。乃数月之后，颇亦厌之，命内阁为贴黄之式。【原注】崇祯元年三月。即令本官自撮疏中大要，不过百字，粘附牍尾，以便省览。此贴黄之所由起也。【沈氏曰】《熹宗实录》：天启元年三月癸亥，礼科给事中王志道言："今日时事多故，中外实封，日不下数万言。尝考宋时封事，有贴黄之例，敷陈不妨广肆，而约略只有数言，省览甚易，纳约殊便，皇上宜责成政府，举而行之。至于臣等所以爱陛下之精神，作陛下之耳目，更原与同官诸臣约，一疏单题一事；一事直陈本末，艰深要渺之句，隐语猜谜之习，悉行禁绝。先臣韩文之论曰：‘谏草毋太文，文，上弗省也；毋太多，多，上弗竟也。’可为立言之法矣。”报闻。【赵氏曰】今刑部本，及督抚题刑名本，例有贴黄，以篇幅繁多，节其略，别为一幅，贴于本后，所以便观览也。王敬斋《冬夜笺记》谓：“明崇祯中，辅臣李国槽奏：仿古人撮黄之法，以定此式，遂延至今。按唐本有贴黄之制，乃诏敕所用。宋奏札意犹未尽，别以黄之贴于后，亦谓之贴黄。是宋之贴黄，已与唐异。然宋之贴黄，乃奏札所不能尽者，别开条件，书以黄纸，附于正文之后，如司马温公、苏东坡诸集皆有之，或一疏后至十数条。今贴黄，则但摘取奏中紧要语，贴于后。是宋贴黄主于详，今贴黄主于简，今之贴黄又与宋异。且今奏疏用白纸，贴黄亦用白纸。按江邻几《杂志》云：‘审刑奏案，贴黄上更加撮白。’王阮亭谓不知撮白为何语，抑知今之贴黄宋之撮白耳。”

宋叶梦得《石林燕语》曰：“唐制，降敕有所更改，以纸贴之，谓之贴黄。盖敕书用黄纸，则贴者亦黄纸也。今奏状札子皆白纸，有意所未尽，揭其要处，以黄纸别书于后，乃谓之贴黄，盖失之矣。其表章略举事目与日月道里见于前及封皮者，又谓之引黄。”

记　注

古之人君，左史记事，右史记言，所以防过失而示后王。记注之职，其来尚矣。唐太宗通晓古典，尤重其事。苏冕言：“贞观中，每日退朝后，太宗与宰臣参议政事，即令起居郎一人执简记录。”由是贞观注记政事，称为毕备。及高宗朝会，端拱无言，有司惟奏辞见二事。其后许敬宗、李义甫用权，多妄论奏，恐史官直书其短，遂奏令随仗便出，不得备闻机务，因为故事。【沈氏曰】《神宗实录》："万历三年二月丙申，大学士张居正申明史职议云：'国初设起居注官，日侍左右，记录言动，实古者左史记事、右史记言之制，迨后定官制，乃设翰林院修撰、编修、检讨等官，盖亦记载事重，故设官加详，原非有所罢废。但自职名更定之后，遂失朝夕记注之规，以至累朝以来，文史阙略。即如迩者纂修世宗及皇考《实录》，臣等只事总裁、凡所编辑，不过总集诸司章奏，稍加删润，檃括成编。至于仗前、柱下之语，章疏所不及者，即有见闻，无凭增入。与夫稗官野史之书，海内所流传者，欲事采录，又恐失真。是以两朝之大经大法，虽罔敢或遗，而二圣之嘉谟嘉猷，实多未备，凡皆由史臣之职废而不讲之所至也'云云。一分管责成，一史臣侍直，一记注言动，一纂辑章奏，一纪录体例，一开设馆局，一收藏处所，一誊录掌管，一补修记注，凡九条。"

《旧唐书·姚璹传》："长寿二年，迁文昌左丞同凤阁鸾台平章事。自永徽以后，左右史惟得对仗承旨，仗下后，谋议皆不预闻。璹以为，帝王谟训。不可遂无纪述，若不宣自宰相，史官无从得书，乃表请仗下所言军国政要，宰相一人专知撰录，号为'时政记'，每月封送史馆。宰相之撰时政记，自璹始也。"【沈氏曰】王梅溪论左右史四事：一曰进史不当，二曰立非其地，三曰前殿不立，四曰奏不直前，皆当时史职废坏之尤甚者。进《起居注》自梁周翰、李宗谔始。【杨氏曰】时政记之法亦未为善，宰相可以容私，史官近于失职。惟太宗之法，其古者柱下史之意乎？【沈氏又曰】万历二十六年八月丙辰，大学士赵志皋等恭进《累朝宝训》及《实录》：太祖高皇帝《宝训》十五卷，《实录》二百五十七卷；成祖文皇帝《宝训》十五卷，《实录》百三十卷；仁宗昭皇帝《宝训》六卷，《实录》十卷；宣宗章皇帝《宝训》十二卷，《实录》百二十一卷；英宗睿皇帝《宝训》十二卷，《实录》三百六十一卷；宪宗纯皇帝《宝训》十卷，《实录》二百九十三卷；孝宗敬皇帝《宝训》十卷，《实录》二百二十四卷；武宗毅皇帝《宝训》十卷，《实录》百九十七卷；世宗肃皇帝《宝训》二十四卷，《实录》五百六十六卷；穆宗庄皇帝《宝训》八卷，《实录》七十卷。通共二千二百四十五卷，装为百套。上嘉悦，命奉安御前，恭备详览。神宗显皇帝《实录》五百九十六卷；

光宗贞皇帝《宝训》四卷，《实录》八卷；熹宗悊皇帝《实录》八十七卷。

四书五经大全

自朱子作《大学中庸章句或问》《论语孟子集注》之后，黄氏【原注】榦，字直卿，号勉斋先生。有《论语通释》，而采语录附于朱子章句之下，则始自真氏，【原注】德秀，字希元，号西山先生。名曰《集义》，止《大学》一书，祝氏【原注】洙，字宗道。乃仿而足之，为《四书附录》。后有蔡氏【原注】模，字仲觉，号觉轩先生。《四书集疏》，赵氏【原注】顺孙，号格庵先生。《四书纂疏》，吴氏【原注】真子，号克斋先生。《四书集成》。昔之论者，病其泛滥，于是陈氏【原注】栎，字寿翁，号定宇先生。作《四书发明》，胡氏【原注】炳文，字仲虎，号云峰先生。作《四书通》。而定宇之门人倪氏【原注】士毅，字仲宏，号道川先生。合二书为一，颇有删正，名曰《四书辑释》。【原注】有汪克宽序，至正丙戌。自永乐中命儒臣纂修《四书大全》，颁之学官，而诸书皆废。

倪氏《辑释》今见于刘用章【原注】剡。所刻《四书通义》中。永乐中所纂《四书大全》特小有增删，其详其简或多不如倪氏，《大学中庸或问》则全不异，而间有舛误。【原注】《大学·格致章或问》："是亦不待七十子丧，而大义已乖矣。"《辑释》引《汉书》刘歆《移太常书》，有曰："及夫子没而微言绝，七十子终而大义乖。"又《孔子家语·后序》中，亦有此二句。《大全》则去其所引刘歆书，但云出《家语·后序》，则失其本矣。《中庸·九经章或问》引贾捐之对元帝语，《辑释》引《汉书·本传》，文曰："夫后宫色盛，则贤者隐微，佞臣用事，则诤臣杜口，而文帝不行。"此捐之之言，谓文帝不听后宫幸臣之请尔。《大全》则改云："元帝不行。"既不知古书，又不辨语气。

至《春秋大全》则全袭元人汪克宽《胡传纂疏》，【原注】字德辅，隐居不仕，以十年之功为此书。但改其中"愚按"二字为"汪氏曰”，及添庐陵李氏等一二条而已。

《诗经大全》则全袭元人刘瑾《诗传通释》，【原注】此书与《胡传纂疏》，予今并有之。而改其中“愚按”二字为“安成刘氏曰”。其三经，后人皆不见旧书，亦未必不因前人也。

当日儒臣奉旨修《四书五经大全》，颁餐钱，给笔札，书成之日，赐金迁秩，所费于国家者不知凡几。将谓此书既成，可以章一代教学之功，启百世儒林之绪。而仅取已成之书抄誊一过，上欺朝廷，下诳士子，唐宋之时有是事乎？岂非骨鲠之臣，已空于建文之代？而制义初行，一时人士，尽弃宋元以来所之实学，上下相蒙，以饕禄利，而莫之问也。呜呼，经学之废，实自此始！后之君子，欲扫而更之，亦难乎其为力矣。

书传会选

洪武二十七年四月丙戌，诏征儒臣定正宋儒蔡氏《书传》。上以蔡氏《书传》日月五星运行与朱子《诗传》不同，及其它注说与番阳邹季友所论，间亦有未安者，遂诏征天下儒臣定正之，命翰林院学士刘三吾等总其事。凡蔡氏传得者存之，失者正之。又采诸家之说足其未备。九月癸丑，书成，赐名《书传会选》，命礼部颁行天下。

今按此书，若《尧典》谓“天左旋，日月五星违天而右转”，【原注】陈氏祥道。《高宗肜日》谓“祖庚绎于高宗之庙”，【原注】金氏履祥。《西伯戡黎》谓是武王，【原注】金氏。《洛诰》“惟周公诞保文武受命惟七年”，谓周公辅成王之七年，【原注】张氏、陈氏栎。皆不易之论。【原注】又如《禹贡》“厥赋贞”，主苏氏轼谓“赋与田正相当”。“泾属渭汭”主孔传“水北曰汭”。《太甲》“自周有终”，主金氏谓“周当作君”。《多方》“不克开于民之丽”，主叶氏。陈氏栎谓："古者治狱，以附罪为丽。"皆可从。然所采既博，亦或失当。如《金縢》"周公居东"，谓孔氏以为东征，非是，至《洛诰》又取东征之说，自相抵牾。

每传之下系以经文及传，《音释》于字音、字体、字义辩之甚详，其中用古人姓字、古书名目，必具出处，兼亦考证典故。【沈氏曰】此等乃全袭取邹季友《音释》，非三吾辈所为，盖亦为永乐中《大全》作俑矣。亭林乃亦为所欺乎？

盖宋元以来，诸儒之规模犹在，而其为此书者皆自幼为务本之学，非由八股发身之人，故所著之书虽不及先儒，而尚有功于后学。至永乐中修《尚书大全》，不惟删去异说，并《音释》亦不存矣。

愚尝谓，自宋之末造，以至有明之初年，经术人才，于斯为盛。自八股行而古学弃，《大全》出而经说亡，十族诛而臣节变，洪武、永乐之间，亦世道升降之一会矣。

内　典

古之圣人所以教人之说，其行在孝弟、忠信，其职在洒扫、应对、进退，其文在《诗》《书》《礼》《易》《春秋》，其用之身在出处、去就、交际，其施之天下在政令、教化、刑罚。虽其和顺积中，而英华发外，【原注】《乐记》。亦有体用之分，然并无用心于内之说。

自老庄之学行于战国之时，而外义者告子也，外天下、外物、外生者庄子也。于是高明之士厌薄诗书，以为此先王所以治天下之糟粕。

而佛氏晚入中国，其所言清净慈悲之说，适有以动乎世人之慕向者。六朝诸君子从而好之，由清净自在之说而极之，以至于不生不死入于涅槃，则杨氏之为我也。由慈悲利物之说而极之，以至于普度众生，超拔苦海，则墨氏之兼爱也。天下之言不归杨，则归墨，而佛氏乃兼之矣。【汝成案】自由“清净”起止，此从沈氏校本增。其传寖盛，后之学者遂谓其书为内典。【原注】“内典”字见《册府元龟》引《唐会要》：“开成二年二月，王彦进准宣索《内典目录》十二卷。”

推其立言之旨，不将内释而外吾儒乎？夫内释而外吾儒，此自缁流之语，岂得士人亦云尔乎？【钱氏曰】《晋书·何充传》：“性好释典，崇修佛寺，供给沙门以百数，靡费巨亿而不吝也。亲友至于贫乏，无所施遗。以此获讥于世。于时郄愔及弟昙奉天师道，而充与弟准崇奉释氏，谢万讥之云：‘二郄谄于道，二何佞于佛。’”“（王）坦之与沙门竺法师甚厚，每共论幽明报应，便要先死者当报其事。后期年，师忽来云：‘贫道已死，罪福皆不虚，惟当勤修道德，以升济神明耳。’言讫不见。坦之寻之亦卒。”殷仲堪少奉天师道，又精心事神，不吝财贿，而怠行仁义，啬于周急。及桓玄来攻，犹勤请祷。王氏事张氏五斗米道，凝之弥笃。孙恩之攻会稽，僚佐请为之备，不从。方入靖室请祷，出语诸将曰：“吾已请大道鬼兵相助，贼自破矣。”既不设备，遂为孙恩所害。郄愔事天师道，子超奉佛，杜子恭世传五斗米道。当时士大夫好尚怪迂如此，此晋之所以日衰也。王导江左夷吾，而《世说》载其拜扬州刺史，过胡人前，弹指云：“兰阇兰阇。”导之孙珣、珉，以法护、僧弥为小字，珣又舍宅为寺，则王氏亦好佛矣。

《黄氏日钞》云：“《论语·曾子三省章》集注载尹氏曰：‘曾子守约，故动必求诸身，语意已足矣。’又载谢氏曰：‘诸子之学皆出于圣人，其后愈远而愈失其真，独曾子之学专用心于内，故传之无弊。夫心所以具众理而应万事，正其心者，正欲施之治国平天下。’孔门未有专用心于内之说也，用心于内，近世禅学之说耳。象山陆氏因谓，曾子之学是里面出来，其学不传；诸子是外面入去，今传于世者，皆外人之学，非孔子之真。遂于

《论语》之外，自谓得不传之学，凡皆源于谢氏之说也。后有朱子，当于集注中去此一条。”

褚少孙补《滑稽传》，以传记、杂说为外家，是以《六经》为内也。东汉儒者则以七纬为内学，《六经》为外学。【原注】《后汉书·方术传》：“自是习为内学。”注：“内学谓图谶之书也。其事秘密，故称内。”《逸民传》：“博通内外图典。”《魏志·管宁传》：“张臶学兼内外。”举图谶之文，一归之性与天道，不可得闻。【原注】《后汉书·桓谭传》：“天道性命，圣人所难言也。自子贡以下，不可得闻。”指谓谶记。

而今百世之下，晓然皆悟其非。今之所谓内学，则又不在图谶之书，而移之释氏矣。

心　学

《黄氏日钞》解《尚书》“人心惟危，道心惟微，惟精惟一，允执厥中”一章曰：“此章本尧命舜之辞，舜申之以命禹而加详焉耳。尧之命舜曰：‘允执厥中。’今舜加‘危微精一’之语于‘允执厥中’之上，所以使之审择而能执中者也。此训之之辞也，皆主于尧之执中一语而发也。尧之命舜曰：‘四海困穷，天禄永终。’今舜加‘无稽之言勿听，以至敬修其可愿’于‘天禄永终’之上，又所以警切之，使勿至于困穷而永终者也，此戒之之辞也，皆主于尧之‘永终’二语而发也。执中之训，正说也；永终之戒，反说也。盖舜以昔所得于尧之训戒、并其平日所尝用力而自得之者，尽以命禹，使知所以执中而不至于永终耳，岂为言心设哉？近世喜言心学，舍全章本旨而独论人心道心，甚者单摭‘道心’二字，而直谓即心是道，盖陷于禅学而不自知，其去尧、舜、禹授受天下之本旨远矣。蔡九峰之作《书传》，述朱子之言曰：‘古之圣人将以天下与人，未尝不以治之之法而并之。’可谓深得此章之本旨。九峰虽亦以是明帝王之心，而心者，治国平天下之本，其说固理之正也。其后，进此书传于朝者，乃因以三圣心为说。世之学者，遂指此书十六字为传心之要，而禅学者借以为据依矣。”【方东树曰】案黄氏截讲“执中”一语，固似得理，而虑后人以言心堕禅，谓蔡氏不当以传心为说，则失其本矣。即如二典所载历象、命官、平地、明刑、典礼、立教、奏庶、艰食诸大政，传之万世，孰非圣人之心之所寄哉？圣人之心都俞吁咈，该于危微精一，危微精一要于执中。使非先精其心，亦安知中之所在而执之？孔子者，时中者也。《中庸》者，子思之书也。孔子之时中，子思之作《中庸》，即传尧、舜、禹执中之旨也。孟子曰：“权然后知轻重，度然后知长短。”物皆然，心为甚。古今神圣一切智愚动作云为，皆心之用。今为学欲明圣人之道，而拔本塞源，力禁言心，不知果有当于尧、舜、禹之意否耶。以为《荀子》引“人心之危，道心之微”出道经，显与佛氏明心之说相近。黄氏所辟，其论甚当。夫所恶于禅学“即心是道”者，谓其专事明新，断知见，绝义理，用心如墙壁，以侥幸于一旦之洒然证悟。若夫圣人之教，兢业以持心，又精择命善，以要于执中，尚有何病？盖单提危微二语，虽有警惕提撕意，犹引而不发。至合下精一执中，则所以区处下手功夫至密。或又谓心一而已，安有人心道心？试诘所谓心以而已者，果何等之一心也？若以为皆道心与，则断不可谓古今天下皆圣贤：若以为皆人心与，亦断不可谓天下古今皆邪慝；若以为不属道，亦不属人，粗则如告子之“知觉运动与禽兽同焉者是”，精则正堕向禅学“即心是道”及阳明“本心良知”之说也。或又谓：《孟子》曰“人，仁心也”，是人心不可指为欲心。此语更误。夫孟子此言探其本始言之，即性善之旨，所谓道心也，然固不可谓一切人之心皆全于仁而无欲也，故又尝曰“失其本心”“陷溺其心”。夫陷溺而失之者，即欲心、仁心也。使人心皆仁而无欲，古今圣人为学与教，又何忧乎有不仁也？惟夫人心本仁，而易堕于人欲之危，是以圣人既自精择而守之，以执其中，又推以为教于天下万世，千言万语，欲使同归于仁而已。然固不能人人皆自觉悟以返于人，则赖有此四言之教。历代帝王兢兢守之，不敢失坠，此所谓传心者也。尝试论之，以为禅家“即心是道”与阳明“本心良知”，大略亦皆是道心一边，但不能如圣人文理密察，备四德，有品节，所以差失作病痛，政为少精以执中耳。精以执中，则所为尽精微，巽以行权而时中也。然则圣人之道所以异于禅学者，其岐违偏全之事，政在此处。程、朱所吃紧为人讲切发明分别疑似者，亦政在此处。初心之士欲审善恶邪正，全在察人心道心危微二端之幾；懋修之儒欲救误人道心堕禅之失，全在精一执中之学。《日知录》引《黄氏日钞》、唐仁卿诸说，以为辟陆、王心学则可，以为《六经》、孔孟不言心学则不可。

愚按，心不待也，流行天地间，贯彻古今而无不同者，理也。理具于吾心，而验于事物。心者，所以统宗此理而别白其是非。人之贤否，事之得失，天下之治乱，皆于此乎判。此圣人所以致察于危微精一之间，而相传以执中之道，使无一事之不合于理，而无有过不及之偏者也。禅学以理为障，而独指其心曰“不立文字，单传心印”。圣贤之学，自一心而达之天下国家之用，无非至理之流行，明白洞达，人人所同，历千载而无间者。何传之云：“俗说浸淫，虽贤者或不能不袭用其语，故僭书其所见如此。”

《中庸章句》引程子之言曰：“此篇乃孔门传授心法。”亦是借用释氏之言，不无可酌。

《论语》一书言心者三，曰“七十而从心所欲，不逾矩”；曰“回也，其心三月不违仁”；曰“饱食终日，无所用心”。乃“操则存，舍则亡”之训，门人未之记，而独见于《孟子》。夫未学圣人之操心，而骤语夫从心，此即所谓饱食终日，无所用心，而旦昼之所为有梏亡之者矣。

唐仁卿【原注】名伯元，澄海人。万历甲戌进士，官至吏部文选司郎中。答人书曰：“自新学兴而名家著，其冒焉以居之者不少，然其言学也则心而已矣。元闻古有学道，不闻学心；古有好学，不闻好心。心学二字，六经、孔孟所不道。今之言学者，盖谓心即道也，而元不解也。何也？危微之旨在也，虽上圣而不敢言也。今人多怪元言学而遗心，孰若执事责以不学之易了，而元亦可以无辞于执事。子日：‘有能一日用其力于仁矣乎？’又曰：‘一日克己复礼。’又曰：‘终日乾乾，行事也。’元未能也。孔门诸子，日月至焉，夫子犹未许其好学，而况乎日至未能也，谓之不学可也。但未知执事所谓学者果仁邪？礼邪？事邪？抑心之谓邪？外仁、外礼、外事以言心，虽执事亦知其不可；执事之意必谓仁与礼与事即心也，用力于仁，用力于心也。复礼，复心也；行事，行心也。则元之不解犹昨也，谓之不学可也。”又曰：“孽孽为善者心，孳孳为利者亦未必非心。危哉，心乎！判吉凶，别人禽，虽大圣犹必防乎其防，而敢言心学乎？心学者，以心为学也。以心为学，是以心为性也。心能具性，而不能使心即性也。是故求放心则是，求心则非；求心则非，求于心则是。我所病乎心学者，为其求心也。心果待求，必非与我同类；心果可学，则‘以礼制心，以仁存心’之言，毋乃为心障与！”【原注】卫嵩曰：“从心不逾矩，孔子至七十时方敢以此自信。而今之学者未可与立而欲语从心，率天下之人而祸仁义，必斯言也。”

《论语》：“仁者安仁。”集注：“谢氏曰：仁者心无内外、远近、精粗之间，非有所存而自不亡，非有所理而自不乱。”此皆庄、列之言，非吾儒之学。太甲曰：“顾諟天之明命。”子曰：“回之为人也，择乎中庸，得一善则拳拳服膺而弗失之矣。”故曰“操则存，舍则亡。”不待存而自不亡者何人哉？【杨氏曰】上蔡之说，缘不习无不利，无思无不通而遇之。

举　业

林文格【原注】材。《福州府志》曰：“余好问长老前辈时事。或为余言林尚默，【原注】名志，闽县人。永乐壬辰进士，乡试、会试皆第一，殿试一甲第二名。方游乡序，为弟子员，即自负其才当冠海内士云。然考其时，试诸生者则杨文贞、金文靖二公也。夫尚默当时所习特举子业耳，而杨、金二学士皆文章宿老，蔚为儒宗，尚默乃能必之二公若合符节，何哉？当是时也，学出于一，上以是取之，下以是习之，譬作车者不出门，而知适四方之合辙也。正德末，异说者起，以利诱后生，使从其学，毁儒先，诋传注，殆不啻弁髦矣。由是学者伥伥然莫知所从，欲从其旧说则恐或主新说，从其新说则又不忍遽弃传注也。己不能自必，况于人乎？呜呼！士之怀瑾握瑜，范驰驱而不遇者，可胜道哉！是故射无定鹄，则羿不能巧；学无定论，则游夏不能工。欲道德一，风俗同，其必自大人不倡游言始。”

又曰：“近日讲学之辈，弥近理而大乱真。士附其门者皆取荣名，于是一唱百和，始伐木者呼邪许，然徐而叩之，不过徼捷径于终南，而其中实莫之能省也。”

东乡艾南英《皇明今文待序》曰：“呜呼！制举业中始为禅之说者，谁与原其始？盖由一二聪明才辩之徒，厌先儒敬义诚明、穷理格物之说，乐简便而畏绳束，其端肇于宋南渡之季，而慈湖杨氏之书为最著。国初，功令严密，匪程、朱之言弗遵也。盖至摘取良知之说，而士稍异学矣。然予观其书，不过师友讲论立教明宗而已，未尝以入制举业也。其徒龙溪、【原注】王畿。绪山【原注】钱德洪。阐明其师之说，而又过焉，亦未尝以入制举业也。龙溪之举业不传，阳明、绪山班班可考矣。衡较其文，持详矜重，若未始肆然欲自异于朱氏之学者。然则今之为此者，谁为之始与？吾姑为隐其姓名，而又详乙注其文，使学者知以宗门之糟粕，为举业之俑者自斯人始。【原注】万历丁丑科杨起元。呜呼！降而为传灯，于彼教初说，其浅深相去已远矣，又况附会以援儒入墨之辈，其鄙陋可胜道哉！今其大旨不过曰‘耳自天聪，目自天明’，犹告子曰‘生之谓性’而已。及其厌穷理格物之迂而去之，犹告子曰‘不得于言，勿求于心’而已。任其所之而冥行焉，未有不流于小人之无忌惮者。此《中庸》所以言性不言心，《孟子》所以言心而必原之性，《大学》所以言心而必曰正其心。吾将有所论著，而姑言其概如此，学者可以废然返矣。”

又曰：“嘉靖中，姚江之书虽盛行于世，而士子举业尚谨守程、朱，无敢以禅窜圣者。自兴化、华亭两执政尊王氏学，于是隆庆戊辰《论语程义》首开宗门，【原注】破题见下。是年主考李春芳，兴化县人。此后浸淫，无所底止。科试文字大半剽窃王氏门人之言，阴诋程、朱。”

坊刻中有伪作罗伦《致知在格物》一篇，其破题曰：“良知者，廓于学者也。”按罗文毅中成化二年进士，当时士无异学，使果有此文，则良知之说始于彝正，不始于伯安矣。况前人作破亦无此体，【原注】旧日文字，破题或二句，或三句。必尽题意。嘉靖八年，主司变体，创为轻佻之格。“孔子，圣之时者也”，程文破云：“圣人者，立大中者也。”试录一出，士论哗然。以其为先朝名臣而借之耳。

破题用庄子

《五经》无“真”字，始见于老庄之书。《老子》曰：“其中有精，其精甚真。”《庄子·渔父篇》：“孔子愀然曰：‘敢问何谓真？’客曰：‘真者，精诚之至也。’”【原注】《荀子》“真积力久”亦是此意。《黄庭经》曰：“积精累气以为真。”《大宗师篇》曰：“而已反其真，而我犹为人猗。”《列子》曰：“精神离形，各归其真，故谓之鬼。鬼，归也。归其真宅。”《汉书·杨王孙传》曰：“死者，终生之化，而物之归者也。归者得至，化者得变，是物各反其真也。”《说文》曰：“真，仙人变形登天也。”徐氏《系传》曰：“真者，仙也，化也。从匕，匕即化也。反人为亡，从目从乚，入其所乘也。”【原注】人老则近于死，故“老”字从匕。既死则反其真，故“真”字亦从匕。以生为寄，以死为归，于是有真人、真君、真宰之名。秦始皇曰：“吾慕真人。”自谓“真人”，不称“朕”。魏太武改元太平真君，而唐玄宗诏以四子之书谓之“真经”，皆本乎此也。后世相传，乃遂与假为对。李斯《上秦王书》：“夫击瓮叩缻，弹筝搏髀，而歌呼呜呜快耳目者，真秦之声也。”韩信请为假王，高帝曰：“大丈夫定诸侯，即为真王耳，何以假为！”又更东垣曰“真定”。窦融《上光武书》曰：“岂可背真旧之主，事奸伪之人。”而与老、庄之言真，亦微异其指矣。【原注】今谓“真”，古曰“实”；今谓“假”，古曰“伪”。《左传·襄十八年》：“使乘车者左实右伪，以旆先舆，曳柴而从之。”假王犹假君。假相国，唐人谓之“借职”是也。今人之所谓假亦非。宋讳“玄”，以“真”代之，故庙号曰“真宗”。玄武七宿改为“真武”，玄冥改为“真冥”，玄枵改为“真枵”。《崇文总目》谓《太玄经》为“太真”，则犹未离其本也。

隆庆二年会试，为主考者厌《五经》而喜老庄，黜旧闻而崇新学，首题《论语》“子曰由诲汝知之乎”一节，其程文破云：“圣人教贤者以真知，在不昧其心而已。”【原注】《庄子·大宗师篇》：“且有真人，而后有真知。”《列子·仲尼篇》：“无乐无知，是真乐真知。”始明以《庄子》之言入之文字。自此五十年间，举业所用，无非释、老之书。彗星扫北斗、文昌，而御河之水变为赤血矣。

崇祯时，始申旧日之禁，而士大夫皆幼读时文，习染已久，不经之字，摇笔辄来，正如康昆仑所受邻舍女巫之邪声，非十年不近乐器，未可得而绝也。虽然，以周元公道学之宗，而其为书，犹有所谓“无极之真”者，吾又何责乎今之人哉？【原注】罗氏《困知记》谓：“无极之真，二五之精，妙合而凝。太极与阴阳五行，非二物也，不当言合。”又言：“《通书》未尝一语及无极。”

《孟子》言：“所不虑而知者，其良知也。”下文明指是爱亲敬长。若夫因严以教敬，因亲以教爱，则必待学而知之者矣。今之学者，明用《孟子》之良知，暗用《庄子》之真知。

科场禁约

万历三十一年三月，礼部尚书冯琦上言：“顷者，皇上纳都给事中张问达之言，正李贽惑世诬民之罪，尽焚其所著书，其崇正辟邪，甚盛举也。臣窃惟国家以经术取士，自《五经》、《四书》、《二十一史》、《通鉴》、性理诸书而外，不列于学官，而经传注，又以宋儒所订者为准。此即古人‘罢黜百家、独尊孔氏’之旨。自人文向盛，士习寖漓，始而厌薄平常，稍趋纤靡；纤靡不已，渐骛新奇；新奇不已，渐趋诡僻。始犹附诸子以立帜，今且尊二氏以操戈。背弃孔、孟，非毁朱、程，惟《南华》、西竺之语，是宗是竞。以实为空，以空为实。以名教为桎梏，以纪纲为赘疣。以放言高论为神奇，以荡轶规矩、扫灭是非廉耻为广大。取佛书言心、言性略相近者，窜入圣言，取圣经有空字、无字者，强同于禅教。语道既为踳驳，论文又不成章。世道溃于狂澜，经学几为榛莽。臣请坊间一切新说曲议，令地方官杂烧之。生员有引用佛书一句者，廪生停廪一月，增附不许帮补，三句以上降黜。中式墨卷引用佛书一句者，勒停一科，不许会试，多者黜革。【原注】二十八年，礼科摘湖广举人董以修《四书》义有无去无住，出世住世语，罚停五科。伏乞天语申饬，断在必行。自古有仙佛之世，圣学必不明，世运必不盛。即能实诣其极，亦与国家无益，何况袭咳唾之余，以自盖其名利之迹者乎？夫道术之分久矣。自西晋以来，于吾道之外，别为二氏；自南宋以来，于吾道之中，自分两歧；又其后，则取释氏之精蕴，而阴附于吾道之内；【原注】如陈白沙、王阳明。【汝成案】从沈校补。又其后，则尊释氏之名法，而显出于吾道之外。【原注】如李贽之徒。【汝成案】从沈校补。非圣主执中建极，群工一德同风，世运之流未知所届。”上曰：“祖宗维世立教，尊尚孔子。明经取士，表章宋儒。近日学者，不但非毁宋儒，渐至诋讥孔子，扫灭是非，荡弃行检，复安得节义忠孝之士为朝廷用？览卿等奏，深于世教有裨，可开列条款奏来。仙佛原是异术，宜在山林独修，有好尚者任其解官自便。”【沈氏曰】《神宗实录》于万历三十年三月己丑下书云：“纳礼部尚书冯琦之言，诏”云云，而冯疏一语不载，何也？

自此稍为厘正，然而旧染既深，不能尽涤；又在位之人，多以护惜士子科名为阴德，亦不甚摘发也。至于末年，诡僻弥甚。【沈氏曰】《神宗实录》：万历三十四年十二月，诏谕礼臣曰：“文体弊坏，至今日而极，非独士习之陋，亦由阅卷官自由此轨而进，相师相尚，莫知其非，以此取士，士安得不靡然从之？今后房考官见有离经畔注，穿凿揣摩，及摭拾佛书、俗书，隐讳怪诞者，必斥不取，甚者参罚。仍刊布谕旨，豫使闻之。”

新学之兴，人皆土苴《六经》，因而不读传注。崇祯三年，浙江乡试题“乂用明俊民用章”。上文“岁月日时无易”，传曰：“不失其时也。”第三名龚广生文，误以为历家“一日十二时”之时，而取冠本经，刻为程文。九年，应天乡试题“‘王请大之’至‘文王一怒而安天下之民’”，内有“以遏徂莒”，注曰：“‘莒’，《诗》作‘旅’，众也。”谓密人侵阮、徂、共之众也。第二十三名周天一文，误以为《春秋》“莒人”之莒，亦得中式，部科不闻磨勘。诏令之不行至此。【杨氏曰】试官既是眯目，礼科亦复失睛，天下之人未可尽诬。丧之上而得之下，吾恐有窃笑者。

朱子晚年定论

《宋史·陆九渊传》：“初，九渊尝与朱熹会鹅湖，论辨所学，多不合。及熹守南康，九渊访之。熹与至白鹿洞，九渊为讲‘君子小人喻义利’一章，听者至有泣下，熹以为切中学者隐微深痼之病。至于无极而太极之辩，则贻书往来，论难不置焉。”

王文成【原注】守仁。所辑《朱子晚年定论》，今之学者多信之，不知当时罗文庄【原注】钦顺。已尝与之书而辩之矣。

其书曰：“详《朱子定论》之编，盖以其中岁以前所见未真，及晚年始克有悟，乃于其论学书牍三数十卷之内，摘此三十余条，其意皆主于向里者，以为得于既悟之余，而断其为定论。斯其所择，宜亦精矣。第不知所谓晚年者，断以何年为定？偶考得何叔京氏，卒于淳熙乙未，时朱子年方四十有六。后二年丁酉，而《论孟集注或问》始成。今有取于答何书者四通，以为晚年定论。至于《集注或问》，则以为中年未定之说。窃恐考之欠详，而立论之太果也。又所取《答黄直卿》一书，监本止云此是向来差误，别无‘定本’二字，今所编增此二字，而序中又变‘定’字为‘旧’字，却未详‘本’字所指。朱子有《答吕东莱》一书，尝及定本之说，然非指《集注或问》也。凡此，愚皆不能无疑，顾犹未足深论。窃以执事天资绝世，而日新不已。向来恍若有悟之后，自以为证诸《五经》《四子》，沛然若决江河而放诸海。又以为精明的确，洞然无复可疑。某固信其非虚语也。然又以为独于朱子之说有相抵牾，揆之于理，容有是邪？他说固未敢请，尝读《朱子文集》，其第三十二卷，皆与张南轩答问书。内第四书，亦自以为：‘其于实体似益精明，因复取凡圣贤之书，以及近世诸老先生之遗语，读而验之，则又无一不合。'盖平日所疑而未白者，今皆不待安排，往往自见洒落处，与执事之所自序者无一语不相似也。书中发其所见，不为不明。而卷末一书，提纲振领，尤为详尽。窃以为，千圣相传之心学，殆无以出此矣。不知何故，独不为执事所取？无亦偶然也邪？若以此二书为然，则《论孟集注》《学庸章句或问》不容别有一般道理。如其以为未合，则是执事精明之见，决与朱子异矣！凡此三十余条者，不过姑取之以证成高论，而所谓先得我心之所同然者，安知不有毫厘之不同者为祟于其间，以成抵牾之大隙哉！又执事于朱子之后，特推草庐吴氏，以为见之尤真，而取其一说，以附三十余条之后。窃以草庐晚年所见端的与否，良未易知。盖吾儒昭昭之云，释氏亦每言之，毫厘之差，正在于此。即草庐所见，果有合于吾之所谓昭昭者，安知非其四十年间钻研文义之效，殆所谓真积力久而豁然贯通者也。盖虽以明道先生之高明纯粹，又蚤获亲炙于濂溪，以发其吟风弄月之趣，亦必反求诸《六经》而后得之。但其所禀邻于生知，闻一以知十，与他人极力于钻研者不同耳。又安得以前日之钻研文义为非，而以堕此科臼为悔？夫得鱼忘筌，得兔忘蹄，【原注】出《庄子》。蹄，古罤字通，兔罝也。可也。矜鱼兔之获，而反追咎筌蹄，以为多事，其可乎哉？东莞陈建作《学蔀通辩》，取朱子年谱、行状、文集、语类及与陆氏兄弟往来书札，逐年编辑而为之，辩曰：'朱、陆早同晚异之实，二家谱集具载甚明。'【原注】《黄氏日钞》曰："朱子《答陆子寿书》，反复论丧祭之礼。《答陆子美书》，辩诘《太极》《西铭》，至再而止。《答陆子静书》，辩诘尤切。其条理有未明而不能尽人言者凡七，终又随条注释，斥其空疏杜撰。且云：'如曰未然，各尊所闻，各行所知可矣。'书亦于此而止。"近世东山赵汸《对江右六君子策》乃云：'朱子《答项平父书》有去短集长之言。'【原注】此特朱子谦己诲人之辞，未尝教人为陆氏之学也。岂鹅湖之论，至是而有合邪？使其合并于晚岁，则其微言精义，必有契焉。而子静则既往矣，此‘朱、陆早异晚同’之说所萌芽也。程篁墩【原注】敏政。因之，乃著《道一编》，分朱、陆异同为三节，始焉如冰炭之相反，中焉则疑信之相反，终焉若辅车之相倚。‘朱、陆早异晚同’之说，于是乎成矣。王阳明因之，遂有《朱子晚年定论》之录，专取朱子议论与象山合者，与《道一编》辅车之说，正相唱和矣。凡此，皆颠倒早晚，以弥缝陆学，而不顾矫诬朱子，诳误后学之深。故今编年以辩，而二家早晚之实，近儒颠倒之弊举昭然矣。”

又曰：“朱子有朱子之定论，象山有象山之定论，不可强同。专务虚静，完养精神，此象山之定论也。主敬涵养，以立其本；读书穷理，以致其知；身体力行，以践其实。三者交修并尽，此朱子之定论也。乃或专言涵养，或专言穷理，或止言力行，则朱子因人之教、因病之药也。今乃指专言涵养者为定论，以附合于象山，其诬朱子甚矣！”

又曰：“赵东山所云，盖求朱、陆生前无可同之实，而没后乃臆料其后会之必同，本欲安排早异晚同，乃至说成生异死同，可笑可笑！【原注】按子静卒后，朱子《与詹元善书》谓：其说颇行于江湖间，损贤者之志，而益愚者之过，不知此祸何时而已。盖已逆知后人宗陆氏者之弊。而东山辈不考此书，强欲附会之以为同，何邪？如此，岂不适所以彰朱、陆平生之未尝同，适自彰其牵合欺人之弊？奈何近世咸信之，而莫能察也。【姚氏曰】元虞文靖有《送李彦方闽宪》诗，其序云：“先正鲁国许文正文实表章程、朱之学，以佐至元之治，天下人心风俗之所系，不可诬也。近日晚学小子，不肯细心穷理，妄引陆子静之说，以自欺自弃。至欲移易《论语章句》，直斥程、朱之学为非，此亦非有见于陆氏者也。特以其猖狂不学，以欺人而已。此在王制之所必不容者也。闽中自中立归，已有道南之叹。仲素愿中至于元晦，端绪明白，皆在闽中，不能不于彦方之行发之。去一赃吏，治一弊政，不如此一事有以正人心儒者之能事也。按：文靖从友吴文正之门，文正之学以象山为宗，而虞公立论如此。则师弟所学，亦有不必同者耶？又是时文学修明，谈道讲艺，各有师承，洛、闽之教方昌，而好异之事亦复别鹜旁去，则源远而末益分，无惑乎后此歧途之百出也。"昔裴延龄掩有为无，指无为有，以欺人主。陆宣公谓其愚弄朝廷，甚于赵高指鹿为马。今篁墩辈分明掩有为无，指无为有，以欺弄后学，岂非吾道中之延龄哉！"

又曰："昔韩绛、吕惠卿代王安石执政，时号绛为法沙门，惠卿为护法善神。愚谓近日继陆学而兴者，王阳明是法沙门，程篁墩则护法善神也。【原注】此书于朱、陆二家同异，考之极为精详，而世人不知，但知其有《皇明通纪》，又不知《通纪》乃梁文康储之弟亿所作，而托名于清澜也。宛平孙承泽谓：阳明所编，其意欲借朱子以攻朱子。且吾夫子以天纵之圣，不以生知自居，而曰好古敏求，曰多闻多见，曰博闻约礼，至老删述不休，犹欲假年学《易》。朱子一生，效法孔子，进学必在致知，涵养必在主敬，德性在是，问学在是，如谬以朱子为支离，为晚悔，则是吾夫子所谓好古敏求，多闻多见，博文约礼，皆早年之支离，必如无言、无知、无能，为晚年自悔之定论也。以此观之，则'晚年定论'之刻，真为阳明舞文之书矣。盖自弘治、正德之际，天下之士厌常喜新，风气之变已有所自来，而文成以绝世之资，倡其新说，鼓动海内。【原注】文成与胡端敏世宁，乡试同年。一日谓端敏公曰：公人杰也，第少讲学。端敏答曰：某何敢望公，但恨公多讲学耳。嘉靖以后，从王氏而诋朱子者，始接踵于人间。而王尚书【原注】世贞。发策谓：'今之学者，偶有所窥，则欲尽发先儒之说，而出其上。【杨氏曰】尽发先儒之"发"当是"废"字。不学，则借一贯之言，以文其陋。无行，则逃之性命之乡，以使人不可诘。'此三言者，尽当日之情事矣。故王门高弟为泰州、【原注】王艮。龙溪【原注】王畿。二人。泰州之学，一而为颜山农，【原注】均。再而为罗近溪、【原注】汝芳。赵大洲。【原注】贞吉。龙溪之学，一而为何心隐，【原注】本名梁汝元。再传而为李卓吾、【原注】贽。陶石篑。【原注】望龄。昔范武子论王弼、何晏二人之罪。深于桀纣，以为一世之患轻，历代之害重。自丧之恶小，迷众之罪大。而苏子瞻谓：李斯乱天下，至于焚书坑儒，皆出于其师荀卿，高谈异论而不顾者也。《困知》之记、《学蔀》之编，固今日中流之砥柱矣。"

《姑苏志》言，姚荣国【原注】广孝。著书一卷，名曰《道余录》，专诋程、朱。【原注】《实录》本传言，广孝著《道余录》，诋讪先儒，为君子所鄙。少师亡后，其友张洪谓人曰："少师于我厚，今死矣。无以报之，但每见《道余录》，辄为焚弃。"少师之才不下于文成，而不能行其说者，少师当道德一、风俗同之日，而文成在世衰道微、邪说又作之时也。

嘉靖二年，会试发策，【原注】考试官蒋文定冕，石文介珤。谓朱、陆之论终以不合，而今之学者顾欲强而同之，岂乐彼之径便，而欲阴诋吾朱子之学与？究其用心，其与何澹、陈贾辈，亦岂大相远与？至笔之简册，公私诋訾，以求售其私见。礼官举祖宗朝故事，燔其书而禁斥之，得无不可乎！【原注】《成祖实录》："永乐二年，鄱阳人朱季友诣阙，献所著书，诋毁宋儒。上怒，遣行人押赴饶州，会司府县官杖之，尽焚其所著书。"当日在朝之臣，有能持此论者，涓涓不塞，终为江河，有世道之责者，可无履霜坚冰之虑。

以一人而易天下，其流风至于百有余年之久者，古有之矣。王夷甫之清谈，王介甫之新说，【原注】《宋史》林之奇言："昔人以王、何清谈之罪，甚于桀纣。本朝靖康祸乱，考其端倪，王氏实负王、何之责。"其在于今，则王伯安之良知是也。孟子曰："天下之生久矣，一治一乱。”拨乱世反之正，岂不在于后贤乎！

李 贽

《神宗实录》：“万历三十年闰二月乙卯，礼科给事中张问达疏劾李贽：‘壮岁为官，晚年削发，近又刻《藏书》《焚书》《卓吾大德》等书，流行海内，惑乱人心。以吕不韦、李园为智谋，以李斯为才力，以冯道为吏隐，以卓文君为善择佳偶，以秦始皇为千古一帝，以孔子之是非为不足据，狂诞悖戾，不可不毁。尤可恨者，寄居麻城，肆行不简，与无良辈游庵院，挟妓女，白昼同浴，勾引士人妻女入庵讲法，至有携衾枕而宿者，一境如狂。又作《观音问》一书，所谓观音者，皆士人妻女也。后生小子喜其猖狂放肆，相率煽惑，至于明劫人财，抢搂人妇，同于禽兽，而不之恤。迩来缙绅士大夫亦有诵咒念佛，奉僧膜拜。手持数珠，以为戒律；室悬妙像，以为皈依。不知尊孔子家法，而溺意于禅教沙门者，往往出矣。近闻贽且移至通州，通州距都下四十里，倘一入都门，招致蛊惑，又为麻城之续。王敕礼部，檄行通州地方官，将李贽解发原籍治罪。仍檄行两畿及各布政司，将贽刊行诸书，尽行烧毁，无令贻祸后生，世道幸甚！’得旨：‘李贽敢倡乱道，惑世诬民，便令厂卫、五成严拿治罪。其书籍已刻未刻，令所在官司尽搜烧毁，不许存留。如右徒党曲庇私藏，该科道及各有司访奏治罪。’已而贽逮至，惧罪不食死。”

愚按，自古以来，小人之无忌惮而敢于叛圣人者，莫甚于李贽。然虽奉严旨，而其书之行于人间自若也。【原注】谢在杭《五杂俎》言：“李贽先仕官至太守，而后削发为僧，又不居山寺，而遨游四方，以干权贵，人多畏其口而善待之。拥传出入，髡首坐肩舆，张黄盖，前后呵殿，郡县有司莫敢与均茵伏。无何，入京师，以罪下狱死。此亦近于人妖者矣。”闽人持论之公如此。

天启五年九月，四川道御史王雅量疏奉旨：“李贽诸书怪诞不经，命巡视衙门焚毁，不许坊间发卖，仍通行禁止。”而士大夫多喜其书，往往收藏，至今未灭。

钟　惺

钟惺字敬伯，竟陵人，万历庚戌进士。天启初，任福建提学副使，大通关节。丁父忧去职，尚挟姬妾游武夷山，而后即路。巡抚南居益疏劾有云：“百度逾闲，《五经》扫地。化子矜为钱树，桃李堪羞。登驵侩于皋比，门墙成市。公然弃名教而不顾，甚至承亲讳而冶游。疑为病狂丧心，讵止文人无行！”【原注】辛酉，福建提学佥事。癸亥，丁忧。甲子，京察。坐是沉废于家。乃选历代之诗名曰《诗归》，其书盛行于世。已而评《左传》，评《史记》，评《毛诗》，好行小慧，自立新说，天下之士靡然从之。而论者遂忘其不孝贪污之罪，且列之为文人矣。【原注】钱氏谓：“古人之于经传，敬之如神明，尊之如师宝，谁敢僭而加之评骘？评骘之多自近代始，而莫甚于越之孙氏、楚之钟氏。孙之评《书》也，于《大禹谟》则讥其文之排偶。其评《诗》也，于《车攻》则讥其选徒嚣嚣，非有闻无声之义。尼父之删述，彼将操金椎以控之，又何怪夫孟坚之史、昭明之选，诋诃如蒙童，而挥斥如徒隶乎！钟之评《左传》也，它不具论，以‘克段’一传言之。‘公入而赋，姜出而赋’，句也；‘大隧之中’凡四句，其所赋之诗也，钟误以‘大隧之中’为句断，而以‘融融泄泄’为序事之语，遂抹之曰‘俗笔’。句读之不析，文理之不通，俨然丹黄甲乙，衡加于经传，是之谓非圣者无法，是之谓侮圣人之言，而世方奉为金科玉条，递相师述。学术日颓，而人心日坏，其祸有不可胜言者。孙氏名鑛，今世所传孙月峰者是也。”

余闻闽人言，学臣之鬻诸生自伯敬始。当时之学臣，其于伯敬，固当如茶肆之陆鸿渐，奉为利市之神，又何怪读其所选之诗，以为《风》《骚》再作者耶？其罪虽不及李贽，然亦败坏天下之一人。

举业至于抄佛书，讲学至于会男女，考试至于鬻生员，此皆一代之大变，不在王莽、安禄山、刘豫之下，故书其事于《五经》诸书之后。呜呼，“四维不张，国乃灭亡！”《管子》已先言之矣。

窃书

汉人好以自作之书而托为古人，张霸《百二尚书》、卫宏《诗序》之类是也。晋以下人，则有以他人之书，而窃为己作。郭象《庄子注》、何法盛《晋中兴书》之类是也。若有明一代之人，其所著书，无非窃盗而已。

《世说》曰：“初注《庄子》者数十家，莫能究其旨要。向秀于旧注外，为解义，妙析奇致，大畅玄风。唯《秋水》《至乐》二篇未竟，而秀卒。秀子幼，义遂零落。然犹有别本。郭象者，为人薄行，有隽才。见秀义不传于世，遂窃以为己注。乃自注《秋水》《至乐》二篇，又易《马蹄》一篇，其余众篇，或定文句而已。后秀义别本出，故今有向、郭二《庄》。（其义一也）”今代之人，但有薄行，而无隽才，不能通作者之意，其盗窃所成之书，必不如元本，名为钝贼何辞！

《旧唐书》：“姚珽尝以其曾祖察所撰《汉书训纂》多为后之注《汉书》者隐没名字，将为己说，珽乃撰《汉书绍训》四十卷，以发明旧义，行于代。”吾读有明弘治以后经解之书，皆隐没古人名字，将为己说者也。

先生《钞书篇》曰，先祖曰：“著书不如钞书。凡今人之学，必不及古人也。今人所见之书之博，必不及古人也。小子勉之，惟读书而已！”

又曰：“凡作书者，莫病乎其以前人之书改窜而为自作也。班孟坚之改《史记》，必不如《史记》也。宋景文之改《旧唐书》，必不如《旧唐书》也。朱子之改《通鉴》，必不如《通鉴》也。至于今代，而著书之人几满天下，则有盗前人之书而为自作者矣。故得明人书百卷，不若得宋人书一卷也。”

勘书

凡勘书必用能读书之人。偶见《焦氏易林》旧刻，有曰“环绪倚钽”，乃“环堵”之误。注云：“绪，疑当作‘佩’。”“井堙水刊”，乃“木刊”之误。注云：“刊，疑当作‘利’。”失之远矣。幸其出于前人，虽不读书，而犹遵守本文，不敢辄改。苟如近世之人，据臆改之，则文益晦、义益舛。而传之后日，虽有善读者，亦茫然无可寻求矣。然则今之坊刻，不择其人，而委之雠勘，岂不为大害乎！

梁简文帝《长安道》诗：“金椎抵长乐，复道向宜春。”是用《汉书·贾山传》：“隐以金椎，树以青松，为驰道之丽至于此。”《三辅决录》：“长安十二门，三途洞开，隐以金椎，周以林木，左出右入，为往来之径。”【原注】《水经注》同。今误作“金槌”，而又改为“椎轮”。唐阎朝隐《送金城公主适西蕃》诗：“还将贵公主，嫁与傉檀王。”是用《晋书·载记》：“河西王秃发傉檀。”今误作“耨檀”，而又改为“褥毡”，比于“金根车”之改“金银”，而又甚焉者矣。

《庄子》：“婴儿生，无石师而能言。”一本作“所师”。盖魏晋以后，写书多有作草者，故以“所”而讹“石”也。【杨氏曰】石，古“石”“硕”通用，不宜作“所”。其作“所”者，妄改也。【钱氏曰】经史当得善本，今通行南北监及汲古阁本，《仪礼》正文多脱简；《穀梁》经传文亦有溷错；《毛诗》往往以释文溷入郑笺；《周礼》《仪礼》亦有释文溷入注者；《礼记》则《礼器》《坊记》《中庸》《大学》疏残缺不可读；《孟子》每章有赵氏《章指》，诸本皆缺；《宋史·孝宗纪》缺一页；《金史·礼志》《太宗诸子传》各缺一页。皆有宋元椠本可以校补。若日读误书，妄生驳难，其不见笑于大方者鲜矣。【又曰】今人重宋椠本书，谓必无错误，却不尽然。陆放翁《跋历代陵明》云："近世士大夫所至，喜刻书板，而略不校雠，错本书散满天下，更误学者，不如不刻之逾也。"是南宋初刻本，已不能无误矣。张淳《仪礼识误》、岳珂《九经三传沿革例》所举各本异同甚多，善读者当择而取之。若偶据一本，信以为必不可易。此书估之议论也。

改书

《东坡志林》曰："近世人轻以意改书，鄙浅之人好恶多同。故从而和之者众，遂使古书日就讹舛，深可忿疾。孔子曰：'吾犹及史之阙文也。'自予少时，见前辈皆不敢轻改书，故蜀本大字书皆善本。"

《汉书·艺文志》曰："古者书必同文，不知则阙，问诸故老。至于衰世，是非无正，人用其私。故孔子曰：'吾犹及史之阙文也，今亡矣夫。'盖伤其寖不正。"是知穿凿之弊，自汉已然，故有行赂改兰台漆书，以合其私者矣。

万历间，人多好改窜古书，人心之邪，风气之变，自此而始。且如骆宾王《为徐敬业讨武氏檄》，本出《旧唐书》。其曰"伪临朝武氏"者，敬业起兵在光宅元年九月，武氏但临朝而未革命也。近刻古文，改作"伪周武氏"，不察檄中所云"包藏祸心，睥睨神器"，乃是未篡之时，故有是言。【原注】越六年，天授元年九月，始改国号曰周。其时，废中宗为庐陵王，而立相王为皇帝，故曰“君之爱子，幽之于别宫”也。不知其人，不论其世，而辄改其文，缪种流传，至今未已。

又，近日盛行《诗归》一书，尤为妄诞。魏文帝《短歌行》：“长吟永叹，思我圣考。”圣考谓其父武帝也，改为“圣老”。评之曰：“圣老字奇。”《旧唐书》李泌对肃宗言：“天后有四子，长曰太子宏，监国而仁明孝悌。天后方图称制，乃鸩杀之，以雍王贤为太子。贤自知不免，与二弟日侍于父母之侧，不敢明言，乃作《黄台瓜辞》，令乐工歌之，冀天后悟而哀愍。其辞曰：‘种瓜黄台下，瓜熟子离离。一摘使瓜好，再摘使瓜稀。三摘犹尚可，四摘抱蔓归。’而太子贤终为天后所逐，死于黔中。”其言四摘者，以况四子也。以为非四之所能尽，而改为“摘绝”。此皆不考古而肆臆之说，岂非小人而无忌惮者哉！

易 林

《易林》疑是东汉以后人撰，而托之焦延寿者。延寿在昭、宣之世。【原注】《汉书·京房传》曰：“延寿以好学得幸梁王，王共其资用，令极意学。学既成，为郡史察举，补小黄令。”按此梁敬王定国也，以昭帝始元二年嗣。四十年薨，当元帝之初元三年。【沈氏曰】《后汉书·崔骃传》载，其祖父篆著《周易林》六十四篇，用决吉凶，多占验。晋李石《续博物志》曰：“篆著《易林》，或曰《卦林》，或曰《象林》。”王荆公《许氏世谱》曰：“后汉汝南许峻者，为《易林》，传于世。”又引梁氏曰：许周生言：“《东观汉记》：‘永平五年，京师小雨，上御云台，召沛献王辅以《周易卦林》占之，其繇曰：“蚁封穴户，大雨将集。”今二语载《易林》中，是今所传《易林》乃《周易卦林》。献王在永平时已用为占，则亦非东汉人所为，或后来有所羼入耳。’”

其时《左氏》未立学官。今《易林》引《左氏》语甚多，又往往用《汉书》中事。如曰“彭离济东，迁之上庸”，事在武帝元鼎元年。曰“长城既立，四夷宾服，交和结好，昭君是福”，事在元帝竟宁元年。曰“火入井口，杨芒生角，犯历天门。窥见太微，登上玉床”，似用《李寻传》语。曰“新作初陵，逾陷难登”，似用成帝起昌陵事。又曰：“刘季发怒，命灭子婴。”又曰：“大蛇当路，使季畏惧。”则又非汉人所宜言也。

左暄曰：暄按《许曼传》，曼祖父峻亦著《易林》。崔篡《易林》不可考，峻所著《易林》，范氏以为至今行于世，则后世所传《易林》当即峻书，而人误以为焦延寿也。又曰：《易林》中如“刘季发怒”等语，论者谓非汉人所宜言，似汉以后人所著，则不然。《史记·高祖本纪》言“刘季”者非一，则固汉人所常言也。

日知录集释卷十九

文须有益于天下

文之不可绝于天地间者，曰明道也，纪政事也，察民隐也，乐道人之善也。若此者，有益于天下，有益于将来，多一篇多一篇之益矣。若夫怪力乱神之事，无稽之言，剿袭之说，谀佞之文，若此者，有损于己，无益于人，多一篇多一篇之损矣。【钱氏曰】处患难者，勿为怨天尤人之言。处贵显者，勿为衿己傲物之言。论学术，勿为非圣悖道之言。评人物，勿为党同丑正之言。

先生《与友人书》曰：孔子删述《六经》，即伊尹、太公救民于水火之心。而今之注虫鱼、命草木者，皆不足以语词也。故曰："载之空言，不如见之行事。"夫《春秋》之作，言焉而已，而为之行事者，天下后世用以治人之书，将于谓之空言而不可也。愚不揣有见于此，故凡文之部关于《六经》之指、当世之务者，一切不为。而既以明道救人，则于当今之所通患而未尝专指其人者，亦遂不敢以避也。

文不贵多

二汉文人所著绝少，史于其末每云：所著凡若干篇。惟董仲舒至百三十篇，而其余不过五六十篇，或十数篇，或三四篇。史之录其数，盖称之，非少之也。乃今人著作则以多为富，夫多则必不能工，即工亦必不皆有用于世，其不宜矣。【杨氏曰】今之文集与今之时艺，若不拉扎催烧，将伊于何底？

西京尚辞赋，故《汉书·艺文志》所载止诗、赋二家。其诸有名文人，陆贾赋止三篇，贾谊赋止七篇，枚乘赋止九篇，司马相如赋止二十九篇，倪宽赋止二篇，司马迁赋止八篇，王褒赋止十六篇，雄赋止十二篇，而最多者则淮南王赋八十二篇，枚皋赋百二十篇。而于《枚皋传》云："皋为文疾，受诏辄成，故所赋者多。司马相如善为文而迟，故所作少而善于皋。皋赋辞中自言为赋不如相如，其文骫骳，曲随其事，皆得其意，颇诙笑，不甚闲靡，凡可读者不二十篇，其尤嫚戏不可读者尚数十篇。"是辞赋多而不必善也。东汉多碑诔书序论难之文；又其时崇重经术，复多训诂。凡中录其篇数者【沈氏曰】《救文格论》于此下有"北海王睦，临邑侯子驹骁、冯衍、曹褒、郑玄、贾逵、班彪、朱穆、胡广、应奉、应劭、崔骃、崔瑗、崔实、杨修、刘陶、张衡、马融、蔡邕、荀爽、荀悦、李固、延笃、卢植、皇甫规、张奂、孔融、杜笃、王隆、夏恭、夏牙、傅毅、黄香、刘毅、李尤、李胜、苏舜、曹众、曹朔、刘珍、葛龚、王逸、崔琦、边韶、张升、赵壹、侯瑾、张超、班昭"，共凡一百十字。四十九人，其中多者如曹褒、应劭、刘陶、蔡邕、荀爽、王逸各百余篇，少者卢植六篇，黄香五篇，刘驹骁、崔烈、曹众、曹朔各四篇，桓彬三篇，而于《郑玄传》云："玄依《论语》作《郑志》八篇，所注诸经百余万言，通人颇讥其繁。"是解经多而不必善也。

秦延君说《尧典》篇目两字之说十余万言，但说"曰若稽古"三万言，【原注】桓谭《新论》。此颜之推《家训》所谓邺下谚云"博士买驴，书券三纸，未有驴字"者也。【原注】陆游诗：

“文辞博士书驴券，职事参军判马曹。”

文以少而盛，以多而衰。以二汉言之，东都之文多于西京，而文衰矣。以三代言之，春秋以降之文多于《六经》，而文衰矣。【原注】惠施五车，其书竟无一篇传者。《记》曰：“天下无道，则言有枝叶。”【杨氏曰】惠施多方，其书五车，非必皆其自作。

《隋志》载古人文集，西京惟刘向六卷，扬雄、刘歆各五卷，为至多矣。他不过一卷、二卷。而江左梁简文帝至八十五卷，元帝至五十二卷，沈约至一百一卷，所谓虽多亦奚以为？【赵氏曰】梁武帝作《通史》六百卷，《金海》三十卷，《之旨》《孝经》《周易》《毛诗》《尚书》《春秋》《中庸》《孔子正言》等讲疏二百余卷，吉、凶、军、宾、嘉《五礼》一千余卷，赞序诏诰等文一百二十卷，佛经义记数百卷，《金策》三十卷。建文帝撰《昭明太子传》五卷，《诸王传》三十卷，《礼大义》二十卷，《老子义》二十卷，《庄子义》二十卷，《长春义记》一百卷，《法宝连壁》三百卷。元帝著《孝德忠臣传》各三十卷；《丹阳尹传》十卷，注《汉书》一百十五卷，《周易讲》十卷，《内典博要》百卷，《连山》三十卷，《词林》三十卷，《玉韬》《金楼子》《补厥子》各十卷，《老子疏》四卷，《怀旧传》二卷，《古今同姓名录》一卷，《式赞》三卷，文集五十卷。此帝王著述之最富者也。晋葛稚川著述六百余卷。宋乐史著《贡举事》二十卷，《登科记》三十卷，《题解》二十卷，《唐登科文选》五十卷，《孝弟录》二十卷，《广孝传》五十卷，《总仙记》一百四十卷，《太平寰宇记》二百卷，《总记传坐知天下记》四十卷，《商颂杂录》二十卷，《广卓异记》二十卷，《诸仙传》二十五卷，《宋齐邱文传》十三卷，《杏园集》十卷，《李白别集》十卷，《神仙宫殿窟宅记》十卷，《掌上华夷图》一卷，又编己作为《仙洞集》百卷。周必大著书八十一种，又有《平园集》二百卷。李心传有《高宗系年录》二百卷，《学易篇》五卷，《诵诗训》五卷，《春秋考》十三卷，《礼》二十三卷，《读史考》十二卷，《旧闻证误》十五卷，《朝野杂记》四十卷，《道命录》五卷，《西陲泰定录》九十卷，《辨南迁录》一卷，诗文一百卷。李焘作《长编》九百七十八卷，《总录》五卷，《易学》五卷，《春秋学》十卷，《五经传授》《尚书百篇图》《大传杂说》各一卷，《七十二子名籍》各一卷，文集五十卷，奏议三十卷，《四朝史稿》五十卷，《通论》十卷，《南北通守录》三十卷，《七十二候图》《陶潜新传》并《诗谱》各三卷，《历代宰相年表》《唐宰相谱》《江左方镇年表》《晋司马氏本支》《宋齐梁本支》《王谢世表》《五代将相年表》合为四十一卷。王应麟有《深宁集》一百卷，《玉堂类稿》二十三卷，《掖垣类稿》二十二卷，《诗考》五卷，《地理考》五卷，《汉艺文志考证》十卷，《通鉴地理考》一百卷，《通鉴地理通释》十六卷，《通鉴问答》四卷，《困学纪闻》二十卷，《蒙训》七十卷，集解《践祚篇》、补注《急就篇》六卷，补注《王会篇》《小学绀珠》十卷，《玉海》二百卷，《词学指南》四卷，《词学题苑》四十卷，《笔海》四十卷，《姓氏急就篇》六卷，《汉制考》四卷，《六经天文》六卷，《小学讽咏》四卷。此文人著述之最富者也。

著书之难

子书自孟、荀之外，如老、庄、管、商、申、韩，皆自成一家言。至《吕氏春秋》《淮南子》，则不能自成，故取诸子之言，汇而为书，此子书之一变也。今人书集一一尽出其手，必不能多，大抵如《吕览》《淮南》之类耳。其必古人之所未及就，后世之所不可无，而后为之，庶乎其传也与？宋人书如司马温公《资治通鉴》、马贵与《文献通考》，皆以一生精力成之，遂为后世不可无之书。而其中小有舛漏，尚亦不免。若后人之书，愈多而愈舛漏，愈速而愈不传。所以然者，其视成书太易，而急于求名故也。【方东树曰】按如温公《书孙之翰作〈唐史要论〉》：“其用力精勤，笃志如彼，可以砭著书欲速之膏肓也。”伊川先生晚年作《易传》成，门人请授，先生曰：“更俟学有所进。子不云乎：忘身之老也，不知年数之不足也，俛焉日有孳孳，毙而后已。”

直 言

张子有云："民吾同胞。今日之民，吾与达而在上位者之所共也。救民以事，此达而在上位者之责也。救民以言，此亦穷而在下位者之责也。""天下有道，则庶人不议。"然则政教风俗苟非尽善，即许庶人之议矣。故《盘庚之诰》曰："无或敢伏，小人之攸箴，而国有大疑，卜诸庶民之从逆。"子产不毁乡校，汉文止辇受言，皆以此也。唐之中世，此意犹存。鲁山令元德秀遣乐工数人连袂歌《于蔿》，玄宗为之感动。白居易为盩厔尉，作乐府及诗百余篇，规讽时事，流闻禁中，宪宗召入翰林。亦近于陈列国之风，听舆人之诵者矣。

诗之为教，虽主于温柔敦厚，然亦有直斥其人而不讳者。如曰"赫赫师尹，不平谓何"；如曰"赫赫宗周，褒姒灭之"；如曰"皇父卿士，番维司徒，家伯维宰，仲允膳夫，聚子内史，蹶维趣马，楀惟师氏，艳妻煽方处"；如曰"伊谁云从，维暴之云"：则皆直斥其官族名氏，古人不以为嫌也。《楚辞·离骚》："余以兰为可恃兮，羌无实而容长。"王逸《章句》谓："怀王少弟司马子兰。""椒专佞以慢慆兮。"《章句》谓："楚大夫子椒。"洪兴祖《补注》："《古今人表》有令尹子椒。"如杜甫《丽人行》："赐名大国虢与秦，慎莫近前丞相嗔。"近于《十月之交》诗人之义矣。

孔稚珪《北山移文》明斥周颙，刘孝标《广绝交论》阴讥到溉。袁楚客规魏元忠有十失之书，韩退之讽阳城作争臣之论。此皆古人风俗之厚。

立言不为一时

天下之事，有言在一时，而其效见于数十百年之后者。

《魏志》："司马朗有复井田之议，谓往者以民各有累世之业，难中夺之。今承大乱之后，民人分散，土业无主，皆为公田，宜及此时复之。"当世未之行也。及拓跋氏之有中原，令户绝者墟宅桑榆尽为公田，以给授而口分，世业之制自此而起，迄于隋唐守之。

《魏书》："武定之初，私铸滥恶。齐文襄王议，称钱一文，重五铢者，听入市用。天下州镇郡县之市各置二称，悬于市门，若重不五铢，或虽重五铢，而杂铅镴，并不听用。"当世未之行也。及隋文帝之有天下，更铸新钱，文曰五铢，重如其文。置样于关，不如样者，没官销毁之。而开通元宝之式自此而准，至宋时犹仿之。

《唐书》："李叔明为剑南节度使，上疏言道佛之弊，请本道定寺为三等，观为二等。上寺留僧二十一，上观道士十四，每等降杀以七，皆择有行者，余还为民。德宗善之，以为可行之天下，诏下尚书省议，已而罢之。"至武宗会昌五年，并省天下寺观，敕上都、东都两街各留二寺，每寺留僧三十人。天下节度观察使治所，及同、华、商、汝州，各留一寺，分为三等。上等留僧二十人，中等留十人，下等五人。凡毁寺四千六百余区，归俗僧尼二十六万五百人，大秦穆护祆僧二千余人。而有明洪武中，亦稍行其法。

《元史》："京师恃东南运粮，竭民力以航不测。泰定中，虞集建言：'京东数千里，北极辽海，南滨青、齐，萑苇之场，海潮日至，淤为沃壤，用浙人之法，筑堤捍水为田。听富民欲得官者，合其众而授以地。能以万夫耕者，授以万夫之田，为万夫长。千夫、百夫亦如之。三年视其成，以地之高下定为征额。五年有积畜，命以官，就所储给以禄。十年佩之符印，得以子孙。如军官之法。如此，可以宽东南之运，以纾民力，而游手之徒皆有所归。’事不果行。”及顺帝至正中，海运不至，从丞相托克托言，乃立分司、农司于江南，召募能种水田及修筑围堰之人各一千名为农师，岁乃大稔，至今水田遗利犹有存者，而戚将军继光复修之蓟镇，是皆立议之人所不及见。而穷则变，变则通，通则久，天下之理固不出乎此也。

孔子言行夏之时，固不以望之鲁之定、哀，周之景、敬也，而独以告颜渊。及汉武帝太初之元，几三百年矣，而遂行之。孔子之告颜渊，告汉武也。

孟子之欲用齐也，曰：“以齐王犹反手也，若滕则不可用也。”而告文公之言亦未尝贬于齐、梁，曰：“有王者起，必来取法。”是为王者师也。

呜呼！天下之事，有其识者，不必遭其时。而当其时者，或无其识。然则开物之功，立言之用，其可少哉。

朱子作《诗传》，至于秦《黄鸟》之篇，谓其初特出于西戎之俗，而无明王贤伯以讨其罪，于是习以为常。则虽以穆公之贤，而不免论其事者，亦徒闵三良之不幸，而叹秦之衰。至于王政不纲，诸侯擅命，杀人不忌，至于如此，则莫知其为非也。历代相沿，至明朝英宗始革千古之弊。尝读正统四年六月乙酉书与祥符王有爝曰：“周王薨逝，深切痛悼。其存日尝奏，葬择近地，从俭约，以省民力。自妃夫人以下，不必从死。年少有父母者，各遣归其家。”【原注】周宪王讳有燉。所著有《诚斋集》。宪王虽有此命，及薨，妃巩氏竟自经以殉，谥贞烈，以一品礼葬之。盖自御极之初，即有感于宪王之奏，而亦朱子《诗传》有以发其天聪也，呜呼，仁哉！

先生与人书曰：引古筹今，亦吾儒经世之用。然此等故事，不欲令在位之人知之。今日之事，兴一利便是添一害，如欲行沁水之转般，则河南必扰。开胶莱之运道，则山东必乱矣。又曰：目击世趋，方知治乱之关必在人心风俗，而所以转移人心，整顿风俗，则教化纲纪为不可阙哉！

文人之多

唐宋以下，何文人之多也！固有不识经术，不通古今，而自命为文人者矣。韩文公《符读书城南》诗曰："文章岂不贵，经训乃菑畬。潢潦无根源，朝满夕已除。人不通古今，马牛而襟裾。行身陷不义，况望多名誉。"而宋刘挚之训子孙，每曰："士当以器识为先，一命为文人，无足观矣。"然则以文人名于世，焉足重哉。此子云所谓"摭我华，而不食我实"者也。

黄鲁直言："数十年来，先生君子但用文章提奖后生，故华而不实。"明朝嘉靖以来，亦有此风，而陆文裕【原注】深。所记刘文靖【原注】健。告吉士之言，空同【原注】李梦阳。大以为不平矣。【原注】见《停骖录》。

《宋史》言：欧阳永叔与学者言，未尝及文章，惟谈吏事。谓文章止于润身，政事可以及物。【杨氏曰】永叔长文章，故不言文章而言政事。君谟长政事，故不言政事而言文章。一以掩其所长，一以厉其所短。古人之意，非浅薄后生所识也。

先生与友人书曰：《宋史》言刘忠肃每戒弟子曰："士当以器识为先，一命为文人，无足观矣。"仆自读此一言，便绝应酬文字，所以养其器识而不堕于文人也。中孚为其先妣乞传再三，终已辞之。盖只为一人一家之事，而无关于经术政理之大，则不作也。韩文公起八代之衰，若但作《原道》《原悔》《争臣论》《评淮西碑》《张中丞传后序》诸篇，而一切铭状概为谢绝，则诚近代之泰山、北斗矣。

巧 言

《诗》云："巧言如簧，颜之厚矣。"而孔子亦曰："巧言令色鲜矣仁。"又曰："巧言乱德。"夫巧言不但言语，凡今人所作诗、赋、碑、状足以悦人之文，皆巧言之类也。不能不足以为通人，夫惟能之而不为，乃天下之大勇也，故夫子以刚毅木讷为近仁。学者所用力之途在此，不在彼矣。

天下不仁之人有二。一为好犯上好作乱之人，一为巧言令色之人。自幼而不孙弟，以至于弑父与君，皆好犯上好作乱之推也。自胁肩谄笑，未同而言，以至于苟患失之，无所不至，皆巧言令色之推也。然而二者之人常相因以立于世。有王莽之篡弑，则必有扬雄之美新。有曹操之禅代，则必有潘勖之九锡。【原注】《世说》言潘元茂作魏公册命，人谓与训、诰同风。是故乱之所由生也，犯上者为之魁，巧言者为之辅。故大禹谓之巧言令色孔壬，而与驩兜、有苗同为一类。甚哉，其可畏也。【原注】穆王作《冏命》曰："无以巧言令色，便辟侧媚。"然则学者宜如之何？必先之以孝弟，以消其悖逆陵暴之心；继之以忠信，以去其便辟侧媚之习。使一言一动皆出于其本心，而不使不仁者加乎其身，夫然后可以修身而治国矣。【原注】记者于《论语》之首而列有子、曾子之言，所以补夫子平日所未及，其间次序亦不为无意。

世言魏忠贤初不知书，而口含天宪，则有一二文人代为之。《后汉书》言梁冀裁能书计，其诬奏太尉李固时，扶风马融为冀章草。《唐书》言李林甫自无学术，仅能秉笔，而郭慎微、苑咸，文士之阘茸者代为题尺。又言高骈上书，肆为丑悖，胁邀天子，而吴人顾云以文辞缘泽其奸。《宋史》言章惇用事，尝曰："元祐初司马光作相，用苏轼掌制，所以能鼓动四方。"乃使林希典书命，逞毒于元祐诸臣。呜呼，何代无文人，有国者不可不深惟华实之辨也。【杨氏曰】希草贬子瞻制毕，掷笔而起曰："今日坏却名节矣。"

文辞欺人

古来以文辞欺人者，莫若谢灵运，次则王维。

灵运身为元勋之后，袭封国公。宋氏革命，不能与徐广、陶潜为林泉之侣。【杨氏曰】广尝事桓、灵，实不可与渊明比。既为宋臣，又与庐陵王义真款密。至元嘉之际，累迁侍中。自以名流，应参时政，文帝惟以文义接之，以致觖望。又上书劝伐河北，至屡婴罪劾，兴兵拒捕。乃作诗曰："韩亡子房奋，秦帝鲁连耻。本自江海人。忠义动君子。"及其临刑，又作诗曰："龚胜无余生，李业有终尽。"若谓欲效忠于晋者，何先后之矛盾乎！史臣书之以逆，不为苛矣。

王维为给事中，安禄山陷两都，拘于普施寺，迫以伪署。禄山宴其徒于凝碧池，维作诗曰："万户伤心生野烟，百官何日再朝天？秋槐叶落空宫里，凝碧池头奏管弦。"贼平，下狱。或以诗闻于行在，其弟刑部侍郎缙请削官以赎兄罪，肃宗乃特宥之，责授太子中允。

襄王僭号，【杨氏曰】唐僖宗光启二年出奔，朱玫立襄王。逼李拯为翰林学士。拯既污伪署，心不自安。时朱玫秉政，百揆无叙。拯尝退朝，驻马国门，为诗曰："紫宸朝罢缀鹓鸾，丹凤楼前立马看。惟有终南山色在，晴明依旧满长安。"吟已，涕下。及王行瑜杀朱玫，襄王出奔，拯为乱兵所杀。

二人之诗同也，一死一不死。而文墨交游之士多护王维，如杜甫谓之“高人王右丞”，天下有高人而仕贼者乎？乃有颠沛之余，投身异姓，至摈斥不容，而后发为忠愤之论，与夫名污伪籍而自托乃心，比于康乐、右丞之辈，吾见其愈下矣。

末世人情弥巧，文而不惭，固有朝赋《采薇》之篇，而夕有捧檄之喜者。苟以其言取之，则车载鲁连、斗量王蠋矣。曰：是不然，世有知言者出焉，则其人之真伪即以其言辨之，而卒莫能逃也。《黍离》之大夫，始而摇摇，中而如噎，既而如醉，无可奈何，而付之苍天者，真也。汨罗之宗臣，言之重，辞之复，心烦意乱，而其词不能以次者，真也。栗里之征士，淡然若忘于世，而感愤之怀有时不能自止，而微见其情者，真也。其汲汲于自表暴而为言者，伪也。《易》曰：“将叛者其辞惭，中心疑者其辞枝，失其守者其辞屈。”《诗》曰：“盗言孔甘，乱是用餤。”夫镜情伪，屏盗言，君子之道，兴王之事，莫先乎此。

修辞

典谟爻象，此二帝三王之言也。《论语》《孝经》，此夫子之言也。文章在是，性与天道亦不外乎是。故曰有德者必有言。善乎游定夫之言曰：“不能文章而欲闻性与天道，譬犹筑数仞之墙，而浮埃聚沫以为基，无是理矣。”后之君子，于下学之初即谈性道，乃以文章为小技，而不必用力，然则夫子不曰“其旨远，其辞文”乎？不曰“言之无文，行而不远”乎？曾子曰：“出辞气，斯远鄙倍矣。”尝见今讲学先生从语录入门者，多不善于修辞，或乃反子贡之言以讥之曰：“夫子之言性与天道可得而闻，夫子之文章不可得而闻也。”【钱氏曰】释子之语录始于唐，儒家之语录始于宋。儒其行而释其言，非所以垂教也。君子之出辞气，必远鄙倍；语录行而儒家有鄙倍之词矣。有德者必有言，语录行，则有德而不必有言矣。【姚刑部曰】言之无文，行而不远。出辞气不能远鄙，曾子戒之。况于说圣经以教学者，遗后世而杂以鄙言乎？当唐之世，僧徒不通于文，乃书其师语以俚俗，谓之语录。宋世儒者弟子盖过而效之，然以弟子记先师，惧失其真、犹有取尔也。明世自著书者，乃亦效其辞，此何取哉？

杨用修曰："文，道也。诗，言也。语录出而文与道判矣，诗话出而诗与言离矣。"

自嘉靖以后，人知语录之不文，于是王元美之《札记》、范介儒之《肤语》，上规子云，下法文中，虽所得有浅深之不同，然可谓知言者矣。

文人摹仿之病

近代文章之病全在摹仿，即使逼肖古人，已非极诣，况遗其神理而得其皮毛者乎？且古人作文，时有利钝。梁简文《与湘东王书》云："今人有效谢康乐、裴鸿胪文者，学谢则不届其精华，但得其冗长；师裴则蔑弃其所长，惟得其所短。"宋苏子瞻云："今人学杜甫诗，得其粗俗而已。"【原注】叶水心言："庆历、嘉祐以来，天下以杜甫为师，始绌唐人之学，谓之江西宗派。"金元裕之诗云："少陵自有连城璧，争奈微之识碔砆。"夫文章一道，犹儒者之末事，乃欲如陆士衡所谓"谢朝华于已披，启夕秀于未振"者，今且未见其人，进此而窥著述之林，益难之矣。

效《楚辞》者，必不如《楚辞》。效《七发》者，必不如《七发》。盖其意中先有一人在前，既恐失之，而其笔力复不能自遂。此寿陵余子学步邯郸之说也。

洪氏《容斋随笔》曰："枚乘作《七发》，创意造端，丽辞腴旨。上薄骚些，故为可喜。其后继之者如傅毅《七激》，张衡《七辩》，崔骃《七依》，马融《七广》，曹植《七启》，王粲《七释》，张协《七命》之类，规仿太切，了无新意。傅玄又集之，以为《七林》，使人读未终篇，往往弃之几格。柳子厚《晋问》乃用其体，而超然别立机杼，激越清壮，汉晋诸文士之弊于是一洗矣。东方朔《答客难》，自是文中杰出。扬雄拟之为《解嘲》，尚有驰骋自得之妙。至于崔骃《达旨》、班固《宾戏》、张衡《应间》，皆章摹句写，其病与《七林》同。及韩退之《进学解》出，于是一洗矣。"其言甚当，然此以辞之工拙论尔，若其意则总不能出于古人范围之外也。

如扬雄拟《易》而作《太玄》，王莽依《周书》而作《大诰》，皆心劳而日拙者矣。【原注】《世说》："王隐论扬雄《太玄》虽妙，非益也。古人谓之屋下架屋。"

《曲礼》之训"毋剿说，毋雷同"，此古人立言之本。

文章繁简

韩文公作《樊宗师墓铭》曰："维古于辞必己出，降而不能乃剽贼。后皆指前公相袭，从汉迄今用一律。"此极中今人之病。若宗师之文，则惩时人之失而又失之者也。【原注】如《绛守居园池记》以"东西"二字平常，而改为"甲辛"，殆类吴人之呼庚癸者矣。作书须注，此自秦汉以前可耳。若今日作书，而非注不可解，则是求简而得繁，两失之矣。子曰："辞达而已矣。"【原注】胡缵宗修《安庆府志》，书正德中刘七事，大书曰："七年闰五月，贼七来寇江境。"而分注于"贼七"之下曰："姓刘氏。"举以示人，无不笑之。不知近日之学为秦汉文者，皆"贼七"之类也。

辞主乎达，不论其繁与简也。繁简之论兴，而文亡矣。《史记》之繁处，必胜于《汉书》之简处。【原注】《容斋随笔》论《卫青传》封三校尉语，《史记》胜《汉书》处正不独此。《新唐书》之简也，不简于事，而简于文，其所以病也。【钱氏曰】文有繁有简，繁者不可简之使少，犹之简者不可增之使多。《左氏》之繁胜于《公》《穀》之简，《史记》《汉书》互有繁简，谓文未有繁而能工者，亦非通论也。

“时子因陈子而以告孟子，陈子以时子之言告孟子”，此不须重见而意已明。“齐人有一妻一妾而处室者，其良人出，则必餍酒肉而后反，其妻问所与饮食者，则尽富贵也。其妻告其妾曰：‘良人出，则必餍酒肉而后反。问其与饮食者，尽富贵也，而未尝有显者来，吾将瞷良人之所之也。’”“有馈生鱼于郑子产，子产使校人畜之池。校人烹之，反命曰：‘始舍之，圉圉焉，少则洋洋焉，悠然而逝。’子产曰：‘得其所哉？得其所哉？’校人出曰：‘孰谓子产智？予既烹而食之，曰：得其所哉！得其所哉！’”此必须重迭而情事乃尽，此孟子文章之妙。使入《新唐书》，于齐人则必曰：“其妻疑而瞷之”，于子产则必曰：“校人出而笑之”，两言而已矣。是故辞主乎达，不主乎简。刘器之曰：“《新唐书》叙事好简略其辞，故其事多郁而不明，此作史之病也。且文章岂有繁简邪？昔人之论谓如风行水上，自然成文；若不出于自然，而有意于繁简，则失之矣。当日《进〈新唐书〉表》云：‘其事则增于前，其文则省于旧。’”《新唐书》所以不及古人者，其病正在此两句也。【杨氏曰】大凡意见最害事，子京立意尚简，虽有不当简而简者，要之《新唐书》体例自佳。

《黄氏日钞》言：“苏子由《古史》改《史记》，多有不当。如《樗里子传》，《史记》曰：‘母，韩女也。樗里子滑稽多智。’《古史》曰：‘母，韩女也，滑稽多智。’似以母为滑稽矣。然则‘樗里子’三字其可省乎？《甘茂传》，《史记》曰：‘甘茂者，下蔡人也。事下蔡史举，学百家之说。’《古史》曰：‘下蔡史举学百家之说。'似史举自学百家矣，然则'事'之一字其可省？以是知文不可以省字为工，字而可省，太史公省之久矣。"

文人求古之病

《后周书·柳虬传》："时人论文体有今古之异，虬以为时有今古，非文有今古。"此至当之论。夫今之不能为二《汉》，犹二《汉》之不能为《尚书》《左氏》。乃剿取《史》《汉》中文法以为古，甚者猎其一二字句用之于文，殊为不称。【原注】元阿噜图《进〈宋史〉表》曰："且辞之繁简以事，而文之今古以时。"盖用柳虬之语。【杨氏曰】《宋史》又太繁，一帝之纪乃至九卷，岂复成义例乎？

以今日之地为不古，而借古地名；以今日之官为不古，而借古官名；舍今日恒用之字，而借古字之通用者，皆文人所以自盖其俚浅也。

《唐书》：郑余庆奏议类用古语，如"仰给县官马万蹄"，有司不晓何等语，人訾其不适时。

宋陆务观《跋前汉通用古字韵》曰："古人读书多，故作文时偶用一二古字，初不以为工，亦自不知孰为古、孰为今也。近时乃或钞掇《史》《汉》中字入文辞中，自谓工妙，不知有笑之者。偶见此书，为之太息，书以为后生戒。"

元陶宗仪《辍耕录》曰："凡书官衔，俱当从实。如廉访使、总管之类，若改之曰'监司''太守'，是乱其官制，久远莫可考矣。"

何孟春《余冬序录》曰："今人称人姓必易以世望，称官必用前代职名，称府、州、县必用前代郡邑名，欲以为异，不知文字间著此，何益于工拙？此不惟于理无取，且于事复有碍矣。李姓者称'陇西公'，杜曰'京兆'，王曰'琅邪'，郑曰'荥阳'，以一姓之望而概众人，可乎？此其失，自唐末五季间孙光宪辈始。《北梦琐言》称冯涓为'长乐公'，《冷斋夜话》称陶谷为'五柳公'，类以昔人之号而概同姓，尤是可鄙。官职郡邑之建置，代有沿革，今必用前代名号而称之，后将何所考焉？此所谓于理无取，而事复有碍者也。"【沈氏曰】《神宗实录》：万历四十三年十一月，南京都察院右都御史蔡应科《乞正疏体疏》第二条云："二戒沿袭。儒称辅臣不曰'王家屏、沈鲤'，而曰'山阴、归德'；不曰'高拱、张居正'，而曰'新郑、江陵'。又或称官及地方，不曰'礼部尚书、礼部侍郎'，而曰'大冢宰、少宗伯'。不曰'户部郎中、工部员外'，而曰'度支郎、将作官属'。不曰'北直、南直、浙江、云贵'，而曰'燕、吴、豫章、越、滇黔'。诸如此类，沿袭已久，必竟当以为戒。"

于慎行《笔麈》曰："《史》《汉》文字之佳，本自有在，非谓其官名、地名之古也。今人慕其文之雅，往往取其官名、地名以施于今，此应为古人笑也。《史》《汉》之文，如欲复古，何不以三代官名施于当日，而但记其实邪？文之雅俗，固不在此。徒混淆失实，无以示远。大家不为也。予素不工文辞，无所模拟，至于名义之微，则不敢苟。寻常小作，或有迁就金石之文，断不敢于官名地名以古易今。前辈名家亦多如此。

古人集中无冗复

古人之文，不特一篇之中无冗复也，一集之中亦无冗复。且如称人之善，见于祭文，则不复见于志。见于志，则不复见于他文。后之人读其全集，可以互见也。又有互见于他人之文者，如欧阳公作《尹师鲁志》，不言近日古文自师鲁始，以为范公祭文已言之，可以互见，不必重出。盖欧阳公自信己与范公之文并可传于后世也，亦可以见古人之重爱其言也。

刘梦得作《柳子厚文集序》曰："凡子厚名氏，与仕，与年，暨行已之大方，有退之之志若祭文在。"又可见古人不必其文之出于己也。

书不当两序

《会试录》《乡试录》，主考试官序其首，副主考序其后，职也。凡书亦犹是矣。且如明初时，府、州、县志书成，必推其乡先生之齿尊而有文者序之，不则官于其府、州、县者也。请者必当其人，其人亦必自审其无可让而后为之。官于是者，其文优，其于是书也有功，则不让于乡矣。乡之先生，其文优，其于是书也有功，则官不敢作矣。义取于独断，则有自为之而不让于乡与官矣。凡此者，所谓职也。故其序止一篇，或别有发明，则为后序。亦有但纪岁月而无序者。今则有两序矣，有累三四序而不止者矣。两序非体也，不当其人非职也，世之君子不学而好多言也。

凡书有所发明，序可也；无所发明，但纪成书之岁月可也。人之患，在好为人序。

唐杜牧《答庄充书》曰："自古序其文者，皆后世宗师其人而为之。今吾与足下并生今世，欲序足下未已之文，固不可也。"读此言，今之好为人序者，可以止矣。娄坚《重刻〈元氏长庆集〉序》曰："序者，叙所以作之指也。盖始于子夏之序《诗》，其后刘向以校书为职，每一编成，即有序，最为雅驯矣。左思赋三都成，自以名不甚著，求序于皇甫谧。自是缀文之士，多有托于人以传者，皆汲汲于名，而惟恐人之不吾知也。至于其传既久，刻本之存者，或漫漶不可读，有缮写而重刻之，则人复序之，是宜叙所以刻之意可也。而今之述者非追论昔贤，妄为优劣之辨，即过称好事，多设游扬之辞，皆我所不取也。”读此言，今之好为古人文集序者，可以止矣。

古人不为人立传

列传之名始于太史公，盖史体也。不当作史之职，无为人立传者，故有碑、有志、有状，而无传。

梁任昉《文章缘起》言，传始于东方朔作《非有先生传》，是以寓言而谓之传。

《韩文公集》中传三篇：太学生何蕃，圬者王承福、毛颖。【原注】又有《下邳侯革华传》，是伪作。

《柳子厚集》中传六篇：宋清、郭橐驼、童区寄、梓人、李赤、蝜蝂。

何蕃仅采其一事而谓之传。王承福之辈皆微者，而谓之传。毛颖、李赤、蝜蝂则戏耳，而谓之传。盖比于稗官之属耳。若段太尉，则不曰传，曰逸事状，子厚之不敢传段太尉，以不当史任也。

自宋以后，乃有为人立传者，侵史官之职矣。【杨氏曰】《段太尉逸事状》，此欲上之史馆，则用行状之例，岂可云传乎？【姚刑部曰】传状类者，虽原于史氏，而义不同。刘先生云："古之为达官名人传者，史官职之；文士作传，凡为圬者，种树之流而已。其人既稍显，即不当为之传，为之行状上史氏而已。"余谓先生之言是也。虽然，古之国史立传不甚拘品位，所纪事尤详。又实录书人臣卒，必撮具生平贤否。国朝实录不纪臣下事，史馆凡仕非赐谥及死事者不得为传。乾隆四十年，定一品官乃赐谥，然则史之传者亦无几矣。余录古传状之文，并纪兹义，使后之文士得择之。

《太平御览》书目列古人别传数十种，谓之别传，所以别于史家。

志状不可妄作

志状在文章家为史之流，上之史官，传之后人，为史之本。史以记事，亦以载言，故不读其人一生所著之文，不可以作。其人生而在公卿大臣之位者，不悉一朝之大事，不可以作。其人生而在曹署之位者，不悉一朝之掌故，不可以作。其人生而在监司守令之位者，不悉一方之地形土俗，因革利病，不可以作。今之人未通乎此，而妄为人作志，史家又不考而承用之，是以抵牾不合。子曰："盖有不知而作之者。"其谓是与？

名臣硕德之子孙，不必皆读父书。读父书者不必能通有司掌故。若夫为人作志者，必一时文苑名士，乃不能详究，而曰："子孙之状云尔，吾则因之。"夫大臣家可有不识字之子孙，而文章家不可有不通今之宗匠，乃欲使籍谈、伯鲁之流为文人任其过。嗟乎，若是则尽天下而文人矣。

作文润笔

《蔡伯喈集》中为时贵碑诔之作甚多，如胡广、陈寔各三碑，桥玄、杨赐、胡硕各二碑，至于袁满来年十五、胡根年七岁，皆为之作碑。自非利其润笔，不至为此。史以其名重，隐而不言耳。文人受赇，岂独韩退之谀墓金哉？【原注】李商隐《记齐鲁二生》曰："刘义持韩退之金数斤去，曰：'此谀墓中人所得尔，不若与刘君为寿。'愈不能止。"今此事载《唐书》。

王楙《野客丛书》曰："作文受谢，非起于晋宋。观陈皇后失宠于汉武帝，别在长门宫，闻司马相如天下工为文，奉黄金百斤为文君取酒，相如因为文，以悟主上，皇后复得幸。此风西汉已然。”【原注】按陈皇后无复幸之事，此文盖后人拟作，然亦汉人之笔也。

杜甫作《八哀》诗，李邕一篇曰：“干谒满其门，碑版照四裔。丰屋珊瑚钩，麒麟织成罽。紫骝随剑几，义取无虚岁。”【原注】邕本传：“长于碑颂，人奉金帛请其文，前后所受巨万计。”

刘禹锡《祭韩愈文》曰：“公鼎侯碑，志隧表阡，一字之价，辇金如山。”可谓发露真赃者矣。【原注】《侯鲭录》：“唐王仲舒为郎中，与马逢友善。每责逢云：‘贫不可堪，何不寻碑志相救?’逢笑曰：‘适见人家走马呼医，立可待也。’此虽戏言，当时风俗可见矣。”

昔扬子云犹不肯受贾人之钱，载之《法言》，而杜乃谓之“义取”，则又不若唐寅之直以为利也。《戒庵漫笔》言：“唐子畏有一巨册，自录所作，文簿面题曰‘利市’。”【原注】今市肆帐簿多题此二字。

《新唐书·韦贯之传》言：“裴均子持万缣，请撰先铭。答曰：‘吾宁饿死，岂能为是?’”今之卖文为活者，可以愧矣。

《司空图传》言：“隐居中条山，王重荣父子雅重之，数馈遗，弗受。尝为作碑，赠绢数千，图置虞乡，市人得取之，一日尽。”既不有其赠，而受之何居，不得已也，是又其次也。【赵氏曰】隋郑译拜爵沛国公，位上柱国。高颎为制戏曰：“笔干。”答曰：“出典方岳，杖策曰归。不得一文，何以润笔?”此润笔二字所由昉。宋时并著为令甲。沈括《笔谈》记太宗立润笔钱，数降诏，刻石于金人院。每朝谢日，移文督之。杨大年作寇莱公拜相麻词，有“能断大事，不拘小节”。莱公以为正得我胸中事，例外赠百金。曰例外，则有常例可知。周益公《玉堂杂记》：“汤思退草《刘婉仪进位贵妃制》，高宗赐润笔钱几及万缗，赐砚尤奇。”草制尚有恩赐，则臣下例有馈赠更不待言。唐时虽未有定制，然韩昌黎撰《平淮西碑》，宪宗以石本赐韩宏，宏寄绢五百匹。昌黎未敢私受，特奏取旨。又作《王用碑》，用男寄鞍马并白玉带，亦特奏取旨。杜牧撰《韦丹江西遗爱碑》，江西观察使许于泉，寄采绢三百匹，亦特奏闻。穆宗诏萧俛撰《成德王士真碑》，俛辞曰："王承宗事无可书。又撰进后，例得贶遗，若黾勉受之，则非平生之志。"帝从其请。以区区文字馈遗，而辞与受俱奏请，则已为朝野通行之例矣。又欧公《归田录》记馆阁撰文例有润笔。及其后也，遂有不依时送而遣人督索者。此又乞文吝馈者之陋。

文非其人

《元史》："姚燧以文就正于许衡，衡戒之曰：'弓矢为物，以待盗也。使盗得之，亦将待人。文章固发闻士子之利器，然非有能一世之名，将何以应人之见役者哉。非其人而与之，与非其人而拒之，均罪也，非周身斯世之道也。吾观前代马融，惩于邓氏，不敢复违忤势家，遂为梁冀草奏。李固又作《大将军西第颂》，以此颇为正直所羞。徐广为祠部郎时，会稽王世子元显录尚书，欲使百僚致敬，台内使广立议，由是内外并执下官礼，广常为愧恨。陆游晚年再出，为韩侂胄撰《南园阅古泉记》，见讥清议。朱文公尝言其能太高，迹太近，恐为有力者所牵挽，不得全其晚节。是皆非其人而与之者也。夫祸患之来，轻于耻辱，必不得已，与其与也宁拒。至乃俭德含章，其用有先乎此者，则又贵知微之君子矣。"

少年未达，投知求见之文亦不可轻作。《韩昌黎集》有《上京兆尹李实》书，曰："愈来京师，于今十五年。所见公卿大臣不可胜数，皆能守官奉职，无过失而已。未见有赤心事上、忧国如家如阁下者。今年以来，不雨者百有余日，种不入土，野无青草。而盗贼不敢起，谷价不敢贵，百坊、百二十司、六军、二十四县之人，皆若阁下亲临其家。老奸宿赃，销缩摧沮，魂亡魄丧，影灭迹绝，非阁下条理镇服，布宣天子威德，其何能及此？"至其为《顺宗实录》，书贬京兆尹李实为通州长史，则曰："实谄事李齐运，骤迁至京兆尹，恃宠强愎，不顾文法。是时春夏旱，京畿乏食，实一不以介意，方务聚敛征求，以给进奉。每奏对辄曰：'今年虽旱，而谷甚好。'由是租税皆不免，人穷至坏屋卖瓦木，贷麦苗以应官。陵轹公卿已下，随喜怒，诬奏迁黜，朝廷畏忌之。尝有诏免畿内逋租，实不行，用诏书征之如初。勇于杀害，人吏不聊生。至谴，市里欢呼，皆袖瓦砾，遮道伺之，实由间道获免。"【杨氏曰】《顺宗实录》非文公原本矣。此处或有已甚，所谓溢恶溢美，自古为然也。与前所上之书迥若天渊矣。【原注】《鹤林玉露》摘此为疑。岂非少年未达，投知求见之文，而不自觉其失言者邪？后之君子，可以为戒。

假设之辞

古人为赋，多假设之辞。序述往事，以为点缀不必一一符同也。子虚、亡是公、乌有先生之文，已肇始于相如矣。后之作者，实祖此意。谢庄《月赋》："陈王初丧应、刘，端忧多暇。"又曰："抽毫进牍，以命仲宣。"按，王粲以建安二十一年从征吴，二十二年春道病卒。徐、陈、应、刘，一时俱逝，亦是岁也。至明帝太和六年，植封陈王。岂可掎摭史传，以议此赋之不合哉？庾信《枯树赋》，既言殷仲文出为东阳太守，乃复有桓大司马，亦同此例。【原注】仲文为桓侍中，桓大司马则玄之父温也。此乃因殷仲文有"此树婆娑"之言，桓玄子有"木犹如此"之叹，遂以二事凑合成文。而《长门赋》所云，陈皇后复得幸者，亦本无其事。俳谐之文，不当与之庄论矣。【原注】《长门赋》乃后人托名之作，相如以元狩五年卒，安得言孝武皇帝哉？【杨氏曰】《庄子》：孔子见孙叔敖，又云庄子见鲁哀公，年代阔绝。古人作文，既多寓言，便不论也。

陈后复幸之云，正如马融《长笛赋》所谓"屈平适乐国，介推还受禄”也。

古文未正之隐

陆机《辨亡论》，其称晋军，上篇谓之“王师”，下篇谓之“强寇”。

文信国《指南录序》中“北”字皆“卤”字也。后人不知其意，不能改之。谢皋羽《西台恸哭记》，本当云“文信公”，而谬云“颜鲁公”，【杨氏曰】：本文但云“唐宰相鲁公”，不云“颜”。本当云“季宋”而云“季汉”。凡此皆有待于后人之改正者也。胡身之注《通鉴》，至二百八十卷石敬瑭以山后十六州赂契丹之事，而云“自是之后辽灭晋，金破宋”，其下阙文一行，谓蒙古灭金取宋，一统天下，而讳之不书，此有待于后人之补完者也。汉人言《春秋》所贬损大人当世君臣有威权势力者，其事皆见于书，【原注】《汉书·艺文志》。故定、哀之间多微词矣，况于易姓改物，制有华夏者乎？孟子曰：“不知其人可乎？是以论其世也，习其读而不知，无为贵君子矣。”

郑所南《心史》书文丞相事，言公自序本末，未有称彼曰“大国”、曰“丞相”，又自称“天祥”，皆非公本语。旧本皆直斥彼酋名。然则今之集本或皆传书者所改。

《金史·纥石列牙吾塔传》“北中亦遣唐庆等往来议和”，《完颜合达传》“北中大臣以舆地图指示之”，《完颜赛不传》“按春自北中逃回”。“北中”二字不成文，盖“卤中”也，修史者仍金人之辞未改。

《晋书》刘元海、石季龙，作史者自避唐讳，后之引书者多不知而袭之，惟《通鉴》并改从本名。

夕堂永日绪论外编

〔清〕王夫之　撰

导读

清初遗民曾对八股文掀起过一股批判的大浪，王夫之是其中一员主将。在反思中他极为认真地分析研究了八股文的特质、功用与写作手法，专门写作了《夕堂永日绪论外编》对明代八股文进行多角度的评析，形成了较为系统的八股文观，其独到之见在八股文史上具有重要地位。

王夫之（1619—1692），字而农，号薑斋，又号夕堂，自署一瓠道人。晚年居衡阳石船山观生居，自署船山病叟，学者称船山先生。湖广衡阳（今湖南衡阳）人。

王夫之出生于中小地主之家，自小即攻读经史，且热衷于科举功名。据他自述，“身本经生，十岁授之父。弱冠，有司录以呈之君”（王夫之：《王薑斋四书文自序》，清光绪刻本），可知他二十岁时考中了秀才。崇祯十五年（1642），二十四岁的他在武昌考中湖广壬午（1642）科举人。次年，欲入京会试，恰逢李自成争夺河南，中途遇阻，未能成行。一生心愿被毁，又吃过张献忠部携掠之害，故终生痛恨李自成、张献忠之流。

清兵入关占据北京，又大举南下。顺治五年（1648），读圣贤书而牢固树立了夷夏之防理念的王夫之在家乡招募义兵，奋起抗清。兵败退至广东肇庆，投桂王，受瞿式耜的推荐，任南明永历政府行人司行人。因反对内讧，曾三次上疏，揭露大学士王化澄等“误国”，并警告永历帝不要“重辱国而灰天下之心”。王化澄对其恨之入骨，几次陷害，阴谋杀害他。他被迫辞官。桂林陷落，瞿式耜殉难，他返回湖南。

为避难，他遁迹民间，往返于永州浯溪、郴州、耒阳、晋宁、涟邵一带，目睹了晚明因腐败所造成的各种尖锐社会矛盾，决心探寻明朝迅速败亡的原因，总结其经验教训，便隐居衡阳石船山麓四十八年。在穷困乏食之下，以“六经责我开生面”自诩，耐着饥寒疾病、锲而不舍地埋头著述，不闻外事。据他儿子王敔《大行府君行述》中所记：他“启翁牖，秉孤灯，读《十三经》《二十一史》，及张、朱《遗书》，玩索研究，虽饥寒交迫，生死当前而不变。迄于暮年，体羸多病，腕不胜砚，指不胜笔，犹时置楮墨于卧榻之旁，力疾而纂注。颜于堂曰：六经责我开生面，七尺从天乞活埋”（王夫之：《船山全书》第十六册《传记之部》，岳麓书社，1995 年，第 73 页。以下凡引用同一书者，均不再一一注明版本）。以这样艰苦卓绝之精神，王夫之终于写下一百多种、四百多卷发前人之未曾发，创见叠出的著作。在湘贤邓湘皋、欧阳兆熊的鼓吹努力下，终于编成《船山全书》三百二十四卷，于晚清时刊刻出版。

王夫之讲求气节，“素恶东林、复社驰骛声气标榜之习，与中原人士、江介遗老，不相往来”（欧阳兆熊：《水窗春呓·王船山先生轶事》，中华书局，1984 年，第 7、8 页）。清朝建立后，剃发之令极严，有“留发不留头，留头不留发”之说。但他至死未曾剃发毁服。剃发令初下时，他正在楼上著书，“檄至，府县会营将草堂围定，郡守朱某先登楼，见先生出座拱立，不自觉其五体之投地也。亦可想见盛德之容令人钦敬，有不知其然而然者矣”（同上）。其学识、精神和人格折服了许多代人，陶澍为其撰联云：“天下士非一乡之士，人伦师亦百世之师。”推崇备至，但非过谀。湖湘学人志士，都奉其为精神导师，曾国藩、左宗棠、谭嗣同、黄兴，无不如此。

王夫之自小聪明，多闻博学，为明末清初著名的思想家、学者。他博通群籍，无所不学，于经史百家研究皆有心得，精于哲理，长于思辨，论学以汉儒为门户。死前，他自己题《碑铭》说："抱刘越石之孤愤而命无从致，希张横渠之正学而力不能企。幸全归于兹丘，固衔恤以永世。"（潘宗洛：《船山先生传》，载《衡阳县志》，清嘉庆刻本）这里所披露的心迹是：自己抱有与东晋刘琨一样的爱国忠忱与义愤，可惜不能战死以报国；有志继承张载的正学，自愧能力达不到。寥寥数语，倾吐出他有刘琨式的爱国之心，又奉张载为正学，希图承继张载之学的心声，也勾勒出他一生的追求轨迹。

王夫之强调学问要经世致用，要格物致知，批判晚明的空谈误国，强调实学。他儿子说他"自少喜从人问四方事，至于江山险要，士马食货，典制沿革，皆极意研究"（王敔：《薑斋公行述》，载《船山全书》第十六册，第84页），文章乃其余事。然而，他并不排斥文学，且工诗善文。论文反对明代的因袭模拟之风。论诗特别重视其抒情性。无论诗文，都重内容，重对现实的反映，主张以言情为主，但又反对情夺其性。即便对于当时许多人加以痛斥的八股文，他也因它是用以选拔人才的工具，有其实用性，非但不加鄙薄，还对其传输孔孟之道的功能大加肯定，并欲纠其弊、扬其正，使其成为阐发理学的利器。

他十岁受经于父，曾致力于八股文的揣摩与写作，凭借一手出色的八股文于二十岁时取得生员名头，二十四岁以第五名考中举人。本想一鼓作气夺得进士功名，理想却被李自成打碎，成了一个遥远的梦。但他对八股文仍一往情深。康熙二十二年（1683），他已入老年，在总结了明代八股文的得失之后，也对自己的少作做出反省，说"弱冠，有司录以呈之君，自不敢曰此聊以入时，壮夫不为。尝于九经有所撰述，而此艺缺然，亦缘早岁雕虫之陋，深自惭忸”（王夫之：《王薑斋四书文自序》）。然而他对八股文实难忘怀，便“略作数十首以补早年雕虫之悔，稍有发明及劝戒，不必圣贤之言如此，期不叛而已”（同上）。这便是王夫之现存的八股文。

湘西草堂刻本《夕堂永日绪论》后之曾载阳、曾载述二人所作《附识》，则将王夫之老来所作八股文的原因及其价值揭示得更为明白：“年六十一，各书著述将竣，于观生居授《四书讲义》，时洒笔作经书文，随手而就，亦随授所问者，而稿本不存。年七十时，自定四十篇，今存三十八篇，皆发《五经》蕴奥，当与《思问录内外篇》并传。今刊刻与《绪论》相比次，以《绪论》下卷仅详论制义之法，而《经文》一编，则先生日月江河天人性命之文也。”（王夫之：《船山全书》第十三册《夕堂永日绪论·附识》，第698页）

这篇《附识》指出现存王夫之的八股文是他六十一岁在将要写完各种著作，给门徒讲授《四书》时写就的范文，“亦随授所问者”。七十岁时，他从中选定四十篇留存。它们“皆发《五经》蕴奥，当与《思问录内外篇》”这种精深简明的著作并传，是“先生日月江河天人性命之文”，即深刻阐扬了孔孟之道之作。评价可谓高矣。

从《王薑斋四书文自序》及《夕堂永日绪论·附识》及王夫之老来所作，精心挑选而留传至今的八股文来看，王夫之将其少时所作，即为求科举功名而作的八股文视为“雕虫之陋，深自惭忸”，只有在其晚年，在精研了儒家经典，能“发《五经》蕴奥”即深刻阐发了《四书》《五经》内在精义，能指导人们践行而作的八股文才是真正的八股文。分析王夫之现存的三十八篇八股文，可以看出它们有几个特点：其一是对题旨把握精确，这与他的经学功底精湛有关。他的经说考核精详，又实事求是，这种精深功力施之于同为说经的八股文，就显出高于一般学者的水准。其二是说理透辟，时有创新，即他自己说的“稍有发明及劝戒”。这与他在哲学与史学方面的造诣有关。作为明清之际的大哲学家与史学家，自然会运用哲学的思想方法和史识去解经说经，其结果当然会有所发现和发明，却又不违背孔孟的大旨。其三是他的八股文皆平实自然，层层阐述，不刻意讲求技巧，而文皆清通可读。

王夫之在八股文史上的贡献，更多地体现在他对明代八股文的经验总结和理论探讨上。抗清五年，流亡三年，刀兵血火，艰苦备尝，九死一生。从生不如死的亲身经历中，他痛感要对明亡的惨痛教训进行总结。他选择了八股文这个明朝用以选士的工具进行了研究，看它对明代人才培养选拔到底产生过什么影响，其利弊何在。于是，他大量阅读评点八股文。到康熙二十九年（1690），他“阅古今人所作诗不下十万，经义亦数万首。既乘山中孤寂之暇，有所点定”（王夫之：《船山全书》第十三册《夕堂永日绪论自序》，第 694 页），并写下了五十四条札记，即《夕堂永日绪论外编》，全面阐述了他对明代八股文的研究心得，对八股文的本质、功能与价值做出全盘肯定，对那种为图功名而偏离甚至破坏八股文本质与功能的种种做法进行无情的批判，从而在八股文史上第一次建立了比较完整的八股文观，在八股文史上占有重要地位。

首先，王夫之正确地揭示了八股文为说经文体，即复制、阐发《四书》《五经》中的微言大义这一本质特征，并反复强调“经义之设，本以扬榷大义，剔发微言”（王夫之：《船山全书》第十五册《夕堂永日绪论外编》，第 867 页），“经义体圣贤之言而䌷绎之”（王夫之：《船山全书》第十五册《夕堂永日绪论外编》，第 864 页），“经义以引申圣贤意立言”（王夫之：《船山全书》第十五册《夕堂永日绪论外编》，第847页）。以此为基础，用简练的语言阐明自己对八股文的本体、功用、价值、作法、发展变化等一系列观点。

作为一个儒家正统思想的推崇者，凭借对八股文是复制、阐发《四书》《五经》这一本质特征的认识，王夫之对八股文的功用做了肯定："先儒言科举业非不可学，况经义本以引申圣言，非诗赋比者。"（王夫之：《王薑斋四书文自序》）然而，他又强调，仅为科举功名而写作的八股文是低劣的，这是他凭自己的亲身体验和阅评了几万篇八股文后得出的结论。他说，对自己考科举取录之文，"自不敢曰此聊以入时，壮夫不为。尝于九经有所撰述，而此艺缺然，亦缘早岁雕虫之陋，深自惭忸"（同上）；"科场文字之蹇劣，无足深责者。名利热中，神不清，气不昌，莫能引心气以入理而快出之，固也。况法制严酷，几如罪人之待鞫乎？汉、晋以上，惟不以文字为仕进之羔雉，故各随所至，而卓然为一家言"（王夫之：《船山全书》第十五册《夕堂永日绪论外编》，第869页）。相反，在落榜者的八股文中多佳作："为一代文人而不遇者多矣，则胶庠之下，自应有伟人杰作，睥睨今古。"（王夫之：《船山全书》第十五册《夕堂永日绪论外编》，第870页）它们与自己晚年所作的四十篇八股文一样，非为功利而作，超越了功名之心，"皆发《五经》蕴奥"，是"日月江河天人性命之文也"（王夫之：《船山全书》第十三册《夕堂永日绪论·附识》，第698页）。王夫之从八股文说经的本质出发，提出了八股文写作是进行文化复制的观点，他认为，"程子与学者说《诗经》，止添数字，就本文吟咏再三，而精义自见。作经义者能尔，洵为最上一乘文字"（王夫之：《船山全书》第十五册《夕堂永日绪论外编》，第843页）。故他认为，只有三类以文化复制的方法写出的八股文才是真八股文："钩略点缀以达微言，上也。其次则疏通条达，使立言之旨晓然易见，俾学者有所从入。又其次则搜索幽隐，启人思致，或旁辑古今，用征定理。三者之外，无经义矣。”（王夫之：《船山全书》第十五册《夕堂永日绪论外编》，第 845、846 页）

从这一观念出发，他提出要写好八股文，让其“精义自现”，就要“与圣经贤传融液吻合，如自胸中流出”（王夫之：《船山全书》第十五册《夕堂永日绪论外编》，第 843 页）方可。他强调八股文先要博览，“不博极古今四部书，则虽有思致，为俗软活套所淹杀，止可求售于俗吏，而牵带泥水，不堪挹取”（王夫之：《船山全书》第十五册《夕堂永日绪论外编》，第 858 页）。他强调作八股文必须“遵经”“守注”，但也要有所发明，“经义固必以《章句集注》为备，但不可背戾以浸淫于异端。若《注》所未备，补为发明，正先儒所乐得者”（王夫之：《船山全书》第十五册《夕堂永日绪论外编》，第 854 页）。他反对“以酸寒嚣竞之心说孔孟行藏”，认为“言之无怍，且矜快笔，世教焉得而不陵夷哉”（王夫之：《船山全书》第十五册《夕堂永日绪论外编》，第 854 页）。从这些认识出发，他反对王阳明的“良知说”，斥责“李贽以佞舌惑天下”（王夫之：《船山全书》第十五册《夕堂永日绪论外编》，第 859 页），认为他们的学说一侵入八股文，便偏离了八股文载道之旨，使得内容变味，世教陵夷。他也反对割裂经文出那些截搭题，这是使人“侮圣言而莫敢违之，经义之不足传，非此等使然与？”（王夫之：《船山全书》第十五册《夕堂永日绪论外编》，第 868 页）

由八股文说经的本质特征出发，王夫之坚持八股文只能进行文化复制，反对由王鏊开创的所谓“成弘法脉”和钩锁呼应、代字、填砌浓词虚字、反起正倒、模仿唐宋八大家之种种文章作法。他认为八股文“自王介甫至天顺以前皆自以意传圣贤之意，钱鹤滩、王守溪者起，始为开合起结排比之桎梏。嘉靖中叶周莱峰、王荆石以来，又剿袭古人文字，其变不一，乃不知人间何用此物”（王夫之：《王薑斋四书文自序》）。他认为，八股文写作只有“钩略点缀以达微言”，“疏通条达，使立言之旨晓然易见，俾学者有所从入”，才能原汁原味地复制出经旨和传注的奥旨微言，方是正道。“经义竖两义以引申经文，发其立言之旨，岂容以史与序记法搀入?”（王夫之：《船山全书》第十五册《夕堂永日绪论外编》，第848页）因大讲作法，使得成化、弘治以后的八股文“一变而愈之于弱靡”。他特别反对明代王鏊、钱福、唐顺之、瞿景淳“四大家”“各有蹊径，强经文以就己规格”（王夫之：《船山全书》第十五册《夕堂永日绪论外编》，第843页）的做法，因为这就有曲解圣贤旨意的可能。从八股文的本质出发，他认为“经义固受法于题。故必以法从题，不可以题从法。以法从题者，如因情因理，得其平允。以题从法者，豫拟一法，截割题理而入其中，如舞文之吏，俾民手足无措”（王夫之：《船山全书》第十五册《夕堂永日绪论外编》，第845页），这是应批判的，因它违背了八股文是解说经文即题目这一本质特性，会导引八股文走上以法“害道”之邪路。

在批判明代八股文的种种错误理念与作法时，王夫之指出了它们产生的时间及其代表人物，从而勾勒出了明代八股文发展变化的轨迹。

如他指出八股文“自王介甫至天顺以前皆自以意传圣贤之意，钱鹤滩（福）、王守溪（鏊）者起，始为开合起结排比之桎梏。嘉靖中叶周莱峰、王荆石（锡爵）以来，又剿袭古人文字，其变不一，乃不知人间何用此物，法虽屡变，要皆皎然《诗式》之类耳”（王夫之：《王薑斋四书文自序》）。这段话及“国初人文字止用平淡点缀”（王夫之：《船山全书》第十五册《夕堂永日绪论外编》，第 844 页）一句，就以简洁的语言，把八股文自宋代王安石起，至明代天顺以前的作法，及成化、弘治至嘉靖中叶时的变化情况勾勒出来。

又如，他指出：“四大家未立门庭以前，作者不无滞拙，而词旨温厚，不徇词以失意。守溪起，既标格局，抑专以遒劲为雄，怒张之气，繇此而滥觞焉。及《文钞》盛行，周莱峰、王荆石始一以苏、曾为衣被，成片抄袭，有文字而无意义，至陈（栋）傅（夏器）而极矣。隆、万之际，一变而愈之于弱靡，以语录代古文，以填词为实讲，以杜撰为清新，以俚语为调度，以挑撮为工巧。”（王夫之：《船山全书》第十五册《夕堂永日绪论外编》，第 849 页）这段话就将“以古文为时文”的发展变化过程勾勒出来，并指出了“以古文为时文”运动中所产生的种种问题。

对于割裂经文所出之小题，特别是所谓的截搭题中之“巧搭”题，王夫之是深恶痛绝的，他指出：“经义之设，本以扬搉大义，剔发微言；或且推广事理，以宣昭实用。小题无当于此数者，斯不足以传世。其有截头缩脚，以善巧脱卸吸引为工，要亦就文句上求语气，于理固无多也。守溪作此，以剪裁尺幅为式，义味亦复索然，特不似后人作诨语耳。若荆川（唐顺之）则已开诨语一路。”（王夫之：《船山全书》第十五册《夕堂永日绪论外编》，第 867 页）“横截数语乃至数十语，不顾问答条理，甚则割裂上章，连下章极不相蒙之文，但取字迹相似者以命题，谓之‘巧搭’，万历以前无此文字。自新学横行，以挑剔字影、弄机锋、下转语为妙悟，以破句断章，随拈即是为宗风，于科场命题亦不成章句……以功令束人，使相效以趋于卑陋，侮圣言而莫敢违之，经义之不足传，非此等使然与？”（王夫之：《船山全书》第十五册《夕堂永日绪论外编》，第 868 页）

这两段话，将小题、巧搭题之产生时间、原因及发展过程都指了出来，并对其负面作用给予了严厉的指斥。这样的言论还有不少。凡此种种，将其连缀，便形成了明代八股文的发展变化略图。

为说好经，王夫之既反对离开题目大讲作法，也反对用华词丽藻来作文，主张八股文用词要简洁，以准确为上。他认为那些“忧愤填胸，一寓之经义，抒其忠悃”（王夫之：《船山全书》第十五册《夕堂永日绪论外编》，第850页），如黄淳耀真情毕露的文章，是能“传之异代，论世者必不能废”的好文章。而汤显祖、赵南星、王思任、刘侗的小题文，“以灵隽之思致，写令生活”，“洁净中含静光远致，聊拟其笔意以骀宕心灵”（王夫之：《船山全书》第十五册《夕堂永日绪论外编》，第867页），也是值得称道的。可见王夫之主张在八股文保持其经学性的同时，并不反对八股文写真性情，不反对八股文的文学化倾向，其标准是要写得好，在大的框架上不违背孔孟之道。

王夫之是第一个对明代八股文做出系统审视及评判的人。他的这些见解，代表了当时一批人的心声，是值得重视的八股文理论。但王夫之站在卫道士的立场，又为明朝灭亡而痛心疾首，故在总结明代八股文的利弊得失时有不少偏激之论，如对“以时文为古文”，对隆庆、万历时八股文的变化情况都痛加鞭挞便有失公正，但从大处看，他的八股文观还是有其独到之处，不少话是一语中的，给后人以很大启迪，这就充分显示出这些论述的价值。

本书所收的《夕堂永日绪论外编》，系据岳麓书社1995年出版的《船山全书》第十五册中该编录入。

（龚　昊　龚笃清）

夕堂永日绪论外编

一

程子与学者说《诗经》，止添数字，就本文吟咏再三，而精义自见。作经义者能尔，洵为最上一乘文字，自非与圣经贤传融液吻合，如自胸中流出者不能。先辈间有此意，知之者鲜。自“四大家”之名立，各有蹊径，强经文以就己规格，而此风荡然矣。

二

艺苑品题有“大家”之目，自论诗者推崇李、杜始。李、杜允此令名者，抑良有故。齐、梁以来，自命为作者，皆有蹊径，有阶级；意不逮辞，气不充体，于事理情志全无干涉，依样相仍，就中而组织之，如廛居栉比，三间五架，门庑厨厕，仅取容身，茅茨金碧，华俭小异，而大体实同，拙匠窭人仿造，即不相远：此谓小家。李、杜则内极才情，外周物理，言必有意，意必繇衷；或雕或率，或丽或清，或放或敛，兼该驰骋，唯意所适，而神气随御以行，如未央、建章，千门万户，玲珑轩豁，无所窒碍：此谓大家。而论经义者以推王守溪为大家之宗。守溪止能排当停匀，为三间五架，一衙官廨宇耳；但令依仿，即得不甚相远；大义微言，皆所不遑研究：此正束缚天下文人学者一徽纆而已。陋儒喜其有墙可循以走，翕然以“大家”归之，三百余年，如出一口，能不令后人笑一代无有眼人乎？

三

钱鹤滩与守溪齐名，谓之曰“钱、王两大家”。所传《恶不仁者》，谓“不使加身，如避蛇蝎”。按：此字音“褐”，其螫人之“蝎”字从“歇”。字尚不识，何况文理？不使不仁加身者，是何宁静严密工夫，而堪此躁戾恶语也？恶如蛇蝎，乃陈仲子出哇鹅肉，忿戾之气，正是不仁。以此称“大家”者，缘国初人文字止用平淡点缀，初学小生无能仿佛。钱、王出，以钝斧劈坚木手笔，用俗情腐词，着死力讲题面，陋人始有津济，翕然推奉，誉为“大家”，而一代制作，至成、弘而扫地矣。鹤滩自时文外，无他表见，唯传吴骚淫俗词曲数出，与梁伯龙、陈大声一流狭邪小人竞长。如此人者，可使引伸经传之微言乎？

四

下劣文字，好作反语，亦其天良不容掩处。人能言其所知，不能言其所不知。凡反语，皆不善、不勤、不慎之慝。今人昼之所行，夜之所思，耳之所闻，目之所见，特此数者，终日习熟，故自写供招，痛快无蹇涩处。若令于圣贤大义微言从正面上体会，教从何处下口？无怪乎反之不已，一正便托开也。

五

无法无脉，不复成文字。特世所谓“成、弘法脉”者，法非法，脉非脉耳。夫谓之法者，如一王所制刑政之章，使人奉之。奉法者必有所受，吏受法于时王，经义固受法于题。故必以法从题，不可以题从法。以法从题者，如因情因理，得其平允。以题从法者，豫拟一法，截割题理而入其中，如舞文之吏，俾民手足无措。且法者，合一事之始终，而俾成条贯也。一篇之中为数小幅，一扬则又一抑，一伏则又一起，各自为法，而析之成局，合之异致，是为乱法而已矣。谓之脉者，如人身之有十二脉，发于趾端，达于颠顶，藏于肌肉之中，督任冲带，互相为宅，萦绕周回，微动而流转不穷，合为一人之生理。若一呼一诺，一挑一缴，前后相钩，拽之使合，是傀儡之丝，无生气而但凭牵纵，讵可谓之脉邪？四家中，唯瞿文懿能无束湿之法而有法，无分析钩锁之脉而有脉，其余非所知也。

六

钩略点缀以达微言，上也。其次则疏通条达，使立言之旨晓然易见，俾学者有所从入。又其次则搜索幽隐，启人思致，或旁辑古今，用征定理。三者之外，无经义矣。大要在实其虚以发微，虚其实而不窒。若以填砌还实，而虚处止凭衰弱之气姑为摇曳，则题之奴隶也。四家中，亦唯昆湖免此。

七

填砌最陋。填砌浓词固恶，填砌虚字愈阑珊可憎。作文无他法，唯勿贱使字耳。王、杨、卢、骆，唯滥故贱。学八大家者，“之”“而”“其”“以”，层累相叠，如刈草茅，无所择而缚为一束，又如半死蚓，沓拖不耐，皆贱也。古人修辞立诚，下一字即关生死。曾子固、张文潜何足效哉！

八

非有吞云梦者八九之气，不能用两三叠实字；非有轻燕受风、翩翩自得之妙，不能叠用三数虚字。然一虚一实，相配成句，则又俗不可耐。故造语之难，非嵇川南、赵梦白、汤义仍、黄石斋，鲜不堕者。

九

对偶语出于诗赋，然西汉、盛唐皆以意为主，灵活不滞。唯沈约、许浑一流人，以取青妃白，自矜整炼，大手笔所不屑也。宋人则又集古句为对偶，要亦就彼法中改头换面，其陋一尔。况经义以引伸圣贤意立言，初非幕客四六之比。邱仲深自诧博雅，而以“被发左衽”“弱肉强食”两偶句推奖守溪，此七岁童子村塾散学课耳。况以韩文对经语，其心目中止知有一韩退之，谓可与尼山并驾。陋措大不知好恶，乃至于此！

一〇

钩锁之法，守溪开其端，尚未尽露痕迹；至荆川而以为秘密藏。茅鹿门所批点八大家，全恃此以为法，正与皎然《诗式》同一陋耳。本非异体，何用环纽？摇头掉尾，生气既已索然，并将圣贤大义微言，拘牵割裂，止求傀儡之线牵曳得动，不知用此何为？

一一

一篇载一意，一意则自一气，首尾顺成，谓之成章；诗赋、杂文、经义有合辙者，此也。以此鉴古今人文字，醇疵自见。有皎然《诗式》而后无诗，有《八大家文钞》而后无文。立此法者，自谓善诱童蒙；不知引童蒙入荆棘，正在于此。

一二

贾生《治安策》偶用缴回语，亦缘“痛哭”“流涕”“长太息”说得骇人，故须申明，以见其实然耳。苏、曾效之，便成厌物。经义有云“其一则云云”，有云“其云云者此其一”；耳不聩，目不盲，止两三段文字，何用唱筹历数？凡此类，皆《文钞》引之入荆棘也。

一三

司马、班氏，史笔也；韩、欧序记，杂文也：皆与经义不相涉。经义竖两义以引伸经文，发其立言之旨，岂容以史与序记法搀入？一段必与一篇相称，一句必与一段相称。截割彼体，生入此中，岂复成体？要之，文章必有体。体者，自体也。妇人而髯，童子而有巨人之指掌，以此谓之某体某体，不亦傎乎！

一 四

试取曹子桓《典论·论文》、范蔚宗《后汉书·引语》、张思光《自序》读之，古人作文字，研虑以悦心，精严如此。而欲据一“虚起实承”“反起正倒”“前钩后锁”之死法，填腔换字，自诧宗工，何其易也！

一 五

四大家未立门庭以前，作者不无滞拙，而词旨温厚，不徇词以失意。守溪起，既标格局，抑专以遒劲为雄，怒张之气，繇此而滥觞焉。及《文钞》盛行，周莱峰、王荆石始一以苏、曾为衣被，成片抄袭，有文字而无意义；至陈栋傅夏器而极矣。隆、万之际，一变而愈之于弱靡，以语录代古文，以填词为实讲，以杜撰为清新，以俚语为调度，以挑撮为工巧。若黄贞父、许子逊之流，吟舌娇涩，如鸲鹆学语，古今来无此文字，遂以湮塞文人之心者数十年。语录者，先儒随口应问，通俗易晓之语，其门人不欲润色失真，非自以为可传之章句也。以此为文，而更以浮屠半吞不吐之语参之，求文之不芜秽也得乎？文凡三变，而其依傍以立户牖，己心不属，则一而已矣。万历之季，李愚公始以坚苍驱软媚，方孟旋始以流宕散俗冗，稍复雅正之音，于先正冲穆之度未遑领取。而其变也，亦足以起久病之尪矣。

一六

当万历中年，俚调横行之下，有张君一以诚，虽入理未深，而独存雅度。君一与许子逊同时。昧心之作，至子逊而极。其“乐则生矣”一段文字，开讲处有数“乐”字，鸟语班阑，不知音“岳”音“雒”，犹可谓肉团心有一针孔乎？

一七

承嘉靖末苏、曾泛滥之余，当万历初俚调咿嗄之始，顾泾阳先生独以博大弘通之才，竖大义，析微言，屹然岳立，有制艺以来无可匹敌。夺王、唐“大家”之名以推毂先生，虽阅百世，不能易吾言也。但以无可跻攀，为流俗所不歆羡耳。黄蕴生欲问津焉，而见地不彻，能放而不能收。自非实有得于道要而淹贯古今，舍糟粕而吸精液，恶能不望崖而返？

一八

钱受之谓黄蕴生嗣归熙甫，非也。熙甫但能摆落纤弱，以亢爽居胜地耳，其实外腴中枯，静扣之，无一语出自赤心。蕴生言皆有意，非熙甫所可匹敌；但为史所困，又染指韩、苏，未能卓立耳。然蕴生当天步将倾之日，外则辽左祸逼，内则流寇蜂起，黄扉则有温、周、杨、薛之奸，中涓则有张彝宪、曹化淳之蠹，忧愤填胸，一寓之经义，抒其忠悃。传之异代，论世者所必不能废也。

一九

陈大士史而横，金正希禅而曲。若其离此二者，别寻理际，独至处自成一家，固贤于归熙甫之徒矜规格也。若经义正宗，在先辈则嵇川南，在后代则黄石斋、凌茗柯、罗文止，剔发精微，为经传传神，抑恶用鹿门、震川铺排局阵为也？先辈中若诸理斋、孙月峰、汤若士、赵侪鹤，后起如沈去疑、倪伯屏、金道隐、杜南谷、章大力、韦孝忍克济，黄冈人、姜如须垓，山东人，亦各亭亭独立，分作者一席。释氏有言：“从门入者，不是家珍。”特以无门可入，绝陋人攀援之径，故人不知玄赏耳。

二〇

孙月峰以纡笔，引伸摇动言中之意，安详有度，自雅作也。乃其晚年论文，批点《考工》《檀弓》《公》《穀》诸书，剔出殊异语以为奇峭，使学者目眩而心荧，则所损者大矣。万历中年杜撰娇涩之恶习，未必不缘此而起。《考工记》乃制度式样册子，上令士大夫习之，勾考工程，而下可令工匠解了，故删去文词，务求精核；其中奇字，乃三代时方言俗语，愚贱通知者，非此不足以定物料规制之准，非故为简僻也。《檀弓》则摘取口中片语，如后世《世说新语》之类，初非成章文字。《公》《穀》二传，先儒固以为师弟子问答之言，非如《左氏》勒为成书，原自不成尺幅。以此思之，三书者，亦何奇峭之有，而欲效法之邪？文字至琢字而陋甚；以古人文其固陋，具眼人自和哄不得。

二 一

文字至撮弄字面，而秽极矣。黄葵阳已启其端，至万历壬辰而益滥。陈懿典《宪章文武》出题云：“国宪王章，本朝为重；阐文绎武，昭代为尊。”此是何等语，而一时传诵为警句。嗣后效之以不通者三十余年。崇祯间诸名人力为洗涤，然犹有云：“天无子，人之圣者为其子；海无内，人之圣者居其内。”《德为圣人 四句》会墨。如此迷惑丧心之语，犹拔作南宫首卷，文字安得不陋，士习安得不偷邪？

二 二

良知之说充塞天下，人以读书穷理为戒。故隆庆戊辰会试，“知之为知之不知为不知”文，以不用《集注》，繇此而求之一转。取士教不先而率不谨，人士皆束书不观；无可见长，则以撮弄字句为巧，娇吟蹇吃，耻笑俱忘。如“战战兢兢，如履薄冰”，而撮云“冰兢”；“念终始典于学”，而撮云“念典”。乃至市井之谈，俗医星相之语，如“精神”“命脉”“遭际”“探讨”“总之”“大抵”“不过”，是何污目聒耳之秽词，皆入圣贤口中，而不知其可耻。此嘉靖乙丑以前，虽不雅驯者，亦不至是。汤宾尹以淫媢小人，益鼓其焰，而燎原之火，卒不可扑，实则田一俊、黄洪宪倡之于早也。

二 三

有代字法，诗赋用之，如月曰“望舒”，星曰“玉绳”之类，或以点染生色，其佳者正尔含情，然汉人及李、杜、高、岑犹不屑也。施之景物，已落第二义，况字本活而以死句代之乎！如敬则是敬，更无字可代，而所敬与所以敬正自随所指而异；用代字者，以“钦翼”“兢惕”代之，或以“怠荒”“戏渝”反之，直是不识“敬”字，支吾抵塞耳。信曰“惇笃”，仁曰“慈祥”，学曰“敏求”，思曰“覃精”，善曰“纯粹”，治曰“经理”，皆代字也。先辈中亦有此病，自吴季子小注来。有胸有心者，不应染指。

二　四

叠字不可析用，如诗赋“悠悠”而云“悠”，“迢迢”而云“迢”，“渺渺”而云“渺”，皆不成语。“兢兢业业”，旧有此文，亦不甚雅。“业业”云者，如筍虡上崇牙，两两相次，龃龉不相安之象。时文绝去一字，而云“兢业”，不知单一“业”字，则止是功业，连“兢”字如何得成文理？此病先辈亦有。若嵇川南、赵侪鹤诸公，则必不作此生活。

二　五

欲除俗陋，必多读古人文字，以沐浴而膏润之。然读古人文字，以心入古文中，则得其精髓；若以古文填入心中，而亟求吐出，则所谓道听而途说者耳。

二　六

经义固必以《章句集注》为备，但不可背戾以浸淫于异端。

若《注》所未备，补为发明，正先儒所乐得者。如尤公瑛“寡人之于国也”章文，以制产、重农、救荒分三事，而以末段归重汰兽食、发仓廪，为目前应迫救荒之先务，救荒而后待来年以重农，然后徐及制产，乃令孟子之敷施调理，井然有序。又如金正希“侍于君子有三愆”文，谓人有愆而不自知，唯侍君子乃知有之，而惭惶思改，见人之不可不就正于君子；陈大士“欲仁而得仁”文，谓欲取于民者，薄敛而缓征之，仁者之政也，则所得者，民皆乐奉而怀恩，固仁者之得也，如此乃与不贪相应。诸若此类，《注》所未及，讵可以非《注》所有而谓为异说乎？困死俗陋讲章中者，自不足以语此。

二　七

以酸寒嚣竞之心说孔、孟行藏，言之无怍，且矜快笔，世教焉得而不陵夷哉？圣贤虽以拨乱反正安天下为志，然乘六龙以御天，潜亢飞跃，无不可乐之天，无不可安之土。而作经义者，非取鲁、卫、齐、梁之君臣痛骂以泄其忿，则悲歌流涕若无以自容，其丑甚矣。“榜前潜下泪，众里却藏身”，孟郊之所以为郊也。“愁中天屡阴”，谭元春之所以为元春也。而使君子如此其龌龊乎？愚尝判韩退之为不知道，与扬雄等，以《进学解》《送穷文》悻悻然怒，潸潸然泣；此处不分明，则其云“尧、舜、禹、汤相传”者，何尝梦见所传何事！经义害道，莫此为甚，反不如诗赋之翛然于春花秋月间也。

二　八

抬一官样字作题目，拈一扼要字作眼目，自谓“名家”，实则先儒所谓“只好隔壁听”者耳。官样字者，如“老者安之”三句，张受先以“王道”二字笼罩。不知夫子言志时，但就面前说去，初未尝言以此治平天下。若论其至处，则虽王者亦待必世后仁之余，方渐与此相应。若行王道者，何敢易言及此！张之使大，正局之使小耳。又如“哀公问政”章，以法祖为旨者，亦官样话也。《经》文明言人存而后政可举，亡其人，则政虽布在方策而必息，故必极学问思辨之力，以果能好学力行知耻，而修仁义礼之人道，然后可以治天下国家。非但依样胡卢，遽言法祖，如王莽之效周公也。凡此类，皆大言无当，徒使浅学陋人有所倚之巴鼻而已。扼要字者，如程子教学者以主敬，乃立本以起用，非知有此事便休，更不须加功修治之谓。如“止至善”章，学修恂栗，威仪内外交尽，德乃盛，善乃至；仁敬、孝慈、亲贤、乐利、天德、王道之全，岂一“敬”字遽足以该括之？又如“道千乘之国”章，言“敬事”者，但于事言敬，初非主一无适之谓，与“居敬”言居者抑别，固该括下四者不得。圣贤之学，原无扼要；乘龙御天，无所不用其极。扼要之法，乃浮屠所谓“佛法无多子”者，孟子谓之“执一贼道”。宋末诸儒，虽朱门人士，皆暗用象山心法，拈一字为主，武断圣贤之言，苟趋捷径。而作经义者，依据以塞责。万历以后，恶习熺然，流及百年，余焰不熄，诚无如之何也。

二 九

古者字极简。秦程邈作隶书，尚止三千字。许慎《说文》，亦不逮今字十之二三。字简则取义自广，统此一字，随所用而别；熟绎上下文，涵泳以求其立言之指，则差别毕见矣。如均一“心”字，有以虚灵知觉而言者，“心之官则思”之类是也；有以所存之志而言者，“先正其心”是也；有以所发之意而言者，“从心所欲”是也；有以函仁义为体，为人所独有，异于禽兽而言者，“求放心”及“操则存，舍则亡”者是也；有统性情而言者，四端之心是也；有性为实体，心为虚用，与性分言者，“尽心知性”与张子所云“性不知简其心”是也。凡言“天”言“道”皆然，随所指而立义。彼此相袭，则言之成章，而必淫于异端；言之无据而不成章，则浮辞充幅，而不知其所谓。《大全》小注诸家杂乱于前，讲章之毒盈天下，而否塞晦蒙，更无分晓。不能解书，何从下笔？宜乎为君子儒者之贱之也。

三〇

陋人以钩锁呼应法论文，因而以钩锁呼应法解书，岂古先圣贤亦从茅鹿门受八大家衣钵邪？如“哀公问政”章，于“知仁勇”之仁，钩上“仁义礼”之仁；“不动心”章，以“勿求于心”之心，钩上“不动”之心：但困死呼应法中，更不使孔、孟文理得通，何况精义！魔法流行，其弊遂至于此。

三一

王子敬作一笔草书，世称“墨妙”。然一帖之中，语虽连贯，而字形向背各殊，必于一笔，未免有拗折牵连之病。若经义，一题自一理，一篇自一意，岂容有二笔邪？既必一笔，何用钩锁？止缘陋人气不能长，如老病喘促，必须歇息，方更接续。故钩锁之法一立，而天下翕然从之，为独参汤以延残喘。

三二

非此字不足以尽此意，则不避其险；用此字已足尽此义，则不厌其熟。言必曲畅而伸，则长言而非有余；意可约略而传，则芟繁从简而非不足。嵇川南、汤义仍诸老所为独绝也。避险用熟，而意不宣，如扣朽木；厌熟用险，而语成棘，如学鸟吟；意止此而以虚浮学苏、曾，是折腰之蛇；义未尽而以迫促仿时调，如短项之蛙。才立门庭，即趋魔道，四者之病，其能免乎？

三三

有意之词，虽重亦轻，词皆意也。无意而着词，才有点染，即如蹇驴负重，四蹄周章，无复有能行之势。故作者必须慎重拣择，勿以俗尚而轻泚笔。至若泾阳先生，以龙跃虎踞之才，左宜右有，随手合辙，意至而词随，更不劳其拣择，非读书见道者，未许涉其津涘。

三四

不博极古今四部书，则虽有思致，为俗软活套所淹杀，止可求售于俗吏，而牵带泥水，不堪挹取。乃一行涉猎，便随笔涌出，心灵不发，但矜遒劲，或务曲折，或夸饶美，不但入理不真，且接缝处古调今腔，两相黏合，自尔不相浃洽，纵令抟成，必多败笔。赵侪鹤、汤义仍、罗文止何尝一笔仿古？而时俗软套，脱尽无余，其读书用意处别也。

三　五

以“外腴中枯”评归熙甫，自信为允。其摆脱软美，踸厉而行，亦自费尽心力。乃徒务间架，而于题理全无体认，则固不能为有无也。且其接缝处矫虔无自然之度，固当在许石城、张小越之下。熙甫子子慕，变矫厉为轻安，不失为儒者之言，度越其父远甚。人言殊不然，所谓相者举肥也。

三　六

自李贽以佞舌惑天下，袁中郎、焦弱侯不揣而推戴之，于是以信笔扫抹为文字，而诮含吐精微、锻炼高卓者为“咬姜呷醋”。故万历壬辰以后，文之俗陋，亘古未有。如必不经思维者而后为自然之文，则夫子所云草创、讨论、修饰、润色，费尔许斟酌，亦“咬姜呷醋”邪？比阅陶石篑文集，其序、记、书、铭，用虚字如蛛丝罥蝶，用实字如屐齿黏泥，合古今雅俗，堆砌成篇，无一字从心坎中过，真庄子所谓“出言如哇”者，不数行即令人头重。盖当时所尚如此，启、祯间始洗涤之。而艾千子犹以“莽莽苍苍”论文，“苍”字上声，误读为“仓”。不知“莽莽苍苍”者，即俗所谓“莽撞”，孟子所云“茅塞”也。

三　七

昔人谓书法至颜鲁公而坏，以其着力太急，失晋人风度也。文章本静业，故曰“仁者之言蔼如也”，学术风俗皆于此判别。着力急者心气粗，则一发不禁，其落笔必重，皆嚣陵竞乱之征也。俗称欧、苏等为大家，试取欧阳公与苏明允并观，其静躁、雅俗、贞淫昭然可见。心粗笔重，则必以纵横、名法两家之言为宗主，而心术坏，世教陵夷矣。明允其明验也。启、祯诸公欲挽万历俗靡之习，而竞躁之心胜，其落笔皆如椎击，刻画愈极，得理愈浅；虽有才人，无可胜澄清之任。就中唯沈去疑、杜南谷为有超然之致，犹未醇也，其他勿论已。代圣贤以引伸至理，而赪面张拳，奚足哉？胡元诗人如贯云石、萨天锡、冯子振，欲矫宋诗之衰，而膻气乘之；启、祯文多类此，意者亦天实为之邪？

三　八

学苏明允，猖狂谲躁，如健讼人强辞夺理。学曾子固，如听村老判事，止此没要紧话，扳今掉古，牵曳不休，令人不耐。学王介甫，如拙子弟效官腔，转折烦难，而精神不属。八家中，唯欧阳永叔无此三病，而无能学之者。要之，更有向上一路在。

三　九

谭友夏论诗云："一篇之朴，以养一句之灵；一句之灵，能回一篇之朴。"呓语尔。以朴养灵，将置子弟于牧童樵竖中，而望其升孝、秀之选乎？灵能回朴，村坞间茅苫土壁，塑一关壮缪，衮冕执圭，席地而坐，望其灵之如响，为嗤笑而已。庆、历中，经义以一句争胜，皆此说成之。曹大章"大哉尧之为君也"章，承头一句云："甚矣帝尧之德天德也。"袁黄赞其压倒万人。许獬"畏圣人之言"起比一句云："圣言亦庸言耳。"场中以此定为南宫第一。如实思之，有何意味？如口给人说酒令，适资一笑而已。

四 〇

闻之论弈者曰："得理为上，取势次之，最下者着。"文之有警句，犹棋谱中所注"妙着"也。妙着者，求活不得，欲杀无从，投隙以解困厄，拙棋之争胜负者在此。若两俱善弈，全局皆居胜地，无可用此妙着矣。非谓句不宜工，要当如一片白地光明锦，不容有一疵颣；自始至终，合以成章，意不尽于句中，孰为警句，孰为不警之句哉？求工于句者，有廓落语，如"圣人一天也"及"非甚盛德谁能当此，而王者又上观千世，下观千世"之类。有陡顿语，如"甚矣帝尧之德天德也"之类。有钩牵语，如"畏圣人之言"而云"知所畏者也"之类。有排对语；如"被发左衽，弱肉强食"之类。其下则有蔓延语，如剿袭《檀弓》"不出而图吾君，苟出而图吾君"之类。浮梏语，如"又进而加详焉，然后浩乎其有得"之类。含糊语，如"悠然其可思"之类。答话语，如"大抵不离乎""云云者近是"之类。肥腻语，撮《必读古文》中俗艳为句。懵懂语，如"道德""仁义""礼乐""诗书"等字凑手便用。俗讲语，"殊不知""总之""大抵"之类。卖弄语，如"入梦之姬公易逝，病诸之尧舜难酬"之类。市井语，烟花语，招承语，小题文多此三者。门面语，如"天不变道亦不变""虽天子必有父，诸侯必有兄"之类。滑利语，如《君子之仕也》文云："践其土而食其毛，谁非臣子者。"出口快甚。然岂贩夫牧竖亦须求仕乎？娇媚语。如"我浮沉之人也与哉"及"性也而情在其中矣"之类。黄贞父好为短句、短比，快转以求媚。近则包长明亦中此病。凡此类，始则偶一作者意与凑合，不妨用之。陋人惊为好句，相袭而不知其秽，皆于句求工之拙法启之也。

四一

有所谓“开门见山”者，言见远山耳，固以缥缈遥映为胜；若一山壁立，当门而峙，与面墙奚异？曹子建有“面山背壑”之语。彼生长谯、许，已居邺城，未尝有山，恨不逼近危崖。若使果有此室，岂不是倒架屋？劣文字起处即着一斗顿语说煞，谓之开门见山。不知向后更从何处下笔？此弊从“仕宦而至将相，富贵而归故乡”来，彼作法于凉，重复申说，一篇已成两橛，何足法也？若“环滁皆山也”，语虽卓立，正似远山遥映耳。陋人自为文既尔，又且以解圣贤文字。如“哀公问政”章，扼定“文武之政”四字，通章萦绕，更不恤下文云何。“诚意”章，以“毋自欺也”“也”字应上“者”字，一语说煞，后复支离。皆当门一山，遮断遥天远景。岂知古人立言，迤逦说去，要归正在结煞处哉！

四二

抑有反此者，以虚冒笼起，至一二百字始见题面，此从苏、曾得来，韩、柳、欧阳尚不尽然。然苏、曾但以施之章、疏、序、记，抒己意者。经义自有立言端委。如人家族谱，但叙本姓源流，何用自从混沌初开盘古出说起也？昔人谓之为“寿星头”，洵然。

四三

薛方山每于起冒下急出本文，此科场论式也。论取题而推广言之，故可揭过经史本文，重抒己意。经义体圣贤之言而紬绎之，语尽则止。一句急出，则如喉间骨鲠，吞吐皆难。一篇之中，分为两截，势必更端说起，项下安头。此法利于塾师教劣子弟，使易收归本科，段段着想。遂翕然称之为大家；不虞之誉，引人入坑堑如此！

四　四

罗长源论字学云："胸中无数千卷书，日用无忠信之行，则虽蚕尾银钩，八法备举，求其落玉垂金，流奕清举者，乃至一点亦不可得。"尝服膺此言，以为论文之善，莫过于是。而茅鹿门云："吾作文时，屋瓦皆为动摇。"说得傣鬐髼可畏，想讼魁代人作诉牒时，当如此下笔。

四　五

看《章句集注》，须理会先儒云何而作此语；非可一抹窜入训诂中，瞑烟缭绕，正使云山莫辨。如"子在川上"注川流"与道为体"，恐学者将川流与道判作二事，以水为借譬，划断天人，失太极浑沦之本体，故下此语，初非为逝者不舍昼夜作注。读者但识得此意，则言水即以言道，自合程子之意；不可于夫子意中增此四字，反使本旨不得畅白。又如"鸢飞戾天"一段，《章句》有"活泼泼"语，乃以赞子思立言教人之妙，使人随处见道，无所执碍，以反失当幾之省察，故又云"其要在慎独"。若子思言此，初非以鸢飞鱼跃为活泼泼物事，骀宕圆融，如浮屠"水流花开"之狂解。若不解此，谓鱼鸟化机，流动无恒，则正程子所谓"弄精魂"者。故作经义者，当置"活泼泼"

三字不须插入，但实从道之全体大用、充周溥遍上着讲。此处不分明，引金屑入目，宜其文之茫茫白雾也。

四　六

陈大士自云三月而遍读廿一史，目力之胜可知。乃其“天之高也”一节文字，于历法粗率且未晓了，出语便成差异。想其读史时，于历志无能晓处，便掷向一壁去。先辈于所未知，约略说过，却无背戾，惟不欲夸博敏。大士以博敏自雄，故乱道。以此推之，大士于史，凡地理、职官、兵刑、赋役等志，俱不蒙其眄睐。若但取列传草草看过，于可喜可恨事，或为击节，或为按剑，则一部《凤洲纲鉴》足矣，何必九十日工夫，翻此充栋册子邪？黄蕴生《易》经义说历法较无舛讹，其读史视大士为能详审，自不以三月夸速了。乃所言历法，又晋、宋以降何承天、虞邝、一行、郭守敬所定岁差、定朔等精密之法；孔子作《易系传》，止据夏、周之历，何尝有此？蕴生知解而不知用，亦欲夸博敏之失也。近人争读《近思录》资时文之用，且问渠“太极”是何物事，“清虚一大”是何形状，“主一无适”何以用功？若止记取册子上语句，搭得上辄与钞写，则《近思录》岂《诗学大成》《四六类函》，供汝道听途说者乎？此之谓不知耻。

四　七

通身倒入古人怀中，王莽学周公，且供笑骂，况诵桀之言者乎？周莱峰、王荆石学苏氏，止取法其语言气势，至说理处，自循正大之矩。至陈卧子、陈大士，将身化作苏明允，开口便说权说势。权势二字，乃明允谲诈残忍，以商鞅、韩非、尉缭为师，贼道殃民之大恶，读孔孟书者何忍效之？大士以文人自命者，不足深责。卧子严气正性，大节凛然，而斯言之玷不可磨，能弗为之惋惜？

四　八

妖孽作而妖言兴。周延儒是已。万历后作小题文字，有谐谑失度，浮艳不雅者，然未至如延儒；以一代典制文字引伸圣言者，而作"岂不尔思""逾东家墙"等淫秽之词，其无所忌惮如此。伏法之后，闺门狼籍不足道，乃令神州陆沉而不可挽，悲夫！

四　九

经义之设，本以扬搉大义，剔发微言；或且推广事理，以宣昭实用。小题无当于此数者，斯不足以传世。其有截头缩脚，以善巧脱卸吸引为工，要亦就文句上求语气，于理固无多也。守溪作此，以剪裁尺幅为式，义味亦复索然，特不似后人作诨语耳。若荆川则已开诨语一路，如"曾子养曾皙"一段文，谓以余食与人，为春风沂水高致。其所与者，特家中卑幼耳。三家村老翁妪，以卮酒片肉饲幼子童孙，亦嘐嘐之狂士乎？诨则必鄙倍可笑，类如此。此风一染笔性，浪子插科打诨，与优人无别。有司乃以此求士，可谓之举国如狂矣。唯有一种说事说物单句语，于义无与，亦无所碍，可以灵隽之思致，写令生活。此当以唐人小文字为影本。刘蜕、孙樵、白居易、段成式集中短篇，洁净中含静光远致，聊拟其笔意以骀宕心灵，亦文人之乐事也。汤义仍、赵侪鹤、王谑庵所得在此，刘同人亦往往近之，余皆不足比数。

五〇

逆恶顽夫语，覆载不容，而为之引伸，心先丧矣。俗劣有司以命题试士，无行止措大因习为之，备极凶悖。如“孰谓鄹人之子知礼乎”“谟盖都君咸我绩”之类，何忍把笔长言？“汉儿学得胡儿语，又替胡儿骂汉人”，骂汉人且不忍闻，何况射天詈地？

五一

横截数语乃至数十语，不顾问答条理；甚则割裂上章，连下章极不相蒙之文，但取字迹相似者以命题，谓之“巧搭”，万历以前无此文字。自新学横行，以挑剔字影、弄机锋、下转语为妙悟，以破句断章、随拈即是为宗风，于科场命题亦不成章句。如“邦畿千里”二节，绝去“可以人而不如鸟乎”；“孟懿子问孝”章，绝去“子曰生事之以礼”三句；“行己有耻，使于四方”，绝去“不辱君命”：皆所谓搭题也。命题如此，而求有典有则之文，其可得乎？唐人选士，命作《幽兰赋》，举子傲岸不肯作，主司为改《渥洼马赋》，乃曰较可。古人奖进人才如此。而以功令束人，使相效以趋于卑陋，侮圣言而莫敢违之，经义之不足传，非此等使然与？

五二

人各占一经，已不足以待通儒。乃于所占之经，视为续貂之狗尾。塾课先习浮烂之词，文场取塞终篇之责。五经大指，已属面墙；先圣精微，永随茅塞。《诗》则采辑诗赋四六中最下俗艳语，用为无盐之粉黛；咏叹淫泆之意，百无一存。《春秋》则以俗吏爰书、讼魁牒状丑诋之词，取已往之君臣，恣其诟厉。数百年来，能免此者，千无一二。近世名人略为洗涤：《诗》则黄石斋、凌茗柯，《春秋》则刘同人及路君朝阳，逸群遒上，庶几不负“明经”之目。至若《周易》，广大精微，以六虚尽天人之理数。而作经义者限之以君臣出处，苟为位置，若有一姓六名二之相，建元九五之君，或得或失，被以褒嘉，施以诮责，加之劝勉，曲为诘问；象占时位，罔所闻知，黑风吹堕，莫能拔出者久矣。《书》唯典、谟有论道之言，誓、诰乃谕臣民之作。典、谟辞显而意深，自为一体。誓、诰则杂以方言，使人易晓；辞不通今，若有僻奥，而大指所归，示生人之利害。作经义者一以“危微精一”强相附会，将与介胄之夫、田野之甿、反侧之子谈心性乎？迷而不反者二百余年。启、祯以来，后起诸公虽或不雅驯，而穷经得归趣者间出焉；方之庆、历以前，自觉积薪居上。

五　三

科场文字之蹇劣，无足深责者。名利热中，神不清，气不昌，莫能引心气以入理而快出之，固也。况法制严酷，几如罪人之待鞫乎？汉、晋以上，惟不以文字为仕进之羔雉，故各随所至，而卓然为一家言。隋、唐以诗赋取士，文场之赋无一传者，诗唯“曲终人不见，江上数峰青”一律而已。燕、许、高、岑、李、杜、储、王所传诗，皆仕宦后所作，阅物多，得景大，取精宏，寄意远，自非局促名场者所及。经义本儒者分内事，而一行作吏，则置之如隔年历，间有作者，只为子弟作嫁衣裳：陈启新诮为“敲门砖子”，非诬也。唯杨贞复宦稿借经义讲学，其意良善，乃又为姚江之学所赚，非徒见地诐淫，文气亦迫促衰弱，深可惜也。

五四

为一代文人而不遇者多矣，则胶庠之下，自应有伟人杰作，睥睨今古。乃嘉、隆以前无一传者。后乃有徐文长渭、漏仲容坦之、张子延大复数首行世，亦无甚超绝处。天启后，社稿充斥，终不脱揣摩蹊径。若钱吉士、顾麟士辈，欲矫时趋，而本领既薄，指趣自卑。因忆昔与黄冈熊渭公霦、李云田以默作一种文字，不犯一时下圆熟语，复不生入古人字句，取精炼液，以静光达微言。所业未竟，而天倾文丧，生死契阔，念及祇为哽塞。